[제5판]

아동복지론

[제5판]

아동복지론

노 병 일

KNOWLEDGE COMMUNITY
공동체

이 책의 독자분께 참고가 될까 해서, 몇 가지를 미리 일러두고자 한다.

1. 이 책에서는 우리나라에서 실시하고 있는 아동복지 프로그램의 현황을 자세히 제시하지 않았다. 왜냐하면 관련된 법이나 제도가 자주 바뀌고 있기 때문이다.
   따라서 최근 현황을 알고 싶으신 독자분께서는 해당 기관이나 부서의 홈페이지를 방문해서, 아동복지와 관련된 신선한 자료를 만나 보시기를 바란다.

2. 이 책에서 제시한 모든 국내 문헌과 외국 문헌(영어 문헌과 불어 문헌)은 본인이 '원본'을 직접 읽고 정리한 것이다. 본인이 직접 보지 않고 인용한 것은 '재인용'이라고 표시하였다.
   독자분께서 이 책의 일부를 인용할 경우, 이 책을 출처로 제시해 주시기를 바란다. 특히 독자분께서 이 책에서 제시한 외국 학자의 주장 내용을 인용할 경우, 이 책에서 '재인용' 하였음을 표시해 주시기를 바란다.

3. 독자분께서 본문에 주목하게 하기 위해, 이 책에서는 인용한 문헌의 페이지를 제시하지 않았다. 그리고 보기 편하게 하기 위해, 참고한 문헌의 저자가 2~3명일 경우에는 모든 저자의 이름을 표시하였다.

제5판 머리말

네 번째 판(제4판)을 세상에 내보낸 지 몇 년이 좀 지나서, 다섯 번째 판(제5판)을 선보이게 되었다. 그 사이에 아동복지와 관련된 상황은 크게 변하였다. 따라서 이번 판에서는 전체적으로 내용을 많이 수정하고 보완하였다.

이번 판에서는 크게 네 부(part)로 나누어서 아동복지에 대해 설명하고 있다.

제I부에서는 아동복지를 기본적으로 이해하는 데 바탕이 되는 내용을 다루고 있다. 구체적으로 제I부에서는 아동복지의 일반적 측면, 아동복지와 가족, 아동의 권리, 아동의 욕구와 아동의 발달에 대해 살펴보고 있다.

제II부에서는 주요한 아동복지 서비스 영역을 다루고 있다. 구체적으로 제II부에서는 아동학대, 보육과 방과 후 프로그램, 시설보호와 아동복지시설, 가정위탁, 입양에 대해 살펴보고 있다.

제III부에서는 특별한 욕구가 있는 아동을 다루고 있다. 구체적으로 제III부에서는 장애아동, 빈곤아동, 이혼한 가족의 아동에 대해 살펴보고 있다.

제IV부에서는 아동복지의 폭넓은 환경을 다루고 있다. 구체적으로 제IV부에서는 아동복지의 생태학적 측면에 대해 살펴보고 있다.

이전 판에서와 마찬가지로, 이번 판에서도 독자가 쉽게 읽도록 하는 데 크게 주목하였다. 그래서 단어와 문장을 쉬운 표현으로 바꾸었고, 내용이 어려운 부분은 삭제하였다.

하지만 이번 판에서도 부족한 점이 눈앞에 어른거린다. 나중에 기회가 있을 때 부족한 점을 가다듬겠다는 속 보이는 변명으로 부끄러움을 살짝 가려본다.

이번 판을 만드는 데도 여러분의 도움이 있었다. 먼저, 이번 판을 세상에 펼쳐주신 김동훈 공동체 사장님과 꼼꼼히 편집해 주신 공동체 가족 여러분께 깊은 감사를 표한다. 그리고 곁에서 항상 격려해 주시는 유섭 사회복지연구회 임원님들(심희숙 · 김연서 · 이재연 · 김소영 · 간순옥 · 유호석 · 윤석연 · 장혜숙 · 조현철 · 조원휘 · 홍정미 · 윤종선 박사님)께 따뜻한 고마움을 전한다. 또한 사진이나 자료와 관련해 도움을 주신 심희숙 박사님, 유호석 박사님, 박미영 박사님, 유재진 박사님, 최난희 박사님, 조미정 박사님, 마지애 원장님께 감사드린다.

마지막으로, 옆에서 든든한 둥지가 되어주는 전영신 님과 노대겸 · 감윤경 님에게 사랑이 가득한 풍선을 드린다. 그리고 행복 에너지를 듬뿍 뿜어내는 노건후 님이 해맑은 웃음으로 가득한 아동기를 보내기를 바란다.

2025년 8월에

유섭(儒燮) 노병일

아동이 미래 사회를 이끌어 나갈 든든한 어깻죽지라는 것은 누구나 다 아는 사실이다. 그러나 현재의 아동이 놓인 상황은 그리 밝지만은 않아 보인다. 학대당하는 아동, 가정이 해체된 아동, 밥을 굶는 아동 등의 얘기가 언론에 자주 얼굴을 내미는 것만 보아도, 앞으로 아동복지가 가야 할 길이 순탄하지 않을 것이라는 사실을 알 수 있다.

아동복지에 관심을 가진 사람들은, 아동은 선거권이 없어서 아동복지가 뒤쳐져 있다고 자조적으로 얘기하는 경우가 많다. 다른 복지 분야와 비교해 볼 때, 이 말은 상당한 부분이 사실인 것처럼 보인다. 그러나 무엇보다도 아동복지에 대한 투자는 예방적이고 비용 효과적이기 때문에, 아동복지에 대해 실질적으로 관심을 쏟고 힘을 듬뿍 실어 주는 것이 중요하다. 이와 같은 맥락에서, 이 책은 아동복지에 대해 이론적으로 실제적으로 살펴보고자 하였다.

한편 현재의 사회복지학 교과과정에서는 아동복지와 청소년복지가 따로 나뉘어져 있다. 그러나 우리나라 아동복지법에서는 아동을 18세 미만으로 정하고 있다. 그러므로 아동복지법에 따른다면, 초등학교 이하의 아동은 말할 것도 없고 중·고등학생 또래도 아동에 포함된다. 하지만 우리가 일상생활에서 말하는 아동은 초등학생과 그보다 어린 사람을 의미하는 경우가 많다. 이런 상황을 고려하여, 이 책에서는 아동은 초등학교 학생 또래와 영유아를 주로 가리키는 말로 사용하였다. 따라서 이 책에서는 비행, 약물, 정신건강과 같은 주제를 집중적으로 다루지 않았다. 이런 현상이 초등학생에게 중요하지 않은 것은 아니지만, 이런 현상은 중·고등학생과 그 또래를 주로 가리키는 청소년에게서 더 발생한다고 보았기 때문이다.

이 부족한 책을 낳는 데에도 많은 사람의 도움을 받았다. 그 분들에게 감사를 드린다. 그리고 곁에서 나를 방목하며 감싸준 아내 전영신에게 고마움을 전한다. 또한 내 아들 지용에게도 부끄러운 고마움을 표현한다. 이제는 청소년으로 훌쩍 커 버렸지만, 내 아들이 아동기를 거치는 동안에 나는 자녀양육과 관련하여 말과 행동이 어긋나는 위선적인 모습을 많이 드러내 보였다. 아버지라는 이름을 가진 이 미완성품을, 내 아들이 조금이나마 헤아려 주는 계기를 가졌으면 좋겠다.

마지막으로, 내가 미국에서 유학할 당시에 수업 과제로 감명 깊게 읽은 책들 중의 하나가 닐(Neill)이 쓴 『섬머힐(Summerhill)』이다. 섬머힐의 진보적 교육방식이 현재 논란이 되고도 있다지만, 나는 섬머힐에서 보여준 아동·청소년 중심의 세계를 모든 아동이 맛보기를 기대한다. 그래서 모든 아동이 해맑게 지내고, 아동교육이나 아동복지에 대한 책이 필요 없는 세상이 빨리 오기를 기대한다. 과연 이런 꿈★은 이루어질는지?

2002년 8월에

노병일

차 례

차 례

PART 03 특별한 욕구가 있는 아동

차 례

PART 04 아동복지의 폭넓은 환경

부록

PART 01

아동복지의 기본적 바탕

chapter

01 아동복지의 일반적 측면

차례

1. 아동과 아동기의 정의

1) 아동의 정의

아동복지와 관련해 처음에 등장하는 문제는 아동에 대해 정의하는 것이다. 단어가 생겨난 뿌리를 따져볼 때, 영어에서 아동을 의미하는 'child'라는 용어는 라틴어의 '인판스(infans)'에서 등장한 것으로 알려져 있다. 라틴어에서 인판스는 '말하지 못하는 사람'을 의미하고 있다. 그리고 로마인에게 인판스는 태어나서부터 7세까지의 아동을 의미하고 있다(Humanium, 2025a).

그 후, 세월이 흐르면서 아동에 대한 의미가 바뀌게 되었다. 그러나 아동에 대해 정의할 때는 아동을 나이(연령)나 성숙의 측면에서 정의하는 경우가 많다.

그동안 아동에 대해 정의한 것을 몇 가지 제시하면 다음과 같다(국가법령정보센터, 2025; U.S. Department of Health and Human Services, 2018; Barker, 2003; Humanium, 2025a).

① 미국 전국사회복지사협회(NASW)에서 발간한 사전에 따르면, 아동은 자신에 대해 책임지는 법정 나이나, 부모 간섭에서 벗어나는 법정 나이보다[1) 어린 사람을 말한다. 이 사전에 따르면, 대부분 국가에서는 아동인지를 결정하는 법정 나이를 18세라고 본다.

② 유엔(UN) 「아동권리협약」에 따르면, 아동은 "18세 미만의 모든 사람"을 말한다.

③ 미국 「아동학대예방치료법」에 따르면, 아동은 18세에 이르지 못한 사람을 말한다.

④ 우리나라 「아동복지법」에 따르면, 아동은 18세 미만의 사람을 말한다.

정리하건대, 아동은 18세 미만의 사람이라고 볼 수 있다.

우리나라 사전과 외국 사전에서 아동에 대해 정의한 예

① **우리나라 사전** : 아동은 "나이가 적은 아이"이다. 아동은 "대개 유치원에 다니는 나이로부터 사춘기 전의 아이"를 말한다(표준국어대사전).

② **영어 사전** : 아동(child)은 "신생아 시기와 사춘기의 중간에 있는 사람"이거나, "성숙한 단계나 법이 정한 성인 나이에 이르지 않은 사람"이다(American Heritage Dictionary).

③ **프랑스어 사전** : 아동(enfant)은 "아동기의 나이에 있는 사람"이다(Littlé 사전).

고대의 미성년자 구분 방법 : 에페스(에베소)의 길거리 바닥에 표시된 것으로서, 발 크기가 바닥에 표시한 발 크기보다 작으면 미성년자 출입금지 구역에 들어가지 말라는 안내문이라고 한다. 즉, 이 지역에서는 미성년자를 판단하는 방법의 하나로 발 크기를 사용한 것으로 보인다. 당연하게도 아동은 미성년자에 속한다. [출처 : 튀르키예에서 저자 촬영]

1) 법정 나이는 법에 정해져 있는 나이를 말한다.

아동에 대한 정의는 법체계 내에서도 차이가 날 수 있다. 예를 들어, 우리나라 법체계에서는 아동과 관련된 나이가 일치되어 있지 않은 편이다. 〈표 1－1〉에서 보는 바와 같이, 우리나라에서는 아동에 대한 나이가 법에 따라 차이가 나고 있다. 이에 따라서 우리나라의 아동복지제도는 서비스에서 차이가 날 수 있고, 아동복지 업무에서 혼란이 생길 수 있다. 그러므로 장기적으로 볼 때, 아동에 대한 정의를 통일할 필요가 있다.

〈표 1-1〉 우리나라의 법에 나타난 아동 관련 나이

법	관련 명칭	나이 구분
아동복지법	아동	18세 미만
국내입양에 관한 특별법	아동	18세 미만
영유아보육법	영유아	7세 이하의 취학 전 아동
청소년기본법	청소년	9세 이상 24세 이하
청소년보호법	청소년	19세 미만
아동 · 청소년의 성보호에 관한 법률	아동 · 청소년	19세 미만
소년법	소년	19세 미만
근로기준법	연소자	18세 미만

출처 : 국가법령정보센터(2025).

2) 아동기의 정의

문자 그대로 볼 때, 아동기(childhood)는 어린 시절을 말한다. 그러나 아동기가 지니는 의미는 시대와 문화에 따라 차이가 나고 있다. 따라서 역사적 상황과 문화적 상황이 달라지면, 아동이 발달하는 시기와 관련된 관점도 달라질 수 있다(Crosson-Tower, 2017; Gustavsson & Segal, 1994; Harris & White, 2013).

아동들(에칭 판화) : 아동기의 의미는 시대와 문화에 따라 차이가 난다. [출처 : 전영신 님(작가) 제공]

오늘날 아동기는 인간이 발달하는 과정에서 '자연스러운' 단계라고 보고 있다. 그러나 12~18세기의 유럽에서는 아동기라는 용어를 오늘날 알고 있는 아동기를 의미하는 것으로 이해한 경우가 드물었다. 예를 들어, 17세기 이전에는 아동기를 사회에서 중요한 시기로 보지 않았다. 이 당시에는 5~7세가 지나면 아동은 성인의 세계로 바로 들어간다고 보았다. 어느 때는 아동은 권리가 거의 없고 의무만 많은 꼬마 성인(miniature adult)이라고 보았다. 이 당시의 상황을 보여주는 문학작품을 읽어보면, 당시에 아동을 얼마나 하찮은 존재로 취급하였는지를 알 수 있고, 아동을 얼마나 학대하였는지를 알 수 있다.

아동기는 18세기부터 등장하기 시작한 용어로 알려져 있다. 따라서 오늘날 알고 있는 아동기라는 용어는 비교적 새로운 용어라고 볼 수 있다.

일반적으로 아동기는 인간이 생활하는 단계에서 초기에 있는 단계를 말한다. 아동기를 초기 아동기와 중기 아동기(또는 후기 아동기)로 더 자세히 구분하는 경우도 있다. 이렇게 구분할 경우, 초기 아동기는 약 6세까지를 가리키고,[2] 중기・후기 아동기는 6세부터 청소년기까지를 가리킨다고 볼 수 있다(Harris & White, 2013; Crosson-Tower, 2017; Barker, 2003).

2) 따라서 초기 아동기는 영유아기와 비슷하다. 우리나라 「영유아보육법」에 따르면, 영유아는 7세 이하의 취학 전 아동을 말한다(〈표 1-1〉 참조).

Point

- 아동에 대해 정의할 때는 아동을 나이나 성숙의 측면에서 정의하는 경우가 많다. 일반적으로 아동은 18세 미만의 사람이다.
- 아동에 대한 정의는 법체계 내에서도 차이가 날 수 있다.
- 아동기가 지니는 의미는 시대와 문화에 따라 차이가 난다. 일반적으로 아동기는 인간이 생활하는 단계에서 초기에 있는 단계이다.

2. 아동복지의 정의와 목적 및 관점

1) 아동복지의 정의

일반적으로 아동복지는 아동의 복지 수준을 높이는 것을 말한다. 따라서 아동복지를 정의하는 것은 단순해 보인다. 하지만 더 자세히 살펴보면, 아동복지를 정의하는 것은 매우 복잡할 수 있다. 그동안 아동복지에 대해 정의한 것을 몇 가지 제시하면 다음과 같다(국가법령정보센터, 2025; Barker, 2003; Collins Dictionary, 2025; Laird & Hartman, 1985).

① 미국 전국사회복지사협회에서 발간한 사전에 따르면, 아동복지는 아동을 보호하고 아동을 보살피고 아동이 건전하게 발달하는 것을 추구하는 프로그램과 정책을 말한다.

② 외국의 유명한 사전에 따르면, 아동복지는 아동의 복지를 보장하기 위한 사회사업과 서비스를 말한다.

③ 레어드와 하트먼(Laird & Hartman)에 따르면, 아동복지는 다음과 같은 두 가지 측면으로 구분된다.

㉠ 모든 아동의 복지를 말한다. 레어드와 하트먼은 이것을 영어 소문자를 사용해 child welfare로 표현한다.

㉡ 아동·가족과 관련된 기관이나 아동·가족에게 제공하는 서비스를 말한다. 레어드와 하트먼은 이것을 영어 대문자를 사용해 Child Welfare로 표현한다.

④ 우리나라 「아동복지법」에 따르면, 아동복지는 "아동이 행복한 삶을 누릴 수 있는 기본적인 여건을 조성하고 조화롭게 성장·발달할 수 있도록 하기 위한 경제적·사회적·정서적 지원"을 말한다.

정리하건대, 아동복지는 여러 영역에서 아동의 복리 수준을 높이기 위한 활동·지원·서비스·정책·제도라고 볼 수 있다.

동네의 꽃을 관찰하는 아동: 아동복지는 여러 영역에서 아동의 복리 수준을 높이는 활동이다.
[출처: 독일에서 노대겸 님 촬영·제공]

2) 아동복지의 목적

아동복지는 다양한 목적을 추구하고 있다. 우선, 아동복지의 목적은 일반적 수준에서 살펴볼 수 있다. 그동안 일반적 수준에서 아동복지의 목적을 제시한 예를 살펴보면 다음과 같다(Barker, 2003; Cohen, 2000).

① 미국 전국사회복지사협회에서 발간한 사전에 따르면, 아동복지 프로그램과 정책이 추구하는 목적은 아동이 잘 발달하는 데 걸림돌이 되는 것을 없애주는 데 있다.

② 코헨(Cohen)에 따르면, 이상적으로 볼 때 아동복지의 목적은 아동과 가족이 다음과 같이 생활하는 방향으로 나아가도록 도와주는 데 있다.

㉠ 인간의 모든 기본적 욕구를 충족하면서 생활한다. 이때, 인간의 기본적 욕구는 음식, 안전, 의류, 주거와 관련된 욕구를 가리킨다.

㉡ 안정되고, 건강이 좋고, 교육 기회와 직업 기회가 공평한 상태에서 생활한다.

그리고 아동복지의 목적은 더 구체적인 수준에서 살펴볼 수 있다. 그동안 구체적 수준에서 아동복지의 목적을 제시한 예를 살펴보면 다음과 같다(Barker, 2003; Liederman, 1995).

① 미국 전국사회복지사협회에서 발간한 사전에서는 공공기관과 비영리기관이 취약한 아동과 가족에게 아동복지 서비스를 제공하는 목적을 제시한다. 이것은 잔여적 관점에[3] 따른 아동복지의 목적이라고 볼 수 있는데, 이것은 구체적으로 다음과 같은 것을 말한다.

㉠ 아동과 가족에게 위험한 상황을 유발하는 환경을 개선한다.

㉡ 가족이 아동을 제대로 보살피도록 하기 위해 가족의 안정을 유지하게 하고 가족을 지원한다.

㉢ 아동이 나중에 학대당하지 않도록 아동을 보호한다.

㉣ 아동의 정서문제, 행동문제, 건강문제를 해결한다.

3) 잔여적 관점에 대해서는 뒤에서 설명한다.

㉤ 필요하다면, 입양이나 후견인[4] 제도를 통해 아동에게 영구한 가족을 제공한다.

② 리더먼(Liederman)은 지역사회에 초점을 두면서 아동복지가 추구하는 구체적인 목적을 다음과 같이 제시한다.

㉠ 모든 아동의 복리 수준을 높인다.

㉡ 아동의 가족을 지지하고, 아동학대를 유발하는 요인을 없앤다.

㉢ 가족의 욕구를 충족하고 가족의 장점을 파악함으로써, 가족이 더 안정된 상태에 있도록 한다.

㉣ 가정 밖에서 보호할 필요가 있는 아동에게 여러 가지 서비스를 제공한다.

㉤ 아동과 가족에게 부정적인 영향을 미치는 사회적 환경을 개선한다. 아동과 가족에게 부정적인 영향을 미치는 사회적 환경의 예로 주거 상태가 적절하지 않은 것, 빈곤 상태에 있는 것, 약물을 잘못 사용하는 것, 의료 서비스를 이용하지 못하는 것이 있다.

㉥ 가능하다면, 가족의 장점을 키워나가도록 지원한다.

㉦ 아동의 안정과 복리를 위해 필요할 때 개입한다.

정리하건대, 아동복지의 목적은 모든 아동의 삶의 질을 높이는 것이라고 볼 수 있다.

4) 일반적으로 후견인은 "역량이나 능력이 부족한 사람의 뒤를 돌보아 주는 사람"을 말한다(표준국어대사전, 2025). 그러나 아동복지와 관련해 볼 때, 후견인은 부모와 같은 보호자가 없는 아동을 보호하고, 이 아동에 대해 법과 관련된 일을 대신하는 사람을 말한다.

숲 활동을 하는 아동들 : 아동복지에서는 모든 아동의 복리 수준을 높이고자 한다. [출처 : 스웨덴에서 심희숙 님 제공]

3) 아동복지의 관점

사회복지에 대한 관점을 구분하는 대표적인 예는 잔여적(residual) 관점과 제도적(institutional) 관점으로 구분하는 것이다(노병일, 2021; Wilensky & Lebeaux, 1965). 잔여적 관점에서는 가족과 시장이 제 역할을 하지 못할 때만 사회복지기관이 관여하여야 한다고 보고 있다. 그리고 제도적 관점에서는 사회복지 서비스는 오늘날에 사회에서 기본적으로 필요하다고 보고 있다.

앞에서와 같은 구분은 아동복지 영역에도 그대로 적용할 수 있다. 실제로 사회복지에 대한 잔여적 · 제도적 관점은 국가가 아동복지 분야에서 제공하는 서비스와 관련되고 있다. 이를 구체적으로 제시하면 다음과 같다(Downs, Moore & McFadden, 2009).

① 잔여적 관점에 따른 아동복지에서는, 취약한 아동이나 가족에게 복지 서비스를 제공하는 데 주목한다. 따라서 정상적인 가족에게는 도움을 줄 필요가 없다고 본다. 그 결과, 잔여적 관점에 따른 아동복지 서비스에는 오명(낙인, stigma)이[5] 따라붙는다. 그러므로 잔여적 관점에 따른 아동복지에

5) 여기서 오명은 수치감이나 불명예와 같은 것을 말한다.

서는 아동복지를 좁은 의미에서 보고, 보호가 필요한 아동에게 주로 관심을 가진다.

② 제도적 관점에 따른 아동복지에서는, 일반 가족은 공통적 욕구가 많고 여러 시기에 도움이 필요하다고 본다. 따라서 모든 아동은 아동복지의 대상이 되고, 아동복지 서비스를 오명 없이 쉽게 이용할 수 있다고 본다. 그러므로 제도적 관점에 따른 아동복지에서는 아동복지를 넓은 의미에서 보고, 모든 아동과 가족에게 관심을 가진다. 오늘날의 아동복지는 제도적 관점을 취하는 방향으로 나아가고 있다.

Point

- 아동복지는 여러 영역에서 아동의 복리 수준을 높이기 위한 활동·지원·서비스·정책·제도이다.
- 아동복지의 목적은 모든 아동의 삶의 질을 높이는 데 있다.
- 잔여적 관점에 따른 아동복지에서는 아동복지를 좁게 보고, 보호가 필요한 아동에게 주로 관심이 있다. 제도적 관점에 따른 아동복지에서는 아동복지를 넓게 보고, 모든 아동과 가족에게 관심이 있다.

3. 아동복지의 특징과 원칙

1) 아동복지의 특징

아동복지는 여러 가지 특징을 지니고 있다. 아동복지가 지니는 주요한 특징으로 예방성, 비용효과성, 생산성, 공공성을 들 수 있다.

(1) 예방성과 비용효과성

아동복지는 문제를 예방하는 특징을 지니고 있다. 예를 들어, 어린 나이에 일찍 개입하는 아동복지 프로그램(조기개입 프로그램)을 실시하면, 아동은 사회적·문화적으로 잘 발달할 수 있게 된다. 왜냐하면 이런 프로그램은 아동이 나중에 학교를 잘 다니는 데 도움을 주고, 사회적으로 교류하는 데 도움을 주기 때문이다. 그러므로 조기개입 프로그램은 아동에게 나중에 문제가 생기는 것을 예방하는 역할을 한다고 볼 수 있다.

그리고 아동복지가 예방적 특징을 지니므로, 아동복지는 비용 측면에서 유리하다. 예를 들어, 아동의 정신건강문제 때문에 나타나는 좋지 않은 상황은 아동기 이후의 시기도 계속될 수 있다. 따라서 아동의 정신건강문제 때문에, 개인과 가족과 사회는 나중에도 계속해서 상당한 비용을 부담하게 될 수 있다. 이때 아동에게 적절한 아동복지 서비스를 제공하면, 아동의 정신건강이 좋아져서 현재와 미래에 큰 비용을 절약할 수 있게 된다.

실제로 조기개입 프로그램의 경우, 이득이 되는 부분이 프로그램을 실시하는 데 드는 비용보다 더 많은 것으로 나타난 바 있다. 예를 들어, 조기개입 프로그램을 실시한 결과, 정서적 발달, 학교의 성적, 건강, 성인기의 수입 등의 측면에서 더 유리한 것으로 나타난 바 있다.[6] 조기개입 프로그램은 주변 상황이 불리한 아동에게 특히 긍정적인 영향을 미치는 것으로 알려져 있다(Embrey, 2025; Centers for Disease Control and Prevention, 2025; Kutcher, Hampton & Wilson, 2010; Eitzen, Zinn & Smith, 2011).

> **가장 확실한 대가가 돌아오는 투자 – 영유아기 어린이에 대한 투자**
>
> 아기가 태어나면 36개월 안에 뇌세포가 빠르게 연결되어 평생 동안의 사고와 행동에 영향을 미칠 신경조직이 완성된다. 말하기, 만지기, 걷기, 사고하기 등을 배우면서 선과 악, 공정함과 불공정함을 판단하는 가치체계도 형성된다. 이 시기는 인생의 시기 중에서 가장 상처받기 쉬운 시기이므로 사회의 보호가 가장 절실히 필요해진다. 영유아기의 어린이의 보건과 교육, 영양사업에 충분한 투자를 하게 되면 국민들의 보건과 생활수준이 그만큼 향상되어, 미래에는 보건사업이나 사회복지 서비스에 쓰일 예산을 절약하는 결과를 가져오게 된다.
>
> [출처 : 유니세프(2001)] [원문 그대로 인용]

6) 이에 대해서는 조기개입 프로그램을 다루는 장(제11장)에서 자세히 설명한다.

(2) 생산성

아동복지는 생산적 특징을 지니고 있다. 왜냐하면 아동에게 투자하면, 아동이 나중에 성인이 되었을 때 경제적으로 더 생산적인 인물이 되기 때문이다. 따라서 미래에도 사회를 계속 잘 유지하기 위해서는, 건강하고 활기가 넘치고 열성적이고 교육을 잘 받은 아동이 필요하다.

그러므로 많은 사람은 아동이 사회에서 중심이 되는 인물이라고 보고 있다. 이런 예를 몇 가지 제시하면 다음과 같다(Micklewright & Stewart, 1999; Crosson-Tower, 2017).

① 미국 후버(Hoover) 대통령은 아동은 가장 귀중한 자연자원이라고 본다.
② 미클라이트와 스튜어트(Micklewright & Stewart)는 아동이 어떻게 발달하는지를 보면 미래가 어떤 모양을 갖출지를 파악할 수 있다고 주장한다. 왜냐하면 아동은 자라서 나중에 성인이 되기 때문이다.
③ 크로슨타워(Crosson-Tower)는 모든 아동은 우리의 미래라고 주장한다. 왜냐하면 모든 아동은 가장 중요한 자원이기 때문이다.

그러므로 아동복지는 미래 사회의 생산성을 키우는 바탕이 되고 있다. 우리나라 「어린이헌장」에서도 "어린이는 우리의 내일이며 소망이다"라고 밝히고 있다(노병일, 2024a).

어느 유치원의 안내 간판 : 아동이 발달하는 정도를 보면 사회의 미래가 어떤 모양을 갖출지를 파악할 수 있다. [출처 : 저자 촬영]

(3) 공공성

아동복지는 공적 특징을 지니고 있다. 왜냐하면 아동복지의 혜택을 아동만 누리는 것이 아니라 모든 국민이 누리는 경우가 많기 때문이다. 아동복지가 공적 특징을 지니는 것은 아동복지가 예방적이고 생산적인 특징을 지니는 것과 관련되어 있다. 예를 들어, 국가가 아동복지 프로그램을 제공해서 모든 아동의 건강 수준과 교육 수준을 높이면, 모든 아동은 사회구성원으로 더 건전하게 성장하고 사회의 생산성은 높아질 가능성이 크다. 이렇게 되면 사회 전체가 이득을 보므로, 결국에 가서 모든 국민이 아동복지의 혜택을 보는 셈이 된다(노병일, 2021).

2) 아동복지의 원칙

아동복지는 아동의 안전과 복리와 발달을 보장하기 위한 몇 가지 주요한 원칙을 바탕으로 삼고 있다. 일부 문헌에 근거해 아동복지의 주요한 원칙을 몇 가지 제시하면 다음과 같다(Fortin, 2012; United Nations, 1986; Geiger & Schelbe, 2021).

① 아동 최선 이익의 원칙 : 이것은 아동복지에 대해 결정할 때는 아동의 신체적·정서적 욕구를 고려하면서 아동에게 가장 이익이 되는 것을 우선하여야 한다는 원칙을 말한다.

② 보호의 원칙 : 이것은 아동은 학대와 착취로부터 보호받아야 하고, 아동의 안전을 보장하기 위한 법적 체계가 마련되어야 있어야 한다는 원칙을 말한다.

③ 가족 보존과 지원의 원칙 : 이것은 가능하면 아동을 가족 내에 있도록 하고, 양육자에게 필요한 지원을 하여야 한다는 원칙을 말한다.

④ 영구 계획의 원칙 : 이것은 아동발달에는 안정성이 매우 중요하므로, 아동복지에서는 아동에게 영구적인 생활 공간을 확보해 주는 데 주목하여야 한다는 원칙을 말한다.

⑤ 아동 참여의 원칙 : 이것은 아동은 자기 삶에 영향을 미치는 결정에서 자기 의견을 제시할 수 있어야 하고, 이때는 아동의 나이와 아동이 이해한 정도를 바탕으로 아동의 희망과 감정을 고려하여야 한다는 원칙을 말한다.

⑥ 다학문 접근의 원칙 : 이것은 아동의 욕구를 전체적으로 해결하기 위해, 아동복지에서는 사회복지사, 교육자, 의료 전문가, 법 전문가, 기타 전문가 사이에 협력하여야 한다는 원칙을 말한다.

한편 일부 선진국에서는 아동복지의 주요한 원칙으로 다음과 같은 것을 제시한 바 있다(Anonymous, 2005).

① 사회는 아동에 대해 폭넓게 고려하여야 한다. 이 원칙은 다음과 같은 측면과 관련된다.

㉠ 아동은 안전하고 자극을 주는 환경에서 성장할 권리가 있다.

㉡ 아동은 조화롭고 균형이 잘 잡힌 상태에서 발달할 권리가 있다.

② 사회에 있는 모든 기관은 아동이 성장할 수 있는 기본적 환경을 만들어 주어야 한다.

③ 아동에게 가장 이익이 되는 것을 가장 중요하게 고려하여야 한다.

④ 사회는 자기 가정에서 아동을 양육하는 부모를 도와주어야 한다.

⑤ 가족의 어려운 상황을 줄여주고 아동이 나중에 장기적으로 보호받는 상황에 있지 않게 하기 위해, 가족을 바로 도와주어야 한다.

Point

- 아동복지의 주요한 특징으로 예방성, 비용효과성, 생산성, 공공성이 있다.
- 아동복지의 주요한 원칙으로 아동 최선 이익의 원칙, 보호의 원칙, 가족 보존과 지원의 원칙, 영구 계획의 원칙, 아동 참여의 원칙, 다학문 접근의 원칙이 있다.

4. 아동복지 서비스

1) 아동복지 서비스의 정의와 현황

아동복지 서비스는 아동에게 제공하는 서비스를 말한다. 아동복지 영역에서는 아동에게 여러 가지 서비스를 제공하고 있다. 따라서 아동복지 서비스의 형태는 다양하다.

2) 아동복지 서비스의 분류

(1) 카두신과 마틴의 분류

아동복지 서비스를 분류할 때 가장 많이 사용하는 것은 카두신(Kadushin)(또는 카두신과 마틴(Martin))이 분류한 것이다(Mather & Lager, 2000).[7] 카두신과 마틴은 아동복지 서비스를 지지적(supportive) 서비스, 보충적(supplementary) 서비스, 대리적(substitute) 서비스로 분류하고 있다. 여기에 근거하서, 아동복지 영역에서는 아동과 가족에게 제공하는 서비스를 지지적 서비스, 보충적 서비스, 대리적 서비스로 구분하는 경우가 많다.

지지적 서비스와 보충적 서비스를 제공하는 목적은 가족을 잘 유지하고자 하는 것이다. 따라서 지지적 서비스와 보충적 서비스에서는 가족을 중심에 두고 있다. 그렇다고 해서, 지지적 서비스와 보충적 서비스에서 아동 복리의 측면을 무시한다는 것은 아니다. 하지만 지지적 서비스와 보충적 서비스에 비해서, 대리적 서비스에서는 아동을 더 중심에 두고 있다.

(2) 주커먼의 분류

주커먼(Zuckerman)은 방어하는 정도에 따라 아동복지 서비스를 다음과 같이 세 가지로 분류하고 있다(장인협 · 오정수, 2000).

7) 이런 분류를 처음에 제시한 학자는 카두신이다.

① 1차 방어선과 관련된 서비스 : 이것은 가족 내 서비스를 말한다.

② 2차 방어선과 관련된 서비스 : 이것은 대리가족[8] 서비스를 말한다. 가족이 정상적인 역할을 충분히 하지 못하면, 아동에게 친가족의 역할을 대신할 수 있는 곳을 제공할 필요가 있다. 이때, 수용시설보다[9] 제약이 더 적고, 가족 환경과 비슷하고, 지역사회와 자유롭게 교류할 수 있는 장소로서 대리가족을 권장한다. 대표적인 대리가족 서비스로 가정위탁과 입양이[10] 있다.

③ 3차 방어선과 관련된 서비스 : 이것은 수용시설 서비스를 말한다. 구체적으로 이것은 집단적인 주거 환경에서 서비스를 제공하는 것을 말한다. 친가족이나 대리가족이 아동의 욕구를 충족할 수 없으면, 아동을 집단에서 보호할 필요가 있다.

(3) 고려할 점

아동복지 서비스를 앞에서와 같이 분류하는 것과 관련해, 다음과 같은 측면을 고려할 필요가 있다(Mather & Lager, 2000).

① 서비스가 중복되는 측면을 고려할 필요가 있다. 왜냐하면 일반적으로 공식적 서비스는 서비스의 형태를 분류할 때 중복되는 경우가 많기 때문이다. 특히 지지적 서비스와 보충적 서비스는 서로 중복되는 경우가 많다.

② 비공식적 서비스를 고려할 필요가 있다. 왜냐하면 공식적 아동복지체계에서뿐만 아니라 비공식적 아동복지체계에서도 아동복지 서비스를 제공하기 때문이다. 비공식적 아동복지체계로 확대가족,[11] 친구, 이웃, 지역사회, 기타 조직(예컨대, 학교, 병원, 사업장)이 있다.

---

8) 대리가족은 친가족을 대신하는 가족을 말한다.

9) 수용시설은 아동을 집단으로 모아서 보살피는 시설을 말한다. 이런 시설에 대해서는 아동복지시설을 다루는 장(제7장)에서 자세히 설명한다.

10) 가정위탁과 입양에 대해서는 가정위탁을 다루는 장(제8장)과 입양을 다루는 장(제9장)에서 각각 자세히 설명한다.

11) 확대가족은 부모와 조부모와 기타 가까운 사람으로 구성된 가족을 말한다.

3) 지지적 · 보충적 · 대리적 서비스의 정의와 특징

(1) 지지적 서비스[12)]

일반적으로 지지적 서비스는 가정에서 아동에게 제공하는 서비스를 말한다. 지지적 서비스는 안전하고 다정한 가족이 아동발달에 가장 좋은 환경이 된다는 점에 근거하고 있다. 따라서 지지적 서비스는 가족을 중심에 두는 서비스이다. 그리고 지지적 서비스를 제공하는 환경은 제약이 가장 적다.

지지적 서비스의 주요한 특징은 심리적 도움을 준다는 데 있다. 따라서 지지적 서비스를 제공하는 목적은 아동의 가족이 겪는 스트레스를 줄여주고, 가족이 대처하는 능력을 키워주는 데 있다. 근본적으로 볼 때, 지지적 서비스의 목적은 가족이 불안정해지는 것을 예방하는 데 있다. 예를 들어, 어느 때는 가족이 불안정해져서 아동을 시설에 수용하여야 하는 상황이 생길 수 있다. 이때 지지적 서비스를 제공해서 이런 상황을 예방할 수 있다.

지지적 서비스를 몇 가지 제시하면 다음과 같다(노병일, 2020; Mather & Lager, 2000; Robinson, 1985).

① 가정봉사원 서비스 : 가정봉사원 서비스는 전문봉사자가 아동이 있는 가정을 방문해, 요리하기, 아동 돌보기, 기타 활동을 하면서 아동과 시간을 보내는 서비스를 말한다. 가정봉사원 서비스는 기관이 주관하면서 제공하는 경우가 많다. 자원봉사자가 가정봉사원 서비스를 담당할 수도 있다. 이때, 자원봉사자는 어려움을 겪는 부모에게 기본적인 집안일을 하는 방법과 양육 방법을 알려준다. 그리고 자원봉사자는 부모가 크게 아프거나 정신건강문제를 겪는 가족에게 도움을 주기도 한다.

② 공공부조와 기타 현금 원조와 현물[13)] 원조 : 공공부조는 국가가 생활이 어려운 사람이나 가족을 경제적으로 도와주는 것을 말한다. 현금 원조는 현금을 제공해 도와주는 것을 말하고, 현물 원조는 물품을 제공해 도와주는 것을 말한다.

12) 지지적 역할을 하는 서비스는 보충적 역할을 하는 경우가 많다. 그러므로 서비스의 예로 제시하는 것이 학자에 따라 다를 수도 있다.

13) 일반적으로 현물은 물품을 말한다.

③ 어려운 상황에 있는 아동과 가족에게 제공하는 사회 서비스 : 공식적인 아동복지체계에서 제공하는 사회 서비스는, 아동을 보호하는 데 어려움을 겪거나 특별한 욕구가 있는 가족에게 제공하는 상담 서비스인 경우가 많다.

④ 양육 기법 프로그램 : 양육 기법 프로그램의 목적은 젊은 부모나 어려움을 겪는 부모를 교육하는 데 있다. 양육 기법 프로그램은 문제를 예방하는 성격을 지닐 수 있다. 양육 기법 프로그램은 아동복지기관, 교육기관, 의료기관에서 제공하는 경우가 많다.

일본 아동복지기관의 상담실 : 공식적인 아동복지체계에서 제공하는 사회 서비스는 상담 서비스인 경우가 많다. [출처 : 일본에서 저자 촬영]

(2) 보충적 서비스

일반적으로 보충적 서비스는 가족이 아동을 양육하는 것을 도와주기 위해 아동과 가족에게 제공하는 서비스를 말한다. 보충적 서비스에서는 아동이나 가족이나 아동·가족 모두에게 심리적 도움을 줄 뿐만 아니라 자원도 일부 제공하고 있다. 이런 측면에서 볼 때, 보충적 서비스는 심리적 도움을 주로 제공하는 지지적 서비스와 차이가 나고 있다(Mather & Lager, 2000; Garvin & Tropman, 1997).

보충적 서비스의 예를 몇 가지 제시하면 다음과 같다(Mather & Lager, 2000; Garvin & Tropman, 1997).

① 휴식보호(일시보호, respite care) : 휴식보호는 부모의 책임에서 일정 기간 벗어나게 해주는 서비스이다. 휴식보호는 특별한 욕구가 있는 아동을 기르느라 부모가 스트레스를 너무 많이 받을 때나, 가족문제가 복잡해서 부모가 스트레스를 너무 많이 받을 때 제공한다.

② 보육(childcare) : 보육은 중요한 보충적 서비스이다.[14]

③ 가정봉사원 서비스

④ 양육 기법 프로그램

⑤ 공공부조와 기타 현금 원조와 현물 원조

⑥ 어려운 상황에 있는 가족에게 제공하는 사회 서비스

유치원 모습 : 보육은 중요한 보충적 서비스이다. [출처 : 미국에서 저자 촬영]

(3) 대리적 서비스

대리적 서비스는 아동의 상황이 아동에게 매우 불리해서, 아동을 친부모의 가정이 아닌 다른 장소에서 임시로 또는 영구히 살게 하는 서비스를 말한다.

14) 보육에 대해서는 보육을 다루는 장(제6장)에서 자세히 설명한다.

따라서 대리적 서비스는 제약이 가장 많은 서비스이다. 대리적 서비스의 원래 목적은, 가족 내부의 문제를 해결하거나 다른 환경을 갖추려고 준비하는 동안 아동을 친가정이 아닌 곳에서 보호하는 데 있다.

아동학대는 아동에게 대리적 서비스를 제공하는 주요한 원인이 되고 있다. 그리고 아동이 행동문제 등을 겪으므로 대리적 서비스를 제공하기도 한다. 또한 빈곤도 대리적 서비스를 제공하는 이유가 될 수 있다. 그러나 단지 빈곤하다는 사실 때문에 아동을 부모에게서 격리하지 말아야 한다. 미국에서 1909년에 열린 제1차 백악관 아동회의(White House Conference on Children)에서도, 단지 빈곤하다는 이유로 아동을 가족과 격리하는 것에 대해 반대한 바 있다(Mather & Lager, 2000; Gustavsson & Segal, 1994; Jones, 2025).

대리적 서비스의 예를 몇 가지 제시하면 다음과 같다.

① 시설보호(institutional care) : 시설보호는 아동을 생활시설에서 보호하는 것을 말한다.

② 가정위탁(위탁보호, foster care) : 가정위탁은 아동이 다른 사람의 가족과 함께 사는 것을 말한다.

③ 입양(adoption) : 입양은 아동에게 새롭고 영구적인 가족을 제공하는 것을 말한다.

평생 계획

자신의 가정이 아닌 곳에서 살고 있는 아동은 안정되고 영구한 가정에서 살 권리가 있다. 이에 따라 등장한 것이 평생 계획(permanency planning)이다. 구체적으로 평생 계획은 보살핌이 필요한 아동을 장기적으로 계속해서 보호하려고 체계적으로 노력하는 것을 말한다. 이때는 장기 가정위탁이나 입양을 통해서 평생 계획을 하는 경우가 많다(노병일, 2024a; Barker, 2003; Mather & Lager, 2000; Harris & White, 2013).

아동시설에서 연주회를 하는 모습 : 시설보호는 주요한 대리적 서비스이다. [출처 : 행사장에서 저자 촬영]

Point

- 아동복지 서비스는 아동에게 제공하는 서비스이다. 아동복지 서비스의 형태는 다양하다.
- 아동과 가족에게 제공하는 서비스는 지지적 서비스, 보충적 서비스, 대리적 서비스로 구분하는 경우가 많다.
- 지지적 서비스는 가정에서 아동에게 제공하는 서비스이다. 보충적 서비스는 가족이 아동을 양육하는 것을 도와주기 위해 아동과 가족에게 제공하는 서비스이다. 대리적 서비스는 아동을 친부모의 가정이 아닌 다른 장소에서 임시로 또는 영구히 살게 하는 서비스이다.
- 평생 계획은 보살핌이 필요한 아동을 장기적으로 계속 보호하려고 체계적으로 노력하는 것이다.

5. 아동복지와 관련된 사회복지사의 역할

사회복지사는 아동복지 서비스의 여러 형태 중에서 어떤 서비스가 가장 적절한지를 결정하기 위해, 아동의 가족 상황을 자세히 평가하고 있다. 이때, 사회복지사는 아동과 가족에게 개입하는 방법도 결정하는 경우가 많다(Mather & Lager, 2000).

이 외에도 아동복지 영역에서 사회복지사는 여러 가지 역할을 하고 있다. 사회복지사가 하는 역할을 몇 가지 더 제시하면 다음과 같다(Liederman, 1995; Child Welfare Information Gateway, 2015).

① 아동과 가족에게 서비스를 직접·간접으로 제공한다. 이와 관련해 사회복지사는 구체적으로 다음과 같은 역할을 한다.
   ㉠ 상담 서비스를 제공한다.
   ㉡ 가족이 여러 가지 서비스를 이용할 수 있도록 도와준다. 이런 서비스에는 의료 서비스, 정신건강 서비스, 보육 서비스, 주거 서비스가 포함된다.

② 아동이 학대당하면, 아동에게 더 쉽게 개입하도록 도와준다. 또한 학대당하는 아동을 보호하기 위해 가족과 격리하여야 할 때, 아동에게 더 쉽게 개입하도록 도와준다.

③ 아동복지 분야에서 경험이 많은 사회복지사는 슈퍼바이저로 활동한다. 슈퍼바이저는 아동복지 서비스를 효과적으로 전달하는 것과 관련해 중요한 역할을 한다. 슈퍼바이저 역할을 하는 사회복지사가 하는 활동을 몇 가지 살펴보면 다음과 같다.
   ㉠ 아동에게 서비스를 직접 제공하는 담당 직원을 지지하고 지도한다.
   ㉡ 담당 직원이 아동에게 질 좋은 서비스를 제공하는 것을 도와준다.
   ㉢ 담당 직원과 관리직 사이를 연결한다.

④ 더 높은 자리로 승진하면, 아동복지기관의 프로그램 부서를 관리하거나 아동복지기관 전체를 관리한다.

⑤ 이 외에 다음과 같은 역할을 한다.

㉠ 아동과 관련된 지역사회집단이 활동하는 것을 도와준다.

㉡ 아동복지정책을 통해 사회기관, 제도, 법, 관례를 개선하는 데 관여한다.

㉢ 아동에게 더 나은 서비스를 제공하기 위해 조사한다.

우리나라를 방문한 일본 아동복지학과 대학생들 : 아동복지에 관여하는 사회복지사는 여러 가지 역할을 한다. [출처 : 저자 촬영]

사회복지사가 하는 역할은 서비스의 형태나 사회복지사가 근무하는 기관에 따라 큰 차이가 나고 있다. 아동복지 서비스와 관련해 사회복지사가 할 수 있는 역할을 정리하면 〈표 1-2〉와 같다.[15)]

15) 물론 이것이 사회복지사가 할 수 있는 역할을 모두 포함하는 것은 아니다.

〈표 1-2〉 아동복지 서비스 및 이와 관련된 사회복지사 역할

서비스 형태	관련 기관	역할(예)
가족 서비스	가족계획센터	• 피임, 가족계획, 임신, 출산 전 보호 등에 대해 상담한다.
	조기개입기관	• 새로운 부모를 지지한다. 이것은 위험한 상태에 있는 가족에게 특히 그렇다.
노숙인 서비스	노숙인쉼터	• 쉼터에 있는 가족을 지지하고, 재정·주택·아동보호·가사에 대해 상담한다.
	주택기관	• 주택을 찾는 가족을 상담한다. • 가족이 주택을 찾는 것과 주택에 들어가 사는 것을 도와준다.
약물중독 서비스	약물기관	• 약물에 중독된 부모나 10대를 지지하고 상담한다. • 학교와 지역사회에서 약물남용을 예방하는 교육을 한다.
보육	보육시설	• 보육시설에 다니는 아동에게 서비스를 제공한다. • 부모에게 보육에 대해 홍보한다.
교육	학교	• 아동이 교육을 잘 받게 하기 위해 여러 서비스를 제공한다. • 부모와 학교 사이를 연결한다.
상담	가족서비스 기관	• 아동과 가족을 상담한다.
아동보호	아동보호기관	• 아동을 학대할 가능성이 있는 가족을 관리한다.
법률 서비스	소년법정	• 소년법정에 나타난 아동과 가족을 상담한다.
10대 부모	가족 서비스기관	• 10대 부모를 지지하거나 상담하거나 관리한다.
가정위탁	• 아동보호기관 • 가족 서비스기관	• 예비 수양부모에 대해 가정조사를 한다. • 아동을 위탁가정에 배치하고 감독한다.
입양	입양기관	• 예비 양부모에 대해 가정조사를 한다. • 아동을 입양가정에 배치하고 감독한다.
시설보호	아동시설	• 시설보호를 받는 아동을 상담한다.

출처 : Crosson-Tower(2017). [단, 노병일이 일부를 수정함]

한편 아동복지와 관련된 현장에서 활동하는 사회복지사가 역할을 제대로 하기 위해서는, 다음과 같은 것을 하는 데 필요한 지식과 자세를 갖출 필요가 있다 (Child Welfare Information Gateway, 2015).

① 아동과 가족에게 관여한다.

② 아동의 안전 상태를 살펴보고, 아동과 가족의 욕구와 강점과 자원을 파악한다.

③ 아동복지 영역의 사례에 대해 올바르게 결정한다.

④ 효과적인 아동복지 서비스와 관련된 계획을 짜고 이런 계획을 실시한다.

Point

- 사회복지사가 하는 역할로 아동의 가족 상황을 자세히 평가하고 개입하는 방법을 결정하는 것, 아동·가족에게 서비스를 제공하는 것, 학대당한 아동에게 더 쉽게 개입하도록 도와주는 것, 슈퍼비전을 주는 것, 기관을 관리하는 것이 있다.
- 사회복지사가 하는 역할은 서비스의 형태나 근무 기관에 따라 큰 차이가 난다.

6. 우리나라의 아동복지

우리나라에서 한국전쟁(6·25전쟁)은 국민이 아동복지에 관심을 가지는 계기가 되었다. 그리고 1957년 5월 5일 어린이날에 「어린이헌장」을 세상에 널리 알렸다. 「어린이헌장」을 통해서, 어린이(아동)의 기본적 인권을 존중하고 어린이의 몸과 마음을 건전하게 발달시키기 위해 개인적·사회적으로 맡아야 할 책임과 방안을 널리 알리게 되었다(노병일, 2024a).

한국전쟁으로 고아가 된 아동을 위해 도움을 요청하는 미국 포스터 : 한국전쟁은 우리나라 국민이 아동복지에 관심을 가지는 계기가 되었다. [출처 : 월드비전의 소식지]

그러나 제3공화국(1963~1972년)이 들어서기 전까지만 해도, 아동복지는 고아를 시설에 수용해서 보호하는 것과 긴급하게 도움을 제공하는 것이라고만 인식하고 있었다. 이 당시에는, 「어린이헌장」에 나오는 아동복지 이념은 선언적 상태에 머무르고 있었다. 그러다가 1961년 12월에 「아동복리법」을 만들었다.

그 후 1981년에 「아동복리법」을 「아동복지법」으로 이름을 바꾸고 크게 개정하였다. 하지만 1981년의 「아동복지법」은 새로운 상황을 맞이하게 되었다. 무엇보다도 결혼한 여성이 유급 일자리에서 일하는 비율이 높아지므로 탁아(오늘날의 보육)가 더 필요하였고, 이에 따라 탁아시설이 더 필요하게 되었다. 그 결과, 이후에 「아동복지법」을 몇 차례에 걸쳐 부분적으로 개정하였다. 특히 1991년에는 「영유아보육법」을 만들었고, 이에 따라 6세 미만 아동을 보육하는 것에 관심을 가지게 되었다.

그러다가 1990년대 말에 보건복지부와 학자·시민단체는 「아동복지법」을 개정하라고 요구하였고, 이에 따라 2000년에 「아동복지법」을 개정하였다. 개정한 법은 아동복지추진위원회가 처음에 바란 것만큼 크게 새롭지는 않았으나, 이전의 「아동복지법」보다 크게 나아졌다는 평가를 받았다. 무엇보다도 개정한 「아동복지법」에서는 아동의 권리와 안전 등에 주목하였다. 특히, 개정한 법에서는 아동학대와 관련된 조항을 체계적으로 정리하였다. 이후에 「아동복지법」을 여러 차례 개정하였다(이태수, 1999; 국가법령정보, 2025; 노병일, 2024a).

Point

- 한국전쟁은 국민이 아동복지에 관심을 갖는 계기가 되었고, 1957년에 「어린이헌장」을 세상에 널리 알렸다.
- 1961년에 「아동복리법」을 만들면서 아동복지는 새로운 계기를 맞았고, 1981년에 「아동복리법」을 「아동복지법」으로 이름을 바꾸고 크게 개정하였다.
- 1991년에 「영유아보육법」을 만들어 보육에 관심을 가지게 되었다.
- 「아동복지법」은 여러 차례 개정되었다.

7. 아동복지와 관련된 인구적 · 사회적 변화

오늘날 많은 국가에서 인구와 사회는 크게 변하고 있다. 이런 변화는 아동복지와 매우 크게 관련되고 있다. 오늘날의 아동복지에 영향을 미치는 인구적 · 사회적 변화를 몇 가지 제시하면 다음과 같다(노병일 · 노대겸, 2025; 노병일, 2025).

① 출산율이 낮아진다. 이에 따라 가족 규모는 더 작아진다.
② 전체 인구에서 아동이 차지하는 비율이 낮아진다.
③ 미혼모에서 태어난 아동이 많아진다.
④ 이혼하는 비율이 높아진다.
⑤ 한부모가 가장인 가구가 많아진다. 이때 모자가족이 차지하는 비율이 매우 높은 편이다. 이것은 이혼하는 비율이 높아지고 미혼모가 증가하는 경향과 크게 관련된다.
⑥ 재혼하는 사례가 많아진다.
⑦ 조부모(할아버지와 할머니)가 손자 · 손녀의 양육에서 적극적인 역할을 하는 경우가 많아진다.

손자를 돌보는 조부모 : 오늘날에는 조부모가 손자 · 손녀의 양육에서 적극적인 역할을 하는 경우가 많다. [출처 : 저자 촬영]

⑧ 남성이 실업 상태에 있는 경우가 많아진다.

⑨ 여성이 유급 일자리에서 일하는 비율이 높아진다. 그러나 여성근로자는 비정규직으로 근무하는 경우가 많다.

⑩ 정식으로 결혼하기 전에 동거하는 사례가 많아진다. 이것은 젊은 사람에게 특히 그렇다.

⑪ 결혼하는 시기가 늦어진다.

⑫ 인종이 더 다양하다. 우리나라에서도 국제결혼을 하는 사례가 증가함에 따라, 다문화가족이 많아진다.

⑬ 가족구성원의 수명이 길어진다. 이에 따라 가족구성원들 사이의 관계에서 스트레스를 받는 경우가 많아진다.

⑭ 동성애를 인정하는 방향으로 나아간다.

Point

- 오늘날의 아동복지에 영향을 미치는 변화로 출산율의 감소, 아동의 감소, 미혼모 아동의 증가, 이혼율의 증가, 한부모가족의 증가, 재혼의 증가, 조부모의 역할 증가, 남성 실업자의 증가, 여성의 유급 일자리 참여율의 증가, 동거의 증가, 결혼 시기의 지연, 다문화가족의 증가, 가족구성원 수명의 증가, 동성애의 인정이 있다.

chapter

02 아동복지와 가족

차례

1. 가족의 정의

가족이라는 용어는 주위에서 매우 자주 듣는 용어이다. 따라서 여러 학자와 기관은 가족에 대해 정의해 왔다. 그동안 가족에 대해 정의한 것을 몇 가지 제시하면 다음과 같다(국가법령정보센터, 2025; Merriam-Webster Dictionary, 2025; Barnard, 2025; Barker, 2003; Zastrow, 2010).

① 유명한 외국 사전에 따르면, 가족은 "한 지붕 아래에서 살고 있는 사람들의 집단"을 말한다.

② 미국 전국사회복지사협회에서 발간한 사전에 따르면, 가족은 구성원이 서로에 대해 어떤 의무를 갖고 대개는 함께 거주하는 집단을 말한다.

③ 바너드(Barnard)에 따르면, 가족은 결혼이나 혈연이나 입양으로 맺어진 사람들의 집단을 말한다.

④ 재스트로우(Zastrow)에 따르면, 가족은 공동 거주 공간에 함께 사는 사람으로서 결혼이나 가문이나 입양으로 맺어진 사람들의 집단을 말한다.

⑤ 우리나라 「건강가정기본법」에 따르면, 가족은 "혼인 · 혈연 · 입양으로 이루어진 사회의 기본 단위"를 말한다.

정리하건대, 가족은 결혼이나 혈연이나 입양으로 연관된 사람들이 일반적으로 함께 거주하는 집단이라고 볼 수 있다(노병일 · 노대겸, 2025).

Point

• 가족은 결혼이나 혈연이나 입양으로 연관된 사람들이 일반적으로 함께 거주하는 집단이다.

2. 가족의 중요성

가족은 아동이 발달하는 데 큰 영향을 미치고 있다. 무엇보다도 아동이 가족에서 경험한 것은 아동의 뇌가 발달하는 데 영향을 미치는 경우가 많다.[1] 따라서 가족은 아동에게 중요하다(노병일 · 노대겸, 2025).

또한 가족은 아동이 형성하는 애착의 형태에 큰 영향을 미치고 있다. 아동이 초기에 형성하는 애착은 아동의 정서적 발달, 자신에 대한 인식, 미래의 관계에 영향을 미치므로, 가족은 아동에게 중요하다(노병일 · 노대겸, 2025; Li, 2025).

아동에게 가족의 중요성

가족은 아동을 키우면서 교육하고 있다. 따라서 가족은 아동이 성장할 때 가장 중요한 역할을 하고 있다. 또한 가족은 가족구성원에게 사회의 가치를 가르치고 있다. 따라서 가족은 아동에게 최초이자 최고의 교육기관이다. 그리고 가족이 하는 역할은 아동의 성격에 영향을 미치고 있다.

또한 가족은 아동의 정신건강에 영향을 미치고 있다. 예를 들어, 좋은 가족 환경에서 아동은 편안함, 평화, 행복을 느낄 수 있다. 이렇게 되면, 아동의 정신건강은 좋아질 수밖에 없다(노병일 · 노대겸, 2025; Srikandi, 2020).

1) 이에 대해서는 앞에서 이미 설명한 바 있다.

Point

• 가족은 아동의 뇌가 발달하고 애착의 형태에 큰 영향을 미치므로, 아동에게 중요하다.

3. 가족의 역할

1) 일반적 역할

인간의 역사에서 가족이 등장한 후부터, 가족은 여러 가지 역할을 하고 있다. 무엇보다도 기본적으로 가족은 다음과 같은 역할을 하는데, 이런 역할은 아동의 삶과 직접·간접으로 관련되고 있다(노병일·노대겸, 2025; Moreira, Mendes & Pinheiro, 2022; Li, 2025; Brush, 2013).

① 가족구성원을 보살핀다.

② 가족구성원을 경제적으로 안정되게 한다.

③ 가족구성원에게 음식, 의류, 거주할 공간, 기타 건강에 필요한 것을 제공한다.

④ 가족구성원에게 전통과 문화적 유산을 전달한다.

그리고 가족이 본래 가지고 있는 특성과 가족구성원이 다른 사회구성원과 교류하는 측면까지 고려하면, 가족이 하는 역할은 더 많아지게 된다. 이와 관련해, 가족이 하는 중요한 역할을 몇 가지 제시하면 다음과 같다(노병일·노대겸, 2025; Li, 2025; Moreira, Mendes & Pinheiro, 2022; Sano, Mammen & Houghten, 2021; Daly, 2020).

① 출산한다. 이것은 가족에서 아이를 낳는 것을 말한다. 사회와 세대를 계속 이어가고자 할 때, 가족의 이런 역할은 대우 중요하다.

② 사회화(socialization)한다. 이것은 아동이 가족에 속하지 않는 사람들과 교류하는 방법을 배우도록 도와주는 것을 말한다.

③ 문화화(enculturation)한다. 이것은 가족이 아동에게 세상 돌아가는 것을 알려주고 사회의 가치를 가르치는 것을 말한다.

④ 보호한다. 이것은 가족이 아동을 보호하는 것을 말한다.

⑤ 지지한다. 이것은 가족이 아동을 여러 영역에서 지원하는 것을 말한다. 이런 예로 가족이 아동을 경제적·정서적으로 도와주는 것이 있다.

⑥ 욕구를 충족한다. 이것은 가족이 아동의 기본적 욕구와 기타 욕구를 충족하는 것을 말한다.

⑦ 정체성을 심어준다. 이것은 가족이 아동에게 자신은 어떤 존재이고 어떤 가치가 있는지를 알려주는 것을 말한다.

결국, 가족은 아동이 발달하는 것과 관련해 매우 중요한 역할을 하고 있다.

가족에 대해 집중적으로 다루는 『가족정책론(제1판)』 책(표지) : 가족은 다양한 역할을 한다.
[출처 : 저자 촬영]

2) 고려할 점

(1) 가족이 역할을 잘하기 위한 조건

어떤 조건에서는 가족이 역할을 더 잘할 수 있다. 예를 들어, 다음과 같은 환경에서는 가족이 역할을 더 잘할 가능성이 크다(D'Onofrio, 2011).

① 가족구성원들 사이의 관계가 안정되어 있다.

② 가족이 필요한 물질적 · 심리적 · 사회적 자원을 확보할 수 있다.

(2) 부모의 아동 관련 역할

가족이 아동과 관련해 여러 가지 역할을 할 때 중요한 인물은 아동의 부모이다. 부모는 아동의 발달 수준을 잘 알고 있다. 따라서 부모는 아동의 발달 수준을 자연스럽게 고려하면서 아동과 관련된 문제를 다룰 수 있다. 그 결과, 다른 가족구성원에 비해서 부모는 아동에게 긍정적인 역할을 더 할 가능성이 크다.

그리고 부모가 양육과 관련된 역할을 잘하는 가족에서 생활하는 아동은 다음과 같이 될 가능성이 크다(Li, 2025).

① 자신감이 더 있다.

② 사회적으로 더 잘 대처한다.

③ 어려움을 겪은 후 더 잘 회복한다.

(3) 가족이 하는 역할의 중요성

산업이 발달하면서, 그동안 가족이 한 역할은 크게 줄어들고 있다. 하지만 가족이 역할을 제대로 하는 정도는 아동에게 큰 영향을 미치고 있다. 무엇보다도, 역할을 제대로 하지 못하는 가족에서 자라는 아동은 정신건강문제를 겪을 가능성이 있다. 예를 들어, 아동기에 가족에서 스트레스를 받은 경험은 성인기에 다른 사람과 관계를 꾸준히 형성하는 데 부정적인 영향을 미칠 수 있다(노병일 · 노대겸, 2025).

우울한 아동기를 보낸 뭉크

『절규』라는 유명한 그림을 그린 뭉크(Munch)의 생활은 편하지 않았다. 뭉크의 아버지는 의사였다. 하지만 뭉크는 오슬로(Oslo)에서 아동기를 우울하게 보냈다. 뭉크는 자기 집이 질병·고통·죽음의 집이었다고 회상한 바 있다.

뭉크의 어머니는 30세에 결핵으로 사망하였다. 뭉크의 어머니가 죽었을 때, 자녀는 4명이었고 뭉크는 6세이었다. 뭉크의 아버지는 마음은 착한 사람이었지만, 자녀를 즐겁게 하는 사람은 아니었다.

뭉크의 누나도 결핵으로 사망하였다. 뭉크의 아버지는 자기 부인이 죽은 후 지나치게 엄숙한 생활을 하면서 편안함을 찾았고, 이에 따라 자녀들에게 기도생활을 엄하게 강요하였다. 뭉크는 나이가 들면서 아버지와 끊임없이 다투었다.

1889년 이후부터 뭉크는 우울 증상을 점점 심하게 겪었고, 가끔 두려움을 느끼게 되었다(Reichold & Graf, 1998). 그러나 뭉크가 17세에 이르렀을 때 뭉크는 자기의 좌절감을 표현할 수 있는 새로운 언어를 갖게 되었는데, 이것이 미술이었다. 그림을 그림으로써, 뭉크는 편안해지고 자신감을 가지고 희망을 가지게 되었다.

가족의 모습 : 가족이 역할을 제대로 하는 정도는 아동에게 큰 영향을 미친다. [출처 : 노르웨이에서 저자 촬영]

Point

- 가족의 중요한 역할로 출산, 사회화, 문화화, 보호, 지지, 욕구 충족, 정체성 형성이 있다.
- 가족이 아동과 관련해 역할을 할 때 중요한 인물은 부모이다.
- 가족이 역할을 제대로 하는 정도는 아동에게 큰 영향을 미친다.

4. 가족과 관련된 변화와 가족 형태

1) 가족과 관련된 변화

오늘날에는 가족과 관련해 여러 가지 측면이 중요해지고 있다. 오늘날 가족과 관련해 중요한 측면을 몇 가지 제시하면 다음과 같다(노병일 · 노대겸, 2025).

① 가족 형태와 관련된 측면

② 가족구성원이 성장하거나 가족의 환경이 변하는 것과 관련된 측면 : 이런 측면의 예로 다음과 같은 것이 있다.

㉠ 첫째 아이는 핵가족에서 자라지만, 둘째 아이는 한부모가족에서 자랄 수 있다.

㉡ 엄마가 이혼하였다가 다시 결합하면, 원래 아동이 새로운 가족에서 새로운 아동과 함께 지낼 수 있다.

과거에는 아동이 발달하는 데 가장 적절하다고 생각한 가족은 부모가 모두 있는 가족이었다. 이때 일반적인 가족 형태는, 아버지는 가정 밖으로 일하러 나가고 엄마는 가정에 머물며 아동을 양육하는 가족이었다. 그러나 오늘날 이런 형태의 가족은 줄고 있다. 왜냐하면 유급 일자리에서 일하는 가족구성원이 많아지고 있기 때문이다.

한편 가족과 관련해 세계의 많은 국가에서 다음과 같은 상황이 나타나고 있다(Logan, 2011; Smeeding, Gao, Saunders & Wing, 2008) [2)]

① 결혼하는 시기가 늦어진다.

② 이혼하는 비율이 높아진다.

③ 가족구성원의 수가 줄어든다.

④ 출산하는 비율이 낮아진다.

⑤ 혼자 사는 사람이 많아진다.

⑥ 전통적인 가족 구조가 크게 줄어든다.

2) 여기에 대해서는 아동복지와 관련된 인구적 · 사회적 변화를 다루는 장(제1장)에서 일부 설명한 바 있다.

그러나 오늘날 가족 구조가 새롭게 변함에 따라서, 아동이 불리한 상황에서 살 가능성이 커지고 있다. 이때, 자원이 적은 가족에서 아동이 살게 될 가능성이 커지고 있다. 이런 상황은 아동의 복리에 큰 영향을 미치고 있다.

2) 가족 형태

가족은 매우 단순해 보이지만, 가족의 형태는 다양하다. 특히 오늘날 가족의 형태는 더 다양해지고 있다(노병일 · 노대겸, 2025). 따라서 가족과 관련된 연구에서는 가족의 다양한 형태에 주목하는 경우가 많다.

일부 학자는 새로운 가족 형태가 등장하는 것을 개인주의에 주목하는 관점에서 설명하고 있다. 이런 관점에 따르면, 전통적 가족관계는 줄어들고 개인의 자유는 증가하므로 자기 삶을 더 통제할 수 있게 되어, 새로운 가족 형태가 나타나고 있다(노병일 · 노대겸, 2025).

아동과 관련해 오늘날 자주 볼 수 있는 가족 형태는 핵가족, 한부모가족, 재구성가족, 조손가족, 다문화가족, 동성애가족이다.

(1) 핵가족

가족 형태를 구분할 때 많이 사용하는 방식은 가족을 핵가족(nuclear family)과 확대가족(extended family)으로 구분하는 것이다. 핵가족은 결혼한 부부와 자녀로 구성되어 있고, 확대가족은 여러 친척과 친지로 구성되어 있다(Zastrow, 2010).

과거에는 가족이 확대가족으로 구성된 경우가 많았다. 그러나 오늘날 확대가족은 많지 않다. 그 대신, 선진국과 우리나라에서는 핵가족이 일반적인 가족 형태로 자리 잡고 있다.

평범한 가족 : 오늘날 핵가족은 일반적인 가족 형태이다. [출처 : 스위스에서 저자 촬영]

핵가족은 다음과 같은 특징을 지니고 있다(노병일 · 노대겸, 2025).

① 부모가 아동 양육과 관련된 일을 서로 나누어서 한다.

② 경제적 자원이 많다.

③ 부모 중 적어도 한 사람은 아동의 신체적 · 정서적 욕구를 충족하는 데 항상 관심을 가진다.

핵가족이 앞에서와 같은 특징을 지니므로, 핵가족에서 부모의 보호를 받고 자란 아동은 그렇지 않은 아동에 비해서 다음과 같이 될 가능성이 더 큰 것으로 알려져 있다(노병일 · 노대겸, 2025).

① 어려움을 적게 겪는다.

② 학교에서 잘 지낸다.

③ 10대일 때 알코올, 담배, 기타 불법 약물을 사용하지 않는다.

결국, 부모가 모두 있는 핵가족은 아동이 잘 발달하는 데 긍정적인 영향을 미칠 가능성이 크다. 그러나 부모가 모두 있는 핵가족이 앞에서 제시한 장점이 있지만, 핵가족에서 자라는 아동이 반드시 가장 잘 자라는 것은 아니다.

(2) 한부모가족

한부모가족(single-parent family)은 부모가 한 사람만 있는 가족을 말한다. 오늘날 한부모가족은 자주 볼 수 있는 가족 형태가 되고 있다. 특히 이혼하는 비율이 높아지고 미혼모가 많아짐에 따라서, 한부모가족은 늘고 있다. 우리나라에서도 한부모가족은 증가하고 있다(노병일·노대겸, 2025; American Psychological Association, 2019; Downs, Moore & McFadden, 2009). 오늘날 한부모가족이 증가하는 현상은 아동의 복리에도 큰 영향을 미치고 있다.

> **한부모가족과 관련된 용어**
>
> 우리나라 「한부모가족지원법」에서는 한부모가족과 관련된 용어를 다음과 같이 정의하고 있다(국가법령정보센터, 2025).
>
> ① 한부모가족은 모자가족 또는 부자가족을 말한다.
>
> ② 모자가족은 모(母, 어머니)가 세대주인 가족을 말한다. 이때, 세대주는 세대구성원을 사실상 부양하는 사람도 포함한다.
>
> ③ 부자가족은 부(父, 아버지)가 세대주인 가족을 말한다. 이때, 세대주는 세대구성원을 사실상 부양하는 사람도 포함한다.

한부모가족은 여러 상황에서 나타날 수 있다. 한부모가족이 생기는 상황을 몇 가지 제시하면 다음과 같다(Zastrow, 2010).

① 결혼하지 않은 사람이 아동을 입양한다.

② 결혼하지 않은 여성이 자녀를 출산한다.

③ 결혼한 사람이 이혼하고 자녀를 키운다.

한부모가족을 위한 행사 : 한부모가족은 여러 상황에서 생길 수 있다. [출처 : 조미정 님 제공]

오늘날 가장 일반적인 형태의 한부모가족은 엄마와 아동으로 구성된 모자가족이다. 따라서 한부모가족에는 엄마가 가장 역할을 하는 가족이 많다. 한부모가족의 엄마는 아버지와 어머니의 역할을 모두 하려고 노력하고 있다.

엄마가 가장 역할을 하는 가족이 늘어나는 경향은 갑자기 새롭게 나타난 것이 아니다. 왜냐하면 모자가족은 과거에도 늘 존재하였기 때문이다. 그러나 오늘날 모자가족은 증가하고 있고, 많은 모자가족이 겪는 문제점이 드러나고 있다. 이에 따라서 오늘날에는 모자가족에 더 주목하는 방향으로 나아가고 있다(Crosson-Tower, 2017; Downs, Moore & McFadden, 2009; Campbell, Howard, Rayford & Gordon, 2015).

한부모가족의 욕구와 기타 가족의 욕구는 서로 크게 다르지 않다. 하지만 한부모가족의 욕구를 충족하는 것은 더 어려울 수 있고, 한부모가족이 겪는 문제를 해결하는 것은 더 어려울 수 있다. 따라서 한부모가족에서 사는 것은 성인과 아동 모두에게 큰 스트레스를 줄 수 있다.

핵가족에 비해서 한부모가족이 스트레스를 더 겪는 이유를 몇 가지 제시하면 다음과 같다(노병일 · 노대겸, 2025; American Psychological Association, 2019; Downs, Moore & McFadden, 2009).

① 한부모는 아동을 돌보는 것, 직장생활을 하는 것, 가정을 꾸리는 비용을 확보하는 것, 기타 집안일을 하는 것과 관련해 더 큰 부담을 느낄 수 있기 때문이다. 무엇보다도 한부모가족에서는 부모 중에서 한 사람만이 아동을 보호하는 일을 맡기 때문이다.

② 한부모가족에는 상의할 배우자가 없으므로, 가족과 관련된 문제에 대해 홀로 결정하기 때문이다.

③ 부부가 헤어지고 난 후, 한부모가족의 재정과 자원이 크게 줄어드는 경우가 많기 때문이다.

④ 핵가족은 겪을 가능성이 없거나 적은 문제를 한부모가족은 겪기 때문이다. 이런 문제로 한부모가 새로운 배우자를 찾는 것과 관련된 문제가 있다.

무엇보다도 부모가 모두 있는 가족에 비해서, 한부모가족은 사용할 수 있는 자원이 더 적을 가능성이 크다. 구체적으로 부모가 모두 있는 가족에 비해서 한부모가족은 다음과 같은 상황에 있는 경우가 많다(노병일, 2016; Uhlenberg, 2009).

① 소득이 더 적다.

② 부모와 관련된 비(非)경제적 자원이 더 적다. 부모와 관련된 비경제적 자원으로 아버지와 함께 보내는 시간, 엄마와 함께 보내는 시간, 부모가 학교 숙제를 도와주는 것, 부모가 아동을 감독하는 것, 부모가 아동에 대해 기대하는 것을 들 수 있다. 일반적으로 부모가 모두 있는 가족에 비해서, 한부모가족의 부모는 아동을 보살피고 감독하는 데 시간을 더 적게 보낼 가능성이 크다.

③ 지역사회 자원의 측면에서 더 불리하다. 예를 들어, 한부모가족은 주거 상황이나 학교 상황이 상대적으로 좋지 않은 지역사회에서 살 가능성이 있다. 이렇게 되면, 한부모가족은 지역사회에 있는 기관이나 학교와 교류하고 도움을 받는 데 있어 더 불리할 수 있다.

한편 아동이 핵가족이나 확대가족이 아닌 가족 형태에서 사는 것이 아동에게 유리할 수도 있다. 따라서 부모가 모두 있는 가족만 장점이 있고, 부모가 한 명인 가족은 장점이 없는 것처럼 인식하는 것은 잘못이다(Morrow, 1999).[3] 아마토(Amato)는 사회망과 사회적 자원(social network/resource)의 관점에서 이런 측면을 연구한 바 있다. 구체적으로 아마토는 한부모가족과 관련해 다음과 같은 점을 제시하고 있다(Morrow, 1999).

① 친구가 한부모가족의 아동에게 자원을 제공하면, 한부모가족의 아동이 성인으로부터 도움받지 못해서 생기는 어려움이 줄어들 수 있다.

② 부모가 서로 갈등하면, 부모가 모두 있는 가족이 가지는 장점이 줄어들 수 있다. 그러나 한부모가족에서는, 아동과 함께 사는 성인이나 아동과 자주 교류하는 성인이, 아동과 함께 살지 않는 부모가[4] 하는 역할의 많은 부분을 대신할 수 있다.

모파상의 『시몽의 아빠』에 나타난 한부모가족 아동[5]

자신에게 아버지 역할을 하는 사람이 있다는 것은, 해당 아동의 자아존중감을 높이고 자신감을 높이는 방향으로 작용할 가능성이 크다. 이런 모습은 『시몽의 아빠』에서도 잘 나타나고 있다. 시몽이 필립이라는 성인의 지지를 받은 후, 시몽은 더 자신있고 당당해진 모습으로 또래들을 대한다.

다음 날 그 아이가 학교에 갔을 때 심술궂은 웃음들이 그를 맞이하였다. 그리고 교문에서 그 소년이 다시 그 전날과 똑같은 짓을 하려고 하자 시몽은 마치 돌멩이를 던지듯, 그의 머리에다 대고 '우리 아빠 이름은 필립이야'라는 말을 내던졌다.

즐거워 죽겠다는 듯한 아우성 소리가 사방에서 솟아났다.

"필립 누구야?... 필립 뭐냐구?... 그 필립이란 게 도대체 무어지?... 그 필립을 어디서 얻어왔지?"

시몽은 아무 대꾸도 하지 않았다. 그리고 요지부동의 믿음을 가진 그는 그들 앞에서 도망치기보다는 박애를 당할 채비가 되어 있는 자세로 그들에게 도전적인 시선을 보내고 있었다. (『시몽의 아빠』, 31쪽)

그는 열심히 학교를 갔고 그들에게 대꾸를 하지 않으면서 급우들의 한가운데를 당당히 지나치곤 했다. (『시몽의 아빠』, 33쪽)

[출처 : 노병일(2016)] [원문을 그대로 인용]

3) 이런 점은 앞에서 이미 설명한 바 있다.

4) 모자가족에서는 아버지가 여기에 해당하고, 부자가족에서는 엄마가 여기에 해당한다.

5) 모파상(Maupassant)은 유명한 프랑스 소설가이다. 그리고 소설의 주인공인 시몽(Simon)은 모자가족의 아들이고, 필립(Philippe)은 지역에서 시몽을 도와주는 성인이다.

(3) 재구성가족

재구성가족(혼합가족, reconstituted or blended family)은 이혼한 부부가 다른 사람과 재혼할 때 나타나는 가족을 말한다. 따라서 재구성가족에서는 이전 부부에서 생긴 아동과 새로 결혼해서 생긴 아동이 함께 사는 상황이 나타날 수 있다. 그러므로 재구성가족에서는 아동을 그녀(전 부인)의 아동, 그이(전 남편)의 아동, 우리 아동이라고 부르는 상황이 나타날 수 있다. 오늘날 재구성가족은 증가하고 있다(Steel & Kidd, 2001).

재구성가족의 구성원은 역할과 관련해 어려움을 겪을 수 있다. 왜냐하면 재구성가족의 부모에 대해 적어도 두 가지 역할을 할 것으로 기대하기 때문이다.[6] 이런 탓에, 재구성가족의 아동은 원래의 친부모 사이에 있었던 역할과 재구성가족에서 새로 나타난 역할을 비교하면서 혼란을 겪을 수 있다(Crosson-Tower, 2017).

그리고 재혼은 첫 번째 결혼보다 불안정하게 될 가능성이 더 큰 것으로 알려져 있다. 따라서 재구성가족은 불안정하게 될 가능성이 있다(Kayser & Johnson, 2011).

(4) 조손가족

조손가족(grandparent-headed family)은 조부모(할아버지 · 할머니)가 손자 · 손녀를 기르는 가족을 말한다. 조손가족에서는 할아버지가 가장 역할을 하거나, 할머니가 가장 역할을 하거나, 할아버지 · 할머니 모두가 가장 역할을 할 수 있다. 따라서 조손가족의 형태는 조부(할아버지)와 손자 · 손녀로 구성된 조부가족, 조모(할머니)와 손자 · 손녀로 구성된 조모가족, 조부모 모두(할아버지와 할머니)와 손자 · 손녀로 구성된 조부모가족으로 크게 구분할 수 있다(노병일 · 노대겸, 2025).

조손가족은 오늘날 증가하고 있는 가족 형태의 하나이다. 역사적으로 조부모는 중요한 역할을 해 왔다. 특히 가족이 불안정하므로 어려움을 겪을 수 있는 손자 · 손녀를 도와줄 때, 조부모는 중요한 역할을 해왔다. 그러나 오늘날 가족 구조가 변하고 또한 사회적 상황이 변함에 따라서, 조부모의 역할에 대해

6) 하나는 원래 처음에 결혼해서 형성한 가족과 관련된 역할이고, 다른 하나는 다시 결혼하거나 관계를 맺어서 생겨난 역할이다.

새롭게 인식하고 있다. 조부모의 새로운 역할에는 손자·손녀를 양육하는 역할도 포함되는데, 이에 따라 등장한 가족이 조손가족이다.

손자에게 자기 경험을 이야기하는 할아버지를 그린 벽화(뭉크(Munch)의 작품) : 오늘날 가족 구조와 사회적 상황이 변함에 따라서, 조부모의 역할을 새롭게 인식하는 경우가 많다.
[출처 : 노르웨이에서 저자 촬영]

조부모가 자기 손자나 손녀를 도맡아 보살펴야 하는 이유에는 여러 가지가 있다. 이런 이유를 몇 가지 제시하면 다음과 같다(Cox, 2003; Crosson-Tower, 2017; Sands, Goldberg-Glen & Shin, 2009).

① 조부모의 딸(즉, 아동의 친엄마)이 10대에 임신해서 아이를 낳았기 때문이다.
② 조부모의 자녀(즉, 아동의 친부모)가 자기 직업과 관련된 일을 하느라 바빠서, 아동을 돌볼 여유가 없기 때문이다.
③ 조부모의 자녀가 약물을 많이 사용하기 때문이다.
④ 조부모의 자녀가 교도소와 같은 곳에 갇혀 있기 때문이다.
⑤ 조부모의 자녀가 정신건강에 문제가 있기 대문이다.
⑥ 조부모의 자녀가 손자·손녀를 학대하기 때문이다.

조손가족은 나름의 긍정적인 측면이 있다. 따라서 조손가족에서 조부모는 아동을 잘 도와줄 수 있다. 조손가족의 긍정적인 측면을 몇 가지 제시하면 다음과 같다(Click & Parker, 2011).

① 조부모는 아동이 어려움을 겪을 때 아동을 정서적으로 도와주면서 잘 보살필 수 있다.

② 아동의 부모가 모두 사망하였거나 모두 교도소에 있거나 모두 약물중독자일 경우, 조부모는 아동을 잘 보살필 수 있는 유일한 가족구성원이 될 수 있다.

그러나 조손가족의 조부모 중에는 자신이 손자·손녀를 양육하리라고 예상하지 못한 조부모가 많다. 이런 조부모는 자기 아들·딸이 사망하였거나 손자·손녀를 양육할 능력이 없으므로, 할 수 없이 손자·손녀를 양육하는 경우가 많다. 따라서 손자·손녀를 양육하는 조부모에게는, 자기 친자식이 손자·손녀의 부모 역할을 할 수 없다는 현실을 받아들이는 것 자체가 힘들 수밖에 없다. 그리고 조손가족의 조부모는 손자·손녀를 양육하고 지지하는 새로운 역할을 추가로 맡으므로, 일반 조부모보다 스트레스를 더 겪을 가능성이 있다(Cox, 2003).

이런 탓에, 조손가족의 조부모는 손자·손녀를 키우면서 여러 가지 어려움을 겪을 가능성이 있다. 조손가족의 조부모가 겪는 어려움을 몇 가지 제시하면 다음과 같다(Cox, 2003).

① 부모가 약물을 잘못 사용하거나 자녀를 학대하였기 때문에 조손가족에서 사는 아동은 신체적·심리적·행동적 문제를 겪을 가능성이 있다. 이때, 조부모는 어려움을 크게 겪을 수 있다.

② 조부모는 소득이 적은 경우가 많다. 따라서 조손가족의 조부모는 아동을 양육하는 데 좋은 주택을 구하는 것과 관련해 어려움을 겪을 수 있다.

③ 손자·손녀가 시간을 더 투자하고 관심을 더 가져야 하는 장애아동일 경우, 조손가족의 조부모는 어려움을 더 겪을 수 있다.

그러므로 조손가족의 조부모가 겪는 상황을 처음에 자세히 조사할 때, 사회복지사는 조부모에게 가장 급한 문제와 이런 문제가 발생한 원인을 파악할 필요가 있다. 그리고 조부모가 손자·손녀의 부모 역할을 쉽게 하도록 해주기 위해, 사회복지사는 조부모에게 서로 지지하는 네트워크를 만들어 줄 필요가 있다. 왜냐하면 이런 지지 네트워크는 조손가족의 조부모를 정서적으로 도와주고 격려하는 데 도움을 주기 때문이다(Cox, 2003). 그리고 당연하게도 이런 네트워크는 아동에게도 긍정적인 영향을 미치고 있다.

(5) 다문화가족

일반적으로 우리나라에서 다문화가족(multicultural family)은 국제결혼을 통해 형성한 가족을 말한다. 우리나라 「다문화가족지원법(다문화가족법)」에 따르면, 다문화가족은 「재한[7] 외국인 처우 기본법」이나 「국적법」의 규정에 따라 우리나라 국적을 얻은 사람으로 이루어진 가족을 일컫는다(국가법령정보센터, 2025).

우리나라에 들어오는 결혼이민여성은 증가하고 있다. 그리고 우리나라에 들어오는 결혼이민여성은 거의 모두가 우리나라에 정착해서 다문화가족을 형성하고 있다. 그러므로 우리나라에서 다문화가족은 증가하고 있고, 이에 따라 다문화아동도 증가하고 있다(노병일·노대겸, 2025).

한국민속촌을 방문한 다문화가족들 : 우리나라에서 다문화가족이 증가함에 따라서 다문화아동도 증가한다. [출처 : 저자 촬영]

7) '재한'은 한국에 거주하는 것을 의미한다.

일반가족에 비해서 다문화가족은 여러 가지 어려움을 더 겪을 수 있다. 다문화가족이 겪을 수 있는 어려움을 몇 가지 제시하면 다음과 같다(노병일 · 노대겸, 2025; 황선영 · 노병일 · 서은주, 2011).

① 다문화가족의 구성원은 자기 의견을 서로 전달할 때 어려움을 겪을 수 있다. 왜냐하면 다문화가족에서는 부부의 모국어가 서로 다르기 때문이다. 실제로, 우리나라에 거주하는 결혼이민여성은 한국어로 자기 의견을 전달하는 데 어려움을 겪는 경우가 적지 않은 것으로 나타난 바 있다. 다문화가족에서 부부가 자기 의견을 서로 잘 전달하지 못하면, 가족구성원 사이에 갈등이 더 심각해질 수 있다. 따라서 자기 의견을 서로 잘 전달하지 못하는 문제는, 부부 사이의 관계와 엄마와 아동 사이의 관계에 부정적인 영향을 미칠 수 있다.

② 다문화가족은 문화적 갈등을 겪을 수 있다. 왜냐하면 다문화가족에서는 서로 다른 문화에서 살던 사람들이 함께 지내기 때문이다. 특히 우리나라에서 가부장 문화가[8] 완전히 없어지지 않았기에, 다문화가족의 여성은 가정에서 문화적으로 적응하는 데 어려움을 겪을 수 있다.

③ 다문화가족은 경제 영역에서 어려움을 겪을 수 있다. 왜냐하면 다문화가족은 경제적으로 여유롭지 못한 생활을 하는 경우가 많기 때문이다. 실제로, 우리나라에 거주하는 다문화가족의 가구 소득은 적은 것으로 나타난 바 있다.

④ 다문화가족의 여성은 자녀 교육과 관련해 어려움을 겪을 수 있다. 이렇게 되는 이유를 구체적으로 살펴보면 다음과 같다.

㉠ 다문화가족의 엄마는 우리나라 문화에 제대로 적응하지 못할 수 있고, 우리나라 언어에 서툴 수 있기 때문이다.

㉡ 다문화가족의 아동은 피부나 얼굴 모습에서 놀림을 당할 수 있기 때문이다.

8) 가부장 문화는 남성이 중심적인 문화를 말한다(노병일, 2022b).

정리하건대, 다문화가족은 여러 영역에서 어려움을 겪을 가능성이 크다. 그리고 이런 어려움은 서로 관련되어 있다. 다문화가족에서 나타나는 여러 가지 어려움은 다문화가족이 안정된 생활을 하는 데 부정적인 영향을 미칠 수 있다.

한편 다문화가족에서 사는 아동은 심리적으로 적응하지 못하고 사회적으로 적응하지 못할 가능성이 있다. 우리나라의 상황에서 이런 예를 몇 가지 제시하면 다음과 같다(박주희 · 남지숙, 2010; 황선영 · 노병일, 2015).

① 다문화가족에서 사는 일부 아동은 집단 따돌림을 당하고, 외모 때문에 놀림을 받고, 다른 사람과 적극적으로 교류하지 못하고, 자신이 누구인지에 대해 혼란스러워하는 것으로 나타난 바 있다.

② 다문화가족에서 사는 아동의 학교생활 만족도는 일반 아동의 학교생활 만족도보다 더 낮은 것으로 나타난 바 있다.

그러므로 다문화가족에게는 맞춤형 서비스가 특히 필요하다. 이에 따라 우리나라에서는 다문화가족의 여성이 우리나라 사회에 빨리 적응하고 다문화가족이 안정적으로 생활하게 해주기 위해서, 여러 가지 서비스와 프로그램을 제공하고 있다. 그리고 우리나라 「다문화가족지원법」에 따르면, 국가는 다문화가족의 아동이 학교생활에 빨리 적응할 수 있도록 교육 영역에서 지원하여야 한다. 또한 어린이집 원장, 유치원 원장, 학교의 교장 등은 보육이나 교육과 관련해 다문화아동이 차별받지 않도록 하여야 한다(국가법령정보센터, 2025).

(6) 동성애가족

동성애가족(homosexual family)은 같은 성별(남성 또는 여성)끼리 사는 가족을 말한다. 동성애가족은 최근에 등장한 가족 형태이다. 그동안 남성 동성애가족과 여성 동성애가족은 현실적인 가족 형태로 인정받지 못하는 경우가 많았다.

그러나 오늘날 많은 국가에서는 동성애 부부에 대한 사회적 권리와 법적 권리를 인정하는 방향으로 나아가고 있다. 따라서 오늘날 동성애가족은 증가하고 있다. 부모의 성적 취향은 자녀를 잘 보살피는 가족 환경을 형성할 수 있는 능력과 관련이 없는 것으로 알려져 있다(Herek, 2006; Crosson-Tower, 2017; Bausch, 2003).

Point

- 과거에는 아동이 발달하는 데 가장 적절하다고 생각한 가족은 부모가 모두 있는 가족이었다. 그러나 오늘날 이런 형태의 가족은 줄고 있다. 오늘날 가족 형태는 더 다양해지고 있다.
- 가족 형태를 구분할 때 많이 사용하는 방식은 가족을 핵가족과 확대가족으로 구분하는 것이다. 핵가족은 결혼한 부부와 자녀로 구성되어 있고, 확대가족은 여러 친척과 친지로 구성되어 있다. 오늘날 핵가족은 일반적인 가족 형태이다. 핵가족은 아동이 잘 발달하는 데 긍정적인 영향을 미칠 가능성이 크다.
- 한부모가족은 부모가 한 사람만 있는 가족이다. 오늘날 가장 일반적인 형태의 한부모가족은 모자가족이다. 한부모가족의 욕구를 충족하는 것은 더 어려울 수 있다. 한부모가족은 사용할 수 있는 자원이 더 적을 가능성이 크다.
- 재구성가족(혼합가족)은 이혼한 부부가 다른 사람과 재혼할 때 나타나는 가족이다. 재구성가족의 구성원은 역할과 관련해 어려움을 겪을 수 있다.
- 조손가족은 조부모가 손자·손녀를 기르는 가족이다. 조손가족은 나름의 긍정적 측면이 있다. 그러나 조손가족의 조부모는 손자·손녀를 키우면서 여러 가지 어려움을 겪을 수 있다.
- 다문화가족은 국제결혼을 통해 형성한 가족이다. 다문화가족은 여러 어려움을 겪을 수 있다. 다문화가족의 아동은 심리적·사회적으로 적응하지 못할 수 있다.
- 동성애가족은 같은 성별끼리 사는 가족이다. 오늘날 많은 국가에서는 동성애 부부에 대한 사회적·법적 권리를 인정하는 방향으로 나아간다.

5. 아버지와 아동복지

1) 아동 양육과 아버지

과거에는 아동 양육에 대한 책임은 엄마에게 있다고 본 경우가 많았다. 따라서 과거에는 아버지는 아동을 양육하는 주요한 가족구성원이라고 보지 않은 경우가 많았다.

> **아동의 아버지와 엄마**
>
> 가정에서 어떤 것을 결정할 때, 아버지와 엄마는 하는 역할과 우선순위를 두는 영역에서 서로 차이가 나는 경우가 많다. 일반적으로 아버지에 비해서 엄마는 다음과 같은 특성을 보이는 경향이 있다(UNICEF, 2006).
>
> ① 복지와 관련된 목표를 더 중요하게 생각한다.
>
> ② 가족의 욕구를 충족하기 위해 엄마가 가진 힘과 자원을 사용할 가능성이 더 크다. 이것은 아동의 욕구를 충족하고자 할 때 특히 그렇다.

이것은 사회복지사에게도 마찬가지였다. 실제로 과거에는 아동보호를 맡고 있는 사회복지사가 아버지에 대해 부정적으로 인식한 경우도 많았다.

아버지를 중요하게 다루지 않는 현상은 사회복지 이외의 분야에서도 나타나는 경우가 많다. 예를 들어, 엄마와 아버지가 학교나 병원에 함께 갔을 때 교사나 의사는 엄마에게 질문하는 경우가 많을 수 있다. 왜냐하면 이런 분야의 전문가는 아동에 대해서는 엄마가 더 잘 안다고 생각하는 경향이 있기 때문이다(Valios, 2002).

또한 아버지는 스스로 나서지 못할 수 있다. 아버지는 사회복지사가 자신에게 아동에 대한 정보를 제공할 때는 편할 수 있지만, 아버지가 아동과 관련해 느끼는 감정에 대해 사회복지사와 함께 이야기할 때는 불편할 수 있다.

그러나 아버지는 아동을 양육할 때 중요한 역할을 할 수 있다. 자녀에 대해 책임지는 아버지가 없이 자라는 아동은, 그렇지 않은 아동에 비해서 다음과 같은 상황에 있을 가능성이 더 큰 것으로 알려져 있다(National Child Care Information Center, 2002).

① 빈곤 상태에서 산다.

② 학교생활을 잘하지 못한다.

③ 범죄 활동에 가담한다.

④ 알코올이나 기타 약물을 많이 사용한다.

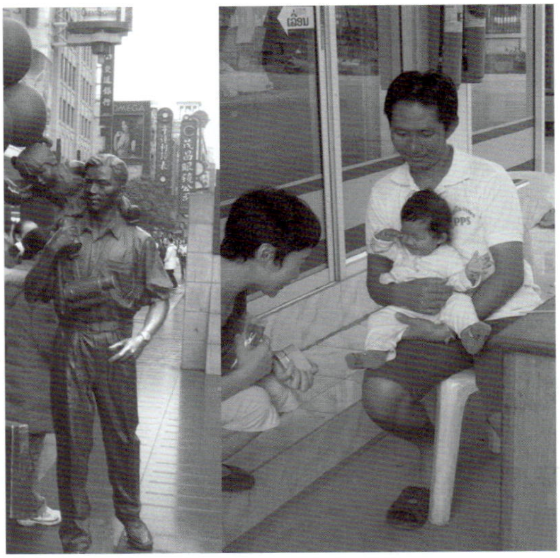

아버지와 아동 사이의 친근한 모습 : 아버지는 아동을 양육할 때 중요한 역할을 한다. [출처 : 중국과 라오스에서 각각 저자 촬영]

과거에 전문가는 아동의 삶과 아동발달에서 아버지의 역할이 중요하다는 점에 관심을 덜 가지는 경향이 있었다. 그러나 다음과 같은 연구 결과가 나타남에 따라서, 오늘날에는 아버지에게 서비스를 제공하는 데 관심을 가지는 방향으로 나아가고 있다(Campbell et al., 2015; Valios, 2002; Downs, Moore & McFadden, 2009; National Child Care Information Center, 2002).

① 아버지가 적극적으로 관여하는 아동은 더 잘 발달하는 경향이 있다. 구체적으로, 아버지가 관여하는 아동은 그렇지 않은 아동보다 신체적 발달, 인지적 발달, 정서적 발달, 사회적 발달을 더 잘하는 경우가 많다.

② 아동과 함께 살지 않는 아버지가 아동을 양육하고 보호하면, 아동을 경제적으로 도와줄 가능성이 더 크다.

③ 아버지가 관여하면, 아동은 학교생활을 더 잘한다.

④ 아버지는 아동이 성별과 관련된 정체성(gender identity)을 갖는 데 영향을 미친다.

실제로 아버지에게 기회를 주면, 아버지는 큰 역할을 할 수 있는 것으로 알려져 있다. 예를 들어, 어떤 행동을 해서는 안 된다는 것을 아버지에게 잘 교육하면, 아버지는 긍정적인 역할을 잘할 수 있는 것으로 알려져 있다. 이것은 폭력을 자주 사용하는 아버지에게 특히 그렇다.

그러므로 사회복지사는 아버지가 아동 양육에 더 관여하는 데 관심을 가질 필요가 있다. 아버지가 아동 양육에 더 관여하도록 하기 위해 아동복지 영역에서 할 수 있는 방법을 몇 가지 제시하면 다음과 같다(National Child Care Information Center, 2002).

① 아버지와 아동이 함께 참여하는 특별 프로그램을 실시한다.

② 아버지가 프로그램에 자원봉사자로 참여하게 한다.

③ 아버지를 주제로 하는 교육과 모임을 후원한다.

④ 아동복지에 대한 소식지나 아동과 관련된 프로그램을 안내하는 자료에서 아버지도 다룬다.

⑤ 아버지가 없는 아동에게는 남성을 조언자나 멘토(mentor)로 정해준다.

아버지와 보육시설을 나오는 아동 : 아버지에게 기회를 주면 아버지는 아동의 복리를 위해 큰 역할을 할 수 있다. [출처 : 저자 촬영]

2) 부자가족

한부모가족이라는 용어를 사용할 때는 엄마만 있는 가족(모자가족)을 떠올리는 경우가 많다. 그러나 아버지만 있는 가족(부자가족)도 증가하고 있다. 부자가족이 많아지는 현상은, 아버지가 아동 양육과 관련해 하는 역할에 대한 인식이 바뀌고 있음을 보여주고 있다(Davidson, 2006). 그리고 이혼과 관련된 법에서 아동에게 가장 이익이 되는 부모에게 아동을 맡기려고 함에 따라서, 남성이 가장 역할을 하는 한부모가족이 더 늘어날 가능성이 있다.

실제로, 아동 양육에 대한 권리를 주장하는 아버지가 많아지고 있다. 이런 아버지는 여성만이 아동을 잘 양육할 수 있는 것도 아니고, 여성만이 아동을 사랑하는 것도 아니라고 주장하고 있다. 그리고 이혼 법정에서 아버지도 아동을 양육할 능력이 있다는 점을 인정하는 사례가 많아지고 있다. 사실, 아버지가 아동을 사랑하고 잘 양육하면, 부자가족에서 사는 아동도 모자가족에서 사는 아동과 같이 잘 성장할 수 있다(Crosson-Tower, 2017; Jack, 2001; Ayalon & Flasher, 1993; Kayser & Johnson, 2011).

부자가족은 나름의 장점이 있다. 일반적으로 부자가족은 모자가족에 비해서 다음과 같은 장점이 있다(Downs, Moore & McFadden, 2009).

① 소득이 더 많으므로 아동에게 더 유리할 수 있다. 예를 들어, 부자가족은 남에게 돈을 주어 집안일을 시키거나 아동을 돌보는 사람(베이비시터)을 고용하는 데 더 유리할 수 있다.

② 친척은 여성보다는 남성을 더 도와주는 경향이 있다.

③ 아동이 아버지에 대해 좋게 인식할 수 있다. 예를 들어, 부모가 이혼한 후 아버지와 함께 사는 아동은 아버지와 함께 살지 않는 아동보다 자신의 아버지를 더 좋게 보는 것으로 나타난 바 있다.

여성 아동에 비해서, 남성 아동은 모자가족에서보다는 부자가족에서 더 잘 지낼 수도 있다. 이렇게 되는 이유를 몇 가지 제시하면 다음과 같다(Click & Parker, 2011).

① 아버지는 본인이 원해서 아동을 맡는 경우가 많기 때문이다.

② 아동이 아버지를 권위 있는 인물로 보므로, 아동이 문제를 일으키지 않는 경우가 많기 때문이다.

③ 부자가족의 소득이 모자가족의 소득보다 더 많아서, 아동이 더 나은 생활 환경에서 지내는 경우가 많기 때문이다.

그러나 부자가족도 경제적 어려움을 겪는 경우가 많다. 그리고 부자가족의 아버지가 모자가족의 엄마보다 소득이 더 많고 유급 일자리에서 일하는 기간이 더 길고 사업장에서 승진할 기회가 더 많지만, 부자가족도 아동 양육과 직장생활을 조화롭게 꾸려나가는 문제를 크게 겪을 수밖에 없다.

Point

- 아버지는 아동을 양육할 때 중요한 역할을 할 수 있다. 오늘날에는 아버지에게 서비스를 제공하는 데 관심을 가지는 경우가 많다.
- 아버지가 아동을 사랑하고 잘 양육하면, 부자가족에서 사는 아동도 모자가족에서 사는 아동과 같이 잘 성장할 수 있다. 남성 아동은 부자가족에서 더 잘 지낼 수도 있다.
- 부자가족도 경제적 어려움이나 아동 양육문제를 겪을 수 있다.

chapter

03 아동권리

차례

1. 아동권리의 배경과 정의 및 제시

1) 아동권리의 배경

아동은 어린 인간이다. 따라서 아동은 자라서 미래에 성인이 되는 존재이다. 또한 아동기는 아동의 능력이 서서히 증가하면서 성숙하는 시기이다(Archard, 2023; Humanium, 2025a). 따라서 아동은 성인이 될 때까지 누군가의 보호를 받아야 한다.

그리고 아동이 나중에 성인이 되어 사회생활을 잘하기 위해서는 나름의 능력을 갖추어야 한다. 따라서 모든 아동은 자신이 가진 능력을 완전히 개발할 기회를 가져야 한다(World Health Organization, 2017). 그러므로 아동에게는 자기 능력을 개발할 수 있는 환경을 제공하여야 한다.

하지만 아동은 취약한 상황에 있다. 이런 탓에, 아동은 스스로 자신을 보호하고 스스로 자기 능력을 개발할 수 있는 수단을 가지고 있지 않다. 더욱이 아동은 권력을 가지고 있지 않으므로, 정책을 결정하는 과정에서 가장 적은 목소리를 낼 수밖에 없다. 이에 따라 아동은 차별당하고 인간으로 제대로 인정받지 못할 가능성이 있다. 실제로 아동은 가장 힘이 약한 집단에 속하고 있다.

그러나 아동은 어리다는 특징과 인간이라는 특징을 모두 지니고 있다. 그리고 아동은 고귀한 존재이다. 따라서 아동에게 특별히 주목하여야 하고, 또한 아동을 특별하게 보호하여야 한다(Humanium, 2025a). 그러므로 이런 측면에서 볼 때, 아동에게 아동권리를 확실하게 보장할 필요가 있다.

아동과 보호자 : 아동은 어리다는 특징과 인간이라는 특징을 모두 지니므로 아동을 특별히 보호하여야 하고, 이에 따라 아동권리를 확실하게 보장할 필요가 있다. [출처 : 저자 촬영]

2) 아동권리의 정의

일반적으로 아동권리는 세상에 있는 모든 아동이 할 수 있거나 가질 수 있어야 하는 것을 의미하고 있다(European Union Agency for Fundamental Rights, 2016). 그러나 권리는 다음과 같이 구분하는 경우가 많다(Archard, 2023).

① 도덕적(moral) 권리 : 도덕적 권리는 일부 도덕 이론에서 인정하는 권리를 말한다.

② 법적(legal) 권리 : 법적 권리는 법에서 인정하는 권리를 말한다.

그러므로 아동권리는 다음의 두 가지를 의미하는 경우가 많다(Staller, 2011; Archard, 2023).

① 도덕적 권리를 의미한다. 이때, 도덕적 권리는 나이와 상관없는 기본적 인권을 말한다.

② 법적 권리를 의미한다. 이때, 법적 권리는 특정한 나이나 특정한 발달 단계에 이르렀으므로 누리는 권리를 말한다. 유엔 「아동권리협약(United Nations Convention on the Rights of the Child, CRC)」에서는[1] 아동의 법적 권리에 대해 자세히 제시하고 있다.

3) 아동권리의 제시

아동권리는 아동이 살고 있는 국가의 법(국내법), 국제법, 유럽연합 「기본 권리 헌장(Charter of the Fundamental Rights of the European Union)」,[2] 유엔 「아동권리협약」과 같은 것에 제시되어 있다. 이때, 국제법은 여러 국가가 따르기로 동의한 규정들을 말한다. 당연히 국제법에서도 아동권리를 규정하고 있다.

그리고 유엔 「아동권리협약」은 하나의 국제조약이다. 국제조약은 국가나 국제조직이 만든 국제법에 근거해 동의한 것을 말한다. 국제조약에서는 모든 사

1) 유엔 「아동권리협약」에 대해서는 뒤에서 자세히 설명한다.

2) 유럽연합 「기본 권리 헌장」에서는 유럽 시민과 유럽연합에 거주하는 사람들의 사회적 권리, 경제적 권리, 정치적 권리를 제시하고 있다.

람은 어떤 상황에서 어떤 것을 할지에 대해 동의하고 있다. 예를 들어, 국제조약에 따라서 모든 사람은 특정한 아동권리를 보호하기 위해서 할 수 있는 모든 것을 하겠다고 약속하고 있다(European Union Agency for Fundamental Rights, 2016).

Point

- 아동은 어리고 인간이라는 특징과 고귀함을 지닌 존재이므로, 아동에게 특별히 주목하고 보호하여야 한다. 따라서 아동에게 아동권리를 확실하게 보장할 필요가 있다.
- 아동권리는 모든 아동이 할 수 있거나 가질 수 있어야 하는 것이다. 그러나 아동권리는 도덕적 권리(나이와 상관없는 기본적 인권)와 법적 권리(특정 나이나 발달 단계에 이르렀으므로 누리는 권리)를 의미하는 경우가 많다.
- 아동권리는 국내법, 국제법, 유엔 「아동권리협약」 등에 제시되어 있다.

2. 아동권리의 특징과 내용

1) 아동권리의 특징

아동권리는 인권(human rights)이다. 구체적으로 아동권리는 아동에게 특별히 맞추어진 인권이다. 왜냐하면 아동권리에서는 아동이 약한 존재라는 점과 아동의 나이에 맞는 욕구를 고려하고 있기 때문이다. 따라서 아동권리에서는 아동을 인간으로서 보호하고 있다(노병일, 2024a).

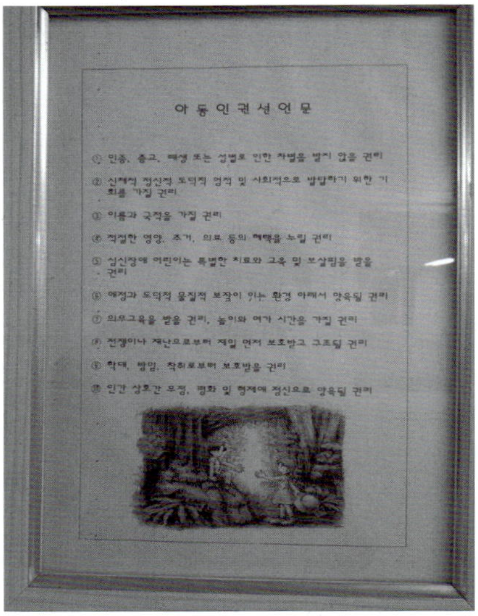

아동시설의 벽에 걸려 있는 아동인권선언문 : 아동권리는 아동에게 특별히 맞추어진 인권이다.
[출처 : 저자 촬영]

인권으로서 아동권리는 기본적으로 보장하는 측면과 본질적인 인권의 측면으로 이루어져 있다. 이런 측면을 구체적으로 제시하면 다음과 같다(Humanium, 2025a).

① 아동권리는 모든 인간에게 다음과 같은 권리를 기본적으로 보장한다.
   ㉠ 삶에의 권리
   ㉡ 차별받지 않을 권리
   ㉢ 신체적·정신적 품위를[3] 보호받음으로써 고귀하게 대우받을 권리 : 이때, 보호는 노예 상태에 있지 않고 고문당하지 않고 정당하게 대우받는 것을 말한다.

② 아동권리는 시민으로서의 권리를 포함한다. 이런 권리의 예로 자신의 존재를 인정받을 권리, 국적을 유지할 권리가 있다.

③ 아동권리는 경제적 권리와 사회적 권리와 문화적 권리를 포함한다. 이런 권리의 예로 교육받을 권리, 품위 있는 생활 수준을 누릴 권리가 있다.

---

3) 품위는 사람이 갖추어야 할 위엄을 말한다(표준국어대사전, 2025).

④ 아동권리는 개인적 권리를 포함한다. 이런 권리의 예로 부모와 함께 살 권리, 교육받을 권리, 보호받을 권리가 있다.

⑤ 아동권리는 집단과 관련된 권리를 포함한다. 이런 권리의 예로 장애아동의 권리, 소수민족 아동의 권리가 있다.

그리고 아동권리에서는 아동은 취약한 상태에 있다는 점을 고려하고 있다. 이때, 아동이 취약한 상태에 있다는 것은 다음과 같은 것을 의미하고 있다(Humanium, 2025a).

① 아동의 나이와 발달 단계에 맞게, 아동을 브호할 필요가 있다.

② 아동을 특별하게 도와줄 필요가 있다.

그러므로 아동권리에서는 아동의 나이에 어울리는 욕구와 아동발달과 관련된 욕구를 다루고 있다. 이런 욕구는 아동이 성장함에 따라 변하고 있다(Children's Rights Alliance, 2017). 이런 점을 구체적으로 제시하면 다음과 같다(Humanium, 2025a).

① 아동권리에서는 아동은 발달할 필요가 있다는 점을 고려한다. 따라서 아동은 다음과 같은 권리를 가진다.

㉠ 생활할 권리

㉡ 신체적 · 지적으로 적절하게 발달할 권리

② 아동권리에서는 아동이 잘 발달하기 위해 꼭 필요한 욕구를 충족하는 것에 주목한다. 이런 욕구의 예로 적절한 영양이 있는 음식을 먹는 것, 보호받는 것, 교육받는 것이 있다.

2) 아동권리의 내용

아동권리의 특징에는 아동권리의 여러 내용이 포함되어 있다.[4] 일반적으로 아동권리는 다음과 같은 권리를 포함하고 있다(UNICEF, 2016b; European Union Agency for Fundamental Rights, 2016).

4) 아동권리의 특징에 대해서는 앞에서 이미 설명한 바 있다.

① 성인에게 적용되는 것과 똑같은 기본적인 일반적 인권
② 아동의 특별한 욕구와 관련된 특별한 권리 : 이런 권리는 추가적인 권리와 관련된다. 왜냐하면 아동은 어리므로 추가로 보호받을 필요가 있기 때문이다. 아동이 가지는 추가적 권리의 예로 학교에 다닐 권리, 위험한 일을 하지 않을 권리가 있다.

Point

- 아동권리는 아동에게 특별히 맞추어진 인권이다. 인권으로서 아동권리는 기본적으로 보장하는 측면과 본질적인 인권의 측면으로 이루어져 있다.
- 아동권리에서는 아동은 취약한 상태에 있다는 점을 고려한다. 따라서 아동권리에서는 아동의 나이에 어울리는 욕구와 아동발달과 관련된 욕구를 다룬다.
- 아동권리는 성인에게 적용되는 것과 똑같은 기본적인 일반적 인권과 아동의 특별한 욕구와 관련된 특별한 권리를 포함한다.

3. 아동권리의 역사와 경향

1) 아동권리와 관련된 일반적 역사

과거에는 아동권리에 관심을 가지지 않았다. 이런 예를 몇 가지 제시하면 다음과 같다(Humanium, 2025b).

① 고대에는 누구도 아동을 특별하게 보호하는 것에 관심을 가지지 않았다.
② 중세에는 아동은 '조그만 성인(small adult)'이라고 인식하였다. 따라서 아동은 나름의 특성이 있는 어린 존재라는 점을 인정하지 않았다.

이런 탓에, 과거에는 아동을 경제적 측면에서만 인식하였다. 그 결과, 과거에는 아동은 가족이 가진 경제적 자산의 하나라고만 인식한 경우가 많았다. 예를 들어, 과거에는 아동을 다음과 같이 인식한 경우가 많았다(Gustavsson & Segal, 1994).

① 가족이 가진 노동력의 한 부분이다.
② 부모가 나이가 들었을 때 부모를 경제적으로 보호하는 존재이다.

그러므로 과거에는 아동은 일할 능력이 있어 가족에게 경제적으로 이바지하기 때문에 필요하였고, 이런 측면에서만 아동을 가치 있게 여겼다. 이에 따라서 과거에는 아동이 위험한 공장에서 하루에 12~14시간 동안 일하는 것을 흔히 볼 수 있었다. 심할 때는 아동에게 일을 시키기 위해 시설에 있는 아동을 데려오기까지 하였다. 예를 들어, 프랑스에서 제1차 세계대전이 끝난 후 인구가 감소함에 따라, 프랑스 정부는 외국의 아동시설에 있는 아동을 프랑스로 몰래 데려와서 고용주에게 맡겼다. 그리고 고용주는 이런 아동들이 자기 공장에서 일하게 하였다(Cohen & Hanagan, 1994).

그 후 일부 국가에서 아동을 특별히 보호하려고 하였다. 예를 들어, 19세기 중반에 프랑스에서 아동을 특별하게 보호하려는 움직임이 나타나기 시작하였다. 이에 따라서 프랑스에서 아동에 대한 권리가 점점 발달하게 되었다. 이런 예를 몇 가지 제시하면 다음과 같다(Humanium, 2025b).

① 1841년부터 사업장에서는 아동을 보호하기 시작하였다.

② 1881년부터 법에서는 아동이 교육받을 권리가 있음을 밝혔다.

또한 20세기 초에 이르러, 점점 많은 국가에서 아동을 보호하는 것에 주목하기 시작하였다. 이때, 아동을 보호하는 것은 아동을 의료 영역, 사회적 영역, 법과 관련된 영역에서 보호하는 것도 포함하고 있었다. 아동을 이런 영역에서 보호하는 활동을 처음으로 시작한 국가는 프랑스이었다. 그 후 이런 활동은 유럽의 다른 국가로 퍼져 나갔다(Humanium, 2025b).

더불어 1900년대 초에 들어서, 사회개혁자들은 아동을 비인간적으로 다루는 것에 대해 항의하였다. 당연히 사회개혁자들은 아동권리를 주장하였다. 하지만 모든 국가에서 아동권리를 그 후 바로 보장한 것은 아니었다. 예를 들어, 미국에서는 아동권리를 1900년대 초부터 주장하였지만, 아동권리를 실제로 강조하기 시작한 것은 1960년대에 들어서였다. 그 후 1967년에 미국 대법원은 형사법에서 성인에게 인정하는 대부분 권리를 아동에게도 인정하여야 한다고 판결하였다. 이 판결은 미국 「헌법」에서 아동을 인간(person)으로 인정하는 계기가 되었다(Mather & Lager, 2000; Freeman, 1983).

2) 국제적 움직임

1900년대에 이르러, 세계는 아동권리에 관심을 가지기 시작하였다. 특히 1919년 이후에 세계는 아동을 보호하는 것이 중요하다는 점을 인식하기 시작하였고, 아동을 보호하기 위한 위원회를 만드는 데 관심을 가졌다(노병일, 2024a).

중요한 의미가 있는 국제적 움직임을 몇 가지 제시하면 다음과 같다(Humanium, 2025b).

① 1924년에 9월에 국제연맹(League of Nations)은[5] 「아동권리선언(Declaration of the Rights of the Child)」을 채택하였다. 「아동권리선언」은 「아동권리의 제네바(Geneva)[6] 선언」이라고 부르기도 한다. 「아동권리선언」은 아동의 권리와 관련된 첫 번째 국제조약이었다. 「아동권리선언」에서는 인간은 아동을 위해 최선을 다하여야 한다고 주장한다. 폴란드 의사인 코르착(Korczak)은 「아동권리선언」이 탄생하는 데 이바지하였다.

폴란드의 코르착 기념관에 있는 동상 : 유대인인 코르착은 「아동권리선언」이 탄생하는 데 이바지하였다. [출처 : Wikipedia(2025)]

5) 국제연맹은 1920년에 국제 평화를 유지하고 더 협력하기 위한 목적으로 만든 국제기구를 말한다(표준국어대사전, 2025).

6) 제네바는 스위스에 있는 도시의 이름이다.

② 제2차 세계대전으로 많은 사람이 사망하고 다침에 따라서, 수천 명의 아동이 비참한 상태에 있게 되었다. 이에 따라서 1947년에 유엔 아동긴급기금이라는 조직을 만들었다. 그 후 유엔 아동긴급기금은 유니세프(UNICEF)가 되었다. 1953년에 유니세프는 공식적인 국제조직이 되었다.

오늘날 아동권리를 위해 크게 활동하는 유니세프 : 1953년에 유니세프는 공식적인 국제조직이 되었다. [출처 : 벨기에에서 저자 촬영]

③ 1948년 12월에 「세계인권선언(Universal Declaration of Human Rights)」을 채택하였다. 「세계인권선언」에서는 출산하는 시기와 아동기에는 특별하게 보호받고 도움받을 자격이 있다는 점을 강조한다.

④ 1959년에 유엔 총회에서는 「아동권리선언(Declaration of the Rights of the Child)」을 채택하였다. 이에 따라서 아동권리를 계속해서 인정하는 방향으로 나아가게 되었다.

⑤ 유엔은 1979년을 '세계 아동의 해(International Year of the Child)'로 정하였다.

⑥ 1989년 11월에 유엔 총회에서는 「아동권리협약(Convention on the Rights of the Child)」을 어느 국가도 반대하지 않는 상황에서 채택하였다. 이에 따라

서 아동의 이익과 권리를 실제로 인정하게 되었다. 유엔 「아동권리협약」은 아동이 가진 모든 기본적 권리를 인정하면서 법적 효력을 갖는 첫 번째 국제문서이다.

3) 우리나라의 역사

우리나라에서는 5월 5일을 '어린이날'로 정하였고, 5월 1일부터 7일까지를 '어린이주간'으로 정하였다. 어린이날과 어린이주간을 정한 것은 아동에 대한 사랑과 보호의 정신을 높임으로써, 아동이 옳고 아름답고 슬기롭고 씩씩하게 성장하도록 해주고자 함이다. 결국, 어린이날과 어린이주간을 정한 것은 아동을 나름의 권리를 가진 존재로 인정하려는 방안의 하나인 셈이다(국가법령정보센터, 2025).

우리나라에서는 1957년 어린이날에 「어린이헌장」을 만들었고, 1988년 어린이날에 「어린이헌장」을 개정하였다. 우리나라 「어린이헌장」은 아동의 권리를 잘 보여주고 있다. 그 후 2015년에 「어린이놀이 헌장」을 만들었고, 2016년에 「아동권리헌장」을 만들었다(전국국공립어린이집 연합회, 2020).

우리나라에서는 아동권리에 학문적으로도 관심이 커지고 있다.

「어린이헌장」

대한민국 「어린이헌장」은 어린이날의 참뜻을 바탕으로 하여, 모든 어린이가 차별 없이 인간으로서의 존엄성을 지니고, 나라의 앞날을 이어나갈 새 사람으로 존중되며, 바르고 아름답고 씩씩하게 자라도록 함을 길잡이로 삼는다.

① 어린이는 건전하게 태어나 따뜻한 가정에서 사랑 속에 자라야 한다.
② 어린이는 고른 영양을 취하고, 질병의 예방과 치료를 받으며, 맑고 깨끗한 환경에서 살아야 한다.
③ 어린이는 좋은 교육시설에서 개인의 능력과 소질에 따라 교육을 받아야 한다.
④ 어린이는 빛나는 우리 문화를 이어받아, 새롭게 창조하고 널리 펴나가는 힘을 길러야 한다.
⑤ 어린이는 즐겁고 유익한 놀이와 오락을 위한 시설과 공간을 제공받아야 한다.
⑥ 어린이는 예절과 질서를 지키며, 한겨레로서 서로 돕고, 스스로를 이기며, 책임을 다하는 민주 시민으로 자라야 한다.
⑦ 어린이는 자연과 예술을 사랑하고 과학을 탐구하는 마음과 태도를 길러야 한다.
⑧ 어린이는 해로운 사회 환경과 위험으로부터 먼저 보호되어야 한다.

⑨ 어린이는 학대를 받거나 버림을 당해서는 안 되고, 나쁜 일과 힘겨운 노동에 이용되지 말아야 한다.
⑩ 몸이나 마음에 장애를 가진 어린이는 필요한 교육과 치료를 받아야 하고, 빗나간 어린이는 선도되어야 한다.
⑪ 어린이는 우리의 내일이며 소망이다. 나라의 앞날을 짊어질 한국인으로, 인류의 평화에 이바지할 수 있는 세계인으로 자라야 한다.

「아동권리헌장」

모든 아동은 독립된 인격체로 존중받고 차별받지 않아야 한다. 또한 생명을 존중받고, 보호받으며, 발달하고 참여할 수 있는 고유한 권리가 있다.

① 부모와 사회, 국가와 지방자치단체는 아동의 이익을 최우선적으로 고려해야 하며, 다음과 같은 아동의 권리를 확인하고 실현할 책임이 있다.
② 아동은 모든 형태의 학대와 방임, 폭력과 착취로부터 보호받을 권리가 있다.
③ 아동은 출신, 성별, 언어, 인종, 종교, 사회·경제적 배경, 학력, 연령, 장애 등의 이유로 차별받지 않을 권리가 있다.
④ 아동은 개인적인 생활이 부당하게 공개되지 않고 보호받을 권리가 있다.
⑤ 아동은 신체적·정신적·사회적으로 건강하게 성장하고 발달하는 데 필요한 기본적인 영양, 주거, 의료 등을 지원받을 권리가 있다.
⑥ 아동은 자신이 살아가는 데 필요한 지식과 정보를 알 권리가 있다.
⑦ 아동은 자유롭게 상상하고 도전하며 창의적으로 활동하고 자신의 능력과 소질에 따라 교육받을 권리가 있다.
⑧ 아동은 휴식과 여가를 누리며 다양한 놀이와 오락, 문화·예술 활동에 자유롭고 즐겁게 참여할 권리가 있다.
⑨ 아동은 자신의 생각이나 느낌을 자유롭게 표현할 수 있으며, 자신에게 영향을 주는 결정에 대해 의견을 말하고 이를 존중받을 권리가 있다.

4) 경 향

오늘날에는 아동권리를 중요하게 다루는 방향으로 나아가고 있다. 예를 들어, 세계보건기구(WHO)는 아동이 적절한 생활 수준을 누릴 수 있는 권리는 지구상의 모든 권리 중에서 가장 근본적인 권리라고 주장한 바 있다(Daniel & Ivatts, 1998).

결국, 오늘날 아동은 여러 측면에서 가치 있는 존재로 보는 방향으로 나아가고 있다. 이에 따라 아동권리에도 관심이 커지고 있다. 유엔 「아동권리협약」은 이런 경향이 나타나는 데 크게 이바지하고 있다.

Point

- 과거에는 아동권리에 주목하지 않았다.
- 그 후 일부 국가에서 아동을 특별히 보호하려고 하였고, 20세기 초에 여러 국가에서 아동을 보호하는 것에 주목하기 시작하였고, 1900년대 초에 사회개혁자는 아동을 비인간적으로 다루는 것에 대해 항의하였다.
- 1900년대에 세계는 아동권리에 관심을 가지기 시작하였다. 특히 1924년에 국제연맹은 「아동권리선언」을 채택하였는데, 코르착은 「아동권리선언」이 탄생하는 데 이바지하였다.
- 1947년에 유엔 아동긴급기금이라는 조직을 만들었는데, 후에 이 조직은 유니세프가 되었다.
- 1989년에 유엔 총회에서는 「아동권리협약」을 채택하였다. 유엔 「아동권리협약」은 아동의 모든 기본적 권리를 인정하면서 법적 효력을 갖는 첫 번째 국제문서이다.
- 우리나라에서는 5월 5일을 '어린이날'로 정하였고, 5월 1일~7일을 '어린이주간'으로 정하였다. 우리나라 「어린이헌장」은 아동권리를 잘 보여준다.
- 오늘날에는 아동권리를 중요하게 다루는 방향으로 나아간다.

4. 아동권리에 근거한 접근방식

아동권리에 근거한 접근방식(child rights approach)은 아동을 중심에 두면서 아동권리와 연관시키는 접근방식이다. 아동권리에 근거한 접근방식은 오늘날의 대표적인 아동중심 관점이라고 볼 수 있다.

순수한 아동의 해맑은 모습 : 아동권리에 근거한 접근방식에서는 아동을 중심에 두면서 아동권리와 연관시킨다. [출처 : 미국에서 저자 촬영]

아동권리에 근거한 접근방식은 여러 가지 특징을 지니고 있다. 무엇보다도 아동권리에 근거한 접근방식에서는, 아동을 힘이 없는 부하(아래 사람)가 아니라 인간으로 보고 있다.

아동권리의 내용을 보면, 아동권리에 근거한 접근방식은 다음과 같은 특징을 지니고 있다(UNICEF, 2014a).

① 아동을 도움이 필요한 대상으로 인식하기보다는, 아동을 포기할 수 없는 권리를 가진 존재로 인식한다. 이와 더불어 아동은 소극적으로 활동하는 존재가 아니라 적극적으로 활동하는 존재라고 본다.

② 전체에 주목한다.

③ 책임을 져야 하는 사람과 권리를 가지는 사람 사이의 관계에 주목한다.

그리고 아동권리를 실행하는 측면을 보면, 아동권리에 근거한 접근방식은 다음과 같은 특징을 지니고 있다(UNICEF, 2014a).

① 유엔 「아동권리협약」과 기타 국제인권 자료에서 제시하는 아동권리를 아동이 잘 누리도록 한다.

② 아동과 관련된 정책이나 프로그램을 설계할 때, 유엔 「아동권리협약」과 기타 국제인권 자료에 있는 아동권리 기준과 원칙을 적용한다.

③ 권리를 가진 사람이 자신의 권리를 주장할 수 있는 능력을 갖추게 하고, 의무가 있는 사람이 자신이 아동에 대해 가지는 의무를 다할 수 있는 능력을 갖추게 한다.

Point

- 아동권리에 근거한 접근방식은 오늘날의 대표적인 아동중심 관점으로서, 아동을 중심에 두면서 아동권리와 연관시키는 접근방식이다.

5. 유엔 「아동권리협약」의 일반적 상황과 배경 및 진전

1) 유엔 「아동권리협약」의 일반적 상황[7)]

유엔 「아동권리협약」은 인간의 역사에서 인권과 관련해 가장 빠르고 가장 널리 비준을[8)] 받은 국제 인권조약이다. 유엔 「아동권리협약」은 1990년 9월부터 효력이 발생하고 있다. 따라서 각 국가는 국내법을 유엔 「아동권리협약」에 맞게 개정하였다(노병일, 2024a; UNICEF, 2017; Humanium, 2025b; Alderson, 2000). 우리나라에서는 유엔 「아동권리협약」을 1991년 12월부터 정식으로 적용하고 있다.

유엔 「아동권리협약」은 54개 조로 이루어져 있다. 그리고 유엔 「아동권리협약」은 크게 다음과 같은 네 부분으로 구성되어 있다(UNICEF, 2014b).

① 전문(前文, Preamble)[9)]

② 제1부 : 제1부에서는 아동에게 급여를 제공하고 아동을 보호하고 아동이 참여하는 것과 관련된 실제적 권리를 다룬다.

③ 제2부 : 제2부에서는 유엔 「아동권리협약」을 실행하는 것을 모니터하는 절차를 다룬다.

④ 제3부 : 제3부에서는 국가가 유엔 「아동권리협약」을 비준하거나 서명하기 위한 절차를 다룬다.

2) 유엔 「아동권리협약」의 배경과 진전

(1) 유엔 「아동권리협약」의 배경

유엔 「아동권리협약」이 필요한 배경에는 여러 가지가 있다. 이와 관련해, 유니세프(UNICEF)는 유엔 「아동권리협약」이 필요한 이유를 다음과 같이 제시하고 있다(UNICEF, 1999).

---

7) 유엔 「아동권리협약」의 전체는 이 책의 <부록>에 실려 있다.

8) 비준은 "조약을 [...] 최종적으로 확인 · 동의하는 절차"를 말한다(표준국어대사전, 2025).

9) 전문은 법이나 조약의 맨 처음에 머리말처럼 나오는 부분을 말한다.

① 아동권리에 특별히 주목하는 법이나 제도가 없는 사회가 많기 때문이다.
② 사회의 미래가 잘되려면 아동이 건전하게 발달하는 것이 특히 중요하기 때문이다.
③ 어른에 비해서 아동은 어려움을 더 겪기 때문이다.
④ 어떤 나이층보다도 아동은 정부가 행동하는 것과 행동하지 않는 것으로부터 더 큰 영향을 받기 때문이다.
⑤ 아동은 투표권이 없고, 정치적·경제적 힘이 거의 없기 때문이다. 따라서 아동의 목소리를 반영하지 않는 경우가 많기 때문이다.
⑥ 아동은 성인의 이익을 위해 이용되기 쉽고, 학대당하기 쉽기 때문이다.
⑦ 아동을 부모의 재산으로 인식하거나, 완성되지 않은 성인으로 보거나, 사회에 이바지할 준비가 아직 안 된 존재로 보는 사회가 많기 때문이다.

덴마크의 코펜하겐에 있는 유니세프 사무소 : 유니세프는 미래가 잘되려면 아동이 건전하게 발달하는 것이 특히 중요하므로, 「아동권리협약」이 필요하다고 본다. [출처 : 덴마크에서 저자 촬영]

(2) 유엔 「아동권리협약」의 진전

유엔 「아동권리협약」이 통과된 지 20주년을 맞이하면서, 아동과 관련된 여러 국제기관은 아동권리에 대한 국제회의를 2009년에 에티오피아(Ethiopia)에서 연 바 있다. 이 국제회의의 주제는 '갈림길에 서 있는 아동권리'였다. 그리고 오늘날에는 범죄와 관련된 아동을 법적으로 더 잘 보호하는 데 관심이 커지고 있다(African Child Policy Forum, Childwatch International Research Network & Unicef Innocenti Research Center, 2009; Lynch & Liefaard, 2020).

오늘날 유엔 「아동권리협약」은 모든 국가의 아동정책에 큰 영향을 미칠 뿐만 아니라, 아동과 가족의 생활에도 큰 영향을 미치고 있다.

Point

- 각 국가는 국내법을 유엔 「아동권리협약」에 맞게 개정하였다.
- 유엔 「아동권리협약」이 필요한 이유는 아동권리에 특히 주목하는 법이나 제도가 없는 사회가 많고, 아동의 건전한 발달이 사회의 미래에 특히 중요하고, 아동은 어려움을 더 겪고, 아동은 정부의 행동으로부터 더 큰 영향을 받고, 아동은 정치적·경제적 힘이 거의 없고, 아동은 성인에게 이용되거나 학대당하기 쉽고, 아동을 완성되지 않은 존재로 보는 사회가 많기 때문이다.
- 오늘날 유엔 「아동권리협약」은 모든 국가의 아동정책과 아동·가족의 생활에 큰 영향을 미친다.

6. 유엔 「아동권리협약」의 특징과 중요성

1) 유엔 「아동권리협약」의 특징

유엔 「아동권리협약」에서는 인권과 관련된 국제협약에서 밝힌 아동 인권을 함께 모아 제시하고 있다. 사실, 유엔 「아동권리협약」은 이런 인권의 모든 영역을 포함한 첫 번째 협약이다(UNICEF, 2014a; UNICEF, 2016b).

무엇보다도 유엔 「아동권리협약」에서는 각 아동은 완전한 인간이라고 보고 있고, 또한 아동은 특별하게 보살피고 보호하여야 할 대상이라고 보고 있다. 이런 측면에서 유엔 「아동권리협약」의 특징을 일부 제시하면 다음과 같다(UNICEF, 1999).

① 유엔 「아동권리협약」에서는 여러 권리를 제시한다. 이런 권리는 아동이 신체적·정신적·영적·도덕적·사회적으로 발달하는 데 적절한 생활 환경과 관련된 권리도 포함한다.

② 유엔 「아동권리협약」에서는 아동의 판단 능력이 발달한다는 점을 인정하면서, 아동은 자기 생활에 영향을 미치는 결정을 내리는 데 참여할 권리가 있음을 밝힌다. 그 결과, 아동도 자신의 목소리를 전달할 수 있음을 밝힌다.

아동자치회의를 하는 모습 : 유엔 「아동권리협약」에 따르면, 아동은 자기 생활에 영향을 미치는 결정을 내리는 데 참여할 권리가 있다. [출처 : 최난희 님 제공]

한마디로 말해서, 유엔 「아동권리협약」은 세계가 아동이 생존할 권리, 배우고 성장할 권리, 자신의 목소리를 반영할 권리, 자기 능력을 완전히 펼칠 권리를 보호하고 더 늘리기 위해 무엇이든지 하겠다고 아동에게 약속한 내용을 담고 있다(UNICEF, 2014a).

유엔 「아동권리협약」 이외에도, 아동권리와 관련된 국제조약이 더 있다. 하지만 유엔 「아동권리협약」은 다음과 같은 점에서 독특한 특징을 지니고 있다(UNICEF, 1999).

① 포괄적(comprehensive)이다. 즉, 유엔 「아동권리협약」은 아동에게 시민적 권리, 정치적 권리, 경제적 권리, 사회적 권리, 문화적 권리를 모두 보장한다.
② 보편적(universal)이다. 즉, 유엔 「아동권리협약」은 모든 상황에 있는 모든 아동에게 적용된다.
③ 무조건적(unconditional)이다. 즉, 유엔 「아동권리협약」에서는 자원이 거의 없는 정부도 아동권리를 보호하기 위해 조치를 취하라고 요구한다.
④ 전체적(holistic)이다. 즉, 유엔 「아동권리협약」에서는 모든 권리가 본질적이고, 나눌 수 없고, 서로 연관되고, 동등하다고 주장한다.

또한 다른 협약에 비해서, 유엔 「아동권리협약」은 다음과 같은 특징을 지니고 있다(UNICEF, 2014a).
① 아동권리를 더 완전하게 제시한다.
② 사회구성원이 아동을 보는 방식에 큰 영향을 미치는 몇 가지 기본 원칙을 제시한다.

2) 유엔 「아동권리협약」의 중요성

유엔 「아동권리협약」은 인권의 모든 범위를 포함하면서 세계에서 효력이 있는 첫 번째 문서이다. 또한 유엔 「아동권리협약」은 아동권리를 보호하고 실현하기 위한 중요한 도구이다(World Health Organization, 2017; UNICEF, 2014b). 이런 점에서 유엔 「아동권리협약」은 매우 중요하다.

유엔 「아동권리협약」이 효력을 발생한 후부터, 유엔 「아동권리협약」은 아동과 아동기에 대한 인식을 바꾸는 데 도움을 주고 있다. 무엇보다도 유엔 「아동권리협약」 때문에, 아동을 인식하고 아동을 대하는 방식이 바뀌게 되었다. 즉, 유엔 「아동권리협약」 때문에, 아동은 돌봄이 필요하고 자선을 베풀어야 하는 수동적인 대상이 아니라, 분명한 여러 가지 권리를 가진 인간이라고 인식하게 되었다. 따라서 유엔 「아동권리협약」은 자선에 근거한 접근방식에서 아동을 인식하는 것에서 벗어나서, 권리에 근거한 접근방식에서 아동을 인식하는 방향으로 나아가는 데 이바지하고 있다(UNICEF, 2014b; UNICEF, 2017). 이런 점에서 유엔 「아동권리협약」은 매우 중요하다.

유엔 「아동권리협약」에 대해서는 대부분 국가가 인정하고 있다. 대부분 국가가 유엔 「아동권리협약」을 받아들인 것은, 세계가 아동권리를 키우는 데 널리 관여하고 있음을 분명히 보여주고 있다. 더불어 유엔 「아동권리협약」은 모든 아동이 복리를 누리는 기준에 대해 세계가 의견을 같이한다는 점을 보여주고 있다(UNICEF, 2017; World Health Organization, 2017). 이런 점에서 유엔 「아동권리협약」은 매우 중요하다.

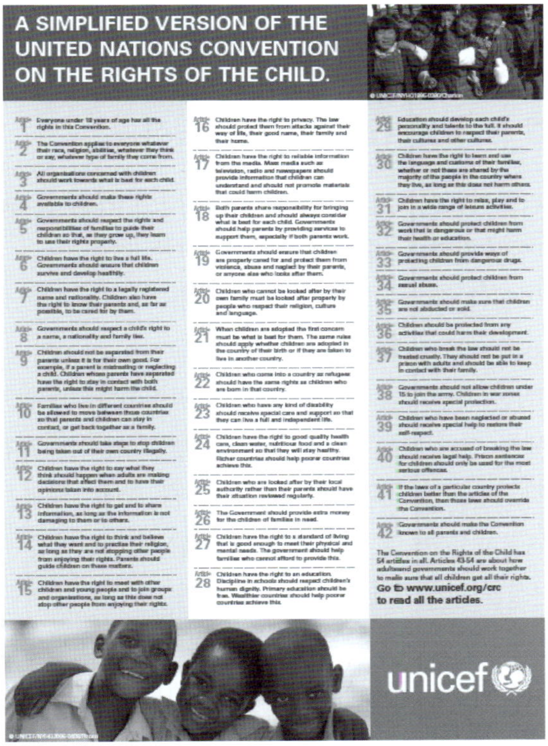

아동권리를 간단하게 정리한 포스터 : 대부분 국가는 유엔 「아동권리협약」을 인정한다.
[출처 : UNICEF(2016)]

Point

- 유엔 「아동권리협약」은 국제 인권의 모든 영역을 포함하는 첫 번째 협약이다. 유엔 「아동권리협약」에서는 여러 권리를 제시하고, 아동도 자신의 목소리를 전달할 수 있음을 밝힌다.
- 유엔 「아동권리협약」은 포괄적이고, 보편적이고, 무조건적이고, 전체적이라는 특징이 있다.
- 유엔 「아동권리협약」의 중요성은 아동권리를 보호・실현하기 위한 중요한 도구라는 점, 권리에 근거한 접근방식에서 아동을 인식하는 방향으로 나아가게 한다는 점, 모든 아동이 복리를 누리는 기준에 대해 세계가 같은 의견을 보여준다는 점에 있다.

7. 유엔 「아동권리협약」의 기본 원칙과 실행

1) 유엔 「아동권리협약」의 기본 원칙

유엔 「아동권리협약」에는 지침이 되는 네 가지의 기본 원칙이 있다. 이런 기본 원칙은 모든 아동권리의 바탕을 이루고 있다.

유엔 「아동권리협약」의 네 가지 기본 원칙을 구체적으로 제시하면 다음과 같다(Children's Rights Alliance, 2017; UNICEF, 2016b).

① 첫 번째 원칙은 차별하지 말아야 한다는 원칙이다. 이 원칙은 모든 아동은 모든 상황에서 어느 때고 자기 능력을 개발할 권리를 똑같이 가진다는 것을 의미한다. 예를 들어, 모든 아동은 인종, 국적, 종교, 장애 상태, 부모 상태, 성적 취향, 기타와 상관없이 교육을 똑같이 받을 수 있어야 한다.

② 두 번째 원칙은 아동에게 가장 이익이 되는 것에 주목하여야 한다는 원칙이다. 이 원칙은 아동과 관련해 행동하고 결정할 때 우선적으로 고려하여야 하는 원칙이다. 그리고 서로 다른 권리들 사이에 나타나는 갈등을 해결할 때, 이 원칙을 적용하여야 한다. 예를 들어, 아동에게 영향을 미치는 국가 예산을 결정할 때, 정부는 예산을 줄이는 것이 아동에게 가장 유리한 측면에 어떤 영향을 미치는지를 고려하여야 한다.

③ 세 번째 원칙은 생존하고 발달할 권리가 있다는 원칙이다. 이 원칙은 다음과 같은 것을 강조한다.

㉠ 아동이 기본적 서비스를 이용할 수 있도록 하는 것은 매우 중요하다.

㉡ 아동이 자기 능력을 완전하게 펼칠 기회를 평등하게 갖도록 하는 것은 매우 중요하다. 예를 들어, 장애가 있는 아동은 자기 능력을 완전히 펼치기 위해 교육과 의료 서비스를 잘 이용할 수 있어야 한다.

④ 네 번째 원칙은 아동의 의견을 반영하여야 한다는 원칙이다. 이 원칙은 아동권리와 관련된 모든 영역에서 아동의 의견을 들어서 반영하여야 한다는 것을 의미한다. 따라서 이 원칙은 아동에게 참여할 권리가 있는 것과 관련된다. 그러므로 권력을 가진 사람은 아동에게 영향을 미치는 결정을 내리기 전에 아동과 상의하여야 한다.

앞에서 제시한 기본 원칙은 아동이 자신과 관련된 모든 권리를 누리고자 할 때 바탕이 되고 있다.

「아동권리협약」의 기본 원칙

① 무차별(NON-DISCRIMINATION) : 모든 어린이는 부모님이 어떤 사람이건, 어떤 인종이건, 어떤 종교를 믿건, 어떤 언어를 사용하건, 부자건 가난하건, 장애가 있건 없건, 모두 동등한 권리를 누려야 합니다.

② 아동 최선의 이익(DEVOTION TO BEST INTERESTS OF THE CHILD) : 아동에게 영향을 미치는 모든 것을 결정할 때는 아동의 이익을 최우선으로 고려해야 합니다.

③ 생존과 발달의 권리(THE RIGHT TO LIFE, SURVIVAL AND DEVELOPMENT) : 어린이는 특별히 생존과 발달을 위해 다양한 보호와 지원을 받아야 합니다.

④ 어린이 의견 존중(RESPECT FOR THE VIEWS OF THE CHILD) : 책임감 있는 어른이 되기 위해 어린이는 자신의 능력에 맞게 적절한 사회 활동에 참여할 기회를 갖고, 자신의 생활에 영향을 주는 일에 대하여 의견을 말할 수 있어야 하며 그 의견을 존중받아야 합니다.

[출처 : 유니세프 한국위원회(2017)] [원문 그대로 인용]

2) 유엔 「아동권리협약」의 실행

유엔 「아동권리협약」에 따르면, 아동이 아동권리를 누리기 위해서는 다음과 같이 하여야 한다(UNICEF, 2014a).

① 아동이 자기 능력을 최대로 펼치면서 성장하고 발달하는 데 필요한 구체적인 자원과 기술과 도움을 제공한다.

② 아동이 성인의 이익을 위해 이용당하는 상황과 학대당하는 상황에서 아동을 보호하기 위한 방안을 만든다.

또한 유엔 「아동권리협약」은 세계의 모든 지역과 국가에서 효력이 있다. 이에 따라 세계는 유엔 「아동권리협약」을 다음과 같이 실행하고 있다(UNICEF, 1999).

① 공무원, 투표할 권리가 있는 일반인, 정부가 실행하는 것이 있다. 일부 국가에서 실행한 예를 몇 가지 살펴보면 다음과 같다.

㉠ 공무원은 아동권리를 보호하기 위해 특별 헌장이나 법을 만들었다.

㉡ 투표할 권리가 있는 일반인은 아동권리와 관련해 헌법을 개정하려고 하였다.

㉢ 정부는 아동에게 우선 주목하는 조직이나 방안을 만들었다.

② 지역사회가 실행하는 것이 있다. 지역사회는 여성 아동을 대상으로 교육하는 것, 성인이 자기 이익을 위해 아동을 성적으로 이용하지 않도록 하는 것, 아동이 하기 어려운 일을 아동에게 강제로 시키지 않도록 하는 것, 장애아동이 권리를 누리는 것과 관련된 영역에서 활동해 왔다.

③ 비정부 조직(NGO)이[10] 실행하는 것이 있다. 비정부 조직은 교사, 경찰, 판사, 의료사업가, 사회복지사에게 「아동권리협약」의 원칙과 조항을 교육하는 것과 관련해 활동해 왔다.

④ 아동 자신이 실행하는 것이 있다. 아동은 모임, 소식지, 라디오・텔레비전에서 자신의 의견을 제시해 왔다.

10) 비정부 조직(non-governmental organization, NGO)은 영리를 추구하지 않고 자발적으로 지역이나 국가나 세계에서 조직된 시민집단을 말한다(NGO Global Network, 2017).

한편 유엔 아동권리위원회는 유엔 「아동권리협약」을 비준한 국가가 어떻게 행동하는지를 계속해서 살펴보고 있다. 유엔 아동권리위원회는 아동권리 분야에서 경험과 지식을 갖춘 독립된 전문가로 구성되어 있는데, 이런 전문가는 여러 국가에서 선출하고 있다.

그리고 국가가 유엔 「아동권리협약」을 비준하면, 국가는 아동이 자기 권리를 누릴 능력에 대해 계속 살펴보고 보고하여야 한다(World Health Organization, 2017). 구체적으로, 유엔 「아동권리협약」을 비준한 국가는 유엔 「아동권리협약」을 비준한 후 2년이 되는 해에 유엔 아동권리위원회에 보고서를 제출하여야 하고, 그 후에는 5년마다 유엔 「아동권리협약」에 나타난 권리를 실행한 결과를 보고서 형태로 의무적으로 제출하여야 한다.

유엔 아동권리위원회는 이 보고서를 검토해서 평가하고 있다. 이 평가에서는 다음과 같은 것을 제시하고 있다(UNICEF, 1999; Roberts, 2001; Alderson, 2000).

① 긍정적으로 잘하고 있는 부분

② 관심을 가져야 할 영역

③ 제언과 권고할 내용

Point

- 유엔 「아동권리협약」의 기본 원칙은 차별하지 말아야 한다는 원칙, 아동에게 가장 이익이 되는 것에 주목하여야 한다는 원칙, 생존하고 발달할 권리가 있다는 원칙, 아동의 의견을 반영하여야 한다는 원칙이다.
- 유엔 아동권리위원회는 유엔 「아동권리협약」을 비준한 국가가 어떻게 행동하는지를 계속 살펴본다.
- 유엔 「아동권리협약」을 비준한 국가는 아동이 자기 권리를 누릴 능력에 대해 계속 살펴보고 보고하여야 한다.

8. 유엔 「아동권리협약」의 상위 권리와 주요한 권리 영역 및 구체적 권리

1) 유엔 「아동권리협약」의 상위 권리

유엔 「아동권리협약」의 모든 조항은 유엔 「아동권리협약」에 있는 상위 권리를 바탕으로 삼아야 한다. 유엔 「아동권리협약」에서 제시하는 여섯 가지 상위 권리는 다음과 같다(UNICEF, 2014b).[11]

① 아동이라고 차별하지 않는 것과 관련된 권리
② 아동에게 가장 이익이 되는 것과 관련된 권리
③ 아동의 권리를 실행하는 것과 관련된 권리
④ 아동이 권리를 누리도록 도와줄 때, 가족과 지역사회가 아동의 발달 능력에 맞추어 지도하는 것과 관련된 권리
⑤ 아동이 생활하고 생존하고 발달하는 것과 관련된 권리
⑥ 아동이 결정 과정에 참여하는 것과 관련된 권리

추운 날 겨울새를 보고 나오는 아동 : 아동이 생활하고 생존하고 발달하는 것과 관련된 권리는 유엔 「아동권리협약」에 있는 상위 권리의 하나이다. [출처 : 미국에서 저자 촬영]

11) 여섯 가지 상위 권리 중에서 ①②⑤⑥은 앞에서 설명한 '기본 원칙'과 직접 관련된다.

앞에서 제시한 상위 권리는 아동권리 때문에 생기는 긍정적인 효과도 중요하지만, 아동권리를 누리게 하는 과정도 똑같이 중요하다는 점을 보여주고 있다.

상위 권리의 중요성을 이해하기 위한 비유

여섯 가지 상위 권리를 쉽게 이해하는 방법은 상위 권리와 관련된 조항을 탁자에 비유하는 것이다. 이것을 구체적으로 비유해 제시하면 다음과 같다(UNICEF, 2014b).

① 제6조(생활하고 생존하고 발달하는 권리와 관련된 조항)는 탁자의 위 판이 된다.

② 제2조(아동이라고 차별하지 않는 권리와 관련된 조항), 제3조 제1항(아동에게 가장 이익이 되는 것과 관련된 조항), 제5조(부모와 가족과 지역사회가 아동의 발달 능력에 맞추어 지도하는 권리와 관련된 조항), 제12조(아동이 자신의 의견을 표현하는 권리와 관련된 조항)는 탁자의 네 다리가 된다.

③ 제4조(아동의 권리를 실행하는 것과 관련된 조항)는 탁자가 놓인 바닥이 된다.

특히 여섯 가지 상위 권리를 잘 이해하는 방법은, 아동이 탁자 위에 앉아 있다고 가정하는 것이다. 만약 탁자의 다리 하나가 없거나 바닥이 없으면, 탁자는 불안정해지고 이에 따라 탁자 위에 앉은 아동은 탁자에서 떨어지게 된다.

그러므로 어떤 과제, 프로그램, 활동, 정책, 행위가 아동권리에 근거한 접근방식을[12] 취하기 위해서는, 여섯 가지 상위 권리를 모두 고려하여야 한다.

2) 유엔 「아동권리협약」의 주요한 영역과 권리

(1) 주요한 영역과 권리

유엔 「아동권리협약」에서는 아동권리를 영역에 따라 자세히 설명하고 있다. 그러므로 유엔 「아동권리협약」은 아동의 권리를 그냥 편하게 모아 놓은 목록이 아니다. 유엔 「아동권리협약」에 따르면, 아동권리와 관련된 주요한 영역은 다음과 같다(UNICEF, 2014b; UNICEF, 2016b).

① 생존과 발달(survival and development) 영역

② 보호(protection) 영역

③ 참여(participation) 영역

유엔 「아동권리협약」에서 제시하는 주요한 영역의 권리를 구체적으로 제시하면 다음과 같다(UNICEF, 2016b).

12) '아동권리에 근거한 접근방식'에 대해서는 앞에서 이미 설명한 바 있다.

(가) 생존과 발달 영역에서의 권리

생존과 발달 영역에서의 권리는 아동이 생존하고 완전하게 발달하는 데 필요한 자원, 기술, 도움에 대한 권리를 말한다. 생존과 발달 영역에서의 권리는 적절한 음식, 거주지, 깨끗한 물, 공식 교육, 주요한 의료 서비스, 여가, 레크리에이션, 문화 활동, 정보에 대한 권리를 포함하고 있다.

생존과 발달 영역에서의 권리를 이루기 위해서는 다음과 같은 두 가지 조건을 갖추어야 한다.

① 권리를 누리는 데 필요한 수단이 있어야 한다.
② 이런 수단을 이용할 수 있어야 한다.

(나) 보호 영역에서의 권리

보호 영역에서의 권리는 아동을 학대하는 상황, 성인이 자기 이익을 위해 아동을 이용하는 상황, 아동에게 해로운 기타 상황에서 아동이 보호받는 권리를 포함하고 있다. 또한 보호 영역에서의 권리는 전쟁하는 동안 특별히 보호받을 권리, 형사법과 관련된 영역에서 보호받을 권리를 포함하고 있다.

(다) 참여 영역에서의 권리

참여 영역에서의 권리는 아동이 다음과 같은 자유를 가지는 것과 관련되어 있다.

① 자신의 의견을 표현할 자유
② 자신의 사회적 · 경제적 · 종교적 · 문화적 · 정치적 생활에 영향을 미치는 문제에 대해 발언할 자유

구체적으로 참여 영역에서의 권리는 다음과 같은 권리를 포함하고 있다.

① 의견을 표현할 권리
② 의견이 반영될 권리
③ 정보를 이용할 권리
④ 조직이나 모임을 만들 권리

그리고 아동이 성장하면서 참여 영역에서의 권리를 누리게 하는 것은 아동이 다음과 같은 것을 이루도록 도와주는 것이다.

① 아동이 가진 모든 권리를 누린다.

② 아동이 사회에서 적극적인 역할을 한다.

(2) 고려할 점

때에 따라서는 아동권리와 관련해 생존권, 발달권, 보호권, 참여권의 네 가지 권리에 주목하기도 한다(굿네이버스 아동학대문제연구소, 2005). 이 네 가지 권리를 정리하면 〈표 3-1〉과 같다.

〈표 3-1〉 아동의 네 가지 권리

권 리	구체적 내용
생존권	적절한 생활 수준을 누릴 권리; 안전한 주거지에서 살아갈 권리; 영양 있는 음식을 충분히 먹고 기본적인 의료 서비스를 받을 권리
발달권	잠재 능력을 최대한 펼칠 권리; 교육받을 권리; 여가를 즐길 권리; 문화생활을 하고 정보를 얻을 권리; 사고·양심·종교의 자유를 누릴 권리
보호권	모든 형태의 학대, 차별, 폭력, 고문, 군대에 끌려가는 것, 부당한 형사 처벌, 과도한 노동, 약물과 성폭력, 기타 아동에게 해로운 것으로부터 보호받을 권리
참여권	자신이 속한 국가와 지역사회의 활동에 적극적으로 참여할 권리; 자신의 의견을 표현하고, 자기 삶에 영향을 주는 문제들에 대해 발언권을 가지고, 단체에 가입하거나 평화적인 모임에 자유롭게 참여할 권리

출처 : 굿네이버스 아동학대문제연구소(2005)를 바탕으로 노병일이 작성.

3) 아동권리의 영역별 구체적 내용

유엔 「아동권리협약」에서는 여러 영역에서 모든 아동은 구체적인 권리를 가진다고 주장하고 있다(UNICEF, 1999). 이런 영역으로 의료와 복지 영역, 가족 영역, 교육과 문화 영역, 긴급 상황과 학대·착취 영역, 시민권과 자유 영역, 기타 영역이 있다.

(1) 의료와 복지 영역

아동은 의료 및 복지와 관련된 영역에서 다음과 같은 권리를 가지고 있다.

① 생존하고 발달할 권리

② 적절한 생활 수준을 누릴 권리

③ 가능한 한 최고 수준의 건강을 유지하고, 효과적인 의료 서비스를 받을 권리

④ 장애아동이 인격적으로 대우받고, 더 잘 재활하고, 지역사회에 적극적으로 참여하는 것과 관련해 특별히 보호받을 권리

⑤ 사회보장과[13] 아동보호 서비스를 제공받고, 아동보호시설을 이용할 권리

(2) 가족 영역

아동은 가족과 관련된 영역에서 다음과 같은 권리를 가지고 있다.

① 부모와 함께 살거나, 부모 중 한 사람과 헤어졌을 때 부모와 교류할 권리

② 부모와 재결합하기 위해 국경을 넘을 권리

③ 가족적인 환경을 유지할 수 없을 때, 다른 형태의 보살핌을 받을 권리

④ 안전하게 입양될 권리

⑤ 납치되지 않을 권리

⑥ 부모나 돌봄 제공자로부터 학대당하지 않을 권리

⑦ 돌봄·보호·치료가 필요하다고 보일 때, 아동이 사는 시설이나 대리가족 환경을 정기적으로 조사할 권리

---

13) 아동과 사회보장에 대해서는 사회보장을 다루는 장(제13장)에서 자세히 설명한다.

아동과 부모(엄마) : 아동은 부모와 교류할 권리가 있다. [출처 : 저자 촬영]

(3) 교육과 문화 영역

아동은 교육 및 문화와 관련된 영역에서 다음과 같은 권리를 가지고 있다.

① 초등교육을 무료로 받을 권리

② 중등교육과 직업훈련을 받을 권리

③ 아동의 개성, 재능, 정신적·신체적 능력을 최대한 발달시키는 교육을 받을 권리

④ 자유로운 사회에서 아동이 성인 역할을 적극적으로 하도록 준비하는 교육을 받을 권리.

⑤ 아동의 가족을 존중하는 교육, 문화적 정체성을 존중하는 교육, 자기 언어를 존중하는 교육, 아동이 소속한 국가를 존중하는 교육, 자연 환경을 존중하는 교육을 받을 권리

⑥ 이해·평화·관용·평등의 정신에서 교육받을 권리

⑦ 여가, 놀이, 문화 · 예술 활동에 참여할 권리
⑧ 자기 문화를 즐기고, 자기 종교를 믿고, 자기 언어를 사용할 권리

(4) 긴급 상황과 학대 · 착취 영역

아동은 긴급 상황, 학대당하는 상황, 성인이 자기 이익을 위해 아동을 이용하는 상황과 관련된 영역에서 다음과 같이 특별한 보호를 받을 권리를 가지고 있다.

① 무기를 사용하는 상황과 같은 비상 상황에 있거나 가족과 헤어지거나 집에서 떨어져 살 때, 특별한 보호를 받을 권리
② 아동이 법을 어길 때, 특별한 보호를 받을 권리
③ 아동 노동, 약물의 잘못된 사용, 성적 학대, 아동에 대한 불법 거래, 아동의 유괴와 같이 성인이 자기 이익을 위해 아동을 이용하는 상황에 있을 때, 특별한 보호를 받을 권리

(5) 시민권과 자유 영역

아동은 시민권 및 자유와 관련된 영역에서 다음과 같은 권리를 가지고 있다.

① 자기 이름과 국적을 가질 권리
② 자신의 독특한 특성 때문에 해를 입지 않을 권리
③ 표현의 자유를 누릴 권리
④ 사상 · 양심 · 종교의 자유를 누릴 권리
⑤ 조직을 만들 자유와 평화롭게 모일 자유를 누릴 권리
⑥ 여러 곳에서 정보를 얻을 권리
⑦ 자기 개인의 생활을 할 권리
⑧ 고문이나 기타 잔인하고 비인간적이고 품위를 떨어뜨리는 대우나 처벌로부터 보호받을 권리
⑨ 불법으로 체포되거나 부당하게 자유를 빼앗기는 것으로부터 보호받을 권리

어린이도 시민임을 강조하는 책자(표지) : 아동은 시민권과 관련된 영역에서 권리가 있다.
[출처 : '깨어있는시민 문화체험전시관' 홍보물을 촬영]

(6) 기타

유엔 「아동권리협약」에서는 아동은 특히 다음과 같은 권리를 가지고 있다는 점을 밝히고 있다(Morris, 2002).

① 아동에게 유리하지 않을 이유가 없을 때, 가족과 함께 살 권리

② 아동과 상의하고 아동의 의견을 들을 권리

③ 아동을 가정 환경으로부터 일시적으로 또는 영원히 격리할 때, 특별히 보호받을 권리

④ 아동이 가정에서 격리되어 살 때, 아동을 다른 곳에 맡기는 것에 대해 정기적으로 살펴볼 권리

우리나라 「아동복지법」에 나타난 금지행위

우리나라 「아동복지법」에서는 다음과 같은 행위를 하는 것을 금지하고 있다(국가법령정보센터, 2025).

① 아동을 매매하는 행위
② 아동에게 음란한 행위를 시키거나 이를 매개하는[14] 행위 또는 아동을 대상으로 하는 성희롱 등의 성적 학대행위
③ 아동의 신체에 손상을[15] 주거나 신체의 건강 및 발달을 해치는 신체적 학대행위
④ 아동의 정신건강 및 발달에 해를 끼치는 정서적 학대행위
⑤ 자신의 보호・감독을 받는 아동을 유기하거나 의식주를 포함한 기본적 보호・양육・치료 및 교육을 소홀히 하는 방임행위
⑥ 장애를 가진 아동을 공중에[16] 관람시키는 행위
⑦ 아동에게 구걸을 시키거나 아동을 이용하여 구걸하는 행위
⑧ 공중의 오락 또는 흥행을[17] 목적으로 아동의 건강 또는 안전에 유해한 곡예를 시키는 행위 또는 이를 위하여 아동을 제3자에게 인도하는 행위
⑨ 정당한 권한을 가진 알선기관[18] 외의 자가 아동의 양육을 알선하고 금품을[19] 취득하거나 금품을 요구 또는 약속하는 행위
⑩ 아동을 위하여 증여[20] 또는 급여된[21] 금품을 그 목적 외의 용도로 사용하는 행위

유엔 「아동권리협약」의 4-3-1 원칙

4	아동의 권리 4가지	생존권, 발달권, 보호권, 참여권
3	아동의 정의	아동이란 18세 미만을 말하며
	아동 최우선의 이익	아동에게 최선의 이익을 제공하며
	비차별 원칙	차별 없이 모든 아동들에게 적용되어야 한다.
1	모든 사람에게 책임이 있다	유엔 「아동권리협약」의 실행과 모니터링, 보고서를 제출함에 있어 모든 사람이 참여할 책임이 있다.

출처 : 굿네이버스 아동학대문제연구소(2005) [원문 그대로 인용]

14) 매개는 "둘 사이에서 양편의 관계를 맺어 [주는 것]"을 말한다(표준국어대사전, 2025).
15) 손상은 깨지거나 상하는 것을 말한다(표준국어대사전, 2025).
16) 공중은 "사회의 대부분의 사람들"을 말한다(표준국어대사전, 2025)
17) 흥행은 "영리를 목적으로 연극, 영화, 서커스 따위를 요금을 받고 대중에게 보여 [주는 것]"을 말한다(표준국어대사전, 2025).
18) 알선은 남의 일이 잘되도록 하는 것을 말한다(표준국어대사전, 2025).
19) 금품은 돈과 물품을 말한다(표준국어대사전, 2025).
20) 증여는 "물품 따위를 선물로 [주는 것]"을 말한다(표준국어대사전, 2025).
21) 급여하는 것은 "돈이나 물품 따위를 [주는 것]"을 말한다(표준국어대사전, 2025).

4) 유엔 「아동권리협약」과 관련된 과제

유엔 「아동권리협약」을 비준한 국가는 유엔 「아동권리협약」에서 제시한 내용을 따라야 한다.[22] 그러나 오늘날에도 자신의 완전한 권리를 누리지 못하는 아동이 많다.

사실, 일반적인 방법만으로는 유엔 「아동권리협약」의 내용이 모든 아동에게 이루어지기 어렵다. 따라서 아동권리와 관련해 새로운 사고방식과 접근방식이 필요하다. 물론 새로운 사고방식과 접근방식을 취할 때는 유엔 「아동권리협약」을 지침으로 삼을 필요가 있다(UNICEF, 2017).

Point

- 유엔 「아동권리협약」의 모든 조항은 여섯 가지 상위 권리를 바탕으로 삼아야 한다.
- 유엔 「아동권리협약」에서 아동권리와 관련된 주요한 영역은 생존·발달 영역, 보호 영역, 참여 영역이다. 어느 때는 아동권리와 관련해 생존권, 발달권, 보호권, 참여권의 네 가지 권리에 주목하기도 한다.
- 아동권리와 관련해 새로운 사고방식과 접근방식이 필요하다. 이때는 유엔 「아동권리협약」을 지침으로 삼아야 한다.

9. 아동권리 교육

1) 아동권리 교육의 필요성과 정의

(1) 아동권리 교육의 필요성

아동은 자신의 권리를 잘 모르는 경우가 많다. 물론 많은 국가에는 아동과 관련된 권리를 보호하기 위한 여러 가지 제도가 있다. 그러나 아동은 자신이 가진 권리의 구체적인 내용을 모르는 경우가 많다. 따라서 아동에게 자신의 권

22) 이에 대해서는 앞에서 이미 설명한 바 있다.

리 및 이와 관련된 구체적 내용을 알려줄 필요가 있다.

아동권리에 대한 정보는 아동만 필요한 것이 아니다. 왜냐하면 아동에게는 성인의 보호와 보살핌이 항상 필요하기 때문이다. 따라서 아동에게뿐만 아니라 성인에게도 아동권리에 대한 정보를 제공할 필요가 있다.

그러므로 성인과 아동이 아동권리를 알도록 하기 위해서, 성인과 아동에게 아동권리를 알려줄 필요가 있다. 이때 관련되는 것이 아동권리 교육(child rights education)이다.

(2) 아동권리 교육의 정의

일반적으로 아동권리 교육은 아동권리를 가르치고 배우는 것을 말한다. 그러나 구체적으로 볼 때, 아동권리 교육은 유엔 「아동권리협약」의 내용, 유엔 「아동권리협약」의 원칙, 아동권리에 근거한 접근방식을 가르치고 배우는 것을 의미하고 있다(UNICEF, 2016a).

2) 아동권리 교육의 목적

아동권리 교육에 대한 정의에서 알 수 있듯이, 아동권리 교육은 다음과 같은 것을 추구하고 있다(UNICEF, 2014b).

① 유엔 「아동권리협약」의 내용과 원칙을 이해한다.

② 모든 아동과 성인이 아동권리에 근거한 접근방식을 이해하고 실행한다.

그리고 권리나 의무가 있는 사람과 관련해, 아동권리 교육은 다음과 같은 것을 목적으로 삼고 있다(UNICEF, 2014b; UNICEF, 2016).

① 권리가 있는 사람이 자신의 권리를 주장할 능력을 갖추게 한다. 이것은 아동에게 특히 해당한다.

② 의무가 있는 사람이 자신의 의무를 제대로 실행할 능력을 갖추게 한다.

3) 아동권리 교육의 특징[23)]

아동권리 교육에서는 행동하는 측면에 주목하고 있다. 왜냐하면 아동권리 교육을 통해 아동권리에 대해 배우고 아동권리어 근거한 접근방식에 대해 배움으로써, 아동과 성인은 모든 아동이 아동권리를 완전히 누리게 하기 위해 주위 환경과 세계를 변화시킬 수 있기 때문이다(UNICEF, 2014b).

4) 아동권리 교육의 중요성과 실시 환경

아동권리는 인권이다. 따라서 아동권리 교육은 인권 교육을 구체적으로 하는 영역이라고 볼 수 있다(노병일, 2024a).

아동권리 교육을 위한 자료 : 아동권리 교육은 인권 교육이다. [출처 : 어린이재단에서 발간한 자료]

또한 아동권리 교육은 다음과 같은 것을 하기 위한 중요한 도구라고 볼 수 있다(UNICEF, 2014b).

① 아동권리를 인식하는 방식을 변화시킨다.

② 아동권리를 사회에 적용하는 방식을 변화시킨다.

23) 아동권리 교육의 특징은 앞에서 제시한 아동권리 교육의 목적과 크게 관련된다.

아동권리 교육은 성인과 아동이 함께 활동하는 데 도움을 주고 있다. 왜냐하면 아동권리 교육에서는 아동이 계속해서 시민 활동에 참여하는 것을 권장하기 때문이다(UNICEF, 2016a).

아동권리 교육을 학교에서 하면, 아동권리 교육은 학교에서 아동권리를 교사가 가르치고 학생이 배우는 과정에 통합될 수 있다. 그리고 아동권리 교육은 모든 환경에서 할 수 있다. 예를 들어, 아동권리 교육은 학교 이외의 공간에서 할 수도 있고, 학습과 관련이 없는 환경에서 할 수도 있다(UNICEF, 2014b).

5) 아동권리 교육을 할 때 고려할 점

아동권리 교육을 할 때는 여러 가지 측면을 고려할 필요가 있다. 우선, 아동권리 교육을 하나의 좁은 주제가 아니라 폭넓은 주제로 인식할 필요가 있다.

그리고 앞에서도 설명한 바와 같이, 아동권리에 근거한 접근방식은 아동권리 교육에서 매우 중요하다. 따라서 아동권리 교육을 전체적으로 더 설명하기 전에, 아동권리에 근거한 접근방식을 완전히 이해하는 것이 중요하다(UNICEF, 2014b).

또한 아동권리 교육에서는 아동과 관련된 여러 가지 권리의 내용과 원칙 등을 소개할 필요가 있다. 그러나 아동권리 교육에서는 다음과 같은 점도 강조할 필요가 있다(UNICEF, 2014a).

① 모든 아동은 똑같은 권리를 가진다.

② 모든 권리는 서로 연관되고, 똑같이 중요하다.

Point

- 아동권리 교육은 유엔 「아동권리협약」의 내용 · 원칙과 아동권리에 근거한 접근방식을 가르치고 배우는 것이다. 아동권리 교육의 목적은 권리와 의무가 있는 사람이 관련 능력을 갖추게 하는 데 있다.
- 아동권리 교육에서는 행동하는 측면에 주목한다. 아동권리 교육은 인권 교육을 구체적으로 하는 영역이다.
- 아동권리 교육을 폭넓은 주제로 인식할 필요가 있다.

chapter 04

아동욕구와 아동발달

차례

1. 아동욕구의 정의와 중요성 및 형태

1) 아동욕구의 정의와 중요성

일반적으로 욕구(need)는 만족스러운 생활을 하기 위해 가져야 할 것을 말한다(Cambridge Dictionary, 2025). 따라서 아동욕구는 아동이 만족스러운 생활을 하기 위해 가져야 할 것이라고 볼 수 있다.

아동권리와 아동욕구는 서로 많이 중복되고 있다. 다만, 아동권리가 법적 측면과 철학적 측면에 주목한 것이라면, 아동욕구는 심리적 측면과 복지적 측면에 주목한 것이라고 볼 수 있다(Hill & Tisdall, 1997).

아동욕구는 아동의 복지와 관련해 자주 사용하는 용어이다. 아동욕구는 아동의 전체적인 복리와 발달에 이바지하고 있기에 중요하다. 그리고 아동욕구는 가족과 사회에도 중요하다. 특히 일부 학자는 아동욕구를 충족해 주는 정도를 보면 사회의 건전한 정도도 알 수 있다고까지 주장하고 있다(Liederman, 1995). 이것은 사회에서 아동이 가진 욕구를 충족해 주는 것이 매우 중요하다는 점을 보여주고 있다.

욕구 충족을 호소하는 성난 아동 : 아동욕구는 아동의 복지와 관련해 자주 사용하는 용어이다.
[출처 : 노르웨이에서 저자 촬영]

2) 아동욕구의 형태

(1) 주요한 아동욕구

아동이 가지는 욕구는 다양하다. 특히 아동은 여러 가지 영역에서 중요한 욕구를 가지고 있다. 아동의 중요한 욕구를 몇 가지 제시하면 다음과 같다(Andresen & Albus, 2010; Pringle, 1978; Pringle, 1986).

① 기본적 욕구(basic need) : 중요한 기본적 욕구로 다음과 같은 것이 있다.

㉠ 신체적 건강(physical health)에 대한 욕구 : 적절한 영양, 주거, 의료 서비스는 아동의 성장과 발달에 매우 중요하다.

㉡ 안전(safety and security)에 대한 욕구 : 학대가 없는 안전한 환경은 아동의 정서적 복리와 심리적 복리에 중요하다.

② 정서적·사회적 욕구 : 중요한 정서적·사회적 욕구로 다음과 같은 것이 있다.

㉠ 사랑과 애정(love and affection)에 대한 욕구 : 보호자와 강한 정서적 유대를 형성하는 것은 아동이 신뢰감을 가지는 데 도움이 된다.

㉡ 사회적 교류(social interaction)에 대한 욕구 : 또래 및 가족구성원과 교류하는 것은 아동의 의사소통 능력과 공감 능력을 향상하는 데 도움을 준다.

③ 교육적·인지적 욕구 : 중요한 교육적·인지적 욕구로 다음과 같은 것이 있다.

㉠ 학습 기회(access to learning)에 대한 욕구 : 질 좋은 교육과 지적 자극은 아동의 인지적 발달에 매우 중요하다.

㉡ 격려와 지지(encouragement and support)에 대한 욕구 : 긍정적으로 격려하고 지지하는 것은 아동이 자신을 가치 있는 존재로 인식하고 동기를 가지는 데 도움을 준다.

그러나 아동이 가진 여러 가지 욕구 중에서, 아동이 생존하는 데 필요한 기본적인 욕구를 우선적으로 충족해 주어야 한다. 아동의 기본적인 생존 욕구로 의식주(입는 것, 먹는 것, 거주하는 것)와 사랑(애정)을 꼽을 수 있다.

(2) 아동욕구의 형태와 관련된 관점

아동욕구가 다양하지만, 일부 학자는 아동욕구의 형태에 주목해 왔다(노병일, 2017). 아동욕구의 형태와 관련된 주요한 관점으로 매슬로우(Maslow)의 관점, 프링글(Pringle)의 관점이 있다.

(가) 매슬로우의 관점

매슬로우의 관점은 매슬로우의 이론에 근거한 관점을 말한다. 매슬로우의 이론은 보편적 인간욕구 이론이라고 부르고 있다. 따라서 매슬로우의 이론은 모든 사람이 가지는 욕구에 대한 이론이다.

매슬로우는 여러 수준의 욕구를 이해하기 위한 단계적 틀을 제시하고 있다. 그러므로 매슬로우에 따르면, 인간의 욕구는 단계적으로 이루어져 있다. 매슬로우가 제시하는 욕구 단계(hierarchy of needs)에서 가장 낮은 수준의 욕구는 가장 기본적인 생리적 욕구이다. 그 다음으로 높은 수준의 욕구는 안전의 욕구, 애정과 소속의 욕구, 존중의 욕구 순이다. 그리고 가장 높은 수준의 욕구는 자아실현의 욕구이다(Hill & Tisdall, 1997; Netting, Kettner & McMurtry, 1993; Thomas, 2000; Harris & White, 2013).

매슬로우는 다음 수준의 욕구로 가기 위해서는 그보다 낮은 수준의 욕구를 충족하여야 한다고 주장하고 있다. 더 낮은 수준의 욕구를 충족하지 못하면, 충족하지 못한 욕구를 충족하기 위해서 개인은 욕구 단계의 아래로 되돌아간다.

일반적으로 욕구 단계의 아래쪽에 있는 욕구에 대해서는 더 즉시 반응할 필요가 있다. 따라서 수준이 더 낮은 욕구를 더 급히 충족해 줄 필요가 있다(Netting, Kettner & McMurtry, 1993; Thomas, 2000).

매슬로우가 제시하는 욕구 단계를 정리하면 〈표 4−1〉와 같다.

〈표 4−1〉 **매슬로우의 욕구 단계**

욕구 수준	욕구 내용	욕구의 예
높음	자아실현의 욕구	창의성, 문제 해결
↑	존중의 욕구	자아존중감, 자신감
│	애정과 소속의 욕구	우정, 가족관계
↓	안전의 욕구	신체적 안전, 가족의 안전
낮음	생리적 욕구	음식 먹기, 물 마시기, 잠자기

출처 : Netting, Kettner & McMurtry(1993)와 Harris & White(2013)를 참고해 노병일이 작성.

(나) 프링글의 관점

프링글의 관점은 프링글이 제시한 관점을 말한다. 매슬로우가 욕구를 단계별로 보는 데 비해서, 프링글은 아동욕구가 동시에 나타난다고 보고 있다.

프링글은 현대 사회에서는 매슬로우가 제시하는 생리적 욕구와 안전의 욕구는 충족되었다고 보고 있다. 따라서 프링글은 아동의 비신체적(non-physical) 욕구에 관심을 가지고 있다. 프링글은 이런 비신체적 욕구를 다음과 같은 네 가지로 구분하고 있다(Pringle, 1986; Hill & Tisdall, 1997).

① 사랑과 안정에 대한 욕구 : 안정은 정서적 안정을 의미한다.

② 새로운 경험에 대한 욕구

③ 칭찬과 인정에 대한 욕구

④ 책임감에 대한 욕구

기본적 욕구를 충족하고 있는 아동 : 아동이 가지는 욕구의 형태는 다양하다. [출처 : 핀란드에서 저자 촬영]

Point

- 아동욕구는 아동이 만족스러운 생활을 하기 위해 가져야 할 것이다. 아동욕구는 아동의 전체적인 복리와 발달, 가족, 사회에 중요하다.
- 아동은 여러 가지 영역에서 중요한 욕구를 가진다.
- 아동욕구의 형태와 관련된 주요한 관점으로 매슬로우의 관점, 프링글의 관점이 있다. 매슬로우의 관점에서는 인간의 욕구는 생리적 욕구, 안전 욕구, 애정·소속 욕구, 존중 욕구, 자아실현 욕구의 순으로 단계적으로 이루어져 있다고 본다. 프링글의 관점에서는 아동의 비신체적 욕구에 관심을 가진다.

2. 아동발달의 정의와 영역 및 요소와 가정

1) 아동발달의 정의

아동은 다양한 단계를 거치면서 계속해서 발달하고 있다. 이에 따라 아동복지에서 큰 관심을 가지는 영역이 아동발달(child development)이다.

일반적으로 발달은 사람이 성장하는 과정이나, 사람이 변화해서 더 나아지는 과정을 말한다(Cambridge Dictionary, 2025). 따라서 아동발달은 아동이 성장하는 과정이나, 아동이 변화해서 더 나아지는 과정이라고 볼 수 있다. 그러나 구체적으로 볼 때, 아동발달은 인간이 태어나서부터 청소년기가 끝날 때까지의 시기에 나타나는 생물학적·심리학적 변화를 말한다.

2) 아동발달의 영역과 특징

아동발달의 각 단계는 아동이 신체적 영역, 인지적 영역, 정서적 영역, 사회적 영역에서 성장하는 데 영향을 미치고 있다. 아동이 발달하는 것을 영역별로 제시하면 다음과 같다(Budzyna & Buckley, 2023).

① 신체적 발달 영역 : 키가 크고, 몸무게가 늘고, 운동 능력이 향상된다.
② 인지적 발달 영역 : 학습을 더 잘하고, 기억을 더 잘하고, 문제 해결 능력이 향상된다.
③ 정서적 발달 영역 : 감정을 이해하고 관리한다.
④ 사회적 발달 영역 : 관계를 형성하고, 사회적 기술이 향상된다.

그리고 생태학에[1] 따르면, 모든 아동이 모든 상황에서 똑같이 발달하는 것은 아니다. 따라서 생태학에 주목하는 관점에서는 모든 아동이 똑같게 발달하지 않는다고 보고 있다. 즉, 아동은 자기 삶의 매우 구체적인 상황에서 발달한다고 보고 있다. 그러면서 아동은 개인의 생물학적·심리적 특성과 가족·이

1) 생태학은 살아있는 생물과 환경 사이의 관계를 연구하는 학문이다(British Ecological Society, 2025). 아동복지에서 생태학과 관련된 관점이 생태학적 관점인데, 생태학적 관점에 대해서는 아동복지의 생태학적 측면을 다루는 장(제13장)에서 자세히 설명한다.

웃 · 학교 · 지역사회 · 문화 · 사회의 상황이 서로 영향을 주고받는 과정에서 발달하고 있다(Garbarino, 2014).

3) 아동발달의 요소

아동의 욕구를 제대로 충족하는 것은 아동발달과 크게 관련되고 있다. 따라서 아동욕구와 관련해, 아동이 여러 영역에서 적절하게 발달하는 데 필요한 요소에 큰 관심을 가져왔다. 예를 들어, 다음과 같은 요소는 아동이 긍정적으로 발달하는 것과 관련되는 것으로 알려져 있다(Andrews & Ben-Arieh, 1999).[2)]

① 아동이 음식을 적절하게 먹는다.
② 아동이 건강을 잘 유지하고, 아동에게 의료 서비스가 필요할 때 질 좋은 의료 서비스를 제공한다.
③ 아동을 보살피는 다정한 부모나 성인이 있다.
④ 성인이 꾸준히 아동에게 경제적으로 지원하고, 아동과 서로 교류하고, 아동을 지지하고, 아동을 감독하고, 아동에게 바람직한 역할 모델이 된다.
⑤ 확고하고 일관성 있으면서도 융통성 있는 방식으로 아동을 양육한다.
⑥ 아동이 어려운 상태에 있을 때 아동을 사회적으로 지지하고 지도한다.
⑦ 신체적 해로움이나 심리적 해로움으로부터 아동을 보호한다.
⑧ 아동에게 인지적 측면에서 자극을 주는 물리적 환경과 사회적 환경을 마련한다.
⑨ 아동에게 놀이 활동을 하는 기회와 깊이 살펴보는 기회를 제공한다.
⑩ 아동의 나이와 능력에 맞는 범위에서, 아동이 지역사회의 활동에 참여한다.
⑪ 아동이 특별한 욕구를 충족하는 데 필요한 자원을 제공한다.

2) 이때, 아동의 긍정적인 발달을 보여주는 것으로 학습을 잘하는 것, 사회적으로 적응하는 것, 신체적 건강이 좋은 것이 있다.

안데르센 동상과 책 읽는 아동 조각 : 인지적 측면에서 자극을 주는 물리적·사회적 환경을 마련하는 것은 아동의 긍정적인 발달과 관련된다. [출처 : 덴마크와 우리나라에서 각각 저자 촬영]

아동복지 영역에서 활동하는 사회복지사, 교육자, 심리학자는 아동발달에 대한 과학적 지식을 얻는 데 큰 관심이 있다. 그리고 이들은 이런 지식을 아동복지를 위해 사용하는 데 특히 관심이 있다.

아동발달을 돕기 위한 도구와 아동에게 빌려주는 장난감 : 사회복지사는 아동발달에 대한 과학적 지식에 관심이 많다. [출처 : 우리나라의 어린이집과 어린이회관에서 각각 저자 촬영]

4) 아동발달과 관련된 가정

아동발달은 아동이 의존하는 상태에서 벗어나서 점점 더 자율적인 상태로 나아가는 것과 관련되고 있다(Harris & White, 2013). 따라서 아동발달과 관련해 몇 가지 가정(assumption)을 제시해 왔다. 이런 가정은 아직도 논쟁거리가 될 수 있다. 이런 가정은 여러 시점에 걸쳐 실시한 연구, 실제 현장에서 아동발달과 관련해 실시한 연구, 여러 문화를 대상으로 한 연구, 이론적 연구에 근거하고 있다.

파식과 파식(Pasick & Pasick, 1985)은 아동복지를 담당하는 전문가에게 특히 관련될 것으로 보이는 가정을 다음과 같이 네 가지로 제시하고 있다.

① 첫 번째 가정(Assumption 1)은, 인간발달은 삶의 전체 과정에 걸쳐서 유전적 요인과 환경적 요인이 서로 영향을 주고받으며 이루어진다는 것이다. 아동심리학 분야에서는 유전적 요인과 환경적 요인이 서로 합쳐져 아동발달에 영향을 미친다는 점을 오랫동안 인정해 왔다. 과거에는 유전적 요인과 환경적 요인 중에서 어느 것이 아동발달에 더 큰 영향을 미치는지에 관심을 가졌다. 그러나 오늘날에는 유전적 요인과 환경적 요인 '각각'이 얼마나 아동발달에 영향을 미치는지에 주목하기보다는, 유전적 요인과 환경적 요인이 '서로 어떤 영향을 주고받으면서' 아동발달에 영향을 미치는지에 주목한다.

② 두 번째 가정(Assumption 2)은, 아동은 발달 과정에서 수동적으로 관여하는 것이 아니라 적극적으로 관여한다는 것이다. 과거에는 아동은 환경의 영향에 전혀 어쩌지 못하고 끌려다니는 존재로 인식하였다. 그러나 오늘날에는 아동은 자신과 관련되는 일이나 영역에 영향을 미치기 위해 적극적으로 움직이는 존재라고 인식한다.

자신은 특별한 존재임을 알리는 아동 : 아동은 발달 과정에서 적극적으로 관여한다. [출처 : 미국 유치원에서 저자 촬영]

③ 세 번째 가정(Assumption 3)은, 아동 개인이 가지는 고유한 특성은 아동발달에 영향을 미친다는 것이다. 오늘날에는 아동의 개인적 특성에 관심이 많고, 또한 아동의 개인적 특성이 아동이 나중에 겪는 어려움을 극복하는 데 어떻게 이바지하는지에 관심이 많다.

④ 네 번째 가정(Assumption 4)은, 인지적 발달과 정서적 발달은 서로 관련된다는 것이다. 이와 관련된 예를 구체적으로 살펴보면 다음과 같다.

㉠ 감정은 인지적 활동인 동시에 정서적 활동이다.

㉡ 정서적 상태는 환경에서 벌어진 사건을 이해하는 데 영향을 미친다.

Point

- 아동발달은 태어나서부터 청소년기가 끝날 때까지의 시기에 나타나는 생물학적 · 심리학적 변화이다.
- 아동발달의 각 단계는 아동이 신체적 영역, 인지적 영역, 정서적 영역, 사회적 영역에서 성장하는 데 영향을 미친다.
- 일부 요소는 아동의 긍정적인 발달과 관련된다.
- 아동발달과 관련된 가정으로 인간발달은 유전적 요인과 환경적 요인이 서로 영향을 주고받으며 이루어진다는 것, 아동은 발달 과정에서 적극적으로 관여한다는 것, 아동의 고유한 특성은 아동발달에 영향을 미친다는 것, 인지적 · 정서적 발달은 서로 관련된다는 것이 있다.

3. 아동발달 이론의 진전과 분류

1) 아동발달 이론의 진전

오늘날 아동발달에 대해 제시한 이론은 17세기와 18세기의 철학에서 뿌리를 찾을 수 있다. 일반적으로 아동발달 이론은 로크(Locke)와 루소(Rousseau)의 이론에서 시작된 것으로 보고 있다. 이에 대해 간단히 살펴보면 다음과 같다(Rogers, 2001).

① 로크는 아동을 양육하고 교육하면서 아동의 성격을 형성하는 사람은 부모와 기타 인물이라고 본다. 따라서 로크는 아동발달에서 교육(nurture)이 가장 중요하다고 본다.

② 루소는 아동은 '고상한 야만인'으로서, 옳고 그른 것이 무엇인지를 자연적으로 판단한다고 본다. 즉, 루소는 아동은 태어날 때 본질적으로 착하고, 태어날 때부터 생각하고 결정을 내리는 능력이 있다고 본다. 따라서 루소는 아동발달에서 중요한 것은 천성(nature)이라고[3] 본다. 그리고 루소는 아동과 성인은 근본적으로 다르다고 본다.

3) 천성은 "본래 타고난 성격이나 성품"을 말한다(표준국어대사전, 2025).

2) 아동발달 이론의 분류

아동발달 이론에서 '교육이냐 또는 천성이냐(nurture/nature)'는 과거부터 논쟁거리가 되어 왔다. 따라서 그동안 교육(환경적 요인)과 천성(유전적 요인) 중에서 어느 것이 아동발달에 더 영향을 미치는지에 대해 오랫동안 논쟁해 왔다. 오늘날에도 이런 논쟁은 어느 정도 계속되고 있다.

그러나 오늘날에는 유전적 요인과 환경적 요인이 결합해 아동의 지적 능력을 결정한다고 보는 경우가 많다. 따라서 오늘날에는 아동의 유전적 요인은 변화시킬 수 없지만, 부모가 아동의 환경적 요인에 개입해 아동의 지적 발달을 높일 수 있다고 보는 경우가 많다(Strickland, 2001).

일반적으로 아동발달 이론은 다음과 같이 구분할 수 있다(Rogers, 2001).

① 천성의 역할을 강조하는 발달 이론 : 일반적으로 이것을 천성 강조 이론이라고 부른다.

② 교육(환경)의 역할을 강조하는 발달 이론 : 일반적으로 이것을 교육(환경) 강조 이론이라고 부른다.

③ 발달은 천성과 교육(환경) 사이의 상호작용이라고 보는 이론 : 일반적으로 이것을 상호작용 이론이라고 부른다.

Point

- 아동발달 이론은 로크와 루소의 이론에서 시작된 것으로 본다.
- 아동발달 이론에서 '환경이냐 천성이냐'는 과거부터 논쟁거리가 되어 왔다. 그러나 오늘날에는 유전적 요인과 환경적 요인이 결합해 아동의 지적 능력을 결정한다고 보는 경우가 많다.
- 아동발달 이론은 천성 강조 이론, 교육(환경) 강조 이론, 천성과 교육(환경) 사이의 상호작용을 강조하는 이론(상호작용 이론)으로 구분할 수 있다.

4. 주요한 아동발달 이론

1) 천성 강조 이론

심리학적 관점을 따르는 많은 이론에서는 아동발달을 결정할 때 생물학이 하는 역할을 강조해 왔다. 이런 이론 중에서 가장 유명한 것은 피아제(Piaget)의 인지발달 이론(theory of cognitive development)이다(Rogers, 2001).

피아제 : 피아제는 스위스 출신의 발달심리학자로서, 인지발달 이론을 제시한 학자이다. [출처 : Wikipedia(2025)]

피아제는 생각하는 능력이 아동에게 어떻게 발달하는지에 대해 주로 관심이 있다. 이때, 아동이 생각하는 능력은 '인지'[4] 능력이라고 부르고 있다. 피아제에 따르면, 인지 능력은 서서히 나아지는 것이 아니다. 즉, 아동은 인지 능력을 조금씩 더 갖추는 식으로 성장하지 않는다. 오히려 피아제는 아동은 생각하는 방식에서 단계적으로 변화한다고 주장하고 있다(Rogers, 2001). 이와 관련해, 피아제는 인지가 발달하는 단계를 네 단계로 구분하고 있다. 따라서 피아제는 아동은 한 단계에서 다음 단계로 진행하면서 크게 변화한다고 보고 있다. 각 단계를 정리하면 〈표 4-2〉와 같다.

〈표 4-2〉 **피아제가 제시하는 발달 단계**

단계	단계의 이름	시기
1	감각운동 단계	탄생에서 2세
2	전 조작 단계	2세에서 6세
3	구체적 조작 단계	6~7세에서 11세
4	형식적 조작 단계	11~12세에서 성인

출처 : Rogers(2001)와 Strickland(2001)를 참고해 노병일이 작성.

4) 인지는 "어떤 사실을 인정하여 [아는]"것을 말한다(표준국어대사전, 2025).

그리고 각 단계를 구체적으로 제시하면 다음과 같다(Rogers, 2001; Strickland, 2001).

① 제1단계는 감각운동(sensori-motor) 단계이다. 태어나서 첫 2년 동안은 아동의 생각이 매우 초보적이다. 2세 미만이면, 아동은 추상적으로 생각할 수 없다. 즉, 이런 아동은 마음속에서 상징을 생각할 수 없다. 이 단계의 아동은 감각기관을 통해 들어온 것(예컨대, 듣고 보고 맛보는 것)을 움직임(예컨대, 손에 무엇인가를 가지고 있는 것)과 연관시키는 것밖에 하지 못한다. 그러므로 피아제는 '감각운동'이라는 용어를 사용한다.

② 제2단계는 전 조작(pre-operational) 단계이다. 2세 정도가 되면, 아동은 처음으로 추상적으로 생각할 수 있다. 즉, 아동은 처음으로 정신적으로 상상할 수 있다. 아동이 언어를 사용하고 또한 어떤 사건을 오래된 후에도 기억할 수 있다는 점을 통해서, 아동은 정신적으로 상상할 수 있는 능력이 있음을 알 수 있다. 그러나 이 단계의 아동은 이런 능력은 있지만 논리적으로 생각하는 능력은 부족하다. 이때, 논리적으로 생각하는 능력이 '조작(operation)'이다. 그러므로 피아제는 이 단계를 전(前) 조작 단계라고 부른다.

③ 제3단계는 구체적 조작(concrete operational) 단계이다. 6세(또는 6~7세) 정도가 되면 지능이 크게 발달한다. 즉, 이전에는 직관적으로 생각하였으나, 이 단계에서는 논리적으로 생각한다. 그러나 이 단계의 아동은 성인처럼 생각하지는 못한다. 왜냐하면 이 단계의 아동이 가지는 논리는 '실제적' 세계(real world)만 상상할 수 있기 때문이다. 따라서 이 단계의 아동은 자신이 경험한 세계만을 상상할 수 있다. 그러므로 피아제는 '구체적'이라는 표현을 사용한다.

④ 제4단계는 형식적 조작(formal operational) 단계이다. 이 단계에 이르면, 아동은 다음과 같이 할 수 있다.

㉠ 가상적으로 생각한다.

㉡ 직접 경험하지 않은 것도 생각한다.

㉢ 만약 이러면 어떻게 될 것인가를 마음속에서 생각한다.

일반적으로 볼 때, 추상적으로 생각할 수 있는 나이는 11세(또는 11~12세) 정도에 이르러서이다. 물론 어떤 아동은 이런 나이가 되기 전에 추상적으로 생각할 수도 있다.

2) 교육(환경) 강조 이론

교육(환경)이 미치는 영향을 강조하는 이론으로 학습 이론(learning theory)과 문화적 영향 이론(theory of cultural influence)이 있다. 학습 이론은 심리학자가 주목하는 이론이고, 문화적 영향 이론은 인류학자가 주목하는 이론이다. 이 중에서 아동발달과 크게 관련되는 이론은 학습 이론이다.

학습 이론은 다음과 같은 이론을 포함하고 있다(Rogers, 2001).

① 고전적 학습 이론(classical learning theory) : 고전적 학습 이론은 스키너(Skinner)와 같은 심리학자들이 연구한 것을 토대로 삼는다. 이런 학자를 행동주의자(behaviorist)라고 부른다. 왜냐하면 이런 학자는 인간이 역할을 제대로 하는 것을 객관적으로 연구할 수 있는 분야는 행동이라고 보기 때문이다. 행동주의자에 따르면, 경험은 개인적이므로 연구될 수 없다. 학습 이론의 근본이 되는 용어는 '보상'과 '처벌'이다. 이때, 보상이 따르는 행동은 더 많이 하고, 처벌에 따르는 행동은 더 적게 한다고 본다.

② 사회 학습 이론(social learning theory) : 사람은 자기가 하는 것을 알고 거기에 대해 꿰뚫어 보는 힘을 가지므로 서서히 배우게 된다. 사회 학습 이론은 이런 측면에 근거해 심리학자들이 가다듬은 더 복잡한 이론이다. 사회 학습 이론에서는, 학습은 복잡한 사회적 상황 속에서 진행되는 경우가 많다고 주장한다. 사회 학습 이론에 따르면, 복잡한 사회적 상황에서는 보상과 처벌이 심리적 수준에서 발생한다. 이대, 보상의 예로 성취하였다고 느끼는 것이나 자신이 가치 있다고 느끼는 것(이른바, 자아존중감)이 있고, 처벌의 예로 둔하다고 느끼는 것이나 모욕당하는 것이 있다.

3) 상호작용 이론

상호작용 이론으로 가장 유명한 것은 프로이드의 심리성적 발달 이론(theory of psychosexual development)이다. 그리고 프로이드의 이런 이론에 근거해 중요한 두 가지 이론이 등장하였는데, 이것은 보울비(Bowlby)의 애착 이론(attachment theory)과 에릭슨(Erikson)의 심리사회적 발달 이론(theory of psychosocial development)을 말한다(Rogers, 2001).

(1) 프로이드의 이론

프로이드의 이론에서 중요한 것은 각 단계에서 나타나는 내적인 정신적 갈등을 개인이 어떻게 해결하느냐이다. 즉, 프로이드는 아동이 자라서 성인이 되어 적응할 때 중요한 것은 어린 시절에 겪는 심리성적 경험이라고 보고 있다(Rogers, 2001; Pasick & Pasick, 1985).

프로이드 : 프로이드는 심리성적 발달 이론을 제시한 학자이다. [출처 : Wikipedia (2025)]

프로이드의 이론에서 중요한 요소는 이드(id)[5], 자아(ego), 초자아(superego)인데, 이것을 구체적으로 살펴보면 다음과 같다(Rogers, 2001).

① 아기는 태어날 때 비합리적이고 야만적이다. 따라서 아기는 자기 만족을 위해 본능적으로 행동한다. 이런 요소를 '이드'라고 부른다. 그러나 아기는 처음에는 자기 욕구만을 충족하다가, 나중에는 그 이상을 넘어서 다른 사람의 욕구에 반응한다. 예를 들어, 아기는 미소를 짓거나 다른 사람을 주목함으로써 다른 사람의 욕구에 반응한다.

② 이렇게 시작되어, 아기는 생각하고 인식하는 자신(self)을 갖춘다. 이것을 '자아'라고 부른다.

5) 이드를 '원초아'라고 번역하기도 한다.

③ 아동이 성장함에 따라 '초자아'가 나타난다. 초자아는 아동의 '양심'이라고 볼 수 있다. 이에 따라서 초자아는 이드와는 반대되는 방식으로 활동한다. 즉, 초자아는 옳은 것을 실행하는 것으로서, 자기가 원하는 것을 실행하는 이드에 대해 항상 균형을 맞추려 한다. 이때, 자아는 초자아와 이드 사이의 투쟁을 주관하는데, 이런 과정은 삶의 전체에 걸쳐 계속된다.

한편 프로이드는 성적 본능(sexual instinct)은 유아기부터 시작해서 삶의 전체에 걸쳐 영향을 미친다고 보고 있다. 프로이드가 말하는 '성적'이라는 의미는, 오늘날 보통 사용하는 성적이라는 의미보다 훨씬 더 넓은 뜻을 포함하고 있다. 즉, 프로이드가 말하는 '성적'의 의미는 감각적 쾌락(sensual pleasure)과 같은 것을 가리킨다.

프로이드는 아동이 발달하면서 여러 가지 심리성적 단계를 거침에 따라서, 감각적 쾌락이 발생하는 위치가 단계적으로 변한다고 보고 있다. 이때의 단계는 다음과 같다(Rogers, 2001).

① 유아가 경험하는 첫 번째 단계는 구순(oral)[6] 단계이다. 이 단계에서 감각적 쾌락을 얻는 장소는 입이다. 이때, 아동은 빨고 씹음으로써 감각적 쾌락을 얻는다.

② 아동이 1세 정도가 되면 항문(anal) 단계에 이른다. 이 단계에서 감각적 쾌락을 얻는 장소는 항문이다. 이때, 아동은 배설을 통해서 감각적 쾌락을 얻는다.

③ 아동이 3~4세 정도가 되면 음경(phallic)[7] 단계에 이른다. 이 단계에서 감각적 쾌락을 얻는 장소는 생식기이다.

④ 다음 단계는 잠복(latency) 단계이다. 이 단계에서는 감각적 쾌락이 가지는 중요성이 매우 크게 줄어든다.

⑤ 마지막 단계는 성기(genital) 단계이다. 이 단계에 이르러서는, 사춘기에 생리적 변화를 겪음에 따라서 성적 욕구에 다시 관심을 가진다.

6) 구순은 "입과 입술"을 말한다(표준국어대사전, 2025)

7) 음경은 "남자의 바깥 생식 기관"을 말한다(표준국어대사전, 2025).

(2) 보울비의 이론

애착 이론은 프로이드의 이론이 나온 후에 등장한 유명한 이론의 하나이다. 애착(attachment)은 아동이 세상에 태어나서 처음 몇 년 동안 아동과 보호자 사이에 형성한 깊고 계속되는 관계를 말한다. 애착은 인간과 관련된 모든 영역에 영향을 미치고 있다. 이런 영역의 예로 마음, 신체, 감정, 관계, 가치가 있다(Crosson-Tower, 2017).

애착 이론 중에서 가장 유명한 것은 보울비가 모성 결핍(maternal deprivation)과 관련해 연구한 이론이다. 일반적으로 모성 결핍은 아동의 생활에서 엄마가 없는 것을 말한다. 구체적으로 모성 결핍은 유아와 어린 아동이 엄마(또는 엄마 역할을 하는 사람)와 함께 있지 못하는 것을 말한다. 보울비의 연구에 따르면, 엄마와 아동 사이의 유대나 애착은 아동발달에 중요하다(Crosson-Tower, 2017; Rogers, 2001).

보울비는 동물학에서 각인화(imprinting)라는[8] 용어를 빌려와 자기 이론에 적용하고 있다. 각인화는 일부 동물의 생활에서 초기에 나타나는 것으로서, 빠르게 학습하는 과정을 말한다. 이런 동물의 예로 오리를 들 수 있다. 오리는 부화하고 나서 본 움직이는 물체에 즉시 일방적이고 강력하게 애착을 느낀다.

보울비는 각인화를 인간행동 이론에 적용하고 있다. 보울비는 오리에서와 마찬가지로 어린 아동도 태어난 후 엄마에게 애착을 느끼는 민감한(critical) 시기를 가질 것이라고 보고 있다. 보울비는 이런 과정을 유대화(bonding)라고 부르고 있다. 일반적으로 유대화는 친한 관계를 형성하는 것을 말한다. 특히 유대화는 자주 교류하거나 계속해서 교류함으로써 친한 관계를 형성하는 것을 의미한다(Rogers, 2001).

보울비에 따르면, 아동과 주요 보호자 사이의 유대는 아동이 건전하게 발달하는 데 매우 중요하다. 이와 관련해, 보울비는 다음과 같이 주장하고 있다(Sands, Goldberg-Glen & Shin, 2009; Rogers, 2001).

---

8) 각인은 "동물이 본능적으로 가지는 학습 양식의 하나"이다(표준국어대사전, 2025).

① 아동이 태어나서부터 약 5세가 되는 사이에, 유대화가 중요한 역할을 하는 민감한 시기가 존재한다.

② 유아와 엄마 사이의 상호작용을 통해서 애착이 생긴다. 예를 들어, 아동이 울거나 웃는 것과 같은 행동을 하면, 엄마는 여기에 반응하기 시작한다.

③ 아동이 애착을 가지는 주요한 인물은 엄마인 경우가 많다. 엄마와 아동 사이의 유대는 독특하고 강력한데, 이런 유대는 아동발달에 매우 중요하다. 엄마 이외의 다른 사람이 이런 자리를 차지할 수 있다. 그러나 이것은 아동이 애착에 민감한 시기에 이 사람이 아동과 끊임없이 관계를 맺을 때만 그렇다.

④ 유대화가 생기면, 아동은 애착을 느끼게 된다.

⑤ 민감한 시기에 유대화가 생기지 않거나 중단되면, 유대화는 나중에 생길 수 없다. 이렇게 되면, 아동에게는 애착을 가지는 주요한 인물이 없게 되고, 이에 따라서 아동은 정상적으로 발달하지 못하게 된다.

애착 : 엄마와 아동 사이의 유대는 아동발달에 매우 중요하다. [출처 : 노르웨이와 우리나라에서 각각 저자 촬영]

(3) 에릭슨의 이론

에릭슨 : 에릭슨은 성격발달 이론을 제시한 학자이다. [출처 : Wikipedia(2025)]

에릭슨이 처음에 토대로 삼은 이론은 프로이드의 정신분석 이론이다. 그러나 나중에 에릭슨은 프로이드의 정신분석 이론에서 더 나아가서, 자기 나름의 성격발달 이론을 제시하였다(Hopkins, 2000).

에릭슨에 따르면, 성격은 삶의 모든 기간에 걸쳐서 변하고 있다. 에릭슨은 인간이 발달하는 단계를 여덟 단계로 구분하고 있다. 각 단계에서는 나름의 심리적·사회적 위기를 겪고 있다. 심리적·사회적 위기는 한편으로는 더 취약해지고 다른 한편으로는 잠재력을 더 가지는 것을 말한다. 따라서 각 단계에서, 인간은 새로운 도전을 맞이하고 또한 이런 도전을 헤쳐 나가게 된다(Psychologist World, 2025; Hopkins, 2000).

에릭슨은 인간은 질서가 있는 단계를 거치면서 발달한다고 보고 있다. 각 단계에는 나름의 특별한 특징이 있고, 또한 나름의 특정한 나이대가 있다. 그리고 각 단계는 앞 단계에 토대를 두고 있고, 또한 다음 단계에 영향을 미치고 있다(Hopkins, 2000).

그러므로 이전 단계를 성공적으로 마치면, 다음 단계로 잘 나아간다. 하지만 각 단계에서 나타나는 도전을 성공적으로 헤쳐 나가지 못하면, 미래에 이런 도전을 다시 겪을 수 있다(Psychologist World, 2025).

성격이 발달하는 것과 관련해서, 에릭슨이 제시하는 단계를 간단히 정리하면 다음과 같다(Hopkins, 2000).[9]

(가) 첫째 단계

첫째 단계에 해당하는 시기는 태어나서부터 1세까지의 시기이다. 첫째 단계

9) 다만 해당하는 나이는 대략적인 나이이다. 그리고 이 책은 아동복지에 대한 책이므로, 청소년기 이후의 단계(즉, 여섯째 단계, 일곱째 단계, 여덟째 단계)에 대한 설명은 생략한다. 청소년기 이후의 단계에 대해서는 노병일·노대겸(2024)에서 자세히 설명한다.

에서 겪는 심리적·사회적 위기는 신뢰감을 갖느냐 또는 불신감을 갖느냐와 관련되고 있다.

첫째 단계의 중요한 특징은 다음과 같다.

① 사회적으로 교류하는 주요한 대상은 엄마이거나 엄마 역할을 해주는 보호자이다.

② 구순 영역(입과 입술)에 관심이 있다.

③ 생명을 유지하게 하는 보호를 신뢰하거나 불신한다. 여기에는 음식을 주는 것도 포함된다.

엄마와 함께 있는 1세 아동 : 성격 발달의 첫 단계에서 사회적드로 교류하는 주요한 대상은 엄마이다. [출처 : 저자 촬영]

(나) 둘째 단계

둘째 단계에 해당하는 시기는 1세에서 2세까지의 시기이다. 둘째 단계에서 겪는 심리적·사회적 위기는 자율성을 갖느냐 또는 수치감과 회의감을 갖느냐와 관련되고 있다.

둘째 단계의 중요한 특징은 다음과 같다.

① 사회적으로 교류하는 주요한 대상은 부모이다.

② 변을 보는 훈련을 한다.

③ 자율적으로 하려는 의지가 시작된다.

(다) 셋째 단계

셋째 단계에 해당하는 시기는 3세에서 5세까지의 시기이다. 셋째 단계에서 겪는 심리적 · 사회적 위기는 주도성을 갖느냐 또는 죄의식을 갖느냐와 관련되고 있다.

셋째 단계의 중요한 특징은 다음과 같다.

① 사회적으로 교류하는 주요한 대상은 핵가족이다.

② 오이디푸스 콤플렉스(Oedipus complex)를[10] 느끼기 시작한다.

③ 주도적으로 하려는 생각이 발달한다.

목재로 무엇을 만드는 아동 : 3~5세에는 주도적으로 하려는 생각이 발달한다. [출처 : 저자 촬영]

(라) 넷째 단계

넷째 단계에 해당하는 시기는 6세에서 사춘기까지의 시기이다. 넷째 단계에서 겪는 심리적 · 사회적 위기는 근면성을 갖느냐 또는 열등감을 갖느냐와 관련되고 있다.

넷째 단계의 중요한 특징은 다음과 같다.

① 집 밖에서 사회적으로 교류하는 주요한 대상은 또래와 교사이다.

② 어떤 일을 할 수 있는 능력을 초등학교 학생의 수준에서 평가한다.

10) 오이디푸스 콤플렉스는 아동이 자신과 다른 성별의 부모에 대해 품는 성적 욕망을 말한다. 이것은 남성 아동이 엄마에 대해 품는 성적 욕망에 특히 해당한다(Cambridge Dictionary, 2025).

(마) 다섯째 단계

다섯째 단계에 해당하는 시기는 청소년기이다. 다섯째 단계에서 겪는 심리적·사회적 위기는 정체성을 갖느냐 또는 정체성에서 혼란을 느끼느냐와 관련되고 있다.

다섯째 단계의 중요한 특징은 다음과 같다.

① 사회적으로 교류하는 주요한 대상은 또래이고, 사회관계를 매우 크게 형성하는 것은 이성 사이의 친구관계를 통해서이다.

② 성인이 관여하는 것에 거부감을 가진다.

③ 자신이 누구인지 인식하는 데 어려움을 겪는다.

Point

- 천성을 강조하는 이론 중에서 가장 유명한 것은 피아제의 인지발달 이론이다. 피아제는 인지발달 단계를 네 단계(감각운동 단계, 전 조작 단계, 구체적 조작 단계, 형식적 조작 단계)로 구분하는데, 아동은 한 단계에서 다음 단계로 진행하면서 크게 변화한다.
- 교육(환경)이 미치는 영향을 강조하는 이론으로 학습 이론이 있다.
- 상호작용 이론으로 프로이드의 심리성적 발달 이론이 있다. 프로이드에 따르면, 아동이 성인기에 적응할 때 중요한 것은 어린 시절에 겪은 심리성적 경험이다. 프로이드의 이론에서 중요한 요소는 이드, 자아, 초자아이다. 이드는 본능적 행동과 관련되고, 자아는 생각하고 인식하는 것과 관련되고, 초자아는 옳은 것을 실행하는 것과 관련된다. 자아는 초자아와 이드 사이의 투쟁을 삶의 전체에 걸쳐 주관한다.
- 프로이드는 성적 본능이 삶의 전체에 걸쳐 영향을 미친다고 본다. 프로이드에 따르면, 감각적 쾌락이 발생하는 위치는 구순 단계, 항문 단계, 음경 단계, 잠복 단계, 성기 단계를 거치면서 변한다.
- 애착은 아동이 세상에 태어나서 처음 몇 년 동안 아동과 브호자 사이에 형성된 깊고 계속되는 관계이다. 보울비는 아동과 주요 보호자 사이의 유대는 아동이 건전하게 발달하는 데 매우 중요하다고 본다.
- 에릭슨은 성격이 삶의 모든 기간에 걸쳐 변한다고 본다. 에릭슨은 인간발달 단계를 여덟 단계로 구분하는데, 각 단계에서는 심리적·사회적 위기를 겪는다. 그리고 인간은 질서가 있는 단계를 거치면서 발달한다.

PART 02

주요한 아동복지 서비스 영역

chapter

05 아동학대

차례

1. 아동학대와 아동복지

아동은 태어나서 성인이 될 때까지 성인의 보살핌과 보호가 계속 필요하다. 그 결과, 아동은 성인의 통제를 항상 받게 되고 성인의 의도에 크게 좌우되는 경우가 많다. 그러나 이때 성인이 아동을 잘 보살피는 사례도 많지만, 성인이 아동을 제대로 보살피지 않는 사례도 적지 않다. 이런 상황에서 발생하는 것이 아동학대(child abuse)이다.

아동학대는 아동에게 여러 가지 영역에서 매우 부정적인 영향을 미치고 있다. 그리고 심각하지 않은 것처럼 보이는 아동학대도 아동에게 신체적 · 정서적 · 사회적으로 부정적인 영향을 미치고 있다. 특히 아동학대는 아동이 인권을 누리는 데 가장 큰 걸림돌이 되고 있다. 그 결과, 아동에 대한 여러 가지 형태의 학대는 세계의 모든 국가에서 심각한 사회문제가 되고 있다(노병일, 2024a; Centers for Disease Control and Prevention, 2024a; Daley, Gonzalez, Mirabal & Afzal, 2025). 그러므로 아동학대는 아동복지에서 매우 큰 관심을 가져야 할 영역이 되고 있다.

Point

- 아동학대는 아동복지에서 매우 큰 관심을 가져야 할 영역이다.

2. 아동학대의 정의

1) 아동학대의 정의

일반적으로 아동학대는 아동에게 해를 주는 것을 말한다. 그러나 여러 기관과 학자와 법은 아동학대에 대해 나름대로 정의해 왔다. 그동안 아동학대에 대해 정의한 것을 몇 가지 제시하면 다음과 같다(국가법령정보센터, 2025; Daley et al., 2025; Gilbert et al., 2014; Barker, 2003).

① 미국 전국사회복지사협회에서 발간한 사전에 따르면, 아동학대는 아동에게 신체적·정서적으로 되풀이해서 해를 주는 것을 말한다.

② 세계보건기구(WHO)에 따르면, 아동학대는 신체적 학대, 정서적 학대, 성적 학대, 방임, 아동을 소홀히 다루는 것, 아동을 개인적 이익을 위해 이용하는 것을 말한다.

③ 길버트(Gilbert) 등에 따르면, 아동학대는 부모나 기타 돌보는 사람이 아동에게 해를 주는 행위, 해를 줄 수 있는 행위, 해를 주려고 위협하는 행위를 말한다.

④ 우리나라 「아동복지법」에 따르면, 아동학대는 "보호자를 포함한 성인이 아동의 건강 또는 복지를 해치거나 정상적 발달을 저해할[1] 수 있는 신체적 · 정신적 · 성적 폭력이나 가혹행위를 하는 것과 아동의 보호자가 아동을 유기하거나[2] 방임하는[3] 것"을 말한다.

정리하건대, 아동학대는 부모나 보호자나 성인이 아동의 복리에 해로운 신체적 · 정신적 · 성적 행위나 방임이나 기타 부당한 행위를 하는 것이라고 볼 수 있다.

2) 고려할 점

1970년대 이전에는, 아동학대라는 용어는 신체적 학대만을 가리키는 식으로 사용한 경우가 많았다. 그러나 1970년대 이후에는 아동학대라는 용어를 더 넓게 적용하는 방향으로 나아가고 있다(Jenkins, 2025). 따라서 오늘날에는 아동학대를 다양하게 정의할 수 있다. 예를 들어, 아동학대의 범위를 더 넓게 보는 식으로 아동학대를 정의할 수도 있다. 이와 관련해 일부 학자는 아동학대에 아동이 가정폭력을 목격하는 것도 포함하는 식으로, 아동학대를 넓게 정의할 필요가 있다고 주장하고 있다(Afifi, 2011).

아동학대를 정의하는 방식은 아동학대가 발생하는 사례의 수와 아동학대가 미치는 영향을 파악할 때 매우 중요하다. 실제로 문화적 가치, 가족의 가치, 역사 등이 다르면, 아동학대에 대한 정의도 달라질 수 있다. 또한 아동학대와 관련된 영역에서 실제로 활동할 때는, 아동학대와 관련해 주관적으로 생각할 수도 있다. 따라서 아동학대로 신고된 사례가 사실인지는, 사례를 실제로 조사하는 사회복지사나 전문가에 따라 차이가 날 수도 있다.

아동학대를 정의하는 방식과 관련된 상황을 구체적으로 제시하면 다음과 같다(Gustavsson & Segal, 1994).

1) 저해는 "막아서 못 하도록 [해치는 것]"을 말한다(표준국어대사전, 2025).

2) 유기는 "어떤 사람이 [지금까지의] 보호를 거부하여, 그를 보호받지 못하는 상태에 두는 일"을 말한다(표준국어대사전, 2025).

3) 방임은 "돌보거나 간섭하지 않고 제멋대로 내버려[두는 것]"을 말한다(표준국어대사전, 2025).

① 아동학대를 좁게 정의하고 지침이 매우 구체적이면, 아동학대 사례가 더 적을 가능성이 크다. 따라서 좁은 정의에 근거해 아동학대 사례를 조사하면, 아동학대를 실제로 당한 아동이 보호받지 못하고 위험한 상태에 있을 수 있다.

② 아동학대를 너무 넓게 정의하면, 아동을 실제로 학대하지 않은 가족까지도 조사받을 가능성이 있다. 따라서 넓은 정의에 근거해 아동학대 사례를 조사하면, 아동보호기관은 자원을 낭비하고 가족은 불필요한 스트레스를 받을 가능성이 있다.

아동을 차 안에 그대로 두는 것도 아동학대임을 알리는 포스터 : 아동학대를 정의하는 방식은 아동학대를 실제로 파악할 때 매우 중요하다. [출처 : 일본에서 저자 촬영]

한편 아동학대와 관련해 다음과 같은 점을 고려할 필요가 있다(Crosson-Towers, 2017; Winston & Mara, 2001; Zastrow, 2010).

① 어떤 것이 신체적 학대인지를 결정할 때는 다음과 같은 문제를 따져볼 필요가 있다.

㉠ 문화와 관련된 문제 : 일부 문화에서는 아동보호기관의 입장에서는 신체적 학대라고 볼 수 있는 행위를 할 수 있다. 예를 들어, 일부 베트남 가족은 탄 자국이 피부에 남을 때까지 아동에게 동전으로 문지르는 의식을 한다. 이것은 고의적인 행위이지만, 베트남 문화에서는 여러 종류의 질병을 치료하기 위한 행위로 인식하는 경우가 많다.

㉡ 어떤 것이 훈육(discipline)인지를[4] 판단하는 문제와 훈육과 학대를 구분하는 것과 관련된 문제 : 일부 학자는 훈육과 학대를 구분하는 것은 정도의 문제라고 주장한다. 예를 들어, 일부 학자는 아동에게 타박상이 남고 이런 타박상이 오랜 기간 남아있으면, 이런 행위는 학대 행위에 해당한다고 본다. 그러나 신체적 학대와 과도한 훈육을 분명하게 구분하기 어려운 경우가 많다.

② 정서적 학대를 진단하는 측면과 정서적 학더가 미치는 영향에 주목할 필요가 있다. 이와 관련해, 일부 학자는 아동의 정서적 학대에 대해 다음과 같은 점을 지적한 바 있다.

㉠ 정서적 학대는 정의하기 어려우므로, 정서적 학대를 진단하는 절차는 문제가 될 수 있다.

㉡ 정서적 학대는 신체적·성적 학대나 아동방임만큼 아동에게 부정적인 영향을 미칠 수 있다. 하지만 정서적 학대는 신체에 직접적인 증거를 남기지 않으므로, 상황이 복잡할 수 있다.

㉢ 정서적 학대는 다른 형태의 아동학대와 함께 발생하는 경우가 많다.

Point

- 아동학대는 부모·보호자·성인이 아동의 복리에 해로운 신체적·정신적·성적 행위나 방임이나 기타 부당한 행위를 하는 것이다.
- 아동학대를 정의하는 방식은 아동학대 사례 수와 영향을 파악할 때 매우 중요하다.
- 아동학대와 관련해 문화적 측면, 훈육과 학대의 구분, 정서적 학대의 진단과 영향을 고려할 필요가 있다.

4) 훈육은 성질이나 도덕 따위를 가르치는 것을 말한다(표준국어대사전, 2025).

3. 아동학대의 형태

아동학대에는 여러 가지 형태가 있을 수 있다. 그러나 아동학대의 형태는 신체적 학대(physical abuse), 정서적 학대(emotional abuse), 성적 학대(sexual abuse), 방임(neglect)으로 크게 구분하는 경우가 많다(국가법령정보센터, 2025; Centers for Disease Control and Prevention, 2024a; Centers for Disease Control and Prevention, 2024b; Daley et al., 2025; Rae, McKenzie & Murray, 2010).

1) 신체적 학대

아동에 대한 신체적 학대는 부모나 보호자나 기타 성인이 아동에게 신체적 해를 주는 행위를 말한다. 신체적 학대는 아동에게 신체적 해를 입게 한 우연한 사고도 포함하고 있다. 그리고 태어나서 12개월이 되지 않은 아동을 체벌하는 행위는, 어떠한 상황에서도 신체적 학대라고 보고 있다.

구체적으로 볼 때, 아동에 대한 신체적 학대는 다음과 같은 행위를 포함하고 있다.

① 아동에게 물건을 던진다.
② 아동을 떠밀거나 움켜잡는다.
③ 아동의 뺨을 때린다.
④ 혁대(허리띠) 등의 물건을 이용해 아동을 때리거나 위협한다.
⑤ 아동을 발로 차거나 물어뜯거나 주먹으로 친다.
⑥ 아동의 팔과 다리 등을 심하게 비틀어 쥐어짠다.
⑦ 아동을 흉기(칼, 도끼, 망치 등)로 위협하거나, 아동에게 흉기를 사용한다.
⑧ 아동에게 뜨거운 물이나 뜨거운 물체나 담뱃불 등으로 화상을 입힌다.

어느 아동기관은 아동에 대한 신체적 학대에 아동에게 해로운 물질을 주는 행위도 포함시키고 있다. 이때, 아동에게 해로운 물질의 예로 알코올, 기타 약물이 있다.

2) 정서적 학대

아동에 대한 정서적 학대는 아동에게 하는 언어적 위협, 정신적 위협, 억압,[5)] 감금, 기타 괴롭히는 행위를 말한다. 정서적 학대는 언어적 학대, 정신적 학대, 심리적 학대라고도 부르고 있다.

정서적 학대는 다음과 같은 특징을 지니므로 그냥 지나칠 수도 있다.

① 학대하는 행위가 눈에 두드러지게 보이지 않는다.

② 학대의 결과가 당장 심각하게 나타나지 않는다.

구체적으로 볼 때, 아동에 대한 정서적 학대는 다음과 같은 행위를 포함하고 있다.

① 아동의 인격, 존재, 감정, 기분을 심하게 무시하거나 모욕한다. 이런 예로 아동의 머리를 완전히 깎는 것, 아동에게 걸려 온 전화를 바꿔주지 않는 것이 있다.

② 아동을 좁은 공간에 오랫동안 혼자 가두어 둔다.

③ 아동을 깔본다. 이런 예로 아동에게 욕하는 것, 아동을 집 밖으로 내쫓겠다고 위협하는 것이 있다.

④ 아동을 다른 아동과 좋지 않게 비교한다.

⑤ 아동의 발달 수준에 적절하지 않은 기대를 하면서 아동을 괴롭힌다.

⑥ 아동이 보는 앞에서 부부가 싸운다.

한편 우리나라 「아동복지법」에서는 정서적 학대에 “가정폭력에 아동을 노출시키는 행위”도 포함된다고 밝히고 있다.

---

5) 억압은 “자기의 뜻대로 자유로이 행동하지 못하도록 억지로 [억누르는 것]”을 말한다(표준국어대사전, 2025).

3) 성적 학대

아동에 대한 성적 학대는 아동이 꼬임이나 힘에 의해서, 자기보다 나이가 많은 사람의 성적 욕구를 충족하도록 강요받는 행위를 말한다. 구체적으로 아동에 대한 성적 학대는, 성인의 성적 만족을 위해 성인이 아동의 신체에 접촉하는 행위를 말한다. 성적 학대는 아동과 성인 사이에 부적절하게 이루어지는 모든 성적 행위를 포함하고 있다.

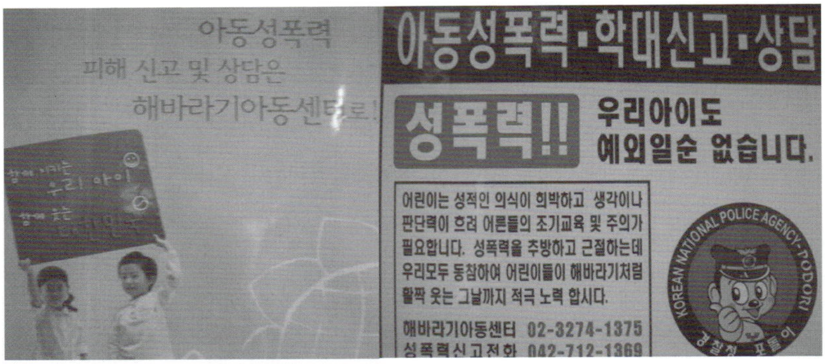

아동에 대한 성적 학대의 신고와 상담을 안내하는 포스터 : 성적 학대는 아동과 성인 사이에 부적절하게 이루어지는 모든 성적 행위를 포함한다. [출처 : 저자 촬영]

아동에 대한 성적 학대는 가족 내 성적 학대와 가족 외 성적 학대로 나눌 수 있다. 가족 내 성적 학대는 가족(또는 친인척)과 아동 사이에 발생하는 성적 학대를 말하고, 가족 외 성적 학대는 아동이 아는 외부 사람이나 낯선 사람과 아동 사이에 발생하는 성적 학대를 말한다.

일반적으로 성인에 대한 성적 학대와 아동에 대한 성적 학대는 두려움이나 힘을 이용한다는 공통점이 있다. 하지만 아동에 대한 성적 학대에서는 이에 추가해서 다른 방법도 사용하고 있다. 이런 방법의 예로 다음과 같은 것이 있다.

① 놀이를 통해 아동을 착각하게 만든다.

② 성인이라는 권위를 내세운다.

구체적으로 볼 때, 아동에 대한 성적 학대는 다음과 같은 행위를 포함하고 있다.

① 성인이 아동의 성기를 만지거나, 아동에게 성인의 성기에 접촉하도록 요구한다.
② 성인이 아동 앞에서 옷을 벗으며 자기 성기를 만진다.
③ 성인이 아동을 강제로 애무하거나 키스한다.
④ 성인이 아동의 옷을 강제로 벗긴다.
⑤ 성인이 어린 아동의 벗은 몸을 보는 것을 즐기거나, 음란한 영상물을 아동에게 보여준다.
⑥ 성인이 아동과 강제로 성관계를 맺는다.
⑦ 아동의 성을 매매한다.
⑧ 음란한 자료를 판매한다.

4) 방 임

아동에 대한 방임은 아동을 보호할 책임이 있는 사람이 아동이 건전하게 신체적·정서적·사회적으로 발달하는 데 필요한 자원을 제공하지 않는 행위를 말한다. 그러나 구체적으로 볼 때, 방임은 아동의 부모나 보호자가 고의적이고 반복적으로 아동의 양육과 보호를 소홀히 해서, 아동의 건강과 복리 수준이 낮아지거나 아동이 정상적으로 발달하지 못하게 될 수 있는 모든 행위를 말한다.

아동방임의 형태에는 여러 가지가 있다. 아동방임의 형태를 구체적으로 제시하면 다음과 같다.

① 물리적 방임 : 물리적 방임은 다음과 같은 행위를 포함한다.
   ㉠ 아동에게 먹을 것, 입을 것, 거주할 곳을 제공하지 않는다.
   ㉡ 아동을 위험하고 더러운 주거 환경에 오랫동안 그대로 둔다.
② 교육적 방임 : 교육적 방임은 다음과 같은 행위를 포함한다.
   ㉠ 아동이 학교를 특별한 이유 없이 결석하여도 그대로 둔다.

㉡ 아동이 학교에 다닐 나이가 되었음에도 학교에 보내지 않는다.

㉢ 저학년 아동의 숙제와 준비물을 챙겨주지 않는다.

어느 초등학교의 교실 : 아동이 학교를 특별한 이유 없이 결석하여도 그대로 두는 행위는 방임에 해당한다. [출처 : 라오스에서 저자 촬영]

③ 의료적 방임 : 의료적 방임은 다음과 같은 행위를 포함한다.

㉠ 아동에게 예방접종을 제때 해 주지 않는다.

㉡ 아동에게 필요한 의료 서비스를 제대로 해 주지 않는다.

④ 정서적 방임 : 정서적 방임은 다음과 같은 행위를 포함한다.

㉠ 아동이 필요로 하는 애정 표현을 하지 않거나, 적절한 정서적 지지를 주지 않는다. 이런 예로 아동과 대화하지 않는 것, 아동을 안아주지 않는 것이 있다.

㉡ 아동과 신체적으로 접촉하는 것을 피한다.

㉢ 아동과 약속한 것에 관심이 없다.

Point

- 아동학대의 형태는 신체적 학대, 정서적 학대, 성적 학대, 방임으로 구분할 수 있다.
- 신체적 학대는 부모나 보호자나 기타 성인이 아동에게 신체적 해를 주는 행위이다.
- 정서적 학대는 아동에게 하는 언어적 위협, 정신적 위협, 억압, 감금, 기타 괴롭히는 행위이다.
- 성적 학대는 아동이 꼬임·힘에 의해서 성인의 성적 욕구를 충족하도록 강요받는 행위이다.
- 방임은 부모·보호자가 아동의 양육·보호를 소홀히 해서 아동의 건강과 복리 수준이 낮아지거나 아동이 정상적으로 발달하지 못하게 될 수 있는 모든 행위이다.

4. 아동학대에 대한 관심의 역사와 아동학대 실태

1) 아동학대에 대한 관심의 역사

세계의 많은 국가에서는 아동학대에 관심이 있다. 선진국에서는 아동을 체계적으로 보호하는 제도를 1970년대에 갖춘 바 있다. 아동학대에 관심을 가진 역사는 미국, 유럽, 우리나라를 중심으로 살펴볼 수 있다(국가법령정보센터, 2025; Gustavsson & Segal, 1994; New York Society for the Prevention of Cruelty to Children, 2007; Rae, McKenzie & Murray, 2010; Grinde, 1996; Zastrow, 2010; Gilbert et al., 2014).

(1) 미국

미국에서 아동학대와 관련해 가장 유명한 사례는 '메리 엘렌(Little Mary Ellen)' 사건이다.[6] 이 사건은 1874년에 뉴욕 법정에서 재판의 대상이 되었다.

1873년 겨울에 뉴욕의 한 동네에 있는 주거 건물의 경비원은, 건물 내에서 아동(메리 엘렌)을 잔인하게 다룬 것으로 의심되는 사례를 교회 직원에게 이야기하였다. 이에 따라 메리 엘렌의 이웃들은 메리 엘렌의 양엄마가 메리 엘렌을 신체적·정서적으로 학대하고 있다는 사실을 알아냈다.

6) 메리 엘렌의 태어날 때 본명은 Mary Ellen Wilson이다.

학대당한 후의 메리 엘렌 : 메리 엘렌이 학대당하기 전후의 사진과 학대에 사용된 가위는 아동학대예방협회 뉴욕지부에 걸려 있다고 한다. [출처 : New York Society for the Prevention of Cruelty to Children (2007)]

그러나 당시에는 아동권리를 보호하는 공식 기관이 없었다. 따라서 이웃들은 동물학대예방협회 뉴욕지부의 회장을 찾아갔다. 동물학대예방협회의 노력 덕분에 메리 엘렌의 사례는 법정으로 가게 되었다. 법원은 메리 엘렌을 보호하라고 판결하였고, 이에 따라 메리 엘렌을 다른 가족에게 맡겼다.[7] 그리고 법원은 메리 엘렌을 학대한 부부를 교도소에 가두라고 판결하였다.

결국 메리 엘렌 사건 때문에, 그 후에 아동을 체계적으로 보호하려는 움직임이 있었고, 1875년에는 아동학대예방협회를 만들었다. 그리고 다음과 같은 움직임이 서서히 나타났다.

① 아동학대를 예방하는 데 관심을 가진 협회를 여러 지역에 조직하였다.

② 아동을 학대와 방임에서 보호하는 법을 만들었다.

③ 아동에게 보호 서비스를 제공하는 기관을 만들었다.

그러므로 메리 엘렌 사건은 미국에서 아동에게 보호 서비스를 제공하는 계기가 되었다.

메리 엘렌의 법정 진술(부분)

"제 이름은 엘렌이에요. 저는 제 나이를 몰라요. 친아버지와 친엄마는 돌아가셨어요. 저는 ○○씨를 엄마(momma)라고 불러요... 저는 이번 겨울에 신발이나 양말이 없어요. 저는 밤에 정원을 나간 것 이외에는 집 밖을 나가본 적이 없어요...

양엄마가 밖에 나갈 때마다 저는 침실에 갇혀 지냈어요. 저는 양엄마가 저를 때리는 이유를 몰라요. 양엄마가 때릴 때는 아무 말도 하지 않았어요. 양엄마가 저를 많이 때리므로, 저는 다시 돌아가 양엄마와 살고 싶지 않아요."

[출처 : New York Society for the Prevention of Cruelty to Children(2007)]

7) 메리 엘렌은 좋은 가정에 배치되었고, 나중에 결혼해 가정을 이루었고, 1956년에 92세로 세상을 떠났다.

그 후 1960년대에 의사들이 아동학대를 '재발견'함에 따라서, 아동을 보호하는 것에 큰 관심을 가지게 되었다. 이때 폭행 아동 증후군(battered child syndrome)을[8] 통해서, 아동이 신체적으로 학대당하고 있다는 의학적 증거를 수집할 수 있었다.[9] 그러다가 1974년에 「아동학대예방치료법」이 만들어짐에 따라서, 국립아동학대방임센터(National Center on Child Abuse and Neglect)를 만들었다.

(2) 유럽

영국에서는 아동을 신체적으로 처벌하는 행위를 다루는 법을 스코틀랜드(Scotland)에서 처음으로 만들었다. 이 법은 아동에 대한 신체적 학대가 계속되기 때문에 만들었다. 이 법의 주요한 목적은 아동에 대한 신체적 학대와 아동에게 알맞은 신체적 훈육을 구분하는 것이었다.

그리고 노르웨이에서는 1953년에 「아동복지법」을 개정하였다. 개정한 법에서는 아동학대의 측면을 더 강조하였다.

(3) 우리나라

우리나라에서 아동학대에 관심을 가진 것은 1990년 이후부터였다. 이때는 민간 영역에서 아동학대문제를 주로 다루어 왔다. 그러다가 2000년에 「아동복지법」을 개정하고 또한 아동복지 서비스를 제공하는 체계를 전국적으로 갖춤에 따라서, 아동학대에 관심을 더 가지게 되었다.

2004년에 「아동복지법」을 일부 개정하였는데, 개정한 법에서는 습관적으로 아동학대를 하는 사람을 강력하게 처벌하는 것을 강조하였다. 또한 아동이 건강하게 성장하고 모든 국민이 아동학대를 예방하는 데 관심을 더 갖게 하려고 11월 19일을 '아동학대예방의 날'로 정하였고, '아동학대예방의 날'부터 1주일을 '아동학대예방 주간'으로 정하였다. 그 후 2014년에 「아동학대범죄의 처벌 등에 관한 특례법」을[10] 만들었다.

8) 폭행 아동 증후군은 아동이 신체적 학대를 당한 결과로 아동에게 나타나는 해를 말한다(Medical Dictionary, 2025).

9) 1960년대에 켐프(Kempe)는 폭행 아동 증후군에 관심을 가질 것을 주장하였다. 그 후, 여러 국가에서는 아동학대를 파악해 개입하고 아동학대를 예방하기 위한 나름의 방안을 개발하고 있다(Gilbert et al., 2014).

10) 이 법은 줄여서 「아동학대 처벌법」이라고 부른다.

2) 아동학대의 실태

(1) 아동학대의 실태

아동학대는 아무 장소에서나 발생할 수 있다. 따라서 아동학대는 가정, 학교, 복지시설, 길거리 등에서 발생할 수 있다. 또한 모든 사회계층은 아동을 학대할 수 있다.

아동학대에는 정서적 학대가 많다. 실제로 우리나라에서도 학대의 형태 중에서 정서적 학대가 가장 많은 것으로 나타난 바 있다. 그리고 아동학대의 형태는 서로 중복되는 경우가 많다. 따라서 아동은 두 가지 형태의 학대를 함께 당하는 경우가 많다. 실제로 아동은 신체적 학대와 정서적 학대를 함께 당하는 경우가 많다(아동권리보장원, 2025c; Centers for Disease Control and Prevention, 2024a).

선진국과 우리나라에서 아동학대는 항상 발생하고 있다. 특히, 오늘날에는 디지털 매체가 증가함에 따라서 사이버공간에서 아동을 학대하는 사례가 증가하고 있다(Borumandnia, Alvani, Fattahi, Gohari, Kheirolahkhani & Alavimajd, 2024). 그러나 아동학대가 실제로 어느 정도 발생하는지에 대해서는 확실하게 알기 어렵다.

선진국에서는 아동학대를 줄이기 위해 여러 가지 방안을 실시해 왔다. 따라서 선진국에서 심각한 신체적 학대는 줄어드는 것으로 나타나고 있다. 하지만 선진국에서 아동을 학대하는 사례는 줄지 않는 것으로 알려져 있다. 우리나라에서도 아동학대로 보호받는 아동은 꾸준히 증가하는 것으로 알려져 있다.

(2) 고려할 점

아동학대에 대한 통계에 나타난 것은 실제로 신고된 사례이다. 그리고 아동학대의 모든 사례를 전문가가 알 수 있는 것은 아니다. 왜냐하면 아동학대를 신고하지 않을 가능성이 있고, 또한 실제로 아동학대를 잘 신고하지 않는 경향이 있기 때문이다. 이것은 성적 학대의 경우에 더욱 그렇다. 그러므로 아동학대가 실제로 발생한 사례는 신고된 사례보다 더 많을 가능성이 크다(Centers for Disease Control and Prevention, 2024a; Rae, McKenzie & Murray, 2010; Gilbert et al., 2014).

아동학대를 신고하지 않는 이유에는 여러 가지가 있을 수 있다. 아동학대를 신고하지 않는 이유를 몇 가지 제시하면 다음과 같다(Sechrist, 2000; Zastrow, 2010; Gilbert et al., 2014).

① 아동학대가 은밀하게 발생하기 때문이다. 특히 가족의 사생활이라는 사회적 인식 때문에, 가족 내에서 벌어지는 학대 행위를 신고하지 않는 경우가 많기 때문이다.
② 성인은 아동보다 힘이 더 세기 때문이다.
③ 학대당한 아동은 이야기하는 것을 꺼리기 떠문이다.

학대당한 아동을 파악하고 학대당한 아동에게 개입하는 것은 매우 어려운 경우가 많다. 이렇게 되는 이유를 몇 가지 제시하면 다음과 같다(Peterson & Shannon, 1998).

① 아동은 자신에게 발생한 일 등을 언어로 잘 표현하지 못할 수 있기 때문이다.
② 아동은 자기 가족의 비밀을 드러내는 것을 두려워할 수 있기 때문이다.
③ 아동은 학대 행위가 어떤 것인지에 대해 분명하게 알지 못할 수 있기 때문이다.

결국, 아동학대 상황은 직접 목격하지 않으면 알기 어려우므로, 일부 아동학대 행위는 밝혀지지 않은 채 지나칠 수 있다. 따라서 아동학대 사례에 대한 현황을 정확히 파악하는 것은 현실적으로 어렵다.

Point

- 미국에서 아동학대와 관련해 가장 유명한 사례는 메리 엘렌 사건이다. 이 사건은 미국에서 아동에게 보호 서비스를 제공하는 계기가 되었다.
- 1960년대에 의사들이 아동학대를 '재발견'함에 따라서 아동보호에 큰 관심을 가지게 되었다. 이때 폭행 아동 증후군을 통해서, 아동의 신체적 학대에 대한 의학적 증거를 수집할 수 있었다.
- 우리나라에서는 11월 19일을 '아동학대예방의 날'로 정하였고, 그 후 1주일을 '아동학대예방 주간'으로 정하였다.
- 아동학대 현황을 정확히 파악하는 것은 현실적으로 어렵다.

5. 아동학대를 보여주는 표시와 유발 요인 및 학대자 특징

1) 아동학대를 보여주는 표시

아동이 학대당하면, 아동학대를 보여주는 어떤 표시(indicator)가 아동에게 나타난다. 이때, 아동학대를 보여주는 표시는 신체적 표시와 행동적 표시로 구분할 수 있다. 이런 표시의 하나 또는 여러 가지가 나타나면, 아동은 학대당하였다고 볼 수 있다(중앙아동보호전문기관, 2007; Centers for Disease Control and Prevention, 2024a; Centers for Disease Control and Prevention, 2024b; Daley et al., 2025).

(1) 신체적 학대를 보여주는 표시

아동에 대한 신체적 학대의 결과로 가장 일반적으로 나타나는 표시는 타박상,[11] 물린 상처, 화상, 골절,[12] 배의 외상,[13] 머리의 외상이다. 아동에 대한 신체적 학대를 보여주는 '신체적 표시'를 몇 가지 제시하면 다음과 같다.

11) 타박상은 "맞거나 부딪쳐 생긴 상처"를 말한다(표준국어대사전, 2025).

12) 골절은 뼈가 부러진 것을 말한다(표준국어대사전, 2025).

13) 외상은 "몸의 겉에 생긴 상처"를 말한다(표준국어대사전, 2025).

① 설명하기 어려운 상처가 있다.
② 사용된 도구의 모양이 그대로 나타나는 상처가 있다.
③ 설명하기 어려운 화상이 있다. 이런 화상의 예로 담뱃불 자국, 뜨거운 물에 잠겨 생긴 화상 자국이 있다.
④ 설명하기 어려운 골절이 있다. 이런 골절의 예로 복합 골절, 나선형 골절이 있다.
⑤ 설명하기 어려운 찢어진 상처가 있다. 이런 상처의 예로 입, 입술, 잇몸, 눈, 외음부의[14] 상처가 있다.
⑥ 머리카락이 없어진 부분이 있거나, 스트레스로 인한 원형 탈모가 있다.
⑦ 흔들린 아이 증후군(shaken baby syndrome)이 있다. 흔들린 아이 증후군은 울거나 보채는 2세 이하의 아동을 심하게 흔들어서 생긴 질병을 말한다.
⑧ 두뇌가 손상되었다.
⑨ 사망하였다.

그리고 아동에 대한 신체적 학대를 보여주는 '행동적 표시'를 몇 가지 제시하면 다음과 같다.

① 어른과 접촉하기를 꺼린다.
② 다른 아동이 울 때 두려워한다.
③ 공격적이거나 움츠린 극단적 행동을 한다.
④ 부모를 두려워한다.
⑤ 집에 가는 것을 두려워한다.
⑥ 위험에 대해 계속해서 경계한다.
⑦ 옷을 갈아입는 것을 싫어하거나, 더운 날씨에도 옷을 벗는 것을 싫어한다.

14) 외음부는 "생식 기관 가운데 몸 밖으로 드러나 있는 부분"을 말한다(표준국어대사전, 2025).

아동학대를 보여주는 표시에 대해 교육하는 아동학대쉼터 센터장 : 아동이 신체적 학대를 당하면 표시가 나타나게 된다. [출처 : 유호석 님 제공]

(2) 정서적 학대를 보여주는 표시

아동에 대한 정서적 학대를 보여주는 '신체적 표시'를 몇 가지 제시하면 다음과 같다.

① 성장하는 데 큰 어려움을 겪는다.

② 신체가 제대로 발달하지 못한다.

③ 언어장애가 나타난다.

그리고 아동에 대한 정서적 학대를 보여주는 '행동적 표시'를 몇 가지 제시하면 다음과 같다.

① 특정한 물건을 계속 빨거나 물어뜯는다.

② 행동장애가 나타난다. 이와 관련된 행동의 예로 사회의 가치에 어긋나는 파괴적인 행동이 있다.

③ 정신신경성 반응이 나타난다. 이런 반응의 예로 신경질, 강박, 공포가 있다.

④ 극단적 행동이나 과잉 행동이 나타나거나, 발달이 늦거나, 자살을 시도한다.

(3) 성적 학대를 보여주는 표시

아동에 대한 성적 학대를 보여주는 '신체적 표시'를 몇 가지 제시하면 다음과 같다.

① 학교에 다닐 나이가 아닌 아동이 성병에 걸렸다.

② 임신하였다.

③ 걷거나 앉는 데 어려움을 겪는다.

④ 아동의 질에 정액이 있다.

⑤ 처녀막이 찢기거나 손실되었다.

⑥ 질에 상처나 긁힌 자국이 있다.

⑦ 질에 홍진(紅疹)이[15] 있다.

⑧ 항문 괄약근이[16] 상하였다.

⑨ 항문 주변에 멍이나 찰과상이 있다.

⑩ 항문 내장이 짧아지거나 뒤집어졌다.

⑪ 항문 입구에 열상이[17] 있다.

⑫ 항문이 좁아졌다.

⑬ 외음부에 통증을 느끼거나 가렵다.

⑭ 입천장이 상하였다.

그리고 아동에 대한 성적 학대를 보여주는 '행동적 표시'를 몇 가지 제시하면 다음과 같다.

① 나이에 맞지 않는 성적 행동을 한다.

② 나이에 비해서 성에 대해 잘 안다.

③ 성적 묘사를 한 그림들을 가지고 있다.

④ 다른 사람과 성관계를 맺는다.

⑤ 동물이나 장난감을 대상으로 성적으로 관계를 맺는다.

---

15) 홍진은 "홍역 바이러스가 [...] 일으키는 급성 전염병"을 말한다(표준국어대사전, 2025).

16) 괄약근은 항문과 오줌줄 등에 있는 고리 모양의 근육을 말한다(표준국어대사전, 2025).

17) 열상은 "피부가 찢어져서 생긴 상처"를 말한다(표준국어대사전, 2025).

⑥ 자는 데 어려움을 겪는다.
⑦ 위험한 행동을 한다.
⑧ 충동적이고 산만하고 집중하지 못한다.
⑨ 혼자 남아있기를 거부한다.
⑩ 특정한 유형의 사람을 두려워하거나, 특정한 성별에 대해 두려워한다.
⑪ 불을 지르거나 동물을 잔인하게 대한다. 이것은 남성 아동에게서 주로 나타난다.
⑫ 음식을 한꺼번에 많이 먹거나, 음식을 먹는 것을 거부하거나 두려워한다.
⑬ 사회의 가치에 어긋나는 행동에 가담하거나 가출한다.
⑭ 자신을 파괴하는 행동을 한다. 이런 행동의 예로 자살을 시도하는 것이 있다.
⑮ 사회적으로 교류하지 않는다.
⑯ 늘 외톨이로 친한 친구가 없다.

(4) 방임을 보여주는 표시

아동에 대한 방임을 보여주는 '신체적 표시'를 몇 가지 제시하면 다음과 같다.
① 계속해서 배고파하거나, 위생 상태가 좋지 않다.
② 옷차림이 계절에 맞지 않고 적절하지 않다.
③ 치료를 받지 못한다.
④ 계속해서 피곤해하고, 불안해한다.

그리고 아동에 대한 방임을 보여주는 '행동적 표시'를 몇 가지 제시하면 다음과 같다.
① 수업 중에 잔다.
② 음식을 구걸하거나 훔친다.
③ 사회의 가치에 어긋나는 행동에 가담하거나, 도둑질한다.
④ 학교에 일찍 나오고 집에 늦게 간다.

2) 아동학대를 유발하는 요인

아동학대는 여러 가지 원인과 상황이 서로 맞물려서 발생하므로, 아동학대의 원인을 단순하게 제시하기는 어렵다. 따라서 여러 가지 요인이 아동학대를 유발하고 있다.

아동학대를 유발하는 요인을 몇 가지 제시하면 다음과 같다(굿네이버스 아동학대문제연구소, 2005; 노병일, 2022a; Centers for Disease Control and Prevention, 2024a; Centers for Disease Control and Prevention, 2024b; Ashford, Lecroy & Lortie, 2001).

① 어린 시절에 학대당한 경험과 관련된 요인 : 부모가 어린 시절에 학대당하면, 나중에 자신도 자녀를 학대할 가능성이 크다.

② 약물을 잘못 사용하는 것과 관련된 요인 : 약물을 잘못 사용하면, 아동을 보호할 수 있는 능력이 크게 줄 수 있다. 따라서 알코올을 잘못 사용하면, 아동을 학대할 가능성이 커질 수 있다.

알코올을 사려고 기다리는 사람들 : 알코올을 잘못 사용하는 것은 아동학대를 유발하는 요인이 될 수 있다. [출처 : 인도에서 저자 촬영]

③ 아동의 특성과 관련된 요인 : 다르게 보이는 아동은 학대당할 가능성이 크다. 예를 들어, 장애아동이나 성격이 까다로운 아동이나 특별한 욕구가 있는 아동은 학대당할 가능성이 더 크다.

④ 빈곤과 관련된 요인 : 빈곤과 아동학대는 서로 크게 관련되는 것으로 알려져 있다.[18] 일반 가족에 비해서, 빈곤한 가족은 자원과 지지가 더 적은 상태에서 아동을 양육한다. 따라서 빈곤한 가족은 스트레스를 더 겪게 되고, 그 결과로 아동을 학대할 가능성이 더 크다.

⑤ 부부 갈등, 가정폭력, 고용 및 재정과 관련된 스트레스, 사회적 고립, 사회적 지지의 부족과 같은 요인 : 이런 요인은 가족 내에서 서로 교류하는 정도에 부정적인 영향을 미친다. 따라서 이런 요인과 관련된 상황을 겪으면, 아동을 학대할 가능성이 더 크다.

⑥ 실업, 주택이 없는 것, 스트레스, 지역사회 폭력과 같은 요인 : 이런 요인과 관련된 상황을 겪으면, 아동을 학대할 가능성이 더 크다.

⑦ 사회와 관련된 요인 : 이런 요인의 예로 사회적 불평등이 있다.

그리고 아동방임을 유발하는 요인에는 여러 가지가 있다. 아동방임을 유발하는 요인을 몇 가지 제시하면 다음과 같다(Zastrow, 2010).

① 경제적 상황과 관련된 요인 : 일반적으로 소득 수준이 낮은 계층의 부모는 아동을 더 방임하는 경향이 있다. 따라서 경제적 어려움은 아동방임을 유발하는 주요한 요인이 된다.

② 가족 형태와 관련된 요인 : 일반적으로 한부모가족의 부모는 아동을 더 방임하는 경향이 있다. 특히 모자가족에서는 아동을 더 방임할 수 있다.

③ 자녀의 수와 관련된 요인 : 일반적으로 자녀가 많은 부모는 아동을 더 방임하는 경향이 있다.

④ 부모의 지적 능력과 관련된 요인 : 일반적으로 지적 능력이 정상보다 낮은 엄마는 아동을 더 방임하는 경향이 있다.

⑤ 부모의 신체적 · 정신적 건강과 관련된 요인 : 일반적으로 다음과 같은 상태에 있는 부모는 아동을 더 방임하는 경향이 있다.[19]

㉠ 신체적 · 정서적으로 피곤하다.

18) 이에 대해서는 아동빈곤을 다루는 장(제11장)에서 자세히 설명한다.

19) 이와 같은 점은 자녀와 가장 많이 교류하는 엄마에게 특히 해당한다.

㉡ 건강이 좋지 않다.

㉢ 사회적으로 고립되어 있다.

㉣ 좌절한다.

㉤ 감정이 무디다.

⑥ 부모가 어린 시절에 경험한 것과 관련된 요인 : 일반적으로 자신이 어린 시절에 정서적 어려움을 겪은 부모는 아동을 더 방임하는 경향이 있다.

아동학대를 유발하는 요인은 아동, 아동의 보호자, 가족·환경을 고려하면서 살펴볼 수도 있다. 따라서 일부 학자는 아동학대를 유발할 가능성이 큰 요인을 아동의 보호자 요인, 아동 요인, 가족·환경 요인으로 나누면서 〈표 5-1〉과 같이 제시하고 있다(McDonald, 2007).

〈표 5-1〉 **아동학대를 유발할 가능성이 큰 요인**

유발 요인	구체적 내용
보호자 요인	• 범죄에 관여한 경험이 있음 • 아동에 대해 부적절하게 기대함 • 정신건강문제를 겪은 경험이 있음 • 아동보호에 대해 잘못 인식함 • 아동발달에 대해 잘못 인식함 • 약물을 잘못 사용한 경험이 있음
아동 요인	• 행동문제가 있음 • 건강이 좋지 않음 • 아동의 보호자가 친부모가 아님 • 나이에 비해 빨리 성장함 • 특별한 욕구가 있음
가족·환경 요인	• 지역의 실업률이 높음 • 아동의 부모 사이에 가정폭력이 있음 • 빈곤 상태에서 생활함 • 사회적으로 고립됨 • 사회적 지지가 부족함

출처 : McDonald(2007)를 노병일이 재정리.

3) 아동을 학대하는 성인의 특징

아동을 학대하는 사람은 어떤 특징을 지니는 경우가 많다. 아동을 학대할 가능성이 큰 부모와 보호자의 특징을 몇 가지 제시하면 다음과 같다(Zastrow, 2010).

① 교육 수준이 낮다.

② 직업과 관련된 기술이 적다.

③ 한부모가족에서 산다.

성별의 측면에서 볼 때, 아버지보다는 엄마가 아동을 학대할 가능성이 더 크다. 성별에 따라 아동을 학대하는 정도에서 차이가 나는 이유를 구체적으로 제시하면 다음과 같다(Zastrow, 2010).

① 아버지보다 엄마가 자녀와 시간을 더 보내는 경우가 많기 때문이다.

② 아버지보다 엄마가 자녀의 행동에 더 책임지는 것으로 인식되기 때문이다.

그리고 아동을 학대하는 부모는 다음과 같은 특징을 지니는 경우가 많다(Zastrow, 2010).

① 죄의식을 느끼지 않는다.

② 사회적으로 고립되어 있다.

③ 매우 공격적이다.

④ 충동적이다.

⑤ 정서적 문제가 있다.

⑥ 비난을 잘 참지 못한다.

한편 일반적으로 볼 때, 아동을 학대하는 성인은 다음과 같은 특징을 지니는 경향이 있다(Centers for Disease Control and Prevention, 2024a; Gustavsson & Segal, 1994).

① 어린 시절에 학대당한 적이 있다.

② 매우 엄한 훈육 방법을 사용한다.

③ 정신건강문제를 겪은 적이 있다.

④ 아동에 대해 관심이 부족하다.
⑤ 알코올이나 기타 약물을 많이 사용한다.
⑥ 사람을 따뜻하게 대하지 않는다.
⑦ 사회적으로 어울리지 않고 홀로 지낸다.

또한 아동을 성적으로 학대하는 성인은 다음과 같은 특징을 지니는 경향이 있다(Centers for Disease Control and Prevention, 2024a; Gustavsson & Segal, 1994).

① 어린 시절에 성적으로 학대당한 적이 있다.
② 아동을 시샘한다.
③ 결혼생활에서 어려움을 겪는다.
④ 알코올이나 기타 약물을 많이 사용한다.
⑤ 사회적으로 고립되어 있다.
⑥ 집에 들어가지 않는 경우가 많다.

아동을 성적으로 학대하는 사람의 대부분은 남성으로 알려져 있다(Centers for Disease Control and Prevention, 2024b; Zastrow, 2010).

Point

- 각 형태의 아동학대에서는 신체적 표시와 행동적 표시가 나타난다.
- 여러 요인이 아동학대를 유발한다.
- 아동을 학대하는 사람은 어떤 특징을 지니는 경우가 많다.

6. 아동학대의 영향

1) 일반적 영향

아동기의 경험은 인간이 발달하는 데 영향을 미치고 있다. 따라서 아동이 학대당한 경험은 나중에 아동이 성장하고 발달하는 데 부정적인 영향을 미치고 있다.

무엇보다도, 아동학대가 미치는 영향은 "폭력은 폭력을 낳는다."라는 말로 요약할 수 있다. 이론적으로 볼 때, 학대당한 아동은 증오심이나 분노를 많이 느낄 가능성이 크다. 이런 증오심이나 분노는 나중에 폭력으로 표현될 가능성이 크다. 따라서 성폭력을 한 사람, 살인자, 강도, 배우자를 학대하는 사람은 어린 시절에 학대당한 경우가 많은 것으로 알려져 있다(Zastrow, 2010; Centers for Disease Control and Prevention, 2024a).

그러므로 아동학대는 반복되는 경우가 많다. 이런 맥락에서, "벌을 받는 아동은 점점 더 나쁘게 자란다. 더군다나 나중에 그 아동은 벌을 주는 아버지나 어머니로 자라므로, 증오의 악순환은 여러 세대에 걸쳐서 계속되어 반복된다."고 닐(Neill, 전재숙(2004)에서 재인용)은 주장한 바 있다.

이 외에도 아동학대는 여러 영역에서 부정적인 영향을 미치고 있다. 예를 들어, 아동학대는 아동에게 다음과 같이 영향을 미칠 수 있다(UNICEF, 2006; U.S. Department of Health and Human Services, 2018; Centers for Disease Control and Prevention, 2024a; Centers for Disease Control and Prevention, 2024b).

① 신체적 건강과 정신건강이 좋지 않다.
② 배우는 능력과 교류하는 능력이 줄어든다.
③ 나중에 성인으로 잘 성장하고 좋은 부모가 되는 데 어려움을 겪는다.
④ 매우 심각한 경우, 목숨을 잃는다.

그리고 아동학대는 아동에게 여러 영역에서 좋지 않은 상황을 유발하고 있다. 이런 상황을 몇 가지 제시하면 다음과 같다(Gustavsson & Segal, 1994; Saluja, Kotch & Lee, 2003; Afifi, 2011; Centers for Disease Control and Prevention, 2024a).

① 자신에 대해 부정적으로 생각한다.
② 우울하다.
③ 자살을 생각하거나 시도한다.
④ 자거나 먹는 데 어려움을 겪는다.
⑤ 극단적으로 행동한다.
⑥ 사회의 가치에 어긋나는 행동을 한다.
⑦ 충동적이고, 만족을 늦추지 못하고, 공격적이다.
⑧ 사회적으로 어울리지 않고 지낸다.
⑨ 걱정을 너무 많이 한다.
⑩ 인지적 · 사회적 · 정서적 발달이 늦다.
⑪ 집중하지 못한다.
⑫ 알코올이나 기타 약물을 많이 사용한다.
⑬ 상대를 가리지 않고 성행위를 한다.
⑭ 친구관계가 좋지 않다.
⑮ 무기력하다고 느낀다.
⑯ 신뢰가 부족하다.
⑰ 학교에서 잘 지내지 못한다.

아동방임도 아동에게 여러 영역에서 좋지 않은 상황을 유발하고 있다. 이런 상황을 몇 가지 제시하면 다음과 같다(중앙아동보호전문기관, 2007).

① 안전하지 않게 될 수 있다.
② 영양이 부족해서 잘 발달하지 못할 수 있다.
③ 나이 어린 아동은 심각한 장애를 겪을 수 있고, 더 심각하면 사망할 수도 있다.
④ 다른 문제를 유발할 수 있다. 예를 들어, 청결하지 않은 외모 때문에 집단 따돌림을 당하거나 사회문제의 피해자나 가해자가 될 수 있다.

특히 아동이 두 가지 형태 이상의 학대를 당하면, 아동의 정신건강은 더 나빠질 가능성이 크다(Afifi, 2011).

한편 아동학대 때문에 어려움을 겪는 아동이 많지만, 일부 아동은 다른 아동보다 더 잘 적응하고 있다. 이런 상황과 관련되는 것이 탄력성(resilience)이다.[20)]

> **아동학대가 부정적으로 미치는 영향을 중간에서 줄이거나 늘리는 요인**
>
> 아동학대가 아동에게 부정적으로 미치는 영향을 중간에서 줄이거나 늘리는 요인에는 여러 가지가 있다. 아동학대가 아동에게 계속해서 미치는 영향을 중간에서 줄이거나 늘리는 요인을 몇 가지 제시하면 다음과 같다(Gustavsson & Segal, 1994; Saluja et al., 2003; Afifi, 2011).
>
> ① 아동의 성격
> ② 아동이 학대당한 시기 : 일반적으로 더 일찍 학대당할수록, 아동의 정신건강은 더 좋지 않게 된다.
> ③ 아동이 학대당한 기간과 횟수 : 예를 들어, 학대당한 기간이 길수록, 학대는 아동에게 더 부정적인 영향을 미친다. 그리고 학대당한 횟수가 많을수록, 학대는 아동에게 더 부정적인 영향을 미친다.
> ④ 아동이 성장하는 동안 사회적 지지와 정서적 지지를 이용할 수 있는 정도
> ⑤ 아동이 자기 가족과 지역사회에서 보호와 지지를 받는다고 느끼는 정도

2) 나이에 따른 영향

아동학대가 미치는 영향은 나이에 따라 차이가 날 수 있다. 이런 차이를 몇 가지 제시하면 다음과 같다(Gustavsson & Segal, 1994; Sechrist, 2000).

① 영유아기에 학대당한 아동은 자신을 보살피는 주요 보호자에 대해 편한 마음을 가지지 못하는 경향이 있다. 이런 아동은 다음과 같은 상황에 있을 수 있다.
   ㉠ 공격적인 행동을 한다.
   ㉡ 다른 사람과 어울리려고 하지 않는다.
   ㉢ 다른 사람이 어려움을 겪을 때, 이에 관심을 보이거나 동정을 느끼거나 슬픔을 느끼는 데 어려움을 겪는다.

② 학대당한 아동은 아동기와 학령기에 이르러서 다음과 같은 상황에 있을 수 있다.
   ㉠ 사회의 가치에 어긋나는 행동을 한다.

20) 탄력성은 좋지 않은 일을 겪은 후 빨리 기분이 나아지는 능력을 말한다(Oxford Advanced American Dictionary, 2025).

ⓛ 자신에 대해 부정적으로 인식한다.

ⓒ 남을 신뢰하지 못한다.

③ 아동기에 학대당하면, 성인이 되어 다음과 같은 상황에 있을 수 있다.

㉠ 우울하다.

㉡ 약물을 많이 사용한다.

㉢ 식사하는 데 어려움을 겪는다.

㉣ 자살을 시도한다.

㉤ 정신건강문제를 겪는다.

㉥ 다시 성폭력의 피해자가 된다.

㉦ 사람들과의 관계와 사회생활에서 어려움을 겪는다.

3) 성별에 따른 영향

아동학대가 정신건강에 미치는 영향은 성별에 따라 차이가 나는 것으로 알려져 있다. 이런 차이를 구체적으로 제시하면 다음과 같다(Afifi, 2011).

① 일부 증상은 남성 아동에게 나타날 가능성이 더 크다. 이런 증상의 예로 사회의 가치에 어긋나는 방식으로 행동하는 것이 있다.

② 일부 증상은 여성 아동에게 나타날 가능성이 더 크다. 이런 증상의 예로 우울한 것이 있다.

4) 성적 학대의 영향

성적 학대를 당한 아동은 좋지 않은 상황에 있을 가능성이 크다. 예를 들어, 성적 학대를 당한 아동은 다음과 같은 상황에 있을 수 있다(Gustavsson & Segal, 1994).

① 알코올이나 기타 약물을 사용하거나, 참을 수 없는 상황을 피하기 위해 도망친다.

② 자신에 대해 부정적으로 인식하거나, 자신을 증오한다.

③ 나중에 10대나 성인이 되었을 때 지저분한 성행위를 한다. 이것은 부모나 가까운 친척으로부터 성적 학대를 당하였을 때 특히 그렇다.

④ 성인의 이익을 위해 성적으로 이용당한다.

⑤ 스트레스, 성격장애, 심각한 우울을 겪는다.

⑥ 자신을 학대하고, 사회의 가치에 어긋나는 행동을 한다.

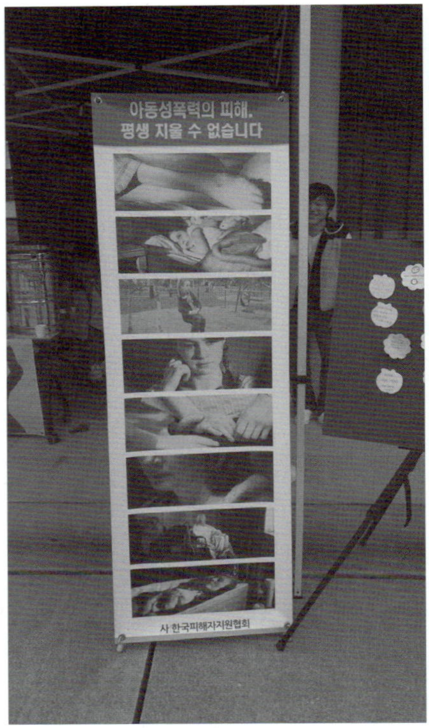

아동에 대한 성적 학대(폭력)에 따른 피해가 평생 계속됨을 보여 주는 안내 사진 : 성적 학대를 당한 아동은 좋지 않은 상황에 있을 가능성이 크다. [출처 : 저자 촬영]

특히, 성적 학대를 당한 아동은 정서적·인지적·신체적·행동적 영역에서 의학적으로 심각한 증상을 보이는 경우가 많다. 예를 들어, 성적 학대를 당하면 이에 대한 심각한 심리적 반응으로 불안, 두려움, 퇴행적 행동, 무서운 꿈, 소극적 행동, 내현화 장애와 외현화 장애(internalizing and externalizing disorder),[21] 사회의 가치에 어긋나는 행동, 잔인함, 자신을 해치는 행동, 일반적 행동문제, 외상 후 스트레스 장애, 자신에 대한 부정적 인식, 성에 집착하는 행동이 나타날 수 있다.

결국, 아동에 대한 성적 학대는 아동의 순수성을 파괴하고 있다. 그리고 아동에 대한 성적 학대는 아동에게 심리적으로 큰 어려움을 유발하고 있다. 이에 따라 아동에 대한 성적 학대는 아동기와 그 후의 성인기에 성적으로 발달하는 데 부정적인 영향을 미치고 있다(Centers for Disease Control and Prevention, 2024b; Zastrow, 2010).

21) 외현화 장애는 밖으로 드러나는 장애이고, 내현화 장애는 겉으로 드러나지 않는 장애이다. 외현화 장애의 예로 공격성이 있고, 내현화 장애의 예로 불안장애가 있다(Davison, 2005).

Point

- 아동학대 경험은 아동의 성장·발달에 부정적인 영향을 미친다.
- 아동학대는 반복되는 경우가 많다.
- 아동학대의 영향은 나이와 성별에 따라 달라질 수 있다.
- 아동에 대한 성적 학대는 아동의 순수성을 파괴한다.

7. 아동학대의 신고와 아동학대에 대한 개입

1) 아동학대의 신고

여러 국가에는 아동학대 사례를 신고하는 것과 관련된 규정이 있다. 예를 들어, 미국에서는 아동학대에 전국적으로 관심을 더 가짐에 따라서, 1960년대 말에 모든 주에서 아동학대를 신고하는 법을 만들었다. 이런 법은 아동을 학대하는 사례를 찾아내려는 의도를 가지고 있다. 이런 법에 따르면, 전문가는 아동학대로 의심되는 사례를 전문기관에 신고하여야 한다. 이런 전문가의 예로 사회복지사, 상담사, 의사, 학교에 근무하는 사람, 간호사가 있다. 이것은 우리나라에서도 마찬가지이다. 우리나라 「아동복지법」에 따르면, 국가와 지방자치단체는 아동학대에 대한 신고체계를 만들어 운영하여야 한다(국가법령정보센터, 2025; Zastrow, 2010).

아동학대로 신고하여야 하는 상황을 몇 가지 제시하면 다음과 같다(아동권리보장원, 2025c).

① 아동의 울음소리, 비명, 신음소리가 계속된다.
② 아동의 상처에 대한 보호자의 설명이 이치에 맞지 않는다.
③ 아동이 계절에 맞지 않거나 깨끗하지 않은 옷을 계속 입고 다닌다.
④ 아동이 뚜렷한 이유 없이 지각이나 결석이 잦다.
⑤ 나이에 맞지 않는 성적 행동을 보인다.

그리고 아동학대를 신고할 때는 다음과 같은 것을 알려주어야 한다(아동권리보장원, 2025c).

① 신고자의 이름, 연락처

② 아동의 이름, 성별, 나이, 주소

③ 학대한 것으로 의심되는 사람의 이름, 성별, 나이, 주소

④ 아동이 위험한 상태에 있거나 학대당하고 있다고 믿는 이유

아동학대를 신고할 때는 가능한 한 많은 정보를 제공하여야 한다.

> **아동학대 신고 방법**
>
> 우리나라에서 아동학대 신고는 다음과 같이 할 수 있다(아동권리보장원, 2025c).
>
> ① 112로 전화해 신고한다.
>
> ② 경찰서나 시·군·구의 행정 부서를 방문해 신고한다.
>
> 아동학대를 신고하는 사람의 신분에 대해서는 비밀이 보장된다.

2) 진 행

아동학대에 대한 신고가 들어오면, 아동학대 상황을 조사하게 된다. 우리나라에서 아동학대를 조사하는 절차는 다음과 같다(아동권리보장원, 2025c).

① 신고를 접수한다.

② 아동학대로 신고된 상황을 조사한다.

③ 사례를 판단한다.

④ 학대당한 아동을 보호하기 위한 계획을 짜고 조치를 취한다.

아동학대를 처음에 조사할 때는 여러 가지 측면을 고려하여야 한다. 아동학대를 처음에 조사할 때 주로 고려할 측면을 구체적으로 제시하면 다음과 같다(Ashford et al., 2001).

① 아동이 학대당하였는지 알아본다.

② 범죄 행위가 있는지 알아본다.

③ 아동을 학대한 사람이 누구인지 알아본다.

④ 목격자가 있는지 알아본다.

⑤ 다른 피해자가 있는지 알아본다.

⑥ 신체적 증거가 있는지 알아본다.

⑦ 아동을 나중에 다시 학대할 가능성이 있는지 알아본다.

⑧ 아동이 안전한지 알아본다.

⑨ 아동을 안전하게 보호하기 위해 필요한 방안이 무엇인지 알아본다.

⑩ 가족에게 긴급한 욕구가 있는지 알아본다.

⑪ 아동을 보호하고 아동이 또 학대당하지 않도록 도와주기 위해서, 기관이 서비스를 계속해서 제공할 수 있는지 알아본다.

한편 아동보호 서비스를 담당하는 사회복지사가 하는 업무에는 여러 가지가 있다. 이 중에서도 가장 급하게 하여야 할 업무는 위험 사정(assessment of risk)이다. 위험 사정은 아동이 위험한 정도를 자세히 파악하는 것을 말한다. 이때는 학대당한 아동에게 서비스를 제공할 필요가 있는지를 파악하기 위해 아동을 사정할 필요가 있다. 그리고 아동보호 서비스를 담당하는 사회복지사는 여러 가지 측면을 고려할 필요가 있다. 예를 들어, 사회복지사는 아동, 가족, 아동과 가족구성원 사이의 관계, 보호자, 환경 등의 여러 측면을 고려할 필요가 있다(Gustavsson & Segal, 1994).

특히 아동이 위험한 정도를 사정할 때, 아동 요인과 가족 요인에 주목할 필요가 있다. 아동 요인과 가족 요인에는 여러 가지가 있다. 주요한 아동 요인을 몇 가지 제시하면 다음과 같다(Cohen & Sosa, 2000).

① 아동의 나이

② 학대의 정도와 학대가 발생한 횟수

③ 학대 때문에 생긴 피해의 형태와 학대가 발생한 부위

또한 주요한 가족 요인을 몇 가지 제시하면 다음과 같다(Cohen & Sosa, 2000).

① 보호자의 정신건강과 신체적 건강 : 여기에는 보호자가 약물을 잘못 사용하는 정도도 포함된다.
② 가족이 협조하는 정도
③ 보호자가 양육 기법과 양육에 대해 아는 정도
④ 보호자가 과거에 아동을 학대한 정도
⑤ 가정 환경
⑥ 가족이 지지체계를 이용할 수 있는 정도
⑦ 가족의 강점과 문제점

그리고 성적 학대에서는 신체적 증거를 찾기 어려운 경우가 많다. 예를 들어, 미국에서 아동에 대한 성적 학대로 밝혀진 사례 중에서, 신체에 증거가 나타난 사례는 매우 적은 것으로 나타난 바 있다. 따라서 아동에 대한 성적 학대에 대해 사정할 때 가장 중요한 부분은, 지금까지 거쳐 온 내력(history, 이력)이다. 그러므로 아동의 성적 학대를 기록할 때는 아동이 말한 정확한 단어를 적을 필요가 있다.

아동의 성적 학대와 관련해 지금까지 거쳐 온 내력을 알기 위해 아동과 면담할 때는 다음과 같이 할 필요가 있다(McDonald, 2007).

① 면담자는 누구이고, 면담자가 왜 여기에 있는지를 아동에게 설명한다.
② 아동이 여기에 있는 이유를 알고 있는지 물어본다.
③ 짧고 간단한 문장, 간단한 시제, 분명한 동사를 사용한다.
④ 구체적인 용어와 적절한 명칭을 사용한다.
⑤ 직접 묻는 방식으로 질문한다.
⑥ 아동이 답한 내용을 확인한다.
⑦ 필요하면, 질문 내용은 표현을 바꾸어 물어본다.
⑧ 아동이 면담자의 질문을 이해하는지를 물어본다.
⑨ 아동이 답을 글로 쓰게 하거나, 사건을 그림으로 그리게 한다.
⑩ 가능하다면, 부모가 없는 상태에서 아동과 면담한다.

⑪ 면담할 때 미리 고정적인 생각을 가지거나, 이끌거나, 연상시키거나, 추정하지 않는다.

⑫ 그동안 아팠던 내용, 그동안 사용한 약, 그동안의 성적 등을 물어본다.

⑬ 증상을 물어본다. 예를 들어, 신체적 증상과 정서적 증상을 물어본다.

⑭ 학대당한 상황을 물어본다.

⑮ 아동이 관심을 가지는 것과 아동이 두려워하는 것을 물어본다.

성적 학대의 조사 : 그림의 사용

아동이 당한 성적 학대를 아동에게 직접 조사하는 것은 쉬운 일이 아니다. 따라서 이때는 상담사와 전문가에게 기법이 필요하다. 아동으로부터 성적 학대에 대한 정보를 얻기 위해, 상담사와 조사자는 여러 가지 전문적인 기법과 보조 자료를 이용하고 있다. 이때, 그림(drawing)은 좋은 보조 자료가 되고 있다(노대겸 · 전영신, 2017).

그림은 상담사가 어린 아동과 상담할 때 사용하는 경우가 많다. 성적 학대를 당한 아동과 상담할 때, 아동은 자기가 만났던 적이 없는 사람에게 이야기하여야 하고, 자기가 그동안 말하지 않았던 것을 말하여야 하고, 당황하고 표현하기 어려운 개인적 일을 설명하여야 하고, 자신이 이해하지 못하는 일을 설명하여야 한다.

그러므로 성적 학대를 조사하기 위한 상담 과정에서 그림은 좋은 보조 자료가 될 수 있다. 이때, 아동은 그림을 통해 정보를 제공할 수 있다. 예를 들어, 아동은 그림을 통해 학대가 자신에게 미친 영향을 설명할 수 있다. 또한 상담사와 아동은 겉으로 분명히 드러나지 않은 것을 더 알기 위해 그림을 사용할 수 있다(Cohen-Liebman, 1999).

한편 아동복지기관에 아동학대 사례가 신고되면, 아동복지기관은 사례를 조사하고 이에 따라 적절한 조치를 취하여야 한다(Garvin & Tropman, 1997; Gustavsson & Segal, 1994). 아동학대 사례가 신고된 후의 일반적 절차를 구체적으로 제시하면 다음과 같다.

① 신고를 접수하고, 아동학대 사례를 파악해서 조사자를 파견할 필요가 있는지를 결정한다.

② 사례보고서를 작성하고 사실을 기록한다. 그리고 필요하면 개입한다.

③ 아동보호를 위해 법적 조치가 필요하면, 자세한 증거를 수집한다. 이 증거는 법정에서 아동학대를 보여주는 데 사용된다.

3) 아동학대에 대한 개입

(1) 즉시 개입의 중요성

학대당한 아동에 대한 피해를 줄이고 학대당한 아동이 정신건강문제를 겪을 가능성을 줄이기 위해서는, 학대당한 아동에게 빨리 개입하여야 한다. 따라서 아동학대로 신고되면, 아동복지를 담당하는 사회복지사는 시기를 놓치지 말고 빨리 방법을 찾아야 한다. 특히 성적 학대에 대해서는 더 자세하게 조사하면서 개입하여야 한다.

학대당한 아동에게 애정을 갖고 관심을 보이면, 학대당한 경험이 아동에게 부정적으로 미치는 영향이 줄어들 가능성이 크다. 이런 이유로, 오늘날에는 아동학대의 초기 단계에서 개입하는 경우가 많아지고 있다(Wildeman, Roehrkasse, Gibbons, Sernaker, Becker & Fallesen, 2025; McPherson, Gatwiri, Vosz, MacNamara, Mitchell & Tucci, 2025; Afifi, 2011).

아동학대와 관련된 기관의 치료실 : 아동학대가 발생하면 아동에게 빨리 개입하여야 한다.
[출처 : 저자 촬영]

아동이 학대당한 후 바로 아동보호 서비스를 제공하면서 개입하는 것은 여러 가지 장점이 있다. 이런 장점을 몇 가지 제시하면 다음과 같다(Sechrist, 2000).

① 학대가 아동에게 계속해서 미치는 부정적인 영향이 줄어들 수 있다.

② 학대가 아동에게 부정적으로 미치는 영향을 줄이는 서비스를 바로 제공할 수 있다.

한편 학대당한 아동은 학대에 대해 다음과 같이 생각할 수도 있다(Sechrist, 2000).

① 학대는 자신이 잘못하는 것에 대해 처벌받는 것이다.

② 자신이 학대당한 것은, 자신이 본래부터 쓸모없는 존재임을 보여주는 증거이다.

그러므로 학대당한 아동에게 즉시 개입하면서 자신에게 도움을 주는 사람이 있다는 사실을 알려주어야 한다. 아동에게 이런 사실을 알려주는 것은 아동이 안전하고 편한 상태를 유지하는 데 도움이 된다.

(2) 개입

아동학대에 개입할 때는 외상에 주목하는 접근방식을 취할 필요가 있다. 이렇게 하면, 전문가는 학대를 보여주는 징후를 파악한 후 이에 대응할 수 있게 된다. 그러면서 전문가는 학대당한 아동이 마음의 상처를 다시 받는 것을 예방할 수 있게 된다(Suniega, Krenek & Stewart, 2022).

그리고 아동학대에 개입할 때는 융통성 있게 개입할 필요가 있고, 또한 상황을 계속해서 살펴볼 필요가 있다. 왜냐하면 각 아동학대 사례는 나름대로 독특하기 때문이다. 그러나 이상적으로는 이렇게 하여야 하지만, 현실적으로는 이렇게 하기 어려운 경우가 많다. 왜냐하면 학대당한 아동과 가족에게 개입하는 데 필요한 물적 자원과 인적 자원이 부족한 경우가 많기 때문이다.

결국, 아동학대에 개입할 때는 다음과 같은 것을 중요한 목표로 삼을 필요가 있다(Afifi, 2011).

① 아동학대가 또 발생하는 것을 예방한다.

② 학대당한 아동에게 치료와 관련된 서비스를 제공한다.
③ 학대당한 아동이 건강하고 행복하게 지내도록 돕는다.

한편 학대당하였거나 학대당할 가능성이 큰 아동이나 가족에게 개입하는 방식에는 여러 가지가 있다. 이런 방식을 몇 가지 제시하면 다음과 같다(Gustavsson & Segal, 1994; Child Welfare Information Gateway, 2012).

① 학대당한 아동과 가족에게 일반적인 서비스를 제공하는 방식 : 이런 방식에서는 학대당한 아동을 즉시 보호하고 아동학대를 멈추게 하는 것에 주목한다.
② 아동이 학대당할 가능성이 가장 큰 가족에게 예방적 서비스를 제공하는 방식
③ 아동이 학대당할 가능성이 어느 정도 되는지에 상관없이, 모든 가족에게 지지적 서비스를 제공하는 방식

4) 사회복지사의 역할

아동학대를 담당하는 사회복지사는 여러 가지 역할을 할 수 있어야 한다. 이런 역할의 예로 교육하는 역할, 할 수 있게 도와주는 역할, 조언하는 역할, 치료를 조정하는 역할, 개입하는 역할, 지지하는 역할이 있다.

이런 역할을 할 때, 사회복지사는 다음과 같이 할 필요가 있다(Zastrow, 2010; Suniega, Krenek & Stewart, 2022; Afifi, 2011).

① 구체적 욕구를 파악하는 것, 개입 방식을 정하는 것, 구체적 서비스를 제공하는 것에 계속 관심을 가진다.
② 다른 전문가집단과 함께 일할 준비를 한다. 여러 전문가로 이루어진 팀은 아동학대를 평가하고 진단하고 치료할 때 중요한 역할을 할 수 있다. 이때, 전문가의 예로 아동을 치료하는 의사, 학교 교사, 법률가가 있다.
③ 아동학대에 개입하는 방법이 효과적인지를 체계적으로 평가한다.

아동을 학대하는 부모를 상대할 때 고려할 점

사회복지사가 아동을 학대하는 부모를 상대할 때는 다음과 같이 할 필요가 있다(Zastrow, 2010).

① 한편으로는 부모의 학대 행위를 절대 인정할 수 없다는 점을 보여주면서, 다른 한편으로는 부모를 인간으로서 존중한다.

② 자녀를 학대하는 부모의 상황에 공감한다는 점을 부모에게 전달한다. 그렇지만 이때, 부모가 긍정적인 방향으로 변하여야 한다는 점도 강력하게 전달하여야 한다.

Point

- 여러 국가에는 아동학대 사례를 신고하는 것과 관련된 규정이 있다.
- 아동보호 서비스를 담당하는 사회복지사가 가장 급하게 하여야 할 업무는 위험 사정이다.
- 성적 학대에서는 신체적 증거를 찾기 어려우므로, 지금까지 거쳐 온 내력(이력)에 주목할 필요가 있다.
- 아동복지기관은 아동학대 사례가 신고되면 사례를 조사하고 적절한 조치를 취하여야 한다.
- 학대당한 아동에게는 빨리 개입하여야 한다.
- 아동학대에 대해서는 외상에 주목하는 접근방식을 취하고, 융통성 있게 개입하고, 상황을 계속해서 살펴볼 필요가 있다.

8. 아동학대의 예방과 관련 방안

1) 예방적 접근방식과 관련 방안

아동이 학대당한 후에는 아동학대에 따른 상처를 치료하는 것이 중요하다. 그러나 아동학대가 발생한 후 치료하는 접근방식보다 더 중요한 것은 아동학대를 예방하는 접근방식이다. 왜냐하면 아동학대를 예방하려고 노력하지 않는다면 아동학대는 계속될 것이기 때문이다. 결국, 아동학대를 없애는 가장 좋은 방법은 아동학대를 예방하는 것이다. 그러므로 아동학대에 대해서는 예방적 접근방식을 취할 필요가 있다(Rasch, Alayli, Ballmeyer, Franco & De Bock, 2025).

그리고 아동학대를 예방하기 위해서는 부모에게 관련 내용을 교육할 필요가 있다. 이때, 아동학대를 예방하기 위한 부모교육 프로그램에서는 다음과 같은 측면에 주목할 필요가 있다(Rae, McKenzie & Murray, 2010).

① 아동의 부모가 자녀를 부적절하게 훈육하는 사례를 줄인다.

② 더 긍정적이고 더 적절한 훈육 방식을 아동의 부모에게 소개한다.

아동학대방지센터의 포스터("아동에의 학대 : 만일 곤란한 일이 있으면 [아래 번호로 연락하세요]") : 아동학대를 없애는 가장 좋은 방법은 예방적 접근방식을 취하는 것이다. [출처 : 일본에서 저자 촬영]

2) 아동보호 환경의 형성

아동학대를 예방하기 위해서는 정부와 사회가 나서서 아동을 보호하는 환경을 만들 필요가 있다. 이와 관련해, 유니세프는 아동을 보호하는 환경을 형성하기 위해 다음과 같이 할 필요가 있다고 주장한 바 있다(UNICEF, 2006).

① 정부가 관여하고 관심을 가진다. 즉, 정부는 아동학대를 예방하는 것과 관련된 정책을 설계하고, 관련된 자원을 제공한다. 이것은 다음과 같은 것

을 포함한다.

㉠ 학교와 시설을 포함한 공공기관에서 아동에게 폭력을 사용하지 못하게 한다.

㉡ 정부는 가정에서 아동을 인간답게 양육하도록 교육하고, 가정에서 아동학대가 발생하지 않도록 아동을 보호하는 조치를 취한다.

② 아동학대를 예방하는 법을 만들고 실시한다. 즉, 아동학대를 효과적으로 금지하는 법을 만들고, 이런 법을 확실하게 실시한다. 이것은 다음과 같은 것을 포함한다.

㉠ 아동을 체벌하는 것을 금지하는 법을 만든다.

㉡ 아동에게 성적 학대를 한 사람은 엄하게 처벌한다.

㉢ 보건 관련자와 사회복지사에게 아동학대를 의무적으로 신고하게 하고, 이들 전문가는 이에 대한 사후 조치를 취하도록 한다.

③ 아동학대에 대한 태도와 관습을 바꾼다. 특히 아동학대를 정당화하기 위해 그동안의 전통을 그대로 따르는 경우가 많으므로, 이와 관련된 관습을 바꾼다.

④ 아동학대에 대해 공개적으로 논의한다. 즉, 아동에 대한 학대는 개인만의 문제가 아니므로, 아동학대에 대해 공적으로 관심을 가지게 한다. 이때, 언론은 중요한 역할을 할 수 있다. 언론의 역할을 구체적으로 살펴보면 다음과 같다.

㉠ 사회가 아동학대를 허용하는 태도를 가지지 않게 한다.

㉡ 사회가 아동을 더 보호하는 태도를 가지게 한다.

⑤ 아동에게 학대 상황을 피하는 방법, 아동권리와 관련된 지식, 아동학대에 대처하는 방법을 교육한다.

⑥ 아동학대에 대해 가족과 지역사회가 관여한다. 이를 위해 교사, 사회복지사, 의료 전문가, 아동과 관련된 기타 사람에게 아동학대를 예방하고 아동을 보호하는 것에 대해 교육한다.

⑦ 아동학대와 관련된 기본적인 서비스를 제공한다. 이와 관련해 다음과 같은 점을 고려한다.

㉠ 아동학대와 관련된 기본적인 서비스에 아동학대를 예방하는 서비스, 아동이 학대당하였을 때 안정을 찾도록 돕는 서비스, 학대당한 아동이 사회에 다시 적응하는 것을 돕는 서비스를 포함한다.

㉡ 학교가 안전하고 아동에게 친근한 공간이 되게 한다.

㉢ 적절하고 비밀을 보장하는 의료 서비스, 상담, 기타 전문적 서비스와 시설을 모든 아동이 차별 없이 이용할 수 있게 한다.

⑧ 아동학대에 대해 체계적으로 감시하고 신고하고 감독한다. 무엇보다도 아동학대는 겉으로 분명하게 드러나지 않는 경우가 많으므로, 체계적인 감시와 감독이 더욱 필요하다. 이것은 성적 학대에 특히 해당한다.

3) 학교 교육

아동학대를 예방하기 위해서는, 학교에 근무하는 사회복지사, 상담사, 보건교사도 아동에게 아동학대에 대해 교육할 필요가 있다. 따라서 학교에 근무하는 사회복지사, 상담사, 보건교사는 아동을 대상으로 하는 교육 과정에 아동학대를 포함할 필요가 있다. 이런 교육에서는 아동학대를 예방하는 방법을 특히 잘 알려줄 필요가 있다(Suniega, Krenek & Stewart, 2022). 그리고 이런 교육에서는 다음과 같은 점에도 주목할 필요가 있다.

① 자신과 가까운 사람이 자신에게 성적 학대를 할 가능성이 있음을 교육한다.

② 성적 학대를 포함한 모든 학대를 신고하도록 한다.

한편 사회복지사, 상담사, 보건교사가 학교에서 하는 교육에 아동학대를 포함하면, 학생은 아동학대의 심각성을 더 잘 깨닫게 된다. 학대당한 아동은 학대 사실을 숨기려는 경우가 많으므로, 공공기관은 아동학대에 대한 신체적·행동적 증상(표시)을 찾는 데 시간이 오래 걸릴 수 있다. 그러나 학교에서 아동학대에 대해 교육하면, 학대당한 아동의 형제자매나 친구는 아동이 학대당하였음을 보여주는 신체적 증상이나 행동적 증상을 쉽게 알아차릴 수 있게 된다. 이렇게 되면, 학대당한 아동에게 더 빨리 개입할 수 있게 된다(Sechrist, 2000).

결국, 사회복지사, 상담사, 보건교사가 학교에서 하는 교육 내용에 아동학대를 포함하는 것은 아동학대를 예방하는 데 유리하다. 더 나아가, 이것은 아동학대문제가 더 심각해지는 것을 예방하는 데도 유리하다.

Point

- 아동학대에 대해서는 예방적 접근방식을 취할 필요가 있다.
- 아동학대를 예방하기 위해서는 정부와 사회가 나서서 아동을 보호하는 환경을 만들어야 한다.
- 학교의 사회복지사, 상담사, 보건교사는 아동에게 아동학대에 대해 교육할 필요가 있다.

chapter

06 보육과 방과 후 프로그램

차례

1. 보육의 정의와 목적

1) 보육의 정의

보육(childcare, daycare)은 아동을 돌보는 것을 도와주는 서비스이다. 따라서 보육은 오늘날에 자주 볼 수 있는 서비스에 속하고 있다. 그동안 보육에 대해 정의한 것을 몇 가지 제시하면 다음과 같다(국가법령정보센터, 2025; Barker, 2003; Robinson, 1985; Harris & White, 2013).

① 미국 전국사회복지사협회에서 발간한 사전에 따르면, 보육은 부모나 보호자가 아동을 보살피기 어려울 때 아동을 보살피는 시설과 프로그램을 말한다.

② 영국에서 발간한 사회사업사전에 따르면, 보육은 민간 영역이나 국가가 아동을 돌보기 위해 제공하는 서비스를 말한다.

③ 미국 정부에 따르면, 보육 서비스는 어린 아동이나 취학 전 아동을 아동의 가정 내부나 외부에서 하루의 일정 시간 동안 직접 보살피거나 보호하기 위한 폭넓고 체계적인 여러 가지 활동을 말한다.

④ 우리나라 「영유아보육법」에 따르면, 보육은 "영유아를 건강하고 안전하게 보호·양육하고 영유아의 발달 특성에 맞는 교육을 제공하는 어린이집 및 가정양육 지원에 관한 사회복지서비스"를 말한다.

정리하건대, 보육은 부모가 아동을 보살피고 양육하는 것을 도와주는 전문적 서비스라고 볼 수 있다. 따라서 보육은 대표적인 보충적 서비스에[1) 속하고 있다.

2) 보육의 목적

일반적으로 보육의 목적은 아동을 안전하게 보호하고, 교육적 환경을 제공하고, 아동이 발달하기에 적절한 환경을 제공하는 데 있다(Lein, 2011). 무엇보다도 보육의 목적은 전문가가 여러 아동을 함께 모아 아동이 나중에 사회생활을 잘 하도록 도와주고 아동에게 교육 서비스를 제공하는 데 있다. 그러므로 구체적으로 볼 때, 보육은 다음과 같은 목적을 추구하고 있다(노병일·노대겸, 2025).[2)]

① 엄마가 유급 일자리에서 일하는 것을 도와준다.

② 아동이 더 잘 발달하게 한다. 어린 아동에게 질 좋은 프로그램을 제공하면 아동이 더 잘 발달할 수 있다. 이것은 엄마가 유급 일자리에서 일하는지에 상관없이 그렇다.

③ 아동을 사회화한다. 즉, 아동이 사회구성원의 역할을 잘하게 한다.

---

1) 보충적 서비스에 대해서는 아동복지 서비스를 다루는 장(제1장)에서 이미 설명한 바 있다.

2) 그러나 이런 목적들은 서로 함께 어울리지 않는 경우가 많다. 따라서 이런 목적들을 동시에 이루기 어려울 수도 있다.

보육시설에서 공놀이하는 아동들 : 보육의 목적은 아동발달에 적절한 환경을 제공하는 것이다.
[출처 : 미국에서 저자 촬영]

Point

- 보육은 부모가 아동을 보살피고 양육하는 것을 도와주는 전문적 서비스이다.
- 보육의 목적은 아동을 안전하게 보호하고, 교육적 환경을 제공하고, 아동이 발달하기에 적절한 환경을 제공하는 것이다.

2. 보육의 중요성

보육은 여러 가지 측면에서 중요하다. 보육이 일반적으로 중요한 측면을 몇 가지 제시하면 다음과 같다(노병일 · 노대겸, 2025; Crosson-Tower, 2017; Lein, 2011; Sano, Mammen & Houghten, 2021; Bertrand, McCain & McCain, 2025).[3]

① 유급 일자리에서 일하는 부모의 욕구를 충족한다. 예를 들어, 아동에게 질 좋은 보육을 제공하면, 부모는 유급 일자리에서 더 자유롭게 일할 수 있게 된다. 이것은 엄마에게 특히 그렇다.

3) 보육의 중요성에 대한 일부 내용은 보육의 목적에 대한 내용과 중복된다.

② 아동이 더 잘 발달하게 한다. 예를 들어, 아동에게 취학 전에 보육을 제공하면, 아동은 더 잘 발달하게 된다. 특히, 질 좋은 보육은 아동의 인지적 능력, 사회적 능력, 정서적 능력을 더 키워 준다. 그 결과, 아동은 학교생활을 더 잘할 수 있게 된다.

③ 취약한 아동이 학습을 잘하게 한다. 예를 들어, 빈곤한 아동에게 보육을 일찍 제공하면, 빈곤한 아동은 학습을 더 잘할 수 있게 된다.

④ 부모에게 휴식할 기회를 제공한다. 예를 들어, 몹시 지친 부모나 일을 너무 많이 하는 부모의 자녀에게 보육을 제공하면, 부모는 중간에 휴식을 취할 수 있게 된다.

⑤ 경제 영역에 직접·간접으로 도움을 준다. 예를 들어, 근로자의 자녀에게 보육을 제공하면 근로자가 편하게 생산적 활동에 집중할 수 있으므로, 보육은 사업장의 생산성을 높이고 경제가 전체적으로 잘 돌아가는 데 이바지하게 된다.

그리고 아동기 초기에 대한 연구에서 나타난 중요한 결과로 다음과 같은 것이 있는데, 이것은 아동에게 보육이 특히 중요하다는 점을 보여주고 있다(노병일·노대겸, 2025).

① 아동기 초기는 아동기 이후의 삶에 큰 영향을 미친다.

② 어린 아동은 다른 사람들과 관계를 맺으면서 발달한다.

③ 아동기 초기에 위험을 유발하는 요인(위험 요인)과 보호하는 요인(보호 요인)을 어떻게 서로 균형을 맞추느냐에 따라서, 아동이 발달하는 정도가 달라진다.

한편 보육은 조기개입의[4] 성격을 지닌다고 볼 수 있다. 어린 아동이 건전하게 발달하는 것을 도와주기 위해 조기에 개입하는 것은, 아동기뿐만 아니라 성인기에도 긍정적인 영향을 미치고 있다. 특히, 어린 아동에게 제공하는 조기개

4) 조기개입은 일찍 관여하는 것을 말한다.

입 서비스는 다양한 영역에서 아동에게 영향을 미칠 수 있다. 이런 영역으로 신체적 건강 영역, 정신건강 영역, 언어 영역, 의견을 서로 교류하는 것(의사소통)과 관련된 영역, 인지적 영역, 사회적 영역, 정서적 영역이 있다(Child Welfare Information Gateway, 2013). 따라서 조기개입이라는 측면에서 볼 때, 보육은 인간이 삶 전체에 걸쳐 건전하게 발달하는 데 매우 큰 영향을 미치므로 중요하다(노병일 · 노대겸, 2025).

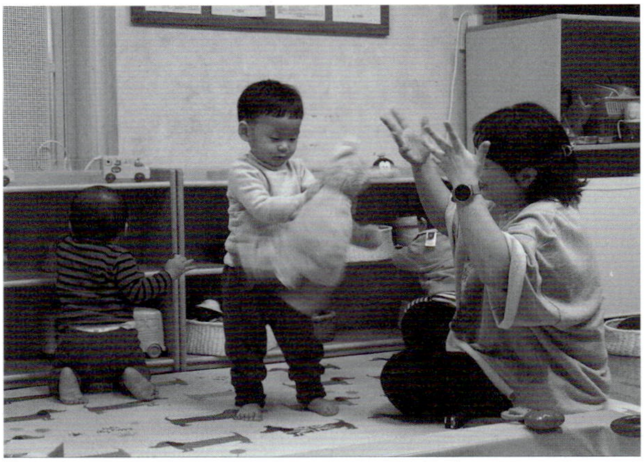

어린이집에서 보육교사와 활동하는 아동 : 보육은 조기개입의 성격을 지닌다. [출처 : 저자 촬영]

Point

- 보육은 유급 일자리에서 일하는 부모의 욕구를 충족하고, 아동이 더 잘 발달하게 하고, 취약한 아동이 학습을 잘하게 하고, 부모에게 휴식 기회를 제공하고, 경제 영역에 직접 · 간접으로 도움을 주므로 중요하다.
- 조기개입의 측면에서 볼 때, 보육은 인간이 삶 전체에 걸쳐 건전하게 발달하는 데 매우 큰 영향을 미친다.

3. 보육의 역사와 현황

1) 외 국

과거에는 부모가 자기 집에서 아동을 보살피거나, 친척이나 기타 가까운 사람이 아동을 보살폈다. 그러나 오늘날에는 보육시설에서 아동을 보살피거나 아동과 혈연관계가 없는 사람이 아동을 보살피는 경우가 많아지고 있다. 이렇게 된 이유는 오늘날 다음과 같은 경향이 나타나고 있기 때문이다(노병일 · 노대겸, 2025; Crosson-Tower, 2017).

① 여성이 유급 일자리에서 일하는 사례가 많아진다.
② 확대가족이 줄어든다.

그러므로 보육은 엄마가 가정 밖에서 일하는 것과 밀접하게 관련되어 있다. 무엇보다도 보육시설이 많이 늘어난 것은 도시에서 산업이 크게 발달한 것과 관련이 있다. 예를 들어, 미국에서는 오늘날의 보육시설에 해당하는 주간[5] 육아실(day nursery)을 1840년대에 보스턴(Boston)에 처음 만들었다. 당시에 주간 육아실의 목적은 빈곤아동과 이민아동을 보살피는 데 있었다. 왜냐하면 당시에 이런 아동의 엄마는 유급 일자리에서 일하여야 하는 상황에 있었기 때문이다. 따라서 주간 육아실은 엄마가 유급 일자리에서 일하는 동안 빈곤아동이나 이민아동을 안전하게 보호하고 이런 아동에게 음식을 제공하는 것을 주요한 목적으로 삼고 있었다. 그러므로 당시의 주간 육아실에서 조기교육과 같은 것은 주요한 목적이 아니라 이차적인 목적이었다.

그리고 1844년에 프랑스 파리(Paris)에 엄마가 유급 일자리에서 일하는 아동을 위해 보육시설을 만들었다. 또한 1854년에 미국 뉴욕시(New York City)에 이런 목적을 가진 보육시설을 만들었다. 그러다가 1960년대 말에 교육자와 아동학자는 육아학교(nursery school)가 빈곤아동에게 가치가 있음을 알게 되었다. 따라서 부유한 가족의 아동이 학습을 더 잘하게 하기 위해 제공하는 기회를, 빈곤아동에게도 제공할 필요가 있음을 인식하게 되었다(노병일 · 노대겸, 2025).

5) 주간은 "먼동이 터서 해가 지기 전까지의 동안"을 말한다(표준국어대사전, 2025).

이와는 대조적으로, 20세기 초에 유치원과 육아원을 만들기 시작하였다. 이런 유치원과 육아원의 목적은 중산층 아동과 부유층 아동이 사회적으로 발달하도록 돕는 데 있었다. 특히 육아원은 중산층 아동과 부유층 아동의 발달과 관련된 욕구를 충족하기 위해 생겨났다. 이런 아동은 조기교육 교사의 감독을 받으며 일주일에 몇 시간 동안 다른 아동과 함께 놀 수 있었고, 학습하기 좋은 분위기에서 지낼 수 있었다. 당시에 이런 아동의 엄마는 유급 일자리에서 일하지 않았다.

그러나 오늘날에는 중산층 엄마가 유급 일자리에서 일하는 비율이 높아지고 있다. 특히 오늘날에는 소득 수준에 상관없이 부모 모두가 소득을 얻어야 하는 가족이 많아지고 있다. 이런 부모는 유급 일자리에서 일하면서 가족과 아동을 돌보아야 하는 경우가 많다. 이와 더불어 여성이 자신이 원하는 것을 이루려는 방향으로 나아감에 따라서, 부모가 집에 머물면서 하루 종일 부모 역할을 하는 경우가 줄어들고 있다. 결국, 오늘날에는 부모가 유급 일자리에서 일하므로 보육 서비스를 받는 아동이 늘고 있다(노병일 · 노대겸, 2025).

또한 여러 상황은 보육을 더 중요하게 인식하는 데 영향을 미쳤다. 이런 상황을 몇 가지 제시하면 다음과 같다(노병일, 2024a; Daly, 2020).

① 아동이 권리를 더 누리게 되었다.

② 국가가 아동의 학습과 일반적 행동에 관심을 더 가지게 되었다. 이것은 사회투자 관점과 특히 관련된다.

③ 사회정책에서 남성과 여성 사이에 평등을 더 이루는 것에 관심을 가지게 되었다.

앞에서와 같은 상황에 대해 가장 일반적으로 실시한 방안은 아동을 위한 보육과 교육을 제공한 것이다.

결국, 선진국에서는 어린 아동이 있는 여성이 유급 일자리에서 일하는 비율이 높아지고 기타 여러 가지 상황이 나타남에 따라서, 보육이 필요한 방향으로 나아가고 있다. 그러므로 선진국에서 보육은 계속 필요하다(노병일 · 노대겸, 2025).

선진국의 보육시설 : 선진국에서 보육은 계속 필요하다. [출처 : 네덜란드에서 저자 촬영]

2) 우리나라

우리나라에서 과거에는 엄마가 가정에서 아동을 보살피는 일을 맡고 있었다. 그러다가 1921년에 서울의 태화기독교사회관이 탁아[6] 프로그램을 개발함으로써 보육사업을 시작하였다. 그러고 나서 1961년에 「아동복리법」을 만들었는데, 이에 따라 탁아사업은 빈곤을 줄이는 식의 사업에서 벗어나, 아동의 복리 수준을 높이기 위한 사업으로 성격이 변하였다.

그러나 1970년대 말까지만 해도 보육과 관련된 정책은 제대로 발달하지 못하였다. 그러다가 1980년대에 들어서 산업이 더욱 발달하고 젊은 층의 교육 수

6) 탁아는 “보호자 대신 어린아이를 맡아 돌보는 일”을 말한다(표준국어대사전, 2025).

준이 높아지고 생활비가 증가함에 따라서, 유급 일자리에서 일하는 기혼여성이 많이 늘어났다. 그 결과, 보육문제에 관심이 커지게 되었다. 그리하여 정부는 1982년에 「유아교육진흥법」을 만들었는데, 「유아교육진흥법」은 교육 기능과 탁아 기능을 통합하려는 의도에서 만들어졌다. 「유아교육진흥법」을 만듦에 따라 '새마을 유아원'이 많이 생겨났다.

하지만 여성이 사회에 참여하는 비율이 높아지고 핵가족이 늘어남에 따라 보육이 많이 필요하였지만, 새마을 유아원은 보육과 관련된 역할을 잘하지 못하였고 보육시설도 크게 부족하였다. 그 결과, 유급 일자리에서 일하는 여성의 아동을 양육하는 문제가 큰 사회문제로 등장하였다. 이에 따라 1987년 12월에 노동부는 「남녀고용평등법」에 따라 직장탁아제도를 도입하였다. 그리고 1989년 9월에 보건복지부는 「아동복지법」에 따라 보육사업을 하였다.

그러다가 1990년 3월에 인천에서 혜영·용철 남매가 화재로 세상을 떠나는 사건이 발생하였다. 이 사건 때문에 사회는 보육이 필요하다는 사실을 크게 인식하게 되었다. 이에 따라 정부는 1991년 1월에 사회적 여론에 밀려 「영유아보육법」을 통과시키기에 이르렀다. 「영유아보육법」에서는 과거의 단순한 '탁아' 사업에서 벗어나, 보호와 교육을 통합한 '보육' 사업을 강조하였다. 「영유아보육법」을 만들고 난 후 보육시설이 많이 늘어났고, 보육에 대해 더 긍정적으로 인식하게 되었다. 그 후, 「영유아보육법」을 여러 차례 개정하였다(노병일·노대겸, 2025).

한편 우리나라는 보육과 관련해 2006년에 '새싹 플랜'을 도입하였다. 그리고 2012년에는 만 5세 '누리' 과정을 도입하였다. 누리 과정은 어린이집과 유치원으로 구분되어 있던 보육·교육 과정을 통합한 것이다(손주희, 2011). 그리고 2024년에는 이전에 보건복지부에서 담당하던 보육사업을 교육부에서 담당하는 것으로 바꾸었다. 이에 따라서 어린이집 및 유치원과 관련된 업무를 교육부에서 담당하게 되었다.[7]

7) 이전에는 어린이집은 보건복지부에서 담당하였고, 유치원은 교육부에서 담당하였다.

결국, 우리나라에서는 어린 아동이 있는 여성이 유급 일자리에서 일하는 비율이 높아지고 있고 여러 영역에서 환경이 변하고 있다. 그러므로 우리나라에서 보육은 계속 필요할 것으로 보인다(노병일 · 노대겸, 2025).

보육에 대한 관점

보육의 역사는 보육에 대한 관점과 관련될 수 있다. 보육에 대한 관점은 국가와 시기에 따라 차이가 나고 있다. 이것을 구체적으로 제시하면 다음과 같다(Daly, 2020).

① 일부 국가에서는 보육과 관련해 아동을 돌보는 측면에 더 주목한다.

② 일부 국가에서는 보육과 관련해 아동에 대한 교육과 조기 학습의 측면에 더 주목한다.

보육과 관련해 어떤 측면에 더 주목하는지에 따라서, 보육이 나아가는 방향이 달라질 수 있다.

Point

- 과거에는 부모가 자기 집에서 아동을 보살피거나, 친척이나 기타 가까운 사람이 아동을 보살폈다. 그러나 오늘날에는 보육시설에서 아동을 보살피거나 아동과 혈연관계가 없는 사람이 아동을 보살피는 경우가 많다.
- 선진국에서는 여성이 유급 일자리에서 일하는 비율이 높아지고 기타 여러 상황이 나타남에 따라서, 보육은 계속 필요하다.
- 우리나라에서는 1980년대에 보육문제에 관심이 커졌다. 그 후, 1989년에 「아동복지법」에 따라 보육사업을 하였고, 1991년에 「영유아보육법」을 만들었다.
- 우리나라에서는 여성이 유급 일자리에서 일하는 비율이 높아지고 여러 영역에서 환경이 변함에 따라서, 보육은 계속 필요할 것으로 보인다.

4. 보육시설의 형태와 보육의 공공성

1) 보육시설의 형태

우리나라 「영유아보육법」에서는 보육시설을 '어린이집'이라고 부르고 있다. 「영유아보육법」에 따르면, 어린이집은 "영유아의 보육을 위하여 이 법에 따라 설립 · 운영되는 기관"을 말한다(국가법령정보센터, 2025).

그리고 「영유아보육법」에서는 어린이집을 다음과 같이 구분하고 있다(국가법령정보센터, 2025).

① 국공립 어린이집 : 국공립 어린이집은 "국가나 지방자치단체가 설치 · 운영하는 어린이집"을 말한다.

② 사회복지법인 어린이집 : 사회복지법인 어린이집은 "사회복지법인이 설치 · 운영하는 어린이집"을 말한다.

③ 법인 · 단체등 어린이집 : 법인 · 단체등 어린이집은 "법인(사회복지법인을 제외한 비영리법인)이나 단체 등이 설치 · 운영하는 어린이집"을 말한다.

④ 직장 어린이집 : 직장 어린이집은 "사업주가 사업장의 근로자를 위하여 설치 · 운영하는 어린이집"을 말한다. 직장 어린이집에는 공무원을 위해 설치 · 운영하는 어린이집도 포함된다.

⑤ 가정 어린이집 : 가정 어린이집은 "개인이 가정이나 그에 준하는[8] 곳에 설치 · 운영하는 어린이집"을 말한다.

⑥ 협동 어린이집 : 협동 어린이집은 "보호자 또는 보호자와 보육교직원이 조합을 결성하여[9] 설치 · 운영하는 어린이집"을 말한다. 이때, 조합은 영리를 목적으로 하지 않아야 한다.

⑦ 민간 어린이집 : 민간 어린이집은 앞의 ①~⑥의 규정에 해당하지 않는 어린이집을 말한다.

8) '준하다'는 "어떤 본보기에 비추어 그대로 [좇는 것]"을 말한다(표준국어대사전, 2025).

9) 결성은 "조직이나 단체 따위를 짜서 [만드는 것]"을 말한다(표준국어대사전, 2025).

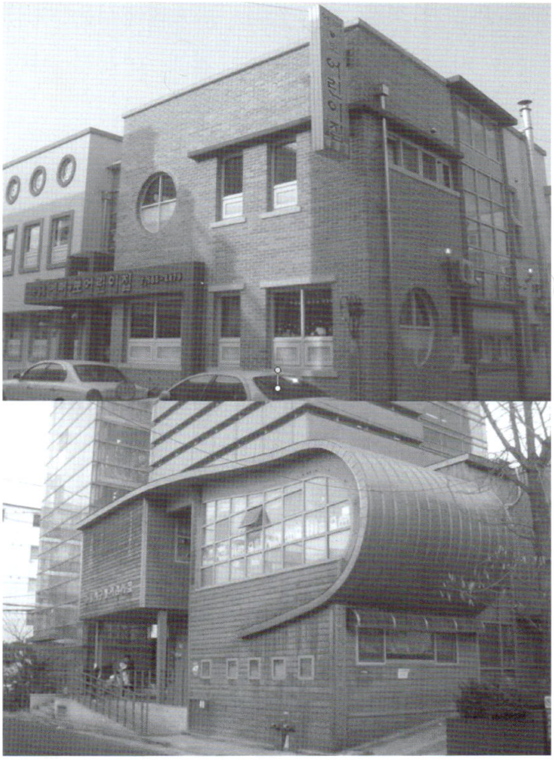

국공립 어린이집(위)과 직장 어린이집(아래) : 우리나라에서는 브육시설을 어린이집이라고 부른다. [출처 : 저자 촬영]

2) 보육의 공공성

보육이 공공성(공적 특성)을 더 지니면, 보육의 질은 더 나아질 가능성이 크다. 따라서 공보육(공적 보육)은 여러 가지 영역에서 긍정적인 영향을 미칠 가능성이 더 크다. 그러므로 공보육은 가족과 사회에 매우 중요하다.

공보육의 장점을 몇 가지 제시하면 다음과 같다(Chen, 2023; Bertrand, McCain & McCain, 2025).

① 비용이 적게 든다. 공보육에는 보조금이 지급되는 경우가 많다. 따라서 공보육은 소득 수준에 상관없이 모든 가족이 더 쉽게 이용할 수 있다.

② 평등하게 교육받을 기회를 제공한다. 공보육에서는 다양한 배경의 아동이 똑같은 교육 기회를 갖게 한다. 그 결과, 아동들 사이의 차이가 줄게 된다.

공보육과 관련해 스웨덴은 좋은 예가 되고 있다. 사실, 스웨덴은 공보육에 가장 많이 지출하는 국가에 속하고 있다. 스웨덴에서 1970년대 이후에 새롭게 제공한 서비스에서 가장 독특한 점은, 보육을 공적으로 제공한 것이었다. 이런 보육은 방과 후 아동을 위한 보육(학교에 다니는 학생을 대상으로 함)과 취학 전 아동을 위한 보육(7세 미만의 아동을 대상으로 함)을 포함하고 있다(노병일 · 노대겸, 2025; Anonymous, 2005).

그러나 그동안 우리나라에서는 민간 보육시설이 공공 보육시설보다 더 많은 편이었다(노병일 · 노대겸, 2025). 보육이 민간 영역에 많이 의존하면, 보육에서는 이윤을 추구하는 측면에 더 주목할 가능성이 크다. 이에 따라 우리나라 정부는 보육의 공공성을 높이는 데 관심을 많이 가지고 있다. 그 결과, 우리나라에서 공공 보육시설이 차지하는 비율은 높아지고 있다.

한편 경제적으로 여유가 있는 가족은 아동에게 질이 가장 좋은 보육을 제공하기 위해서 상당한 비용을 부담하려고 한다. 하지만 소득이 적은 가족에게는 보육비가 자기 소득에 비해 비싼 경우가 적지 않다. 따라서 모든 부모에게 보육의 질이 중요하지만, 부모가 보육비를 부담할 능력이 없다면 아동에게 질 좋은 보육을 제공하기 어려울 수 있다. 그러므로 보육 영역에서는 보육의 질적 측면뿐만 아니라 보육비도 중요한 관심거리가 되고 있다(노병일 · 노대겸, 2025).

소득이 적은 가족의 아동이 질 좋은 보육을 이용할 수 있게 하는 방법의 하나는 보육 보조금을 제공하는 것이다. 보육 보조금을 제공하는 프로그램을 실시하면 다음과 같은 것을 모두 할 수 있으므로, 보육 보조금 프로그램은 큰 장점을 지니고 있다(Kraffta, Davisb & Toutca, 2017).

① 가족의 욕구를 가장 잘 충족하는 보육을 부모가 선택한다.

② 가족이 보육을 더 쉽게 이용한다.

그리고 보육 보조금을 제공하는 프로그램은 소득이 적은 가족에서 사는 아동의 발달에 긍정적인 영향을 미칠 수 있다. 왜냐하면 보육 보조금은 소득이 적은 가족이 이용하는 보육의 질에 영향을 미치기 때문이다. 결과적으로 볼 때, 보육 보조금을 제공하는 것은 보육의 형태, 보육을 이용하는 횟수, 보육의 질에 영향을 미칠 수 있다(Kraffta, Davisb & Toutca, 2017).

Point

- 우리나라 「영유아보육법」에서는 보육시설을 어린이집이라고 부르는데, 어린이집은 "영유아의 보육을 위하여 이 법에 따라 설립 · 운영되는 기관"이다. 어린이집에는 국공립 어린이집, 사회복지법인 어린이집, 법인 · 단체등 어린이집, 직장 어린이집, 가정 어린이집, 협동 어린이집, 민간 어린이집이 있다.
- 보육이 공공성을 더 지니면, 보육의 질은 더 나아질 가능성이 크다.
- 보육 영역에서는 보육의 질적 측면뿐만 아니라 보육비도 중요한 관심거리가 된다.
- 소득이 적은 가족의 아동이 질 좋은 보육을 이용할 수 있게 하는 방법의 하나는 보육 보조금을 제공하는 것이다.

5. 보육의 영향

1) 일반적 영향

보육은 여러 영역에서 아동발달에 긍정적인 영향을 미치고 있다. 보육이 아동에게 긍정적인 영향을 미치는 측면을 몇 가지 제시하면 다음과 같다(노병일 · 노대겸, 2025).

① 아동이 더 잘 발달할 수 있다. 질 좋은 보육을 제공하면, 아동은 안전하고 건전하고 자극을 주는 환경에서 성인과 잘 교류할 수 있다. 그리고 질 좋은 보육을 제공하면 학습하고 서로 믿는 관계를 형성할 기회가 생기므로, 아동은 신체적 · 정서적 · 사회적 · 지적으로 더 잘 발달할 수 있다.

② 아동은 이웃에서보다도 더 폭넓은 친구관계를 형성할 수 있다.

③ 아동은 부모 이외의 다른 성인과 어울려 지내는 방법을 배울 수 있다.

④ 아동은 보육교사가 지도하는 활동에 참여할 수 있고, 이에 따라 아동은 새로운 경험을 할 수 있다. 이것은 장애가 있는 아동이나 친구를 사귀기 어려운 아동에게 특히 그렇다.

야외에서 활동 중인 보육시설 아동들 : 보육교사가 지도하는 활동에 참여함으로써, 아동은 새로운 경험을 할 수 있다. [출처 : 일본과 서울에서 각각 저자 촬영]

2) 보육의 질에 따른 영향

보육의 양적 측면 못지않게 보육의 질적 측면도 아동의 복리에 큰 영향을 미치고 있다. 더 나아가, 비용이 현실적이면서 질 좋은 보육은 아동뿐만 아니라 가족에게도 긍정적인 영향을 미치고 있다. 질 좋은 보육이 미치는 영향을 몇 가지 제시하면 다음과 같다(노병일 · 노대겸, 2025).

① 가족이 직장생활과 가정생활을 조화롭게 꾸려나가는 데 도움을 준다.

② 아동이 더 잘 발달하는 데 도움을 준다.

Point

- 보육은 여러 영역에서 아동발달에 긍정적인 영향을 미친다.
- 보육의 질적 측면은 아동의 복리에 큰 영향을 미친다.

6. 방과 후 프로그램[10)]

1) 방과 후 프로그램의 배경과 정의

(1) 방과 후 프로그램의 배경

오늘날에는 학교 수업이 끝난 후 홀로 지내는 아동이 많다. 학교 수업이 끝난 후 성인의 감독 없이 홀로 지내는 아동은 '열쇠 아동(latchkey child, latchkey kid)'이라고 부르고 있다(Levesque, 2018).

아동이 홀로 집에 남게 될 때 어떤 위험이 있는지에 대해서는 그동안 많이 연구해 왔다. 그동안의 연구에 따르면, 일반 아동에 비해서 열쇠 아동은 여러 가지 문제를 겪을 가능성이 더 크다. 예를 들어, 일반 아동에 비해서 열쇠 아동은 다음과 같은 상황에 있을 가능성이 더 큰 것으로 알려져 있다(Levesque, 2018; NeuroLaunch, 2024b; Citizen Action of New York, 2000).

① 학교를 특별한 이유 없이 결석하고, 학교 성적이 낮고, 학교를 마치지 못한다.
② 사회의 가치에 어긋나는 활동에 관여하고, 위험한 행동을 하고, 바람직하지 않은 약물을 사용한다.
③ 방과 후 시간에 심각한 범죄를 당한다.
④ 학대당하고, 집안일을 맡는다.

그러므로 열쇠 아동을 보호하는 문제는 중요할 수밖에 없다. 이에 따라 등장한 것이 방과 후 프로그램(after-school program)이다.

(2) 방과 후 프로그램의 정의

방과 후 프로그램은 학교 수업이 끝난 후 제공하는 프로그램을 말한다. 그러나 넓게 볼 때, 방과 후 프로그램은 학교에 다니는 아동이 수업이 끝났는데 부

10) 성인이 계속해서 보호·지도하기 어려운 아동을 보살피고 교육한다는 점에서, 보육과 방과 후 프로그램은 내용에서 서로 공통점이 있다. 그러나 보육과 방과 후 프로그램은 대상에서 서로 차이가 난다. 즉, 일반적으로 보육의 주요한 대상은 학교에 다니기 이전의 어린 아동이고, 방과 후 프로그램의 주요한 대상은 학교에 다니는 아동인 경우가 많다.

모가 집에 없을 때 이런 아동을 돌보는 서비스를 제공하는 프로그램을 말한다(Utah State University, 2007; California Learning Resource Network, 2024).

2) 방과 후 프로그램의 목적과 중요성 및 실시 장소

(1) 방과 후 프로그램의 목적

방과 후 프로그램에서는 여러 가지 목적을 추구하고 있다. 대부분의 방과 후 프로그램에서는 다음과 같은 목적을 추구하는 경우가 많다(Peres, 2025).

① 아동의 숙제를 도와주고, 아동이 학교생활을 잘하도록 도와준다.

② 아동이 문화생활을 더 하게 한다.

③ 아동에게 여가 활동을 할 기회를 제공한다.

④ 지역사회가 학교를 더 지원하고, 학교와 관계를 더 맺게 한다.

(2) 방과 후 프로그램의 중요성

질 좋은 방과 후 프로그램은 아동을 안전하게 보호하고, 아동에게 학습 서비스를 제공하고, 아동이 새로운 관계를 형성하는 데 도움을 주고 있다(California Learning Resource Network, 2024; Citizen Action of New York, 2000). 이런 측면에서 방과 후 프로그램은 중요하다.

(3) 방과 후 프로그램의 실시 장소

방과 후 프로그램은 여러 장소에서 실시할 수 있다. 예를 들어, 방과 후 프로그램은 학교, 지역사회의 복지관, 보육시설, 교회, 기타 장소에서 실시할 수 있다(California Learning Resource Network, 2024; Utah State University, 2007).

3) 방과 후 프로그램의 영향

방과 후 프로그램은 여러 가지 영역에서 긍정적인 영향을 미치는 것으로 알려져 있다. 일반적으로 질 좋은 방과 후 프로그램은 다음과 같이 긍정적인 영향을 미치고 있다(NeuroLaunch, 2024b; Citizen Action of New York, 2000; California Learning Resource Network, 2024).

① 아동을 안전하게 보호한다.
② 범죄, 약물남용, 10대 임신을 줄인다.
③ 학교 성적이 좋아진다.
④ 부모가 가족을 더 보살핀다.
⑤ 아동이 더 잘 발달한다.

또한 공식적인 방과 후 프로그램에 참여한 아동은, 방과 후 집에 홀로 있거나 엄마가 보살피거나 다른 성인이 비공식적으로 보살피는 아동에 비해서 다음과 같은 상황에 있는 것으로 알려져 있다(NeuroLaunch, 2024b; Children's Defense Fund, 2000).

① 공부하는 습관이 더 나아진다.
② 친구와의 관계가 더 나아진다.
③ 더 잘 적응한다.
④ 사회에 대해 부정적인 감정을 덜 가진다.

방과 후 프로그램을 하는 장면 : 방과 후 프로그램은 아동을 안전하게 보호하는 식으로 영향을 미친다. [출처 : 전영신 님 제공]

한편 범죄율이 높은 지역에 사는 아동을 대상으로 네 가지 방과 후 프로그램을 3년 동안 실시한 결과, 방과 후 프로그램에 참여한 아동은 그렇지 않은 아동에 비해서 다음과 같은 상황에 있는 것으로 나타난 바 있다(Children's Defense Fund, 2000).

① 학교에 덜 결석한다.
② 갈등을 해결하는 능력이 더 뛰어나다.
③ 학교에서 공부하는 습관이 더 나아진다.

그리고 우리나라에서 방과 후 프로그램을 이용하는 아동의 부모를 대상으로 조사한 결과, 많은 부모는 방과 후 프로그램 때문에 아동이 긍정적으로 변하였다고 답한 바 있다(노병일 · 김현채, 2005). 이 연구에 따르면, 많은 부모는 방과 후 프로그램 때문에 아동을 안전하게 보호할 수 있고, 아동이 사회적 · 정서적으로 잘 발달한다고 보고 있다. 그리고 방과 후 프로그램을 통해서 미술치료나 사진치료를 한 결과, 취약아동은 자신을 더 긍정적으로 인식하는 것으로 나타난 바 있다(전영신 · 노대겸, 2018; 노대겸 · 노병일, 2015).

정리하건대, 질 좋은 방과 후 프로그램은 아동의 복리 수준을 높이는 데 긍정적인 영향을 미치고 있다.

Point

- 학교 수업이 끝난 후 성인의 감독 없이 홀로 지내는 아동(열쇠 아동)은 여러 문제를 겪을 가능성이 크므로, 이런 아동을 보호하기 위해 등장한 것이 방과 후 프로그램이다. 방과 후 프로그램은 아동이 수업이 끝났는데 부모가 집에 없을 때 아동을 돌보는 서비스를 제공하는 프로그램이다.
- 방과 후 프로그램에서는 여러 목적을 추구한다.
- 질 좋은 방과 후 프로그램은 아동을 안전하게 보호하고, 아동에게 학습 서비스를 제공하고, 아동이 새로운 관계를 형성하는 데 도움을 준다.
- 질 좋은 방과 후 프로그램은 아동의 복리 수준을 높이는 데 긍정적인 영향을 미친다.

7. 보육교사(방과 후 교사)가 고려할 점[11]

보육시설에서는 여러 전문가가 보육과 관련된 서비스를 제공하고 있다. 이 중에서도 보육교사는 중요한 인물에 속하고 있다.[12] 왜냐하면 보육교사는 보육시설에서 아동과 직접적으로 가장 많이 교류하는 사람이기 때문이다.

보육교사에게는 보육시설에서 아동이 잘 발달하도록 도와주는 것 이외에도 고려하여야 할 것이 많다. 보육교사가 크게 고려하여야 할 점으로 부모와 아동 사이의 관계를 유지하는 것과 관련된 것, 아동의 부모와 관련된 것이 있다(Click & Parker, 2011).

1) 부모 · 아동 사이의 관계 유지 관련

보육교사가 아동의 부모와 관련해 하는 역할 중에서, 부모와 아동 사이에 좋은 관계를 유지하도록 도와주는 것은 매우 중요한 역할에 속하고 있다. 일반적으로 유급 일자리에서 일하는 부모는 아동을 양육하는 것과 유급 일자리에서 일하는 것을 가장 조화롭게 꾸려나가는 방법을 찾는 데 관심이 있다.

그러나 직장생활과 아동 양육을 조화롭게 꾸려나가는 것은 쉽지 않다. 예를 들어, 유급 일자리에서 일하는 부모는 다음과 같은 어려움을 겪을 수 있다.

① 가족과 충분한 시간을 보낼 수 없으므로 마음이 편하지 않다.

② 일자리가 끝난 후 집에 돌아와서 아동을 잘 돌보는 것이 쉽지 않다.

그러므로 보육교사는 부모가 아동을 양육하는 것과 유급 일자리에서 일하는 것을 조화롭게 꾸려나가도록 도와줄 필요가 있다. 이때 중요한 것은 보육교사가 부모와 교류하는 것이다. 부모와 교류할 때는 다음과 같은 방법을 사용할 수 있다.

---

11) 보육교사에 대한 내용은 방과 후 프로그램의 담당자(또는 방과 후 교사)에게도 대부분 해당한다. 그러나 본 절에서는 보육교사를 중심으로 설명한다.

12) 우리나라 「영유아보육법」에서는 보육시설에서 서비스를 제공하는 사람을 '보육교직원'이라고 부른다. 「영유아보육법」에 따르면, 보육교직원은 "어린이집 영유아의 보육, 건강관리 및 보호자와의 상담, 그 밖에 어린이집의 관리 · 운영 등의 업무를 담당하는 자로서 어린이집의 원장 및 보육교사와 그 밖의 직원"을 말한다(국가법령정보센터, 2025). 그러나 보육시설에서 아동과 가장 많이 교류하는 사람은 보육교사이기에, 여기에서는 보육교사라는 표현을 사용한다.

① 보육교사가 부모를 자주 만날 수 있을 때, 보육교사는 부모와 직접 이야기를 나누는 것이 좋다.
② 보육교사가 부모를 거의 만날 수 없을 때, 보육교사는 다른 방법을 사용할 필요가 있다. 이때, 보육교사는 소식지, 메모, 전화, 전자메일(e-mail), 사회관계망 서비스(SNS)와 같은 것을 사용할 수 있다.

보육교사가 부모에게 아동이 변화한 상황을 이야기해 주면 부모는 고마워한다. 왜냐하면 아동의 부모는 아동이 어려운 상태에 있지 않은지, 또는 아프지 않은지, 또는 행동에 변화가 있지 않은지 등에 대해 알고 싶어 하기 때문이다. 아동이 어려움을 겪거나 아프거나 행동이 변화할 때, 보육교사는 이런 상황이 나타나는 원인과 그에 대한 해결 방법을 부모와 함께 찾아볼 수 있다.

그러나 이때, 보육교사와 부모 사이의 교류가 한 방향으로만 진행되지 않도록 할 필요가 있다. 그러므로 아동의 가정 환경에 변화가 있거나 부모가 아동이 집에서 변화하는 것을 보았을 때, 보육교사는 자신에게 그런 사실을 알려달라고 부모에게 요청할 필요가 있다.

2) 아동의 부모 관련

유급 일자리에서 일하는 부모는 아동을 다른 사람의 손에 맡기는 것에 대해 죄의식을 느끼는 경우가 많다. 특히, 아동과 관련해 문제가 생기면, 부모는 자신이 유급 일자리에서 일하지 않았으면 그런 문제가 생기지 않았을 것이라고 생각하는 경우가 많다.

그러나 부모의 이런 생각은 사실일 수도 있고, 사실이 아닐 수도 있다. 그러므로 보육교사는 아동이 겪는 어떤 행동은 아동이 자라는 발달 단계에서 일어나는 것임을 부모에게 알려줄 필요가 있다. 예를 들어, 보육교사는 부모에게 다음과 같은 점을 알려줄 필요가 있다.

① 부모가 유급 일자리에서 일하는지에 상관없이 아동의 어떤 문제는 발생한다.
② 어떤 문제는 시간이 지나면 자연히 해결될 수도 있다.

③ 어느 때는 가족 내에서 약간만 변화하여도, 아동과 관련된 문제가 말끔히 해결될 수 있다.

그리고 보육교사는 부모가 아동이 겪는 문제를 해결하고자 할 때 부모가 아동에 대해 아는 내용을 참고하라고 권장할 필요가 있다. 하지만 보육교사는 자신이 겪은 경험에 근거해서 너무 빨리 해결 방법을 제시하지 않도록 주의할 필요가 있다. 왜냐하면 보육교사가 보호하는 아동이 경험한 내용과 보육교사가 자기 가족과 관련해 경험한 내용은 크게 다를 수 있기 때문이다. 따라서 보육교사는 부모가 문제를 충분히 생각하게 한 후, 문제의 해결 방법을 스스로 찾도록 도와줄 필요가 있다.

이때 보육교사는 다음과 같은 순서로 진행하는 것이 좋다.

① 보육교사가 아동에 대해 관찰한 내용을 부모에게 알려주면서, 가정에서 아동에게 벌어진 일에 대해 물어본다.
② 부모에게 아동의 문제가 생기는 원인을 생각하게 한다.
③ 부모에게 아동의 문제를 해결할 방법을 제시하게 한다. 부모가 어떤 방법도 제시하지 못하면, 보육교사가 자기 의견을 제시할 수 있다.

아동과 야외 활동을 하는 남성 보육교사 : 보육교사는 아동에 대해 관찰한 내용을 부모에게 알리면서 가정에서 아동에게 벌어진 일을 물어보는 것이 좋다. [출처 : 덴마크에서 저자 촬영]

3) 기 타

보육교사는 가족 구조가 서로 다르다는 점을 인정할 필요가 있다. 즉, 보육교사는 가족 구조와 관련해 자신이 가질지도 모르는 편견을 파악할 필요가 있다. 보육교사가 화목하고 부모가 모두 있는 가족에서 자랐다면, 보육교사는 이런 가족을 가장 좋은 가족으로 생각할 수 있다. 그러나 보육교사는 모든 가족 형태는 나름의 장점이 있다는 점을 알 필요가 있다.

그리고 보육교사는 아동이나 부모를 보육시설의 외부에 언제 의뢰하여야 하는지에 대해 알 필요가 있다. 이를 위해 보육교사는 지역사회에 있는 자원을 잘 파악할 필요가 있다. 보육시설의 외부에 의뢰하는 것이 필요한 상황을 몇 가지 제시하면 다음과 같다.

① 필요한 서비스를 보육시설이 제공할 수 없다. 이런 서비스의 예로 의료 서비스가 있다.

② 아동이 겪는 문제가 심각하거나 오래 계속된다.

Point

- 보육시설에서 보육교사는 중요한 인물이다.
- 보육교사는 부모가 아동 양육과 유급 일자리에서 일하는 것을 조화롭게 꾸려나가도록 도와주고, 아동의 어떤 행동은 자라는 발달 단계에서 일어나는 것임을 부모에게 알려주고, 가족 구조가 서로 다르다는 점을 인정하고, 아동이나 부모를 보육시설의 외부에 언제 의뢰하여야 하는지에 대해 알 필요가 있다.

chapter

07 시설보호와 아동복지시설

차례

1. 시설보호의 정의와 중요성

시설보호(institutional care)는 복지와 관련된 욕구가 있는 사람을 시설에서 보호하는 것을 말한다. 따라서 시설보호는 재가보호(집에서 보호하는 것)나 지역사회보호(지역사회에서 보호하는 것)와 서로 구분되고 있다.

시설보호와 관련된 아동시설은, 시설에서 보호받는 아동이 가족이나 사회로 되돌아갈 때까지 가족의 역할을 일시적으로 하는 장소를 말한다. 다만, 가족은 일반적으로 혈연관계로 맺어진 집단이지만 아동시설은 전문가들과 인위적으로 관계를 형성하도록 되어 있는 집단이라는 점에서, 가족과 아동시설은 서로 차이가 나고 있다. 따라서 시설보호와 관련된 아동시설은 자신과 혈연관계가 없는 전문가들의 보호를 받으면서, 서로 혈연관계가 없는 아동들이 함께 사는 거주시설이라고 볼 수 있다(황용규, 1999; 노병일 · 유호석, 2018; Garvin & Tropman, 1994).

시설보호는 보호가 필요한 아동이 기본적 권리를 누리도록 사회가 마지막으로 보호하는 것이다. 이런 측면에서 시설보호는 중요하다.

아동시설의 내부 : 시설보호에서는 보호가 필요한 아동이 기본적 권리를 누리도록 사회가 마지막으로 보호한다. [출처 : 저자 촬영]

Point

- 시설보호는 복지와 관련된 욕구가 있는 사람을 시설에서 보호하는 것이다. 시설보호와 관련된 아동시설은 자신과 혈연관계가 없는 전문가들의 보호를 받으면서, 서로 혈연관계가 없는 아동들이 함께 사는 거주시설이다.
- 보호가 필요한 아동이 기본적 권리를 누리도록 사회가 마지막으로 보호한다는 점에서 시설보호는 중요하다.

2. 시설보호의 역사와 대상

1) 시설보호의 역사

아동시설을 이야기하면, 일반 사람은 이른바 '고아원'을 떠올리는 경우가 많다. 그러나 현대의 아동시설은 오랫동안 발전해 왔다.

미국에서 최초의 아동시설은 1729년에 뉴올리언스(New Orleans)에 수녀들이 세운 고아원이었다. 그리고 19세기 말에 이르러, 아동시설은 대규모로 함께 생활하는 형태에서 소규모 주택시설(cottage-style institution)의 형태로 바뀌었다. 왜냐하면 가족 분위기를 더 많이 가지는 환경을 제공하고자 하였기 때문이었다(Whittaker, 1984).

우리나라에서 시설보호는 1950년에 발생한 한국전쟁 후 나타난 전쟁고아를 돌보려는 목적에서 등장하였다. 그러나 오늘날에는 시설보호와 관련된 아동시설도 줄고 있고, 아동시설에서 생활하는 아동도 줄고 있다.

2) 시설보호의 대상

시설보호의 대상은 여러 가지 영역에서 어려운 상황에 있는 아동이다. 일반적으로 시설보호에서는 다음과 같은 아동을 보살피고 있다(Garvin & Tropman, 1994; Whittaker, 1984; Bullock, 2006).

① 심각한 문제를 가진 아동 : 아동에게 심각한 문제가 있으면, 아동을 시설에서 보호할 수 있다. 이런 아동으로 신체장애가 있는 아동, 심각한 발달장애가 있는 아동, 비행에 가담한 아동, 행동과 관련된 문제나 정서적 문제를 겪는 아동이 있다.

② 가족과 격리하여야 하고 집단을 통한 생활 경험이 필요한 아동 : 아동이 입양이나 가정위탁을 효과적으로 이용할 수 없다고 판단되면, 아동을 시설에서 보호할 수 있다.

③ 가족이나 부모의 상황이 매우 좋지 않은 아동 : 예를 들어, 아동의 가족이 매우 빈곤하거나 부모가 아동을 버리거나 부모가 사망·이혼·가출하면, 아동을 시설에서 보호할 수 있다. 우리나라에서는 부모의 사망보다는 다른 이유로 시설보호를 받는 아동이 늘고 있다.

Point

- 우리나라에서 시설보호는 한국전쟁 후 나타난 전쟁고아를 돌보려는 목적에서 등장하였다. 오늘날에는 아동시설과 여기에서 생활하는 아동은 줄고 있다.
- 시설보호의 대상은 여러 영역에서 어려운 상황에 있는 아동이다.

3. 시설보호의 역할과 장점 및 문제점

1) 시설보호의 역할과 장점

시설보호는 여러 가지 역할을 하고 있다. 일반적으로 시설보호와 관련된 아동시설이 하는 역할을 몇 가지 제시하면 다음과 같다(노병일·유호석, 2018; Whittaker, 1984).

① 아동에게 적절한 서비스를 제공하기 위한 계획을 짠다.

② 아동이 시설에서 생활하는 동안 아동을 도와준다. 여기에는 집단으로 생활하는 시설을 제공하고, 일상적으로 필요한 것(예컨대, 식사, 의류, 교육, 의료 서비스)을 제공하고, 보호하고 감독하는 것이 포함된다.

③ 필요한 아동에게 정신건강 및 특수교육 등과 관련된 서비스를 직접 제공하거나 의뢰한다.

④ 부모가 있는 아동이 시설에서 생활하는 동안 아동의 부모를 도와준다.

그리고 아동을 위한 시설보호는 여러 가지 장점을 지니고 있다. 시설보호의 장점을 몇 가지 제시하면 다음과 같다(Hope and Homes for Children, 2019; Better Care Network, 2025; Bullock, 2006).

① 여러 사람과 교류한다. 아동은 시설의 직원, 또래, 기타 인물과 새로운 관계를 형성할 수 있다.

② 안정된 환경을 제공한다. 시설은 아동에게 안정적이고 체계적인 환경을 제공한다. 그러면서 시설은 아동이 음식, 주거, 교육과 같은 영역에서 가지는 기본적인 욕구를 충족해 준다.

③ 서비스를 제공한다. 시설에서는 가정에서 제공하지 않는 의료 서비스, 심리 서비스, 교육 서비스를 제공하는 경우가 많다.

④ 위험으로부터 보호한다. 가정에서 심각하게 학대당하고 있거나 학대당한 아동에게는 시설이 더 안전한 환경이 될 수 있다.

최신 건물로 꾸며진 아동시설 : 시설에서 생활하는 아동은 여러 사람과 교류할 수 있다.
[출처 : 저자 촬영]

2) 시설보호의 문제점과 과제

시설보호가 아동발달에 긍정적인 영향을 미치는지 또는 부정적인 영향을 미치는지에 대해서는 일치하는 결론이 나타나고 있지 않다. 예를 들어, 시설보호를 받은 경험이 아동의 심리적 발달과 사회적 발달에 어떤 영향을 미치는지에 대해서는 의견이 완전히 일치하지 않는 편이다. 실제로 일부 선진국에서 시설보호가 아동에게 미치는 영향에 대해 연구한 결과는 서로 일치하지 않는 것으로 나타난 바 있다(Bullock, 2006).

그러나 시설보호는 아동에게 심리적·사회적 어려움을 유발할 수 있다. 시설보호를 받는 아동이 겪을 수 있는 어려움을 몇 가지 제시하면 다음과 같다(노병일·김주연, 2008; 한지은, 2024; 노혜련·장정순, 1998; Bullock, 2006; Better Care Network, 2025).

① 시설보호를 받는 아동은 인격을 형성하는 데 큰 영향을 미치는 부모와 격리되어 생활한다. 따라서 시설보호를 받는 아동은 심리적 문제와 사회적 문제를 일반 아동보다 더 겪을 수 있다. 또한 시설보호를 받는 아동은 시설 환경과 관련해 스트레스를 겪을 수 있고, 이것은 다시 아동이 학교에 적응하는 데 부정적인 영향을 미칠 수 있다. 따라서 일반 아동에 비해서, 시설보호를 받는 아동은 상담이나 치료가 더 필요할 수 있다. 실제로 우리나라의 아동보호시설에서 상담이나 치료가 필요한 아동이 차지하는 비율은 높아지는 것으로 나타난 바 있다.

② 시설보호를 받는 아동은 애착을 형성하고 관계를 맺는 데 어려움을 겪을 수 있다. 따라서 시설보호를 받는 아동은 사회에 적응하는 데 어려움을 겪을 수 있다.

③ 시설보호를 받는 아동은 전통적 가정과는 형태나 규모가 다른 곳에서 생활한다. 따라서 시설보호를 받는 아동은 사회가 자신을 부정적으로 인식한다고 생각할 수도 있다. 이런 탓에, 시설보호를 받는 아동은 자신에 대해 덜 긍정적으로 인식할 수 있고, 희망을 적게 가질 수 있다.

④ 시설의 직원은 상대적으로 많은 아동을 담당한다. 따라서 시설의 직원은 시설보호를 받는 아동 개개인이 가지는 욕구를 충분하게 충족해 주기 어려울 수 있다.

⑤ 시설보호를 받는 아동은 시설에 거주하는 사람들과 교류하면서 시설에서 나름의 역할을 한다. 또한 시설보호를 받는 아동은 집단 문화 속에서 생활한다. 따라서 시설보호를 받는 아동은 개성을 잃어버릴 수 있다.

⑥ 시설보호를 받는 아동은 징계나 학대를 당할 수 있다. 때에 따라서는 아동이 시설에서 심한 징계나 학대를 당할 수 있다.

그러므로 시설보호를 받는 아동은 삶의 질이 상대적으로 낮을 수 있다. 실제로, 외국에서 실시한 연구에서 시설보호를 받는 아동은 일반 아동보다 삶의 질이 더 낮은 것으로 나타난 바 있다(Nakatomi, Ichikawa, Wakabayashi & Takemura, 2018).

시설보호가 장기적으로 미치는 영향은 영역에 따라 달라질 수 있다. 예를 들어, 일부 연구에서는 시설보호가 교육 영역에서는 긍정적인 영향을 미치지만, 행동 영역과 미래의 삶의 질 영역에서는 긍정적인 영향을 덜 미치는 것으로 나타난 바 있다(Bullock, 2006).

아동시설의 아름답게 꾸며진 벽: 시설보호가 장기적으로 미치는 영향은 영역에 따라 달라질 수 있다. [출처 : 저자 촬영]

또한 시설보호는 아동권리를 누리는 데 불리할 수도 있다. 따라서 시설보호를 받는 아동은 일반 아동보다 아동권리를 덜 누릴 수도 있다(노병일, 2024a).

시설보호가 앞에서 제시한 문제점을 지니므로, 많은 전문가는 가정이나 지역사회에서 보호하는 것이 시설보호보다 더 바람직하다고 보고 있다(Better Care Network, 2025). 이것은 어린 아동에게 특히 해당하고 있다.

Point

- 아동시설의 역할로 서비스 제공 계획을 짜는 것, 생활하는 동안 아동을 도와주는 것, 필요한 서비스를 제공・의뢰하는 것, 아동의 부모를 도와주는 것이 있다.
- 시설보호의 장점으로 여러 사람과 교류하는 것, 안정된 환경을 제공하는 것, 서비스를 제공하는 것, 위험으로부터 보호하는 것이 있다.
- 시설보호는 아동에게 심리적・사회적 어려움을 유발할 수 있다.

4. 그룹홈

1) 그룹홈의 정의와 목적

문자 그대로 볼 때, 그룹홈(공동생활가정, group home)은 집단으로 이루어진 가정을 말한다. 그동안 그룹홈에 대해 정의한 것을 몇 가지 제시하면 다음과 같다(한국아동청소년그룹홈협의회, 2025; Friedrich, 2025).

① 정신장애 백과사전에 따르면, 그룹홈은 지역사회에 있는 소규모의 거주시설을 말한다.

② 한국아동청소년그룹홈협의회에 따르면, 그룹홈은 "가정해체, 방임, 학대, 빈곤, 유기[1] 등의 이유로 보호가 필요한 아동에게 가정과 같은 주거 환경에서 아동의 개별적인 특성에 맞추어 보호 양육 서비스를 제공하는 소규모 아동보호시설"을 말한다.

1) 유기는 어떤 사람이 지금까지의 "보호를 거부하여, 그를 보호받지 못하는 상태에 두는 일"을 말한다(표준국어대사전, 2025).

정리하건대, 그룹홈은 보호가 필요한 아동을 가정과 비슷한 주거 환경에서 보호하는 소규모의 지역사회시설이라고 볼 수 있다.

한편 아동을 위한 그룹홈의 목적은 어려움을 크게 겪는 아동에게 서비스를 제공하는 데 있다(Friedrich, 2025).

2) 그룹홈의 특징

아동을 위한 그룹홈에는 몇 명의 아동이 함께 살고 있다. 또한 그룹홈에는 전문적인 돌봄 제공자가 하루 종일 머무르고 있다(Friedrich, 2025).

아동을 위한 그룹홈은 혼자 살 수 없는 아동들을 보살피는 것과 관련해 융통성이 있고, 운영하는 비용이 상대적으로 적다(Center for Advance Palliative Care, 2007). 이것은 그룹홈의 중요한 장점이 되고 있다. 이 외에도, 그룹홈은 여러 가지 장점을 지니고 있다. 그룹홈의 장점을 몇 가지 더 제시하면 다음과 같다(한국아동청소년그룹홈협의회, 2025).

① 각 아동에 맞는 개별 서비스를 제공할 수 있다.
② 아동들끼리 새로운 인간관계를 형성할 수 있다.
③ 지역사회에서 가정 형태를 유지하고 있으므로, 시설아동에 대해 가질 수 있는 부정적 편견을 예방할 수 있다.
④ 생활하면서 자연스럽게 인간관계를 형성하므로, 사회에 더 잘 적응할 수 있다.

그룹홈이 앞에서와 같은 장점을 지니므로, 한국아동청소년그룹홈협의회(2025)는 그룹홈이 "아동이 미래의 건강한 사회구성원으로 자라날 수 있도록 양육하는 선진국형 아동복지시설"이라고 홍보하고 있다.

한편 그룹홈과 시설에서 제공하는 서비스는 서로 관련되어 있다. 그러나 그룹홈은 다음과 같은 점에서 시설보호와 차이가 나고 있다(Mather & Lager, 2000; Garvin & Tropman, 1994).

① 거주하는 아동의 수가 시설보호보다 더 적다.

② 또래집단이 더 영향을 미친다.

Point

- 그룹홈은 보호가 필요한 아동을 가정과 비슷한 주거 환경에서 보호하는 소규모의 지역사회시설이다. 그룹홈의 목적은 어려움을 크게 겪는 아동에게 서비스를 제공하는 것이다.
- 그룹홈은 혼자 살 수 없는 아동들을 보살피는 것과 관련해 융통성이 있고, 운영 비용이 상대적으로 적다.

5. 우리나라의 아동복지시설[2)]

1) 아동복지시설의 종류

아동복지시설에는 여러 가지 종류가 있다. 우리나라 「아동복지법」에서는 아동복지시설을 다음과 같이 구분하고 있다(국가법령정보센터, 2025).

① 아동양육시설 : 아동양육시설은 "보호대상아동을 입소시켜 보호, 양육 및 취업훈련, 자립지원 서비스 등을 제공하는 것을 목적으로 하는 시설"을 말한다.

② 아동일시보호시설 : 아동일시보호시설은 "보호대상아동을 일시보호하고 아동에 대한 향후의 양육대책 수립 및 보호조치를 행하는 것을 목적으로 하는 시설"을 말한다.

③ 아동보호치료시설 : 아동보호치료시설은 아동에게 보호와 치료 서비스를 제공하는 시설을 말한다.

④ 공동생활가정[3)] : 공동생활가정은 "보호대상아동에게 가정과 같은 주거여건과 보호, 양육, 자립지원 서비스를 제공하는 것을 목적으로 하는 시설"

2) 여기에서 제시하는 모든 아동복지시설이 앞에서 설명한 시설보호와 관련되는 것은 아니다.

3) 공동생활가정은 앞에서 설명한 그룹홈을 가리킨다.

을 말한다.

⑤ 자립지원시설 : 자립지원시설은 "아동복지시설에서 퇴소한 사람에게 취업준비 기간 또는 취업 후 일정 기간 동안 보호함으로써 자립을 지원하는 것을 목적으로 하는 시설"을 말한다.

⑥ 아동상담소 : 아동상담소는 "아동과 그 가족의 문제에 관한 상담, 치료, 예방 및 연구 등을 목적으로 하는 시설"을 말한다.

⑦ 아동전용시설 : 아동전용시설은 "어린이공원, 어린이놀이터, 아동회관, 체육·연극·영화·과학실험전시 시설, 아동휴게숙박시설, 야영장 등 아동에게 건전한 놀이·오락, 그 밖의 각종 편의를 제공하여 심신의[4] 건강유지와 복지증진에 필요한 서비스를 제공하는 것을 목적으로 하는 시설"을 말한다.

⑧ 지역아동센터 : 지역아동센터는 "지역사회 아동의 보호·교육, 건전한 놀이와 오락의 제공, 보호자와 지역사회의 연계 등 아동의 건전육성을 위하여 종합적인 아동복지 서비스를 제공하는 시설"을 말한다.

⑨ 협동돌봄센터 : 협동돌봄센터는 "보호자 또는 보호자와 돌봄종사자가 조합을 결성하여 초등학교의 정규교육 이외의 시간 동안 방과 후 돌봄서비스를 제공하는 시설"을 말한다.

⑩ 아동보호전문기관

⑪ 가정위탁지원센터

⑫ 아동권리보장원 : 아동권리보장원은 "아동정책에 대한 종합적인 수행과 아동복지 관련 사업의 효과적인 추진을 위하여 필요한 정책의 수립을 지원하고 사업평가 등의 업무를" 하는 시설을 말한다.

⑬ 자립지원전담기관 : 자립지원전담기관은 "보호대상아동의 위탁보호 종료 또는 아동복지시설 퇴소 이후의 자립을 지원하기" 위한 시설을 말한다.

⑭ 학대피해아동쉼터 : 학대피해아동쉼터는 "피해아동에 대한 보호, 치료, 양육 서비스 등을 제공하는" 시설을 말한다

4) 심신은 마음과 몸을 말한다.

지역아동센터의 내부 : 지역아동센터는 아동이 건전하게 자라게 하기 위해 종합적인 아동복지 서비스를 제공하는 시설이다. [출처 : 저자 촬영]

2) 아동복지시설의 추가 사업

아동복지시설은 여러 가지 사업을 추가로 할 수 있다. 우리나라 「아동복지법」에 따르면, 아동복지시설은 다음과 같은 사업을 추가로 할 수 있다(국가법령정보센터, 2025).

① 아동가정지원사업 : 아동가정지원사업은 "지역사회아동의 건전한 발달을 위하여 아동, 가정, 지역주민에게 상담, 조언 및 정보를 제공하여 주는 사업"을 말한다.

② 아동주간보호사업 : 아동주간보호사업은 "부득이한 사유로 가정에서 낮 동안 보호를 받을 수 없는 아동을 대상으로 개별적인 보호와 교육을 통하여 아동의 건전한 성장을 도모하는[5] 사업"을 말한다.

5) 도모는 "어떤 일을 이루기 위하여 대책과 방법을 [세우는 것]"을 말한다(표준국어대사전, 2025).

③ 아동전문상담사업 : 아동전문상담사업은 “학교부적응아동 등을 대상으로 올바른 인격형성을 위한 상담, 치료 및 학교폭력 예방을 실시하는 사업”을 말한다.

④ 학대아동보호사업 : 학대아동보호사업은 “학대아동의 발견, 보호, 치료 및 아동학대의 예방 등을 전문적으로 실시하는 사업”을 말한다.

⑤ 공동생활가정사업 : 공동생활가정사업은 “보호대상아동에게 가정과 같은 주거여건과 보호를 제공하는 것을 목적으로 하는 사업”을 말한다.

⑥ 방과 후 아동지도사업 : 방과 후 아동지도사업은 “저소득층 아동을 대상으로 방과 후 개별적인 보호와 교육을 통하여 건전한 인격형성을 목적으로 하는 사업”을 말한다.

학대당한 아동을 보호하는 방안을 논의하기 위해 학대아동을 보호하는 시설을 찾아간 사회복지사들 : 학대아동보호사업은 “학대아동의 발견, 보호, 치료 및 아동학대의 예방 등을 전문적으로 실시하는 사업”이다. [출처 : 유호석 님 제공]

3) 아동복지시설 종사자

아동복지시설 종사자는 아동복지와 관련된 시설에서 근무하는 사람을 말한다. 우리나라 「아동복지법」에 따르면, 아동복지시설 종사자는 "아동복지시설에서 아동의 상담 · 지도 · 치료 · 양육, 그 밖에 아동의 복지에 관한 업무를 담당하는 사람"을 말한다(국가법령정보센터, 2025).

아동복지시설의 행사에서 율동을 보이는 아동복지시설 종사자 : 아동복지시설 종사자는 아동복지시설에서 아동의 복지에 관한 업무를 담당하는 사람이다. [출처 : 저자 촬영]

Point

- 우리나라 「아동복지법」에서는 아동복지시설을 아동양육시설, 아동일시보호시설, 아동보호치료시설, 공동생활가정, 자립지원시설, 아동상담소, 아동전용시설, 지역아동센터, 협동돌봄센터, 아동보호전문기관, 가정위탁지원센터, 아동권리보장원, 자립지원전담기관, 학대피해아동쉼터로 구분한다.
- 우리나라 「아동복지법」에 따르면, 아동복지시설은 추가 사업을 할 수 있다.
- 아동복지시설 종사자는 "아동복지시설에서 아동의 상담 · 지도 · 치료 · 양육, 그 밖에 아동의 복지에 관한 업무를 담당하는 사람"이다.

chapter

08 가정위탁[1)]

차례

1. 가정위탁의 정의와 특징

가정위탁(foster care)은[2)] 아동이 다른 사람의 가족과 일시적으로 함께 사는 상황을 말한다. 그동안 가정위탁에 대해 정의한 것을 몇 가지 제시하면 다음과 같다(국가법령정보센터, 2025; Barker, 2003; Harris & White, 2013; National Foster Parent Association, 2025).

① 미국 전국사회복지사협회에서 발간한 사전에 따르면, 가정위탁은 친부모나 법적 보호자와 함께 살 수 없는 아동을 신체적으로 보살펴 주고 아동에게 가족적인 환경을 제공하는 것을 말한다.

1) '가정위탁'에 대한 영어 표현은 'foster care'이다. 따라서 '가정위탁'보다는 '위탁보호'가 더 적절한 표현일 수 있다. 그러나 우리나라 「아동복지법」에서는 '가정위탁'이라는 용어를 사용하기에, 여기에서도 '가정위탁'이라는 용어를 사용한다.

2) 위탁은 "남에게 사물이나 사람의 책임을 [맡기는]" 것을 말한다(표준국어대사전, 2025).

② 영국에서 발간한 사회사업사전에 따르면, 가정위탁은 자기 부모와 함께 살 수 없는 아동을 다른 사람이 돌보는 제도를 말한다.
③ 미국 전국수양부모협회에 따르면, 가정위탁은 가족이 아동(자녀)을 더 이상 돌볼 수 없을 때 아동과 그 가족에게 제공하는 보호 서비스를 말한다.
④ 우리나라 「아동복지법」에 따르면, 가정위탁은 "보호대상아동의 보호를 위하여 성범죄, 가정폭력, 아동학대, 정신질환 등의 전력이 없는 [...] 가정에 보호대상아동을 일정 기간 위탁하는 것"을 말한다.

정리하건대, 가정위탁은 친부모나 법적 보호자가 아동의 욕구를 충족할 수 없을 때, 다른 사람의 가정에서 아동을 일시적으로 보살피는 것이라고 볼 수 있다.

'가정위탁의 날' 홍보 현수막 : 가정위탁은 친부모나 법적 보호자가 아동의 욕구를 충족할 수 없을 때 다른 사람의 가정에서 아동을 일시적으로 보살피는 것이다. [출처 : 저자 촬영]

가정위탁에서는 아동에게 안전하고 따뜻한 가정을 일시로 제공하고 있다. 그러나 가정위탁에서는 아동이나 그 가족에게 평생 관여하지 않는다(National Foster Parent Association, 2025). 따라서 가정위탁은 가장 복잡한 형태를 지니는 가족생활 방식의 하나이다(Berridge, 2001). 예를 들어, 가정위탁에서는 위탁아동(foster child), 수양부모(foster carer, foster parent),[3] 위탁가정 구성원은 이런 상황에 적응하여야 한다.

3) 수양부모는 가정위탁을 통해 아동을 보호하는 사람을 말한다.

결국, 가정위탁은 간단하지 않다. 즉, 가정위탁은 감정적으로나 사회적으로나 간단하지 않고, 시간의 측면에서도 간단하지 않다. 그리고 가정위탁은 돈을 버는 방법이 아니다(National Foster Parent Association, 2025).

Point

- 가정위탁은 친부모나 법적 보호자가 아동의 욕구를 충족할 수 없을 때, 다른 사람의 가정에서 아동을 일시적으로 보살피는 것이다.
- 가정위탁은 가장 복잡한 형태를 지니는 가족생활 방식의 하나이다.

2. 가정위탁의 목적과 중요성

1) 가정위탁의 목적

일반적으로 가정위탁의 목적은 아동의 가정이 아동을 가족적인 환경에서 보호하는 것이 일시적으로 불가능할 때, 가족적인 환경에서 아동을 보호하는 데 있다. 그리고 가정위탁의 목적은 가능하다면 아동이 친가족과 다시 결합하게 하는 데 있다. 이를 구체적으로 제시하면 다음과 같다(Crosson-Tower, 2017; Lazz, 2024).

① 아동을 최대로 보호한다. 즉, 아동이 가진 권리를 보호하고, 아동이 사랑받고 자기 욕구를 충족할 수 있는 적절한 환경에서 성장하도록 도와준다.
② 아동과 친부모가 다시 결합하게 해서 가정이 해체되는 것을 예방한다. 즉, 가정위탁을 받는 아동이 친부모를 방문하는 것을 지원해, 아동이 빠른 기간 안에 친부모와 다시 결합하게 한다.

아동복지 전문가가 가정위탁 서비스를 계획하고 조정하는데, 이때 우선적으로 추구하는 목적은 아동이 친부모에게 돌아가게 하는 것이다. 따라서 가정위탁에서는 가능하면 아동을 친부모에게 돌아가게 하고자 한다. 그러나 아동을 정해진 기간 내에 친부모에게 돌려보낼 수 없을 때, 가정위탁에서는 아동에게 안정감을 주는 다른 방안을 찾고자 한다(Zastrow, 2010).

하지만 가정위탁의 이런 목적들은 서로 어울리지 않을 수 있다. 그럼에도 가정위탁에서 결과적으로 추구하는 목적은 다음의 하나를 이루려는 데 있다(Everett, 2011).

① 아동이 친부모와 다시 결합한다.
② 수양부모나 기타 가족이 아동을 입양한다.
③ 아동이 독립적으로 생활하도록 준비한다.

2) 가정위탁의 중요성

가정위탁은 아동과 친부모에게 여러 가지 측면에서 중요하다. 가정위탁이 중요한 측면을 몇 가지 제시하면 다음과 같다(Crosson-Tower, 2017).

① 아동을 일시적으로 긴급하게 보호한다.
② 부모가 스트레스를 관리할 수 없을 때, 부모가 휴식할 기회를 제공한다.
③ 부모가 문제를 해결할 수 있는 시간을 제공한다. 예를 들어, 가정위탁은 부모가 주택, 약물중독, 질병과 관련된 문제를 해결할 수 있는 시간을 제공한다.
④ 아동이 자기 가정과는 다른 가정을 경험할 기회를 제공하거나, 다른 가정에서 아동을 보호할 기회를 제공한다. 이것은 아동이 학대당하거나 아동이 매우 불안정할 때 그렇다.
⑤ 전문 시설에서 치료받을 수 있는 자리가 생길 때까지 아동을 보호한다.
⑥ 입양을 승인할 때까지 아동을 보호한다.

Point

- 가정위탁의 목적은 아동의 가정이 아동을 가족적 환경에서 보호하는 것이 일시적으로 불가능할 때, 가족적 환경에서 아동을 보호하고, 가능하다면 아동이 친가족과 다시 결합하게 하는 것이다.
- 가정위탁은 아동과 친부모에게 여러 측면에서 중요하다.

3. 가정위탁의 역사와 현황

미국에서는 가정위탁이 시작된 것을 도제살이에서[4] 찾는 경우가 많다(Barker, 2003). 도제살이에서는 집이 없는 청소년이 상인이나 장인을[5] 위해 일하였고, 상인이나 장인이 청소년에게 기술을 가르치고 잠잘 곳을 마련해 주었다.

그러나 아동기에 대해 연구하기 시작하면서, 아동을 단독 가정에서 살게 할 필요가 있는지와 관련해 1960년대에 논쟁한 바 있다. 그 결과, 아동기가 사회의 미래에 중요하다는 점을 인식하였고, 이에 따라 전문가는 아동이 가정위탁을 받을 기회를 더 가지는 것을 강조하였다(Mather & Lager, 2000).

우리나라에서는 1960년대 초에 민간 입양기관을 통해 입양할 아동을 대상으로 가정위탁을 처음으로 실시하였다. 그러다가 홀트양자회가 1965년에 45가정을 위탁가정으로 운영한 것이 가정위탁을 제도적으로 실시하는 계기가 되었다(이수연, 2003). 그리고 2005년 7월에 「아동복지법」을 일부 개정하였는데, 개정된 「아동복지법」에서는 보호가 필요한 아동에 대해 가정위탁사업을 활발하게 실시하는 것을 강조하였다. 그리고 「아동복지법」에 따라서 가정위탁지원센터를 만들었다(국가법령정보센터, 2025).

Point

- 아동기를 연구하기 시작하면서 아동을 단독 가정에서 살게 할 필요가 있는지와 관련해 논쟁하였고, 이에 따라 아동이 가정위탁을 받을 기회를 더 가지는 것을 강조하였다.
- 우리나라에서는 가정위탁지원센터를 만들었다.

4) 도제는 "직업에 필요한 지식, 기능을 배우기 위하여 스승의 밑에서 일하는 직공"을 말한다(표준국어대사전, 2025).

5) 장인은 "손으로 물건을 만드는 일을 직업으로 하는 사람"을 말한다(표준국어대사전, 2025).

4. 가정위탁의 형태

1) 일반적 분류

가정위탁에는 여러 가지 형태가 있다. 일반적으로 가정위탁의 형태는 다음과 같이 구분할 수 있다(한국복지재단, 2001; National Foster Parent Association, 2025; Berridge, 2001).

① 유료(boarding) 가정위탁 : 유료 가정위탁에서는 사회기관이 가정위탁을 맡는 가정에 양육 비용을 지급한다. 유료 가정위탁의 예로, 엄마가 아이를 낳거나 수술을 받아 아동을 돌볼 수 없을 때 다른 가정이 아동을 보호하는 것이 있다.

② 장기(long-term boarding) 가정위탁 : 장기 가정위탁은 친부모에게 되돌아갈 수 없는 아동이나, 영구한 가정이 필요하나 양자로 맞을 부모가 부족해서 입양이 어려운 아동에게 제공한다.

③ 전문(specialized boarding) 가정위탁 : 전문 가정위탁은 정서적 문제가 심각하거나 행동은 불안하지만, 가정생활을 하면 도움이 될 수 있는 아동에게 제공한다. 이때, 수양부모의 인격과 교육은 매우 높은 수준이어야 한다. 전문 가정위탁에서는 일반 수양부모에게 지급하는 비용보다 더 많은 액수를 수양부모에게 지급한다. 전문 가정위탁에서는 수양부모가 치료팀의 구성원이라고 본다.

④ 무료(free) 가정위탁 : 무료 가정위탁은 아동을 기르면서 기쁨을 느끼거나 자선 차원에서 무료로 제공한다. 가정위탁은 처음에는 무료 가정위탁의 형태로 시작하였다. 오늘날 무료 가정위탁은 드문 편이다.

⑤ 고용(wage) 가정위탁 : 고용 가정위탁은 다음과 같은 두 가지 형태로 구분할 수 있다.

㉠ 보호받는 아동에게 음식과 잘 곳을 제공할 뿐만 아니라, 임금도 추가로 제공하는 형태

㉡ 일한 대가로 음식과 잘 곳만 제공하는 형태

⑥ 집단(group) 가정위탁 : 집단 가정위탁에서는 성별이 같은 아동 몇 사람으로 집단을 구성해서 한 가정에서 양육한다. 따라서 집단 가정위탁은 작은 시설 또는 확대된 가정과 같은 형태라고 볼 수 있다. 다음과 같은 상황에서 집단 가정위탁은 특히 효과적인 것으로 알려져 있다.
   ㉠ 정서장애 아동을 교육하고 보호하고자 한다.
   ㉡ 사회나 가정으로 되돌아가기 직전에 있는 아동이 사회생활을 할 기회를 가지고자 한다.

⑦ 친척(kinship) 가정위탁 : 친척 가정위탁에서는 아동의 친척이 가정위탁을 제공한다. 친척 가정위탁은 소년소녀가정에게 적용되는 경우가 많다.

2) 시기에 따른 분류

가정위탁을 하는 시기에 따라서, 가정위탁의 형태는 단기 가정위탁과 장기 가정위탁으로 구분할 수 있다(Berridge, 2001; National Foster Parent Association, 2025; Mather & Lager, 2000).

(1) 단기 가정위탁

단기 가정위탁은 부모나 아동이 스트레스를 받을 때, 이런 가족을 지지하기 위해 아동을 계획적으로 잠시 위탁가족과 살게 하는 것을 말한다. 단기 가정위탁은 휴식보호(respite care/relief care)라고도 부르고 있다. 이때 아동은 정규적으로 위탁가족과 함께 살 수 있다. 예를 들어, 한 달에 일주일 동안 위탁가족과 함께 살거나, 아동이나 부모에게 스트레스가 쌓일 때 위탁가족과 함께 살 수 있다.

단기 가정위탁의 하나로 긴급 가정위탁이 있다. 아동이 갑자기 위험한 상태에 있을 때, 구체적인 계획이 정해질 때까지는 긴급 가정위탁이 유일한 방법일 수 있다. 이때, 수양부모는 아동을 즉시 또는 예고 없이 맡는다. 즉, 수양부모는 낮이나 밤이나 어느 때고 아동을 맡는다. 따라서 긴급 가정위탁은 매우 힘든 일일 수 있다.

긴급 가정위탁을 제공하는 상황을 몇 가지 제시하면 다음과 같다.

① 부모가 아동을 신체적 · 성적으로 학대하거나 크게 방임하는 상태에서, 아동이 좋지 않은 주거 환경에서 산다.

② 아동이 상처로부터 회복하는 중이다.

③ 어린 아동이 약물에 중독되었으나 엄마가 치료를 거부한다.

아동이 긴급 가정위탁을 받을 경우, 수양부모는 아동을 편안하고 따뜻하게 보호하면서, 아동이 느끼는 불안감을 아동이 잘 대처하도록 도와주고 있다.

(2) 장기 가정위탁

장기 가정위탁은 오랜 기간 가정위탁을 제공하는 것을 말한다. 일반적으로 장기 가정위탁에서는 몇 주나 몇 달 동안 가정위탁을 제공하는 것이 아니라, 몇 년 동안 가정위탁을 제공하고 있다.

그러나 장기 가정위탁은 어려움을 겪는 경우가 많다. 장기 가정위탁이 어려움을 겪는 이유를 몇 가지 제시하면 다음과 같다.

① 아동을 입양하거나 아동을 집에 돌려보내는 것에 비해서, 장기 가정위탁은 아동을 장기적으로 안정시키지 못하기 때문이다.[6)]

② 가정위탁을 장기적으로 제공하는 수양부모를 찾는 것이 어렵기 때문이다.

3) 장소에 따른 분류

가정위탁을 하는 장소에 따라서, 가정위탁의 형태는 일반 가정위탁과 친척(친지) 가정위탁으로 구분할 수 있다(Liederman, 1995; National Foster Parent Association, 2025; Berridge, 2001).

일반 가정위탁은 아동이 이전에 알지 못하는 사람이 아동을 보호하는 것을 말한다. 그리고 친척 가정위탁은 친척, 대(代)부모(godparents), 아동 · 아동부모 ·

6) 그러나 아동이 친부모와 정기적으로 교류하고 있지만 아동이 친부모와 다시 결합할 수 없고 또한 아동이 입양을 원치 않을 때, 장기 가정위탁은 적절한 방법일 수 있다.

가족구성원과 관계가 있는 기타 성인이 아동을 보호하는 것을 말한다. 과거에는 아동을 아동 자신이 알지 못하는 가족에게 위탁하는 경우가 많았다. 그러나 오늘날에는 친척이 가정위탁을 맡는 것에 관심이 커지고 있다. 이런 예로 아동의 조부모나 삼촌·고모가 가정위탁을 맡는 것이 있다.

친척 가정위탁은 효과가 있는 것으로 알려져 있다. 즉, 혈연관계가 없는 보호자가 가정위탁을 맡는 것보다는, 친척이 가정위탁을 맡는 것이 아동에게 더 유리한 것으로 나타나고 있다. 예를 들어, 혈연관계가 없는 가족에게 가정위탁을 맡기는 것에 비해서, 친척 가정위탁은 아동이 친가정과 격리될 때 아동에게 부정적인 영향을 덜 미치는 것으로 나타난 바 있다.

Point

- 일반적으로 가정위탁의 형태는 유료 가정위탁(사회기관이 가정위탁을 맡는 가정에 양육비를 지급), 장기 가정위탁(친부모에게 되돌아갈 수 없는 아동이나, 영구 가정이 필요하나 양자로 맞을 부모가 부족해 입양이 어려운 아동에게 제공), 전문 가정위탁(정서 문제가 심각하거나 행동은 불안하지만, 가정생활을 하면 도움이 될 스 있는 아동에게 제공), 무료 가정위탁(아동을 기르면서 기쁨을 느끼거나 자선 차원에서 무료로 제공), 고용 가정위탁(음식과 잘 곳만을 제공하거나, 음식과 잘 곳과 임금을 모두 제공), 집단 가정위탁(성별이 같은 아동으로 집단을 구성해서 한 가정에서 보호), 친척 가정위탁(친척이 제공)으로 구분할 수 있다.
- 가정위탁을 하는 시기에 따라서, 가정위탁의 형태는 단기 가정위탁과 장기 가정위탁으로 구분할 수 있다. 단기 가정위탁은 부모나 아동이 스트레스를 받을 때, 이런 가족을 지지하기 위해 아동을 계획적으로 잠시 위탁가족과 살게 하는 것이다. 장기 가정위탁은 오랜 기간 가정위탁을 제공하는 것이다.
- 가정위탁을 하는 장소에 따라서, 가정위탁의 형태는 일반 가정위탁과 친척(친지) 가정위탁으로 구분할 수 있다. 일반 가정위탁은 아동이 이전에 알지 못하는 사람이 아동을 보호하는 것이다. 친척 가정위탁은 친척이나 친지가 아동을 노호하는 것이다.

5. 가정위탁의 내용과 원칙 및 대상과 기간

1) 가정위탁의 내용과 원칙

아동이 가정위탁을 받으면, 아동에 대해 자세히 평가한 후 아동에게 여러 가지 서비스를 제공하게 된다. 예를 들어, 미국 전국가정위탁위원회(National Commission on Family Foster Care)에 따르면, 가정위탁에서는 다음과 같은 것을 하고 있다 (Crosson-Tower, 2017).

① 아동을 보호하고 양육한다.
② 아동이 제 시기에 발달하게 하고, 아동이 겪는 사회적 · 정서적 · 의료적 어려움을 해결한다.
③ 아동이 자신을 더 긍정적으로 인식하게 하고, 가족관계를 더 잘 유지하게 한다.
④ 아동에게 영구한 가정을 제공하기 위한 계획을 짜서 실행한다.
⑤ 아동이 성인기에 잘 생활하고, 다른 사람과 잘 교류하고, 자신이 맡은 것을 잘하는 방향으로 나아가도록 교육한다.

가정위탁지원센터의 입구 : 가정위탁을 받는 아동에게는 여러 가지 서비스를 제공한다. [출처 : 저자 촬영]

한편 일반적으로 가정위탁은 다음과 같은 원칙을 따르고 있다(Gustavsson & Segal, 1994).

① 가정위탁은 일시적인 서비스이어야 한다.
② 가정위탁을 제공하는 장소는 최소로 줄여야 한다. 즉, 가정위탁을 하는 장소를 가능하면 바꾸지 말아야 한다.

2) 가정위탁의 대상

취약한 상황에 있는 아동은 가정위탁을 통해 보호받을 수 있다. 다음과 같은 상황에 있는 아동은 가정위탁의 대상이 될 가능성이 크다(Liederman, 1995; Gustavsson & Segal, 1994).

① 심각하게 학대당하였거나 당장 학대당할 가능성이 크다.
② 특별한 의료적 욕구나 기타 욕구가 있다.
③ 일시적으로 부모와 격리해 보호할 필요가 있다.
④ 친척이 적절하게 보호할 수 없다.
⑤ 가족적인 환경에서 사는 것이 유리하다.
⑥ 빈곤 상태에서 산다.

일부 아동은 위탁가정에 맡기는 데 어려움을 겪을 수 있다. 이런 예를 몇 가지 제시하면 다음과 같다(Berridge, 2001).

① 나이 어린 아동에 비해서, 나이 든 아동은 가정위탁을 맡기는 것이 더 어려울 수 있다.
② 행동장애가 있는 아동은 가정위탁을 맡기는 것이 더 어려울 수 있다.

3) 가정위탁의 기간

아동이 가정위탁을 통해 보호받는 기간은 아동의 개인적 특성과 아동·가족의 욕구에 따라 달라지고 있다. 이에 따라 일부 상황에서는 아동이 몇 년 동안 가정위탁을 통해 보호받기도 한다.

그러나 실제로는 가정위탁은 단기로 맡는 경우가 많다. 따라서 가정위탁에서는 가정에서 나갔다 들어오는 상황이 자주 발생할 수 있다. 이것이 장기적으로는 아동에게 도움이 될지 모르지만, 당장은 아동, 수양부모, 수양부모의 가족, 사회복지사에게 스트레스를 줄 수 있다(Gustavsson & Segal, 1994; Berridge, 2001).

Point

- 아동이 가정위탁을 받으면, 아동에 대해 자세히 평가한 후 아동에게 여러 서비스를 제공하게 된다.
- 취약한 아동은 가정위탁을 통해 보호받을 수 있다.
- 가정위탁을 통해 보호받는 기간은 아동의 개인적 특성과 아동·가족의 욕구에 따라 달라진다.

6. 가정위탁의 장점과 문제점

1) 가정위탁의 장점

가정위탁은 여러 가지 장점을 지니고 있다. 가정위탁의 장점을 몇 가지 제시하면 다음과 같다(Roberts, 2024a; Roberts, 2024b).

① 아동을 안전하고 안정적인 환경에서 보호한다. 가정위탁을 받으면, 아동은 안전하지 않은 상황에서 벗어나 안정되게 보호받을 수 있는 가정에서 생활한다.

② 아동의 기본적 욕구를 충족한다. 가정위탁을 받는 아동은 이전에는 기본적 욕구를 충족하지 못하였을 수 있다. 그러나 가정위탁을 받으면, 아동이 음식, 주거, 교육, 의료 서비스와 관련해 겪는 어려움이 없어지거나 많이 줄어든다.

③ 아동이 개인적으로 더 성장하고 발달한다. 수양부모는 위탁아동이 생활하는 데 필요한 기법을 익히는 데 도움을 준다. 생활하는 데 필요한 기법의 예로 의사소통하는 기법이 있다. 따라서 가정위탁을 받으면, 아동은 생활을 잘하면서 잘 성장한다.

④ 아동을 정서적으로 지지한다. 가정위탁을 받는 아동은 마음의 상처를 가진 경우가 많다. 수양부모는 아동의 상처를 치유하기 위해 정서적 측면에서 도움을 준다. 따라서 가정위탁을 받으면, 아동은 정서적으로 안정된 상태에서 생활한다.

⑤ 아동이 나중에 입양되어 영구적인 가정에서 살 수 있다. 가정위탁을 받는 일부 아동은 입양을 통해 영구적인 가족을 얻게 된다. 따라서 이런 아동은 장기적으로 안정된 생활을 하게 된다.

2) 가정위탁의 문제점

가정위탁은 여러 가지 문제점을 지니고 있다. 가정위탁의 문제점은 위탁아동과 관련된 문제점, 수양부모와 관련된 문제점, 비용과 관련된 문제점, 가정위탁에서 벗어나는 청소년과 관련된 문제점으로 나누어 살펴볼 수 있다.

(1) 위탁아동 관련

가정위탁에서는 어려운 상황이 있는 아동을 잘 보호하고 있다. 그러나 가정위탁은 일부 아동의 복리에 부정적인 영향을 미칠 수도 있다. 즉, 가정위탁에 잘 적응하지 못하는 아동도 있을 수 있다. 사실, 가정위탁을 통해 보호받는 아동은 일반 아동보다 더 불리한 상황에 있으므로, 건강과 관련해 어려움을 더 겪을 가능성이 있다. 이런 측면을 몇 가지 제시하면 다음과 같다(Earls, 2013; Child Welfare Information Gateway, 2012; Lazz, 2024).

① 가정위탁을 받는 아동은 신체적 건강 영역에서 어려움을 겪을 수 있다.

② 가정위탁을 받는 아동은 정신건강 영역에서 어려움을 겪을 수 있다. 특히, 가정위탁을 받는 아동은 여러 가지 아픈 상처를 가지므로 정신건강 영역에서 어려움을 겪을 수 있다.

그리고 가정위탁을 받는 아동은 다음과 같은 어려움을 겪을 수 있다(Earls, 2013; Roberts, 2024a).

① 자신에게 익숙한 것으로부터 멀어진다.

② 친부모와 격리된 것에 대해 자신을 비난한다.

③ 버림받았다고 느낀다.

④ 위탁가정을 여러 번 바꿀 경우, 무기력하다고 느낀다.

⑤ 수양부모와 친하게 지내야 한다는 것이 혼란스럽다.

⑥ 미래를 불안해한다.

살아있는 고아

가정위탁을 받는 아동은 잊힐 가능성이 있다. 따라서 가정위탁을 받는 아동은 이른바 '살아있는 고아(orphan of the living)'가 될 수도 있다. 무엇보다도, 가정위탁을 받는 아동의 친부모가 다음과 같은 상황에 있으면, 아동을 친가정에 되돌려 보내기 어려우므로 아동은 잊힐 가능성이 크다(Cohen, 2000).

① 이사 갔다.

② 사망하였다.

③ 교도소와 같은 곳에 있다.

④ 아동을 더 학대한다.

⑤ 장애가 있다.

(2) 수양부모 관련

가정위탁에서는 수양부모도 정서적 어려움을 겪을 수 있다. 수양부모가 겪을 수 있는 어려움을 몇 가지 제시하면 다음과 같다(Earls, 2013).

① 아동과 완전한 애착관계를 형성하기 어렵다.

② 아동의 친부모에 대해 불편한 감정이 든다.

③ 아동의 복잡한 욕구를 잘 충족하기 어렵다.

④ 아동을 위한 자원을 잘 이용하기 어렵다.

(3) 비용 관련

가정위탁을 통한 보호는 시설보호에 비해서 비용이 더 적게 드는 편이다. 하지만 일반적으로 가정위탁은 비용이 많이 드는 편이다.

가정위탁을 제공한 초기에 가정위탁 비용은 문제가 되지 않았다. 예를 들어, 미국에서 가정위탁을 제공한 초기에, 가정위탁을 맡은 가정은 위탁아동에 대해 비용을 받는 것을 기대하지 않았다. 그러나 오늘날에는 수양부모에게 지급하는 비용은 관심거리가 되고 있다(Crosson-Tower, 2017; Berridge, 2001; Harris & White, 2013).

수양부모에게 가정위탁과 관련해 비용을 많이 지급하면 여러 가지 측면에서 좋을 수 있다. 수양부모에게 가정위탁 비용을 더 많이 지급할 경우의 장점을 몇 가지 제시하면 다음과 같다(Berridge, 2001).

① 수양부모가 더 책임을 느끼며 아동을 보호한다.

② 수양부모가 교육에 더 잘 참여한다. 수양부모가 교육에 참여하면, 수양부모는 다음과 같은 것을 하는 데 도움을 받을 수 있다.

㉠ 가정위탁에 대한 보고서를 쓴다.

㉡ 회의에 참석하고 법정에 나간다.

㉢ 아동이 다니는 학교와 교류한다.

㉣ 아동의 친부모와 더 직접적으로 교류한다.

(4) 가정위탁에서 벗어나는 청소년 관련

가정위탁에서 벗어나는 청소년은 여러 영역에서 좋지 않은 상황을 겪을 수 있다. 예를 들어, 미국에서 가정위탁에서 벗어나는 청소년은 일반 청소년보다 다음과 같은 상황에 있을 가능성이 더 큰 것으로 나타난 바 있다(Earls, 2013).

① 노숙 생활을 한다.

② 실업 상태에 있다.

③ 질병에 걸린다.

④ 교도소와 같은 시설에 들어간다.

⑤ 국가가 빈곤층을 도와주는 제도에 의지해 생활한다.

⑥ 성폭력과 신체적 폭력을 당한다.

그리고 가정위탁에서 벗어나는 청소년은 정신건강문제를 겪을 가능성이 크다. 예를 들어, 미국에서 가정위탁에서 벗어나는 청소년은 정신건강문제를 겪는 경우가 많은 것으로 나타난 바 있다(Earls, 2013).

Point

- 가정위탁의 장점으로 아동을 안전하고 안정적인 환경에서 보호하는 것, 아동의 기본적 욕구를 충족하는 것, 아동이 개인적으로 더 성장하고 발달하는 것, 아동을 정서적으로 지지하는 것, 아동이 나중에 입양되어 영구적인 가정에서 살 수 있는 것이 있다.
- 가정위탁의 문제점으로 위탁아동과 관련된 문제점, 수양부모와 관련된 문제점, 비용과 관련된 문제점, 가정위탁에서 벗어나는 청소년과 관련된 문제점이 있다.

7. 수양부모

1) 수양부모의 현황과 역할 및 필요한 특성

위탁가정을 하겠다고 신청하는 가정은 드문 편이다(Johnson, 2018). 따라서 수양부모는 적은 편이다. 수양부모를 구하기 어려우면, 가정위탁을 적절하게 제공하는 가정을 아동에게 제때 찾아주지 못할 수 있다.

수양부모는 여러 가지 역할을 하고 있다. 수양브모가 일반적으로 하는 역할을 몇 가지 제시하면 다음과 같다(Berridge, 2001).

① 아동이 다음과 같은 것을 잘하게 함으로써, 아동이 신체적으로 잘 자라도록 도와준다.
   ㉠ 가족생활을 경험한다.
   ㉡ 위탁가정 구성원과 서로 의지하는 관계를 형성한다.
   ㉢ 성인의 역할 모델을 따른다.
② 아동이 부모와 떨어져 사는 상황에 잘 적응하도록 도와준다.
③ 아동이 버림받았다고 느끼거나 죄의식을 느낄 때 잘 적응하도록 도와준다.

수양엄마가 어린 아동을 안고 있는 모습(Varma의 작품) : 수양부모는 아동이 부모와 떨어져 사는 상황에 잘 적응하도록 돕는 역할을 한다. [출처 : Wikipedia(2025)]

그리고 수양부모가 가정위탁을 잘 맡기 위해서는 적절한 특성을 지니고 있어야 한다. 먼저, 수양부모가 가정위탁을 잘 맡기 위해서는 기본적으로 다음과 같은 특성을 지니고 있어야 한다(National Foster Parent Association, 2025).

① 아동의 신체적·정서적·발달적 욕구를 충족할 수 있다.
② 매일 보호하고 감독할 수 있다.
③ 위탁아동에 대한 양육비가 없어도 스스로 경제적으로 살아 나갈 수 있다.

이 외에도 수양부모가 가정위탁을 잘 맡기 위해서는 여러 가지 특성이 필요하다. 수양부모가 가정위탁을 잘 맡기 위해 필요한 특성을 구체적으로 제시하면 다음과 같다(National Foster Parent Association, 2025; Berridge, 2001).

① 아동과 함께 있는 것을 즐거워한다.
② 융통성 있고, 인내심이 있고, 이해심이 많다.
③ 가족을 중심에 두고 생활한다.
④ 차이점을 인정하고 아동을 받아들이면서도, 융통성 있고 엄하게 대한다.
⑤ 성격이 명랑하고, 유머 감각이 있다.
⑥ 마음을 터놓고 이야기를 나눈다.
⑦ 가정 외부에서 지지를 찾고 지지를 받는다.
⑧ 사회복지사나 기타 전문가와 팀으로 잘 교류할 수 있다.

2) 수양부모가 고려할 점

수양부모는 가정위탁을 맡으면서 여러 가지 측면을 고려할 필요가 있다. 수양부모가 일반적으로 고려하여야 할 점을 몇 가지 제시하면 다음과 같다(Berridge, 2001; Knotts Family Agency, 2025; Victor Staff, 2023; Zastrow, 2010).

① 때에 따라서는 아동이 친부모와 교류하는 것을 장려할 필요가 있다. 수양부모가 가정위탁을 맡을 때는 아동이 친부모와 교류할 필요가 있는 경우가 많다. 이때 아동 양육을 위해 적절하다고 판단되면, 수양부모는 아동이 친부모를 만나고 방문하는 것을 장려할 필요가 있다.

그러나 이것은 쉽지 않을 수 있다. 그 이유를 구체적으로 살펴보면 다음과 같다.

㉠ 아동의 친부모에게 심각한 문제와 욕구가 있을 수 있기 때문이다.

㉡ 아동과 친부모가 교류하는 것이 장기적으로는 좋을 수 있지만, 단기적으로는 아동과 친부모가 만나면 과거의 좋지 않은 기억이나 감정이 솟구쳐서 모두가 스트레스를 받을 수 있기 때문이다.

그러므로 수양부모는 아동이 가진 여러 가지 정서적 문제와 행동문제를 다룰 필요가 있다. 아동이 가진 정서적 문제와 행동문제의 예로 자신을 긍정적으로 보지 않는 것, 고립되어 지내는 것, 사회생활을 하는 방법을 잘 알지 못하는 것, 사회의 가치에 어긋나는 행동을 하는 것이 있다. 위탁아동이 겪는 문제를 다룰 때, 수양부모는 이와 관련해 사회복지사와 협력할 필요가 있다.

② 수양부모는 위탁아동이 교육적으로 좋은 경험을 하는 데 관심을 가질 필요가 있다. 가정위탁을 받는 아동은 학교 성적이 좋지 않을 수 있다. 가정위탁을 받는 아동의 학교 성적이 좋지 않은 이유를 몇 가지 살펴보면 다음과 같다.

㉠ 아동이 가정위탁을 받기 전에 이미 불리한 상황에 있었기 때문이다. 이런 예로 가족이 빈곤 상태에 있는 것, 부모의 격려가 없는 것이 있다.

㉡ 사회 서비스를 제공할 때 교육적 측면에 크게 주목하지 않기 때문이다.

㉢ 가정위탁을 받는 아동에 대해서 낮게 기대하기 때문이다.

㉣ 가정위탁을 받느라 아동이 가정을 왔다 갔다 하기 때문이다.

오늘날 교육은 더 나은 사회계층에 속하고자 할 때 중요하다. 따라서 수양부모는 위탁아동에게 교육받을 기회를 제공하는 데 관심을 가질 필요가 있다.

③ 수양부모는 위탁아동과 너무 감정적으로 친한 관계를 형성하지 않으면서 위탁아동에게 사랑과 애정을 줄 필요가 있다. 왜냐하면 가정위탁은 일시적으로 하는 것이기 때문이다. 따라서 수양부모는 자신과 위탁아동 사이

에 강한 감정적 관계를 형성하지 않았을 때 서로가 편한 마음으로 헤어질 수 있다는 점을 인식할 필요가 있다.

Point

- 수양부모는 적은 편이다. 수양부모는 여러 역할을 한다.
- 수양부모가 가정위탁을 잘 맡기 위해서는 적절한 특성이 있어야 한다.
- 수양부모는 아동의 친부모와 접촉하는 것, 아동이 교육적으로 좋은 경험을 하는 것, 아동과 너무 감정적으로 친한 관계를 형성하지 않는 측면을 고려할 필요가 있다.

8. 사회복지사의 역할

1) 기본적 역할

사회복지사는 가정위탁과 관련된 영역에서 여러 가지 역할을 하고 있다. 가정위탁과 관련된 영역에서 사회복지사가 기본적으로 하는 역할을 몇 가지 제시하면 다음과 같다(McFadden, 1984; Barker, 2003).

① 아동을 친부모의 가정 밖에서 보호할 필요가 있는지를 결정하는 데 도움을 주기 위해, 아동과 가족을 자세히 평가한다. 이때는 당연히 아동이 가진 욕구도 자세히 평가한다.

② 아동에게 가장 적절한 위탁가정을 선정한다.

③ 위탁가정에게 적절한 정보를 제공한다. 그리고 위탁가정이 아동을 맡길 가정으로 적절한지 조사한다. 또한 이와 관련해 위탁가정을 사전에 방문한다.

④ 아동을 위탁가정에 맡기는 동안 위탁가정을 계속 살핀다.

⑤ 아동을 가족과 격리하는 것이 가족과 아동에게 미치는 영향을 따져본다.

⑥ 기관과 가족구성원이 아동을 친가족에게 돌려보내는 시기를 결정하는 데 도움을 준다.

그리고 사회복지사는 신체적 건강과 정신건강 영역에서 위탁아동이 겪는 어려움을 없애주거나 줄이는 것과 관련해 중요한 역할을 하고 있다.

2) 아동 격리와 관련된 역할

아동을 가정에서 실제로 격리하는 것은 상처를 줄 수 있다. 아동을 가정에서 격리하기로 결정하는 것은 어려운 일이므로, 사회복지사는 이런 결정을 내리기 전에 신중히 생각할 필요가 있다.

아동을 가정위탁에 맡기기로 결정하면, 사회복지사는 여러 가지 역할을 할 수 있다. 아동 격리와 관련해, 사회복지사가 하는 주요한 역할로 부모와 아동의 감정과 관련된 역할, 친부모와 교류하는 것과 관련된 역할, 형제자매의 합동 위탁과 관련된 역할, 재결합과 관련된 역할이 있다(Mather & Lager, 2000; Berridge, 2001).

(1) 부모와 아동의 감정과 관련된 역할

사회복지사는 부모와 아동의 감정을 안정시켜 주는 것과 관련해 적절한 역할을 할 필요가 있다. 아동을 가정위탁을 통해 보호하기로 결정하면, 사회복지사는 부모와 아동이 갖는 정서적 상처를 중요하게 다룰 필요가 있다.

우선, 사회복지사는 부모의 감정과 관련해 적절한 역할을 할 수 있다. 일반적으로 자기 아동이 가정위탁을 통해 보호받으면, 부모는 다음과 같은 상황에 있을 수 있다.

① 분노하고, 우울하고, 슬프고, 자신은 실패자라고 생각한다.
② 자기 아동에 대해 불안해하지 않거나, 아동 양육으로부터 해방되었다고 느낀다.
③ 무력감을 느끼고, 다시는 아동과 함께 있을 수 없음을 두려워한다.

앞에서와 같은 상황에서 사회복지사는 다음과 같은 역할을 할 수 있다.

① 가족이 아동과 격리되는 것을 잘 헤쳐 나가도록 도와준다. 이때, 아동이

가정 밖에서 보호받는 이유를 가족이 이해하게 할 필요가 있다. 그리고 아동이 가정 밖에서 보호받는 이유를 가족에게 이해시킬 때, 부모가 앞에서와 같이 느끼는 감정을 적절하게 다룰 필요가 있다.

② 부모가 무력감을 느끼지 않게 하고, 다시는 아동과 함께 있을 수 없다고 느끼는 감정을 없애준다. 이때, 사회복지사는 부모와 함께 계획을 짜고 아동에 대한 방문 지침을 정함으로써, 부모의 무력감이나 두려움을 줄일 수 있다.

그리고 사회복지사는 아동의 감정과 관련해 적절한 역할을 할 수 있다. 부모와 마찬가지로, 아동도 가정 밖에서 보호받으면 여러 가지 감정을 경험하게 된다. 일반적으로 초기에 아동은 다음과 같이 반응할 가능성이 있다.

① 가정에서 격리되어 새로운 환경에서 생활하면, 아동은 처음에 두려움을 느끼고 혼란스러워한다.

② 아동은 자신이 무엇인가 잘못하였으므로 가정 밖에서 보호된다고 믿는 경우가 많다. 이때 아동은 분노와 죄의식을 느낄 수 있다.

③ 일부 아동은 가정과 격리되어 가정위탁을 통해 보호받으면, 자신이 버려졌다는 감정과 안도감을 동시에 느낄 수도 있다.

앞에서와 같은 상황에서, 사회복지사는 위탁가족과 협력해 다음과 같은 역할을 할 수 있다.

① 위탁가족이 아동과 빠르게 신뢰를 쌓게 한다. 이것은 아동이 겪을 수 있는 정서적 상처를 줄이는 데 도움이 된다.

② 아동이 어려운 상황에서도 자신은 능력이 있다고 느끼게 한다. 이렇게 하기 위한 방법으로 다음과 같은 것이 있다.

㉠ 현재 벌어지는 것을 아동에게 분명하게 설명한다.

㉡ 아동이 선택할 수 있는 것은 아동이 선택하게 한다.

(2) 친부모와의 교류와 관련된 역할

사회복지사는 아동이 친부모와 교류하는 것과 관련해 적절한 역할을 할 수 있다. 가정위탁을 받는 아동이 친부모과 계속해서 만나도록 해주는 것은 아동에게 긍정적인 영향을 미치는 경우가 많다. 그리고 가정위탁을 받는 아동이 친부모와 좋은 관계를 맺으면, 아동이 친가정으로 돌아갈 가능성은 더 커지게 된다.

그러나 친부모가 가정위탁을 받는 아동을 만나는 데 걸림돌도 있다. 이런 걸림돌로 여행하는 거리가 먼 것, 수양부모가 소극적인 것, 수양부모가 어떻게 행동할 것인지에 대해 걱정하는 것을 들 수 있다. 그러므로 사회복지사는 이런 걸림돌을 제거하는 데 노력할 필요가 있다.

(3) 형제자매의 합동 위탁과 관련된 역할

사회복지사는 아동이 형제자매와 함께 가정위탁을 받는 것과 관련해 적절한 역할을 할 수 있다. 형제자매를 서로 다른 가정에 맡기는 것은 아동에게 부정적인 영향을 미치는 것으로 알려져 있다. 따라서 사회 서비스를 잘 제공하기 위해 형제와 자매가 함께 머물게 할 필요가 있다. 만약 형제와 자매가 함께 거주할 수 없으면, 사회복지사는 이들이 좋은 관계를 계속해서 유지하게 할 필요가 있다.

(4) 재결합과 관련된 역할

사회복지사는 아동이 친부모와 다시 결합하는 것과 관련해 적절한 역할을 할 수 있다. 사회복지사는 위탁아동이 친부모와 다시 결합하는 것을 조심스럽게 진행할 필요가 있다. 가정위탁의 가장 중요한 목적은 사회복지사와 위탁가족과 아동이 힘을 합쳐서 아동을 친가정으로 돌려보내는 것이다. 따라서 친가족이 이런 사실을 알면, 다음과 같은 상황이 나타날 가능성이 훨씬 더 커진다.

① 친가족이 재결합 과정에 관여한다.

② 아동이 친가정으로 되돌아갈 수 있는 환경이 이루어지도록 친가족이 적극적으로 활동한다.

3) 수양부모와 관련된 역할

(1) 일반적 역할

사회복지사는 수양부모와 그 가족이 겪는 여러 가지 어려움을 줄이는 역할을 할 수 있다. 특히 사회복지사는 수양부모가 겪을 수 있는 정서적 어려움을 줄이는 역할을 할 수 있다.

또한 수양부모와 그 가족이 가정위탁을 잘하도록 도와주기 위해서, 사회복지사는 수양부모와 그 가족에게 다음과 같은 역할을 할 수 있다(Berridge, 2001).

① 수양부모를 지지하고, 수양부모에게 가정위탁과 관련해 교육한다.

② 수양부모가 맡는 아동을 보살필 계획을 짜게 하고, 이와 관련해 수양부모와 상의한다.

③ 수양부모의 가족을 적절하게 지지하고 보상한다. 수양부모가 가정위탁을 맡는 것은 수양부모 가족에게도 영향을 미친다. 따라서 수양부모의 가족에게도 적절한 지지와 보상이 필요하다. 이때 수양부모의 가족에는 수양부모의 자녀도 포함된다.

그리고 수양부모는 사회복지사와 쉽게 연락할 수 있고, 사회복지사와 서로 신뢰하기를 원하고 있다. 그러므로 사회복지사는 수양부모와 서로 좋은 관계를 형성할 필요가 있다.

위탁아동과 수양엄마 : 사회복지사는 수양부모와 좋은 관계를 가질 필요가 있다. [출처 : 인공지능으로 작업]

(2) 교육과 관련된 역할

사회복지사는 수양부모를 교육하는 것과 관련히 적절한 역할을 할 수 있다. 일반적으로 사회복지사는 수양부모에게 위탁아동을 잘 보살피는 방법, 수양부모가 위탁아동의 친부모와 협력하는 관계를 형성하는 방법 등을 교육할 필요가 있다.

특히 수양부모는 위탁아동이 겪는 정서적 어려움과 이런 어려움을 다루는 방법에 대해 잘 모를 수 있다(Earls, 2013). 그러므로 사회복지사는 수양부모와 가족을 대상으로 위탁아동의 정신건강에 대해 교육할 필요가 있다.

(3) 보살핌을 계속 살펴보는 것과 관련된 역할

사회복지사는 수양부모가 위탁아동을 잘 보살피는지를 계속 살펴보는 것과 관련해 적절한 역할을 할 수 있다. 대부분 수양부고는 가정위탁을 받는 아동을 잘 보살피고 있다. 실제로 대부분 수양부모는 보수가 적고 남들이 인정해 주지 않음에도 위탁아동을 잘 보호하는 것으로 알려져 있다. 그러나 수양부모는 가정위탁을 받는 아동의 복리에 부정적인 영향을 미치는 사람에 속할 수도 있다. 이것은 학대와 관련해 특히 그렇다. 실제로 미국에서 수양부모가 위탁아동을 심하게 학대하는 사건이 발생한 적도 있다.

그러므로 사회복지사는 가정위탁을 받는 아동이 잘 적응하는지를 계속해서 살펴볼 필요가 있다. 이때, 사회복지사는 가정위탁을 받는 아동에게 학대를 보여주는 표시가 있는지도 계속해서 살펴볼 필요가 있다(Roberts, 2024b; Gustavsson & Segal, 1994; Earls, 2013).

Point

- 사회복지사는 가정위탁과 관련된 영역에서 여러 가지 역할을 한다. 사회복지사는 신체적 건강과 정신건강 영역에서 위탁아동이 겪는 어려움을 없애주거나 줄이는 역할을 한다.
- 아동 격리와 관련해, 사회복지사가 하는 주요한 역할로 부모와 아동의 감정과 관련된 역할, 친부모와 교류하는 것과 관련된 역할, 형제자매의 합동 위탁과 관련된 역할, 재결합과 관련된 역할이 있다.
- 수양부모와 관련해 사회복지사가 하는 역할로 일반적 역할, 교육과 관련된 역할, 보살핌을 계속 살펴보는 것과 관련된 역할이 있다.

chapter

09 입양

차례

1. 입양의 정의와 목적 및 중요성

입양(adoption)은 대리적 서비스의 한 형태이다. 그동안 입양에 대해 정의한 것을 몇 가지 제시하면 다음과 같다(Harris & White, 2013; Barker, 2003; Wikipedia, 2025a).

① 미국 전국사회복지사협회에서 발간한 사전에 따르면, 입양은 아동을 어떤 사람의 가정에서 영구적으로 받아들여서, 그 아동을 그 가족에서 태어난 것처럼 대우하는 것을 말한다.

② 영국에서 발간한 사회사업사전에 따르면, 입양은 아동이 새로운 가족의 완전한 구성원이 되는 식으로 아동의 법적 지위를 바꾸는 과정을 말한다.

③ 위키피디어(Wikipedia) 백과사전에 따르면, 입양은 어떤 사람이 아동의 친부모나 법적 부모로부터 아동에 대한 부모 자격을 떠맡는 과정을 말한다.

정리하건대, 입양은 아동을 새로운 가족에서 새로운 부모와 가족관계를 형성해서 영구적인 가족구성원으로 대우하는 과정이라고 볼 수 있다.

아동을 입양하면, 같은 부모가 아동을 장기적으로 친하게 보호하게 된다. 따라서 입양은 바람직한 대리적 서비스가 될 수 있다(노혜련, 2000).

입양은 가정위탁과 차이가 나고 있다. 가정위탁에서는 입양에 비해서 더 일시적으로 보호하고, 아동이 나중에 친가족에게 되돌아가는 경우가 많다. 그러나 입양에서는 아동을 다른 가정에서 영구히 보호하고 있다. 따라서 가정위탁을 받는 아동이 친가족과 다시 결합할 수 없을 때는, 입양을 통해 영구적이고 따뜻한 가정을 제공하는 것이 좋은 방법일 수 있다(Lazz, 2024).

그러므로 입양의 목적은 친부모가 가정을 제대로 제공할 수 없는 아동이나 제공할 생각이 없는 아동에게 평생 생활할 가정을 제공하는 데 있다. 즉, 입양의 주요한 목적은 양부모가 자기 친자녀가 아닌 아동과 함께 살게 하는 데 있다(Crosson-Tower, 2017; Berridge, 2001; Adoption, 2016). 그러므로 입양은 다음의 두 가지 모두를 동시에 이루는 방법이라고 볼 수 있다(Adoption, 2016).

① 아동이 안정된 환경에서 가정생활을 한다.

② 양부모가 아동에게 애정을 준다.

한편 입양은 아동복지와 관련된 과정일 뿐만 아니라, 법과 관련된 과정이기도 하다. 즉, 입양은 법에 정해진 제도이다. 따라서 미국아동복지협회에서는 입양은 "혈연으로 맺어지지 않은 사람들 사이에 법적인 부모·자녀관계를 형성하기 위해 관련법이 제공한 방법"이라고 설명하고 있다. 그러므로 아동을 입양하면, 부모의 책임과 이와 관련된 모든 권리와 의무가 아동의 친부모에서 양부모(양친)로 넘어가게 된다. 그 결과, 아동과 양부모는 법적으로 부모와 자녀의 관계를 형성하게 된다. 이와 더불어, 친부모가 아동에 대해 갖는 부모권리는 법적으로 끝나게 된다(Barker, 2003; Crosson-Tower, 2017; Liederman, 1995; Harris & White, 2013; Craft, 2019).

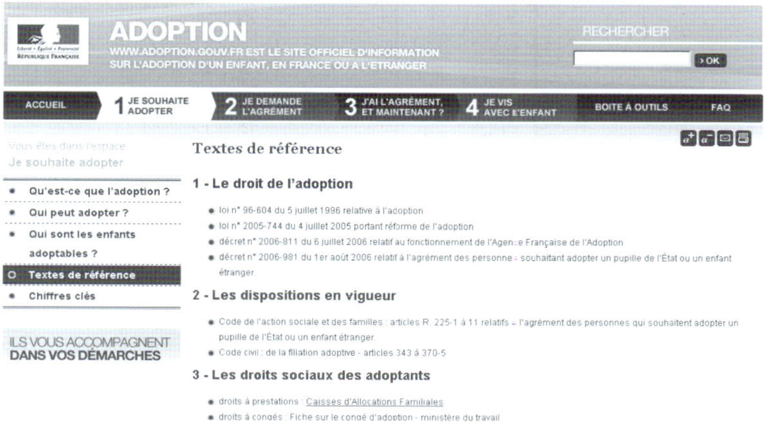

프랑스에서 입양에 대한 정보를 공식적으로 제공하는 기관의 홈페이지 : 입양은 아동복지 및 법과 관련된 과정이다. [출처 : 해당 기관의 홈페이지]

아동을 입양하면, 일반적으로 입양아동과 양부모는 다음과 같은 권리나 의무를 가지게 된다(Barker, 2003).

① 입양아동은 친자녀와 동일한 상속권을 갖는다.

② 양부모는 친부모와 동일한 의무와 권리를 갖는다.

Point

- 입양은 아동을 새로운 가족에서 새로운 부모와 가족관계를 형성해서 영구적인 가족구성원으로 대우하는 과정이다. 입양의 주요한 목적은 양부모가 자기 친자녀가 아닌 아동과 함께 살게 하는 데 있다.
- 입양은 아동복지뿐만 아니라 법과도 관련된 과정이다.

2. 입양의 장점과 문제점

1) 입양의 장점

입양은 여러 가지 장점을 지니고 있다. 입양의 장점을 몇 가지 제시하면 다음과 같다(American Adoptions, 2025; GivingBabyUpForAdoption, 2025; Giarrosso, 2017).

① 따뜻한 가정을 제공한다. 입양은 아동에게 안정되고 돌보는 환경에서 자랄 기회를 제공한다.

② 부모가 되는 꿈을 이룬다. 양부모는 친자녀를 가질 수 없는 경우가 많다. 이때, 입양은 이런 부모에게 부모가 되는 것을 경험할 기회를 제공한다.

③ 아동에게 더 나은 기회를 제공한다. 입양아동은 교육 영역과 경제 영역에서 더 나은 기회를 가지는 경우가 많다.

2) 입양의 문제점

입양은 여러 가지 문제점을 지니고 있다. 입양의 문제점을 몇 가지 제시하면 다음과 같다(Giarrosso, 2017; American Adoptions, 2025; GivingBabyUpForAdoption, 2025).

① 정서적 어려움을 겪을 수 있다.[1] 예를 들어, 친부모는 슬픔을 겪을 수 있고, 입양아동은 정체성 문제를 겪을 수 있다.

② 비용이 많이 들고, 시간이 오래 걸릴 수 있다. 입양은 돈이 많이 필요할 수 있고, 법적 절차가 오래 걸릴 수 있다.

③ 적응하는 기간이 필요하다. 양부모와 입양아동 모두는 서로 유대감을 형성하고 적응하는 데 시간이 오래 걸릴 수 있다.

④ 편견을 가질 수 있다. 입양에 대한 잘못된 인식을 가진 사회나 사람은 입양아동을 좋지 않게 볼 수 있다.

⑤ 미래가 확실하지 않을 수 있다. 예를 들어, 입양아동은 자신의 출생에 대해 의문을 가질 수 있고,[2] 입양아동과 친부모 사이의 관계는 복잡해질 수 있다.

---

1) 입양에 따른 정서적 어려움은 뒤에서 자세히 설명한다.

2) 공개 입양(open adoption)에서는 친부모가 입양아동과 계속 연락할 수 있다. 따라서 공개 입양에서는 이런 문제가 나타나지 않는다.

Point

- 입양의 장점으로 따뜻한 가정을 제공하는 것, 부모가 되는 꿈을 이루는 것, 아동에게 더 나은 기회를 제공하는 것이 있다.
- 입양의 문제점으로 정서적 어려움을 겪는 것, 비용이 많이 들고 시간이 오래 걸리는 것, 적응하는 기간이 필요한 것, 편견을 가질 수 있는 것, 미래가 확실하지 않을 수 있는 것이 있다.

3. 입양의 역사와 현황

1) 입양의 역사

입양은 고대에도 있었다. 고대의 입양은 여러 가지 목적을 가지고 있었는데, 이 목적은 국가나 시기마다 차이가 났다. 예를 들어, 로마 시대에 아동을 입양하는 목적은 가문을 계승하고 가족이 가진 정치 권력을 유지하는 데 있었다. 즉, 가문이나 재산 상태는 좋으나 아들이 없는 집안에서는, 다른 아동을 입양해서 가문과 재산을 이어받고자 하였다. 따라서 로마 시대에 입양의 목적은 아동을 입양하는 사람의 지위를 높이고자 하는 것이었지, 아동의 복리를 위한 것은 아니었다.

이렌(Irene) 수녀와 아동들 : 이렌 수녀는 입양사업을 이끈 사람으로 손꼽힌다.
[출처 : Wikipedia(2025)]

입양과 관련된 로마법은 프랑스법에 영향을 미쳤다. 이런 프랑스법은 다시 미국에 있던 프랑스 식민지 주와 스페인 식민지 주에 영향을 미쳤다. 그러나 가문을 이어받기 위해 아동을 입양하는 관습은 그대로 계속되었다(Costin & Rapp, 1984).

한편 우리나라에서 1950년에 한국전쟁이 발생하였는데, 한국전쟁 때문에 외국 군인이 우리나라 땅에 발을 딛게 되었다. 3년이나 계속된 한국전쟁의 결과로, 수많은 고아와 혼혈아동이 생겨났다. 이 당시에 우리나라는 이런 전쟁고아와 혼혈아동을 보호할 준비가 되어 있지 않았다. 그러다가 미국의 홀트(Holt) 부부가 고아가 된 우리나라 혼혈아동 여덟 명을 입양하였는데, 이것은 우리나라에서 해외 입양을 공식적으로 시작하는 계기가 되었다.

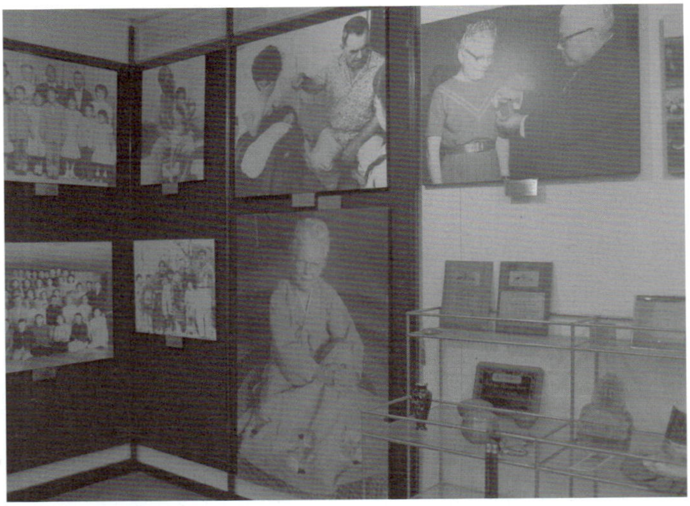

홀트관 내부 : 미국인 홀트 부부가 혼혈아동을 입양한 것은 우리나라에서 해외 입양을 공식적으로 시작하는 계기가 되었다. [출처 : 저자 촬영]

그러다가 제3공화국(1963~1972년) 이후에 우리나라가 경제발전을 이룩하고 도시로 인구가 집중됨에 따라서, 미혼모문제가 발생하기 시작하였다. 그리고 1970년대 이후에는 도시화와 성 개방 분위기 때문에 미혼모에서 태어난 아동이 늘어났다. 그 결과, 우리나라에서 해외에 입양되는 아동이 많아졌다.

우리나라에서 국내 입양을 본격적으로 실시한 계기가 된 것은 1976년에 「국내입양특례법」을 만든 것이다. 우리나라에서는 해외 입양을 줄이고 국내 입양을 장려하기 위해 「국내입양특례법」을 만들었다. 「국내입양특례법」에서 가장 두드러진 점은, 입양된 아동이 친부모가 아닌 양부모의 성과 본을[3] 따를 수 있게 한 것이었다.

1980년대에도 미혼모문제는 심각한 사회문제가 되었다. 그러다가 1988년에 서울에서 세계 올림픽을 열던 시기에, 해외 언론과 국내 여론은 우리나라가 아동을 해외에 입양시키는 것에 대해 다음과 같이 지적하거나 비판하였다(이종수, 1999).

① 국내의 경우, 우리나라에서 경제가 발전하고 민주화를 추구하는 분위기가 강해짐에 따라서, 해외 입양에 대한 문제점을 지적하였다.
② 해외의 경우, 보호가 필요한 아동을 보호할 수 있는 경제적 능력을 우리나라가 충분히 갖추었음에도, 이런 아동을 국내에서 돌보지 않고 해외로 입양시키는 것을 이해하기 어렵다고 비판하였다.

이에 따라서 우리나라 정부는 해외로 입양되는 아동을 줄이려고 여러 가지로 노력하였다. 그리고 1994년에 「입양촉진 및 절차에 관한 특례법」을 만들었다. 그러다가 국내 입양을 우선적으로 추진하기 위해 2011년에 「입양촉진 및 절차에 관한 특례법」을 「입양특례법」으로 변경하였다. 그 후 2025년 7월에 「국내입양에 관한 특별법」을 만들었고, 이 법이 「입양특례법」을 대신하게 되었다.

우리나라 법에서는 건전한 입양문화를 세우고 국내 입양을 더 활발히 이루기 위해 5월 11일을 '입양의 날'로 정하였고, 입양의 날부터 1주일 동안을 '입양주간'으로 정하였다(이종수, 1999; 국가법령정보센터, 2025).[4]

2) 입양 현황

오늘날 우리나라를 포함한 많은 국가에서 아동을 입양하고 있다.

---

3) 본은 해당 성의 처음 조상이 태어난 곳을 말한다. 예를 들어, '경주 김씨'에서 '경주'가 본에 해당한다.

4) 유엔 「아동권리협약」에서는 "국외 입양[해외 입양]은 아동이 국내의 위탁 또는 입양가정에서 양육될 수 없거나, 어떠한 적절한 방법으로도 양육될 수 없는 경우에 아동양육의 대체 수단으로 고려될 수 있음을 인정하여야 한다"라고 밝히고 있다. 이것은 보호가 필요한 아동은 가능하면 아동이 태어난 국가에서 보호하는 것이 바람직하다는 점을 보여준다(노혜련, 2000).

정치 불안정 때문에 생긴 고아를 돕기 위한 모금함 : 많은 국가에서 아동을 입양하고 있다.
[출처 : 캄보디아에서 저자 촬영]

우리나라에서 과거의 입양은 아동을 중심으로 하기보다는 입양하는 부모를 중심으로 진행된 측면이 많았다. 따라서 과거에는 입양을 가계를 잇기 위한 목적으로 많이 이용하였고, 이에 따라 남자 아동의 입양을 희망하는 경우가 많았다(이종수, 1999).

그러나 우리나라에서 이런 경향은 바뀌고 있다. 또한 입양을 긍정적으로 인식하는 경우가 많아지고 있다.

Point

- 입양은 고대에도 있었다. 입양의 목적은 국가나 시기다다 차이가 났다.
- 우리나라에서는 한국전쟁으로 생긴 혼혈아동을 홀트 부부가 입양한 것이 해외 입양을 공식적으로 시작하는 계기가 되었다.
- 오늘날 많은 국가에서 아동을 입양하고 있다.

4. 입양의 영향

1) 일반적 영향

입양은 좋은 측면과 좋지 않은 측면을 모두 프함하고 있다. 예를 들어, 입양은 아름다운 일이지만, 동시에 입양에는 상실이 따르므로 슬픈 일이기도 하다. 따라서 입양은 아동, 친부모와 가족구성원, 양부모와 가족구성원에게 큰 영향을 미치고 있다. 이런 영향에는 긍정적인 영향도 있고 부정적인 영향도 있다.[5)]

2) 입양아동에게 미치는 영향

말할 것도 없이, 입양은 아동에게 가장 큰 영향을 미치게 된다. 특히 입양은 입양아동의 정서적 영역에서 매우 큰 영향을 미치게 된다.

로지아(Roszia)와 맥슨(Maxon)은 입양 과정에서 느끼는 일곱 가지 감정을 제시하고 있다(Gaynor, 2023; NeuroLaunch, 2024a; Considering Adoption, 2025). 이것은 입양이 아동에게 미치는 정서적 영향이라고 볼 스 있다. 입양 과정에서 느끼는 일곱 가지 감정은 다음과 같다(Gaynor, 2023).

① 상실감(loss)을[6)] 느낀다. 입양아동은 친부모를 상실하므로, 자기 뿌리를 잃을 수 있고 보호받는다는 느낌을 갖지 못할 수 있다. 이런 상실은 이전의

5) 입양의 영향은 앞에서 입양의 문제점에 대해 설명한 부분과 관련된다.

6) 문자 그대로, 상실(loss)은 잃는 것을 말한다. 예를 들어, 입양하면 친가족과의 관계나 이전의 친구관계를 잃을 수 있다.

문화, 음식, 관계를 잃어버리는 것도 포함할 수 있다.

② 거절되었다고(rejection) 느낀다. 입양아동은 자신이 상실을 겪는 것이 자기 잘못이라고 느끼면서, 자신은 원치 않는 존재라고 부정적으로 평가할 수 있다.

③ 수치심과 죄책감(shame and guilt)을 느낀다. 입양아동은 자기 존재에 대해 부끄러움을 느끼고, 친부모와 교류를 원하면서도 죄책감을 느낄 수 있다. 이런 감정 때문에, 입양아동은 자신이 가치 없다고 느끼거나 불안해할 수 있다.

④ 슬픔(grief)을 느낀다. 입양아동은 살아가는 동안 슬픔을 느낄 수 있다. 기념일을 맞이할 때, 추억이 떠오를 때, 크게 성장할 때는 슬픔을 특히 더 느낄 수 있다. 그러나 이런 감정은 정상적인 감정이다.

⑤ 정체성(identity)을 형성하는 데 어려움을 느낀다. 입양아동은 자신의 과거를 완전히 모르거나 전혀 모르는 경우가 많으므로, 정체성을 형성하는 것이 특히 어려울 수 있다.

⑥ 친밀감(intimacy)을 형성하는 데 어려움을 느낀다. 입양아동은 친한 관계를 형성하는 데 어려움을 느끼고, 친한 관계에서도 안전하다고 느끼기 어려울 수 있다.

⑦ 통제(mastery and control)하는 데 어려움을 느낀다. 입양아동은 자기 삶의 중요한 영역에서 통제하지 못하므로 통제한다고 느끼기 어려울 수 있다.

결국, 입양은 아동의 정서와 행동에 큰 영향을 미치게 된다. 특히 입양은 아동이 입양 과정을 거치면서 불안, 우울, 공격성을 느끼는 식으로 영향을 미칠 수 있다(Kalpana, 2025).

입양에 적응하느라 어려움을 겪는 아동 : 입양은 아동의 정서와 행동에 큰 영향을 미친다.
[출처 : 인공지능으로 작업]

3) 고려할 점

입양은 양부모와 친부모에게도 큰 영향을 미치고 있다. 특히, 앞에서 제시한 감정은 입양아동뿐만 아니라 양부모와 친부모도 느끼는 경우가 많다(Gaynor, 2023). 그리고 입양아동, 친부모, 양부모는 좋은 감정과 슬픈 감정을 살아가는 동안 내내 느끼는 경우가 많다.

Point

- 입양은 입양아동의 정서적 영역에서 매우 큰 영향을 미친다. 입양 과정에서는 상실감, 거절감, 수치심과 죄책감, 슬픔, 정체성과 관련된 어려움, 친밀감과 관련된 어려움, 통제와 관련된 어려움을 느낀다.
- 입양은 양부모와 친부모에게도 영향을 미친다.

5. 입양 절차와 입양 사후서비스

1) 입양 절차

입양하기로 마음먹는 것은 인간의 삶에서 매우 중요한 결정에 속하고 있다. 따라서 입양은 복잡한 과정을 거치고 있다. 아동을 입양하면 아동에게 법적으로 새로운 가족이 생기게 된다. 그러나 입양은 아동에게만 관련되는 서비스가 아니다. 왜냐하면 아동을 입양하면 다음과 같은 상황이 나타나기 때문이다(Barth, 2011; Gaynor, 2023).

① 새로운 가족관계를 형성한다.
② 가족 네트워크가 늘어난다.
③ 양부모는 부모 역할을 한다. 이런 부모 역할에는 어려움과 즐거움이 모두 따른다.

그러므로 입양과 관련된 기관과 사회복지사는 입양을 잘 진행할 필요가 있다. 입양을 잘 진행하면 아동은 새로운 가정에서 잘 적응할 가능성이 크다. 그러나 입양가정이 아동에게 좋은 환경이 될 수 있음에도, 아동은 이전에 겪은 경험과 상처 때문에 새로운 가정에서 잘 지내지 못할 수도 있다.

입양이 실패하면 아동과 입양가족 모두는 큰 상처를 입는다. 따라서 입양 절차는 민감한 절차이다. 아동을 입양하는 일반적인 절차를 제시하면 다음과 같다(Mather & Lager, 2000; Gustavsson & Segal, 1994; Child Welfare Information Gateway, 2012).

① 입양할 아동을 찾는다. 일반적으로 입양이 발생하는 상황을 몇 가지 살펴보면 다음과 같다.
  ㉠ 아동이 부모를 잃어버렸다.
  ㉡ 부모가 자기 자녀를 입양시키는 데 동의하였다.
  ㉢ 부모권리가 없어져서 국가가 아동을 보호하여야 한다.

② 예비 양부모에 대해 가정조사(home study)를 한다. 가정조사를 통해서, 사회복지사는 입양될 아동이 지낼 상황을 이해할 수 있고, 입양할 가족이 아동을 맞이할 준비를 하는 것을 도와줄 수 있다. 가정조사에서는 아동에게 부정적인 영향을 미칠 수 있는 점을 파악할 필요가 있다. 예를 들어, 입양할 가족의 범죄기록이나 아동학대 기록을 조사할 필요가 있다. 그러나 가정조사에서는 양부모가 부모 역할을 하는 것과 관련해 도와주는 것에 주로 관심을 가질 필요가 있다.

③ 모든 것이 제대로 진행되면, 아동을 입양가족에 입양시킨다. 그러나 어린 아동은 바로 입양될 수 있지만, 나이 많은 아동은 입양되기 전에 일정 기간 가정을 방문할 수도 있다. 이렇게 하는 이유의 하나는, 입양이 실패한 사례가 나이 많은 아동에게서 많이 나타나기 때문이다.

④ 사후관리를 한다. 아동을 입양한 가정에서 입양아동이 잘 적응하도록 도와주고 입양아동이 잘 적응하고 있는지를 확인하기 위해서는, 입양 후에 입양 사후서비스(postadoption service)가 반드시 필요하다.[7] 입양 사후서비스는 입양을 최종적으로 마무리한 후 입양아동과 입양가족에게 제공하고 때에 따라서는 친가족에게도 제공하는 프로그램과 도움을 말한다. 입양 사후서비스를 제공하는 것은 입양된 아동의 복리와 크게 관련된다. 특히, 나이 많은 아동을 입양하거나 특별한 욕구가 있는 아동을 입양할 경우, 입양을 성공적으로 진행하기 위해 입양 사후서비스를 잘 제공할 필요가 있다.

한편 우리나라에서 입양하는 절차는 아동의 관점과 예비 양부모의 관점에서 살펴볼 수 있다. 우선, 아동의 관점에서 볼 때, 입양은 다음과 같이 진행되고 있다(아동권리보장원, 2025d).

① 아동의 출생을 신고한다.

② 아동보호 전담요원을 통해 입양을 의뢰한다.

7) 입양 사후서비스에 대해서는 뒤에서 자세히 설명한다.

③ 양육지원에 대해 상담한다.
④ 입양에 대해 상담한다.
⑤ 입양에 동의한다. 이때 부모의 입양동의서를 작성한다.
⑥ 일시보호시설에서 아동을 임시로 보호한다.
⑦ 아동에게 맞는 적절한 보호조치를 결정한다.
⑧ 양육시설, 입양기관, 가정위탁에서 입양까지 아동을 보호한다.
⑨ 아동과 예비 입양부모(양부모)가 결연한다.[8]
⑩ 가정법원에서 입양을 허가한다고 판결하고, 아동을 인도한다.[9] 이렇게 되면, 입양이 성립된다.

그리고 예비입양부모(예비 양부모)의 관점에서 볼 때, 입양은 다음과 같이 진행되고 있다(아동권리보장원, 2025d).

① 입양기관을 통해 입양에 대해 상담한다.
② 입양기관에 입양을 신청하고 서류를 접수한다.
③ 입양기관에서 예비 입양부모(양부모)에게 교육하고 예비 입양부모의 가정을 조사한다.
④ 입양기관에서 양친(양부모)가정 조사서를 발행한다.
⑤ 입양기관에서 아동을 결연한다.
⑥ 가정법원에 입양 서류를 제출한다.
⑦ 가정법원에서 입양을 허가한다.
⑧ 입양기관에서 입양아동을 인도한다.
⑨ 행정기관에 입양을 신고한다.
⑩ 입양 사후서비스를 제공한다.

8) 결연은 인연을 맺는 것을 말한다(표준국어대사전, 2025).
9) 여기서 인도는 사람을 넘기는 것을 말한다.

2) 양부모의 자격

입양 절차는 양부모와 크게 관련되고 있다. 따라서 양부모의 자격은 중요하다. 우리나라 법에서는 양부모가 될 자격을 밝히고 있다. 우리나라 법에 따르면, 양부모가 될 사람은 다음과 같은 조건을 갖추어야 한다(국가법령정보센터, 2025).

① 양자를 양육하는 데 충분한 재산이 있다.
② 양자에게 종교의 자유를 인정하고, 사회의 구성원으로서 그에 맞는 양육과 교육을 할 수 있다.
③ 아동학대·가정폭력·성폭력·마약 등의 범죄를 저지른 경력이 없고, 약물중독을 겪은 경력이 없다.
④ 우리나라 국민이 아닌 경우, 해당 국가의 법에 따라 양부모가 될 수 있는 자격이 있다.
⑤ 양자가 복리에 어긋나는 직업이나 인권을 해칠 가능성이 있는 직업에 관여하지 않게 한다.

입양가족 공동체 모임에 참가한 부모와 아동이 축하 케이크를 자르는 장면 : 우리나라 법에서는 양부모가 될 자격을 밝히고 있다. [출처 : 저자 촬영]

그러나 앞에서 제시한 자격을 모두 충족한다고 해서, 자동으로 양부모가 될 수 있는 것은 아니다. 즉, 우리나라 고유의 사고방식에서 크게 벗어나는 경우나, 양부모의 주변 환경과 정서적 환경이 아동을 양육하기에 적절치 못한 것으로 판단될 경우, 입양을 진행하는 과정에서 입양 신청을 취소할 수도 있다(한국입양홍보회, 2007).

3) 입양 사후서비스

(1) 입양 사후서비스의 필요성

입양 사후서비스는 아동을 입양한 후 제공하고 있다. 입양 사후서비스가 필요한 배경에는 여러 가지가 있다. 그러나 일반적으로 다음과 같은 측면 때문에 입양 사후서비스를 제공할 필요가 있다(Child Welfare Information Gateway, 2012).

① 모든 입양아동은 어느 정도의 이별과 상실을 경험할 가능성이 크다. 그러나 이런 이별과 상실은 아동기뿐만 아니라 성인기에도 큰 어려움을 유발할 수 있다. 매우 어릴 때 입양된 아동조차도, 이별 및 상실과 관련된 여러 가지 감정을 경험할 수 있다. 이별 및 상실과 관련된 정서적 어려움은 다음과 같은 때 나타나거나 다시 나타나는 경우가 많다.[10)]

㉠ 특별한 사건을 맞이할 때 : 이런 사건의 예로 생일, 입양된 날이 있다.

㉡ 발달 단계가 달라질 때 : 이것은 청소년 시기에 특히 그렇다.

② 입양아동은 학대당하였거나 빈곤 상태에서 지냈거나 복지시설에 있었으므로, 어린 시기에 마음의 상처를 입은 경우가 많다. 여러 연구에 따르면, 어린 시기에 마음의 상처를 입는 것은 아동에게 다음과 같이 영향을 미칠 수 있다.

㉠ 감정과 행동을 통제하는 데 어려움을 겪는다.

㉡ 관계를 형성하는 데 어려움을 겪는다.

㉢ 다른 사람과 어울리지 않으려고 한다.

㉣ 자신에 대해 부정적으로 인식한다.

10) 이에 대해서는 앞에서도 이미 설명한 바 있다.

③ 입양아동은 정서적 · 발달적 · 신체적 · 행동적 문제를 겪을 가능성이 크다. 왜냐하면 입양아동은 어린 시기에 취약한 환경에서 자랐을 가능성이 크기 때문이다. 물론 대부분 입양아동은 잘 지낸다. 하지만 외현화 문제가[11] 있어서 계속해서 보호할 필요가 있는 입양아동은, 입양가족에게 어려움을 유발할 수 있다. 이때 외현화 문제의 예로 반항하는 것, 신체적으로 공격하거나 언어로 공격하는 것, 거짓말을 하는 것, 다른 사람과 어울리지 않는 것이 있다.

(2) 입양 사후서비스의 역할

입양 사후서비스는 여러 가지 긍정적인 역할을 하고 있다. 일반적으로 입양 사후서비스는 다음과 같은 역할을 하고 있다(Child Welfare Information Gateway, 2012).

① 입양아동과 가족이 더 잘 적응하게 한다.
② 입양아동과 가족의 복리 수준을 높인다.
③ 가족을 안정되게 유지하는 것을 도와준다.

구체적으로 각 영역에서 입양 사후서비스는 다음과 같은 역할을 하고 있다(Child Welfare Information Gateway, 2012).

① 입양아동의 이별 및 상실과 관련해, 입양 사후서비스는 다음과 같은 역할을 한다.
  ㉠ 입양아동이 다음과 같이 하도록 도와준다. 첫째, 자신의 감정을 다룬다. 둘째, 자신이 겪는 상실을 슬퍼한다.
  ㉡ 입양아동이 겪는 이별, 상실, 마음의 상처, 애착, 정체성과 관련된 문제를 양부모가 이해하고 해결하도록 도와준다.
② 입양아동이 받은 마음의 상처와 관련해, 입양 사후서비스는 다음과 같은 역할을 한다.
  ㉠ 입양아동이 스트레스와 어려움을 겪을 때 새롭게 생각하고 새롭게 대응하는 방식을 배우도록 도와준다.

---

11) 외현화 문제는 밖으로 드러나는 문제를 말한다.

㉡ 양부모가 다음과 같이 하는 것을 도와준다. 첫째, 입양아동의 행동을 마음의 상처를 고려하면서 이해한다. 둘째, 입양아동이 받은 마음의 상처와 관련된 어려움을 잘 다룬다. 셋째, 입양아동의 욕구를 충족하는 데 좋은 방법을 파악한다.

(3) 입양 사후서비스의 내용

양부모가 필요로 하는 입양 사후서비스에는 일시적으로 도움을 주는 서비스도 있고, 체계적으로 개입하는 것과 관련된 서비스도 있다. 입양가족에게 일반적으로 필요한 입양 사후서비스의 영역을 제시하면 다음과 같다(Child Welfare Information Gateway, 2012).

① 교육 및 정보와 관련된 영역
② 임상 서비스와 관련된 영역
③ 경제적으로 도움을 주는 것과 관련된 영역
④ 지지망과 관련된 영역

Point

- 일반적으로 입양 절차는 입양의뢰, 양육지원 상담, 입양 상담, 입양 동의, 아동 일시보호, 아동보호 조치 결정, 아동보호, 아동과 예비 양부모 결연, 입양 사후서비스의 순서로 진행된다.
- 입양 절차는 양부모와 크게 관련된다. 우리나라 법에서는 양부모가 될 자격을 밝히고 있다.
- 입양아동은 이별과 상실을 경험하고, 어릴 때 마음의 상처를 입고, 정서적 · 발달적 · 신체적 · 행동적 문제를 경험할 수 있으므로, 입양 사후서비스가 필요하다.
- 입양 사후서비스는 여러 가지 긍정적인 역할을 한다.
- 입양가족에게 일반적으로 필요한 입양 사후서비스의 영역으로 교육 · 정보 영역, 임상 서비스 영역, 경제적 도움 영역, 지지망 영역이 있다.

6. 입양기관과 사회복지사의 역할

1) 입양기관의 역할

입양 과정에서 입양기관은 매우 중요한 역할을 하고 있다. 우리나라 법에서는 입양기관이 하여야 할 의무를 밝히고 있다(국가법령정보센터, 2025). 이것은 입양기관이 하여야 할 주요한 역할이라고 볼 수 있다. 이런 의무를 역할로 바꾸어 제시하면 다음과 같다.

① 입양이 의뢰된 아동의 권리를 보호하고, 부모를 알 수 없을 때는 부모 등을 찾고자 노력한다.

② 입양을 주선할 때, 양부모가 될 사람이 법에 정해진 자격을 갖추었는지를 조사한다.

③ 양부모가 될 사람에게 입양 전에 아동 양육에 대해 교육하고, 입양이 성립된 후에는 입양아동에 대한 기록 등을 양부모에게 건네주고 그 결과를 지방자치단체장에게 보고한다.

④ 입양아동과 가족에 대한 정보를 아동권리보장원에 제공한다.

⑤ 입양 업무에 대한 사항을 기록한다. 이 기록은 입양아동에 대한 사후관리를 위해 영구히 보존한다.

입양을 주선하는 기관 : 입양 과정에서 입양기관은 매우 중요한 역할을 한다. [출처 : 저자 촬영]

2) 사회복지사의 역할

(1) 일반적 역할

사회복지사는 아동의 욕구를 가장 잘 충족하는 입양가정을 찾아주고 있다. 이를 위해서 사회복지사는 입양가족의 일반적 상황, 입양가족의 장점, 아동의 욕구를 자세히 평가하고 있다.

그리고 아동의 욕구를 자세히 평가하는 사회복지사는, 아동과 관련된 자료를 예비 부모에게 알려주고 있다. 사회복지사의 이런 역할은 중요하다. 왜냐하면 입양가족이 아동에 대한 정보를 많이 가지고 있고 또한 입양가족이 아동과 관련해 생길 수 있는 문제에 대비하면, 입양이 실패로 끝날 가능성은 크게 줄어들기 때문이다(Mather & Lager, 2000).

더불어 사회복지사는 입양 사후서비스 영역에서 중요한 역할을 하고 있다(Child Welfare Information Gateway, 2012).

(2) 새로운 가족 상황과 관련된 역할[12)]

양부모는 충분히 생각한 다음에 입양을 결정하였기에, 입양아동을 진심으로 사랑하고 입양아동과 교류하며 잘 지내게 된다. 그러나 양부모는 자신이 낳지 않았고 또한 자신과는 다른 환경에서 자란 아동을 새 식구로 맞이하므로, 앞으로의 생활에 대해 불안해할 수도 있다. 그러므로 사회복지사는 양부모가 입양아동과 생활하면서 겪을 수 있는 어려움을 잘 극복하도록 양부모를 지지하고 있다. 이때, 다른 양부모가 입양아동과 잘 지낸 실제 사례를 예로 들면서 격려하고 지지하면, 양부모는 덜 불안해하면서 어려움을 더 잘 이겨낼 가능성이 크다.

한편 아동을 입양하면, 양부모와 입양아동과 입양가족에게 서로 다른 방식으로 영향을 미치는 여러 가지 문제가 생기게 된다. 이런 문제를 몇 가지 제시하면 다음과 같다(Child Welfare Information Gateway, 2012).

① 양부모는 자기 나름의 슬픔을 경험할 수 있다. 양부모가 아이를 낳지 못할 경우, 이런 슬픔은 양부모가 아이를 낳지 못하는 것과 관련될 수 있다.

12) 이것은 앞에서 설명한 입양 사후서비스와 크게 관련된다.

② 입양아동은 자신이 입양된 상황에 적응하는 데 어려움을 겪을 수 있다.
③ 양부모는 입양아동을 가장 잘 도와주는 방법을 파악하는 데 어려움을 겪을 수 있다.
④ 입양하는 과정과 입양한 후의 경험은 입양가족의 구성원에게 스트레스를 줄 수 있다. 또한 입양 과정과 입양한 후의 경험은 양부모의 결혼생활이나 부부관계에 어려움을 유발할 수 있다.

그러므로 앞에서 제시한 어려움과 관련해, 사회복지사는 양부모와 입양아동과 입양가족을 도와주는 역할을 하고 있다.

(3) 친가족 찾기 · 만나기와 관련된 역할

입양아동은 나중에 성인이 되어 친부모와 친가족에 대한 정보를 찾는 경우가 많다. 오늘날에는 과학기술이 발달함에 따라서, 입양과 관련된 정보체계를 체계적으로 갖출 수 있게 되었다. 이런 정보체계는 입양된 사람이 친가족을 찾는 데 큰 도움을 주고 있다.

입양된 사람이 친가족과 만나려고 할 때, 사회복지사는 친가족과 입양가족이 다음과 같이 하는 것을 도와주고 있다(Child Welfare Information Gateway, 2012).

① 친가족에 대한 정보를 찾거나 친척을 찾는다.
② 공개적으로 서로 교류한다.

그리고 입양된 사람이 친가족과 만나기로 결심하면, 사회복지사는 다음과 같이 하고 있다(Child Welfare Information Gateway, 2012).

① 입양된 사람이나 친가족이 만날 때 마음의 준비를 하도록 도와준다.
② 친가족과 만나는 적절한 시기를 정한다.
③ 친가족과 좋은 관계를 형성하도록 도와준다.

한국인 아동을 입양한 미국 가족이 주위의 한국인 · 일본인과 교류하는 모습 : 사회복지사는 입양된 사람이 친가족과 만나는 적절한 시기를 정해 줄 수 있다. [출처 : 미국에서 저자 촬영]

Point

- 입양 과정에서 입양기관은 매우 중요한 역할을 한다. 우리나라 법에서는 입양기관이 하여야 할 의무를 밝히고 있다.
- 사회복지사는 아동의 욕구를 가장 잘 충족하는 입양가정을 찾아주고, 아동에 대한 자료를 예비 부모에게 알려주는 역할을 한다. 이 외에 사회복지사는 입양 사후서비스와 관련된 역할, 새로운 가족 상황과 관련된 역할, 친가족 찾기 · 만나기와 관련된 역할을 한다.

PART 03

특별한 욕구가 있는 아동

chapter

10 장애아동

차례

1. 아동복지와 장애아동 및 장애아동의 정의

오늘날 세계에서 장애아동은 수억 명이 되는 것으로 알려져 있다. 그리고 여러 연구에 따르면, 장애아동과 그 가족은 가장 취약한 사회집단에 속하고 있다(Balbo & Bolano, 2023; Balazs-Foldi, 2022). 따라서 아동을 대상으로 활동하는 사회복지사는 장애아동에게 서비스를 제공할 가능성이 매우 크다. 그 결과, 아동복지는 장애아동과 크게 관련되어 있다.

일반적으로 장애아동은 장애가 있는 아동을 갈한다. 그러나 장애아동을 더 구체적으로 정의할 수도 있다. 그동안 장애아동에 대해 정의한 것을 몇 가지 제시하면 다음과 같다(국가법령정보센터, 2025; Simon, 2003; Harris & White, 2013).

① 영국에서 1948년에 만든 「국민부조법(National Assistance Act)」과 1989년에 만든 「아동법(Children Act)」에 따르면, 장애아동은 다음과 같은 상황에 있

는 아동을 말한다.

㉠ 보지 못하거나, 듣지 못하거나, 말하지 못한다.

㉡ 어떤 종류의 정신적 어려움을 겪는다.

㉢ 질병, 부상, 타고난 장애, 기타 장애로 영구히 큰 어려움을 겪는다.

② 영국에서 2005년에 만든 「장애차별법(Disability Discrimination Act)」에 따르면, 장애아동은 일반적으로 매일 하는 활동을 할 수 있는 능력에 심각하고 장기적으로 좋지 않은 영향을 미치는 신체적 장애나 정신적 장애가 있는 아동을 말한다.

③ 우리나라 「장애아동 복지지원법」에 따르면,[1] 장애아동은 18세 미만의 사람 중에서 「장애인복지법」에 따라 등록한 장애인을 말한다. 그리고 우리나라 「장애인복지법」에 따르면, 장애인은 "신체적·정신적 장애로 오랫동안 일상생활이나 사회생활에서 상당한 제약을 받는" 사람을 말한다. 그러므로 여기에 근거하면, 장애아동은 신체적·정신적 장애로 오랫동안 일상생활이나 사회생활에서 상당한 제약을 받는 18세 미만 사람이라고 볼 수 있다.

그러나 장애아동에 대한 정의와 장애아동의 범위는 문제가 되는 경우가 많다. 장애와 관련해 다음과 같은 논쟁을 한 적이 있는데, 이것은 장애아동에 대해 정의하고 장애아동의 범위를 정하는 것이 간단하지 않음을 보여주고 있다 (Balbo & Bolano, 2023; Marchant, 2001; Family Life, 2001-2002).

① 어떤 아동을 장애아동으로 보아야 하는지와 관련된 논쟁이 있다. 예를 들어, 미국에서 많은 아동은 읽는 데 어려움을 겪는 것으로 알려져 있다. 이런 증상을 난독증(dyslexia)이라고 부르는데, 난독증 아동을 장애아동으로 보아야 하는지와 관련해 논쟁이 있을 수 있다.

② 일시적으로 또는 잠재적으로 장애가 있는 아동을 어떻게 보아야 하는지와 관련된 논쟁이 있다. 예를 들어, 초기 암에 걸린 아동을 장애아동으로 보아야 하는지와 관련해 논쟁이 있을 수 있다.

1) 「장애아동 복지지원법」은 줄여서 「장애아동복지법」이라고 부른다.

그러나 장애에 대한 정의는 계속 변하고 있다(노병일, 2022b). 따라서 장애아동에 대한 정의와 장애아동의 범위에 대한 논쟁은 앞으로도 계속될 것으로 보인다.

Point

- 아동복지는 장애아동과 크게 관련된다.
- 일반적으로 장애아동은 장애가 있는 아동을 말하지만, 장애아동에 대한 정의와 범위는 문제가 되는 경우가 많다.

2. 장애아동의 욕구와 권리

1) 장애아동의 욕구

일반 아동에 비해서, 장애아동이 가지는 욕구는 다음과 같은 특징을 지닐 가능성이 크다(Marchant, 2001).

① 욕구가 더 복잡하다.

② 욕구를 충족하는 데 시간이 더 걸린다.

③ 아동기에 더 오랜 기간에 걸쳐서 욕구를 충족할 필요가 있다.

그리고 일반적으로 장애아동은 다음과 같은 욕구를 가지고 있다(Marchant, 2001).

① 기본적 욕구 : 장애아동이 가지는 기본적 욕구는 장애가 없는 아동이 기본적으로 가지는 욕구와 전혀 다르지 않다.

② 추가적 욕구 : 장애아동은 기본적 욕구 이외에 추가적 욕구를 가진다. 왜냐하면 장애아동은 자신이 겪는 장애 때문에 사회에 참여하는 것이 제약받을 수 있기 때문이다. 예를 들어, 모든 아동은 친구가 필요하다. 그러나 일부 장애아동은 활동하는 데 제약이 있으므로, 친구를 사귀는 데 제약을

받을 수 있다. 그리고 장애아동은 친구를 사귄 후 친구관계를 유지하는 데 제약을 받을 수 있다.[2]

장애아동과 관련된 추가적 욕구를 보여주는 예로, 신체장애가 있는 아동의 주택과 관련된 상황이 있다. 장애아동이 거주할 주택에는 경사로, 더 넓은 출입문, 기타 설비가 필요할 수 있다. 하지만 이런 설비를 갖추는 데 드는 비용 때문에, 장애아동이 있는 가족은 장애아동이 접근하기 좋은 주택을 구하기 어려울 수 있다(Mack & Boehm, 2002). 따라서 신체장애가 있는 장애아동은 장애 상태에 있으므로 추가적 욕구가 있을 수 있다.

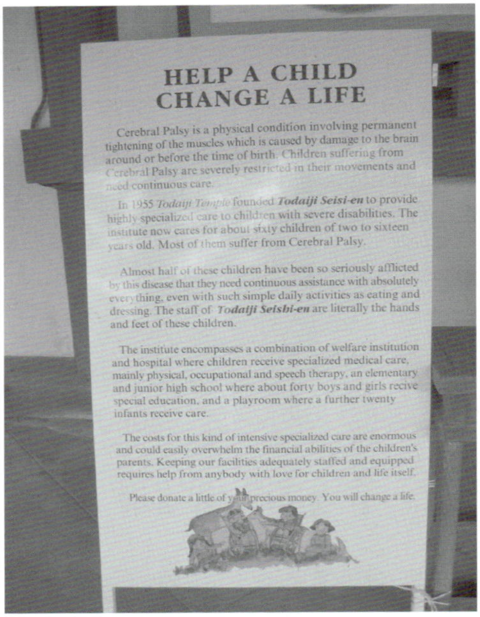

일본 나라(奈良)시의 도다이지(東大寺)에 있는 뇌성마비 아동시설 후원에 대한 안내문 : 장애아동은 기본적 욕구 이외에 추가적 욕구가 있다. [출처 : 일본에서 저자 촬영]

2) 장애아동의 권리

모든 아동은 똑같은 권리를 가지고 있다.[3] 따라서 당연히 장애아동도 일반 아동이 누리는 권리를 똑같이 가지고 있다. 그러므로 우리나라 「어린이헌장」에서는, 몸이나 마음에 장애가 있는 어린이(아동)는 필요한 교육과 치료를 받아야 한다고 밝히고 있다. 또한 우리나라 「아동복지법」에서는, 국가는 장애아동의 권리와 이에 따르는 이익을 보호하기 위해 필요한 조치를 취하여야 한다고 밝히고 있다(국가법령정보센터, 2025; UNICEF, 2014a).

2) 이와 비슷한 욕구를 충족해 주기 위해, 스웨덴에서는 장애인과 관련된 법을 만든 바 있다. 이 법에서는 활동하는 데 어려움을 많이 겪는 장애아동에게 특별한 권리를 보장한다. 예를 들어, 이런 아동은 보육 서비스를 받으러 갈 때 개인 도우미를 데리고 다닐 권리가 있고, 가정에서 개인 도우미를 데리고 다닐 권리가 있다.

3) 이에 대해서는 아동권리를 다루는 장(제3장)에서 이미 설명한 바 있다.

그리고 장애아동은 일반적 권리에 추가해서 특별한 권리를 가지고 있다. 유엔 협약에는 장애아동의 특별한 권리가 잘 나타나 있다. 장애아동과 관련된 유엔 협약을 몇 가지 제시하면 다음과 같다(노병일, 2022b; Goodley & Runswick-Cole, 2011; Morris, 2002).

① 유엔 「아동권리협약(UN Convention on the Rights of the Child)」: 유엔 「아동권리협약」은 제23조에서 '장애아동'의 욕구에 주목한다. 이 조항에서는 장애아동이 지역사회에 적극적으로 참여할 권리가 있음을 밝힌다.

② 유엔 「장애인권리협약(UN Convention on the Rights of Persons with Disabilities)」: 유엔 「장애인권리협약」은 장애아동을 포함한 모든 장애인의 정책에 영향을 미친다.

우리나라 「장애아동 복지지원법」에 따르면, 장애아동은 다음과 같은 권리를 가지고 있다(국가법령정보센터, 2025).

① 모든 형태의 학대와 유기·착취·감금·폭력 등으로부터 보호받을 권리
② 부모에 의하여 양육되고, 안정된 가정 환경에서 자랄 권리
③ 인성 및 정신적·신체적 능력을 최대한 발달시키기 위하여 적절한 교육을 받을 권리
④ 가능한 한 높은 수준의 건강 상태를 유지하고 행복한 일상생활을 누리기 위한 의료적·복지적 지원을 받을 권리
⑤ 휴식과 여가를 즐기고, 놀이와 문화예술 활동에 참여할 기회를 가질 권리
⑥ 의사소통 능력, 자기결정 능력, 자기 권리를 지키는 능력을 향상하기 위한 교육·훈련 기회를 가질 권리

장애아동이 마음대로 그릴 수 있는 공간 : 장애아동은 놀이와 문화예술 활동에 참여할 기회를 가질 권리가 있다. [출처 : 저자 촬영]

그리고 케네디(Kennedy, 1995)는 장애아동이 누려야 할 권리를 다음과 같이 구체적으로 제시하고 있다.

① 살아갈 권리
② 다른 아동과 똑같이 가치 있는 존재로 인정받을 권리
③ 사회가 장애아동에 대해 편견을 가지지 않고 포용할 권리
④ 장애아동이 학대당할 위험은 장애가 없는 아동이 학대당할 위험과 똑같다는 점이 알려질 권리
⑤ 장애아동이 학대를 신고할 때 이를 믿어줄 권리
⑥ 장애아동의 학대 위험성에 대해 적절하게 연구될 권리
⑦ 아동보호정책과 관련 방안에서 장애아동이 중요하지 않게 고려될 것이 아니라, 우선적으로 고려될 권리
⑧ 장애아동의 정체성을 긍정적으로 인정받을 권리
⑨ 자신을 안전하게 하는 정보를 적절하고 쓸모 있게 이용할 권리

⑩ 주요한 아동보호 자료에 포함될 권리 : 이런 예로 장애아동의 사진이 주요 아동보호기관의 자료에 포함될 권리가 있다.
⑪ 장애아동이 학대를 신고하고자 할 때 필요한 성교육을 받고 관련 용어를 배우는 기회를 가질 권리
⑫ 장애아동이 학대를 신고하고자 할 때 필요한 언어를 배울 권리
⑬ 장애아동에게 추가로 필요한 것을 이해하는 전문 사회복지사가 주관하는 상담 등을 받을 권리
⑭ 장애아동에게 추가로 필요한 것을 고려하는 정책과 절차를 세울 권리
⑮ 필요할 때 정식으로 통역해 주는 사람과 만날 권리
⑯ 형사사건의 과정에 관여할 권리
⑰ 장애가 있다는 이유로, 장애아동이 제시하는 증거가 무시되지 않을 권리
⑱ 장애를 있다는 이유로, 장애아동이 아픈 사람인 것처럼 취급되지 않을 권리
⑲ 장애아동은 장애인이고 아동이라는 두 가지 이유로 억압받고 있다는 점을 인정받을 권리
⑳ 장애아동의 장애를 이해하고 효과적으로 도와줄 수 있는 전문 사회복지사(치료사)를 만날 권리

앞에서 제시한 권리는 장애아동이 누려야 할 권리를 거의 다 포함한다고 볼 수 있다.

장애아동에 대한 차별금지

우리나라 「장애인차별금지 및 권리구제 등에 관한 법률」에서는, 장애아동에 대한 차별을 금지하는 것과 관련해 다음과 같은 점을 제시하고 있다(국가법령정보센터, 2025).

① 누구든지 장애가 있는 아동임을 이유로 모든 생활 영역에서 차별하지 말아야 한다.
② 누구든지 장애아동에 대하여 교육, 훈련, 건강보호 서비스, 재활 서비스, 취업 준비, 레크리에이션 등을 제공받을 기회를 빼앗지 말아야 한다.
③ 누구든지 장애아동을 의무교육으로부터 제외하지 말아야 한다.
④ 누구든지 장애를 이유로 장애아동에 대한 유기, 학대, 착취, 감금, 폭행 등의 부당한 대우를 하지 말아야 한다. 그리고 장애아동의 인권을 무시하고 강제로 시설 수용 및 무리한 재활 치료 또는 훈련을 시키지 말아야 한다.

Point

- 장애아동이 가지는 욕구는 더 복잡하고, 충족하는 데 시간이 더 걸리고, 더 오랜 기간에 걸쳐 충족하여야 하는 경우가 많다. 장애아동은 기본적 욕구 이외에 추가적 욕구를 가진다.
- 장애아동도 일반 아동이 누리는 일반적 권리와 특별한 권리를 가진다.

3. 아동의 장애가 아동과 가족에게 미치는 영향

1) 아동의 장애가 아동에게 미치는 영향

(1) 일반적 영향

장애아동에게 여러 가지 권리가 있음에도, 장애아동은 장애 때문에 권리를 제대로 누리지 못하는 경우가 많다. 무엇보다도 사회에서는 장애아동을 소극적인 존재로 인식하는 경우가 많다.

일반적으로 장애아동의 욕구를 충족하는 것과 관련해, 유엔 「아동권리협약」에서 요구하는 내용은 지켜지지 않는 경우가 많다. 무엇보다도 장애아동은 아동이면서 동시에 장애인이므로, 이중적으로 어려운 상황에 있는 경우가 많다(노병일, 2024a; 유엔아동권리협약 한국NPO연대, 2010; Goodley & Runswick-Cole, 2011).

그러므로 장애아동은 인간다운 삶을 제대로 꾸려 나가기 어려울 수 있다. 실제로, 장애가 있는 아동은 일상생활의 모든 영역에서 어려움을 겪는 경우가 많다. 예를 들어, 장애아동은 다음과 같은 상황에 있는 경우가 많다(Balbo & Bolano, 2023; Mack & Boehm, 2002; Marchant, 2001).

① 주요한 생활 영역에 참여하지 못한다.

② 안전하지 않다.

③ 학대당한다.

한편 장애아동은 자신에게 영향을 미치는 결정에 참여하지 못하는 경우가 많다. 이렇게 되는 이유의 하나는, 장애아동의 권리를 복지적 관점에서 보는 경우가 많기 때문이다. 복지적 관점은 결정하는 데 적극적으로 참여하는 권리보다는 서비스를 받는 권리에 더 관심이 있다(Kennedy, 1995). 따라서 복지적 관점에서는 장애아동이 참여할 권리에는 덜 주목하고 있다.

(2) 사회적 배제와 관련된 영향

장애아동은 사회적 배제(social exclusion)를 겪는 경우가 많다. 일반적으로 사회적 배제는 사회구성원이 일상적으로 하는 것을 하지 못하는 상황에 있는 것을 말한다(노병일, 2006; 노병일, 2022a).

장애아동과 관광지를 구경하는 부모 : 장애아동은 사회적 배제를 겪는 경우가 많다.
[출처 : 이탈리아에서 저자 촬영]

사회적 배제는 직접적이며 겉으로 분명하게 이루어질 수도 있고, 간접적이며 은밀하게 이루어질 수도 있다. 이것은 장애아동에게 특히 더 해당하고 있다.

특히 일상생활에서 장애아동에게는 어떤 사건이 생기지 않는 경우가 많다. 이런 예를 몇 가지 제시하면 다음과 같다(Marchant, 2001).

① 장애아동에게는 다른 아동의 집에서 함께 놀자고 청하지 않는 경우가 많다.

② 장애아동은 공원과 놀이터에서 다른 아동과 어울리지 못하고 외톨이로 남는 경우가 많다.
③ 장애아동은 야외모임의 대상에 포함되지 않는 경우가 많다.

2) 아동의 장애가 가족에게 미치는 영향

(1) 일반적 영향

장애아동이 태어나면, 가족구성원은 새로운 역할을 하여야 하는 경우가 많다. 따라서 장애아동이 태어나면 가족구성원이 하는 역할이 변하는 경우가 많다. 이런 상황은 가족구성원에게 어려움을 크게 유발할 수 있다. 특히, 장애아동을 양육하는 것은 가족구성원에게 정서적으로 큰 어려움을 유발할 수 있다. 예를 들어, 장애아동이 있는 가족의 구성원은 확실하지 않은 상황, 스트레스, 고립감을 겪는 경우가 많다. 이런 탓에, 가족에 장애아동이 있는 상황은 장애아동에게뿐만 아니라 가족 전체에도 영향을 미치게 된다(Moreira, Mendes & Pinheiro, 2022; Carers Australia, 2020; Corporate Social Responsibility Education, 2024).

(2) 부모에게 미치는 영향

부모는 장애아동을 양육하고 교육하면서 여러 가지 어려움을 겪을 가능성이 크다. 일반적으로 장애아동의 부모는 그렇지 않은 부모보다 스트레스를 더 겪는 것으로 알려져 있다.

특히 장애아동의 부모는 장애아동을 양육하는 과정에서 독특하고 복잡한 여러 가지 어려움을 겪을 수 있다. 따라서 장애아동의 부모는 아동을 양육하는 것과 관련해 정서적 스트레스를 겪을 가능성이 크다. 장애아동의 부모에게 정서적 스트레스를 유발하는 요인으로 자녀를 양육할 능력에 대한 불안, 자녀의 미래에 나타날 상황에 대한 슬픔, 장애아동의 형제자매가 가질 감정에 대한 죄의식이 있다(Carers Australia, 2020).

그러므로 일반 아동의 부모에 비해서, 장애아동의 부모는 일반적 건강과 정신건강이 더 좋지 않을 수 있다. 또한 장애아동의 부모는 일반 아동의 부모보다 삶에 덜 만족할 수 있다(Balbo & Bolano, 2023).

한편 일부 연구에 따르면, 아동의 장애는 아버지보다 엄마의 건강에 더 영향을 미치고 있다. 왜냐하면 엄마는 주요 돌봄자로서 실제적·정서적으로 신경을 더 쓰므로 건강이 더 좋지 않을 수 있기 때문이다. 또한 아동의 장애는 소득 수준이 낮은 부모에게 더 영향을 미치고 있다. 왜냐하면 소득 수준이 낮은 부모는 경제적·사회적 어려움에 대처하는 데 필요한 자원이 부족하므로 건강이 더 좋지 않을 수 있기 때문이다(Balbo & Bolano, 2023).

(3) 형제자매에게 미치는 영향

장애아동의 형제자매는 장애아동을 이해하고 도와주는 경우가 많다. 그러나 일부 형제자매는 부모가 장애아동에게 보이는 관심을 싫어할 수도 있다(Moreira, Mendes & Pinheiro, 2022). 이렇게 되면 장애아동과 형제자매 사이의 관계가 좋지 않을 수 있다. 그리고 이런 상황은 가족관계를 해치는 요인이 될 수 있다.

(4) 영역별 영향

아동의 장애는 여러 영역에서 가족의 삶에 영향을 미치고 있다. 이런 영역으로 교육 영역, 정서적 영역, 경제적 영역이 있다. 이것을 구체적으로 제시하면 다음과 같다(Carers Australia, 2020).

① 학교에 다니는 장애아동이 있는 가족의 구성원은 장애아동의 교육과 관련해 어려움을 겪을 수 있다. 이런 어려움으로 어느 학교에 다닐지를 선택하는 것이 있다. 예를 들어, 부모는 일반 학교 또는 특수학교, 공립학교 또는 사립학교 등을 선택할 때 어려움을 겪을 수 있다.

② 장애아동이 있는 가족의 구성원은 정서적 영역에서 어려움을 겪을 수 있다. 예를 들어, 장애아동이 있는 가족의 구성원은 다음과 같은 상황을 겪을 수 있다.

㉠ 정신건강문제를 겪는다. 이런 정신건강문제로 우울, 불안이 있다.

㉡ 가족관계와 사회관계에서 큰 스트레스를 받는다.

③ 장애아동이 있는 가족의 구성원은 경제적으로 어려움을 겪을 수 있다. 예를 들어, 가족은 장애아동에게 전문 서비스를 제공하기 위한 비용을 마련할 때 어려움을 겪을 수 있다.

Point

- 장애아동은 권리를 제대로 누리지 못하는 경우가 많다. 장애아동은 일상생활의 모든 영역에서 어려움을 겪는 경우가 많다.
- 장애아동은 사회적 배제를 겪는 경우가 많다.
- 장애아동이 있는 것은 장애아동에게뿐만 아니라 가족 전체에도 영향을 미친다.

4. 장애아동의 보육과 교육

장애아동에게 보육과 교육은 매우 중요하다. 더구나 장애아동이 나중에 성인이 되었을 때 사회에서 여러 사람과 함께 생활하고 교류하기 위해서, 장애아동에게 보육과 교육은 특히 필요하다. 그러나 많은 국가에서 장애아동을 포용하는 교육은 완전하지 않은 편이다(Asamoah, Tam & Cudjoe, 2021).

우리나라에서는 1994년에 서울에 있는 종합사회복지관 두 곳에서 장애아동을 위한 보육 서비스를 최초로 제공하였다. 이때 장애아동을 위한 보육시설을 설치해 운영하였고, 그 후 1996년부터 장애아동을 위한 보육을 확대해 제공하고 있다(서문희, 2002).

우리나라에서는 여러 법에서 장애아동을 위한 조기 프로그램에 대해 밝히고 있다. 이에 따라 장애아동을 대상으로 치료·교육·보육 서비스를 제공하고 있다.

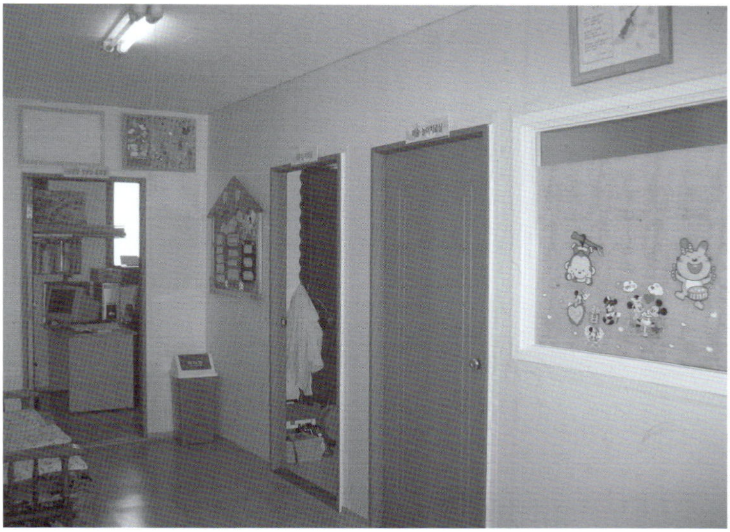

장애아동을 대상으로 하는 기관 : 우리나라에서는 장애아동에게 치료 · 교육 · 보육 서비스를 제공한다. [출처 : 저자 촬영]

장애아동이 다니는 보육시설에서 근무하는 보육교사는 여러 가지 역할을 하고 있다. 장애아동을 위한 보육시설의 보육교사가 하는 역할을 몇 가지 제시하면 다음과 같다(Crosson-Tower, 2017).

① 장애아동이 보육시설에서 하는 행동을 관찰해서 얻은 정보를 부모에게 제공한다.

② 장애아동과 가족을 지지한다. 장애아동의 부모는 학교의 교사, 의사, 공무원, 기타 사람과 만날 때 편하지 않을 수도 있다. 그러나 보육교사는 장애아동의 부모가 잘 알고 신뢰하는 사람인 경우가 많다. 따라서 장애아동의 부모는 보육교사와 편하게 만나서 이야기를 나눌 수 있다. 이때 보육교사는 장애아동과 부모를 적극적으로 지지할 수 있다.

장애아동을 위한 보육시설 : 장애아동이 다니는 보육시설에서 보육교사는 중요한 역할을 한다.
[출처 : 저자 촬영]

Point

- 장애아동이 성인기에 사회에서 여러 사람과 함께 생활하고 교류하기 위해서는 보육과 교육이 특히 필요하다.
- 장애아동이 다니는 보육시설에 근무하는 보육교사는 장애아동에 대한 정보를 부모에게 제공하고, 장애아동과 가족을 지지하는 역할을 한다.

5. 장애아동에 대한 학대

1) 상 황

가족구성원은 장애아동을 돌볼 때 스트레스를 겪을 가능성이 크다. 따라서 일반 아동에 비해서, 장애아동은 학대당할 가능성이 더 크다.[4] 그리고 나이 든 장애아동에 비해서, 어린 장애아동은 학대당할 가능성이 더 큰 것으로 알려져 있다. 특히 발달장애가 있는 어린 아동은 학대당할 가능성이 큰 것으로 나타나고 있다. 그러나 장애아동이 학대당하였거나 학대당하고 있는지를 파악하는 것은 어려운 경우가 많다(Elklit, Murphy, Skovgaard & Lausten, 2023; Vanderminden, Finkelhor, Hamby & Turner, 2023; Mather & Lager, 2000).

2) 학대와 관련된 배경과 잘못된 인식

(1) 학대와 관련된 배경

일부 학자는 장애아동이 학대당하는 것과 관련된 배경을 연구해 왔다. 장애아동을 학대하는 것과 관련될 수 있는 배경을 몇 가지 제시하면 다음과 같다(Kennedy, 1995; Marchant, 2001).

① 장애아동이 더 학대당하는 경향은 장애아동에 대한 사회적 태도와 관련될 수 있고, 장애아동을 특별하게 다루는 점과 관련될 수 있다. 예를 들어, 사회구성원이 장애아동에 대해 다음과 같이 인식하는 경우가 많으므로, 일반 아동에 비해서 장애아동은 학대당할 가능성이 더 클 수 있다.

㉠ 장애아동은 홀로 지내는 경향이 있다.

㉡ 장애아동은 더 의존적이고, 장애아동은 자기 삶과 신체를 잘 통제하지 못하고, 장애아동이 하는 말은 신뢰하기 어렵다.

그리고 일반 아동에 비해서 장애아동은 더 많은 성인의 보살핌을 받는 경우가 많다. 또한 장애아동은 시설과 같은 환경에서 시간을 보내는 경우

4) 이에 대해서는 아동학대를 유발하는 요인을 살펴보는 부분(제5장)에서 이미 설명한 바 있다.

가 더 많다. 이런 상황 때문에, 장애아동은 학대당할 가능성이 더 클 수 있다.

② 장애아동이 성적 학대를 많이 당하는 경향은 장애아동의 성 인식과 관련될 수 있다. 예를 들어, 장애아동은 성 영역이 자신과는 관련이 없다고 생각하며 자랄 수 있다. 이렇게 되면, 장애아동이 성적 학대를 당할 가능성은 커질 수 있다.

(2) 학대와 관련된 잘못된 인식

장애아동에 대한 학대와 관련해, 일부 학자는 장애아동에 대한 잘못된 인식을 구체적으로 설명한 바 있다. 예를 들어, 케네디(Kennedy)는 이런 잘못된 인식을 다음과 같이 세 가지로 구분하고 있다(Kennedy, 1995).

① 아동을 학대하는 사람은 장애아동을 학대의 대상으로 삼지 않을 것이라는 인식이 있다. 왜냐하면 장애아동은 아동을 학대하는 사람에게 매력적이지 않거나, 사람들은 장애아동을 측은하게 생각하기 때문이다.

② 장애아동을 성적으로 학대하는 것은 다른 아동을 성적으로 학대하는 것만큼 해롭지 않다는 인식이 있다. 왜냐하면 장애아동은 자신에게 일어나는 것을 이해하지 못하거나, 자신이 당하는 학대를 느끼지 못하기 때문이다.

③ 장애아동은 학대와 관련해 거짓 주장을 펼칠 가능성이 더 크다는 인식이 있다.

그러나 앞에서 제시한 세 가지 잘못된 인식에 대해, 케네디(Kennedy, 1995)는 다음과 같이 강하게 비판하고 있다.

① 아동을 학대하는 사람이 장애아동을 매력적이라고 보지 않거나 장애아동에 대해 측은하게 생각하므로, 장애아동을 학대의 대상으로 삼지 않을 것이라는 첫 번째 인식은 사실이 아니다. 왜냐하면 장애아동도 일반 아동만큼 학대당할 가능성이 있다는 증거는 많기 때문이다.

② 장애아동은 장애가 있으므로 학대가 미치는 해로운 영향을 느끼지 못한다는 두 번째 인식은 사실이 아니다. 왜냐하면 이런 인식은 어떤 것을 이

해하지 못하면, 학대당해도 상처받지 않을 것이라는 의미가 되기 때문이다. 이런 인식에 깔린 논리는, 허리 아래가 마비된 아동은 성적 학대를 당해도 느끼지 못할 것이고, 따라서 이런 아동은 성적 학대를 당해도 해롭지 않다는 논리와 같다. 하지만 이런 인식은 다음과 같은 사실을 부정하는 셈이 된다.

㉠ 아동은 들을 수 있고, 볼 수 있고, 상황을 이해할 수 있는 능력이 있다.

㉡ 아동은 학대하는 사람의 힘(power)을 느낄 수 있는 능력이 있다.

③ 장애아동은 학대와 관련해 거짓 주장을 펼칠 가능성이 더 크다는 세 번째 인식은 사실이 아니다. 이때, 장애아동은 일반인이 보통 사용하지 않는 의사소통 수단을 많이 사용한다는 점을 이해할 필요가 있다. 그리고 이에 따라 장애아동은 학대당하였다는 사실을 폭로하기 어렵다는 점을 이해할 필요가 있다.

(3) 고려할 점

나이 어린 장애아동은 학대당할 가능성이 크다. 따라서 학대당한 어린 장애아동에게는 조기에 개입하는 것이 중요하다. 이와 관련해 미국에서는, 발달장애가 있는 아동은 학대당할 가능성이 크다는 점과 조기개입은 유리하다는 점에 근거해서 「아동·가족안전유지법(Keeping Children and Families Safe Act)」을 만든 바 있다. 「아동·가족안전유지법」에 따르면, 학대당한 것으로 밝혀진 어린 장애아동에 대해서 국가는 조기개입 서비스를 받을 수 있게 관련 기관에 의뢰하여야 한다(Child Welfare Information Gateway, 2013).

Point

- 장애아동은 학대당할 가능성이 크지만, 장애아동에 대한 학대를 파악하는 것은 어려운 경우가 많다.
- 아동을 학대하는 사람은 장애아동을 학대 대상으로 삼지 않을 것이라는 인식, 장애아동에 대한 성적 학대는 다른 아동에 대한 성적 학대만큼 해롭지 않다는 인식, 장애아동은 학대와 관련해 거짓 주장을 펼칠 가능성이 더 크다는 인식은 모두 잘못된 것이다.
- 학대당한 어린 장애아동에게는 조기에 개입하는 것이 중요하다.

6. 사회복지사가 서비스를 제공할 때 고려할 점

1) 일반적으로 고려할 점

사회복지사가 장애아동에게 서비스를 제공하는 데 관여할 때는 여러 가지 측면을 고려할 필요가 있다. 사회복지사가 장애아동에게 서비스를 제공하는 데 관여할 경우, 일반적으로 다음과 같은 점을 고려할 필요가 있다(Kennedy, 1995).

① 장애아동이 겪는 어려움이 아동이 생활하는 방식에 어떻게 영향을 미치는지를 살펴본다. 이와 관련해, 사회복지사는 장애아동이 자신을 어렵게 한 사람에게 분노를 표현하도록 도와줄 수 있다. 이를 위한 방법으로, 아동에게 자기를 어렵게 한 사람을 그리게 하고 그림을 벽에 붙인 후, 아동에게 헝겊 주머니와 같은 것을 그림의 얼굴에 던지게 하는 것이 있다. 그러나 이렇게 하기가 어려운 아동에게는 자신의 분노를 표현하는 다른 방법을 찾아야 한다.

② 장애아동이 학대와 관련해 어려움을 겪을 때, 장애아동은 '이중으로' 어려움을 겪는다는 점을 이해한다. 즉, '장애'아동은 '장애인'이므로 어려움을 겪고, 이와 동시에 장애'아동'은 '아동'이므로 어려움을 겪는다는 사실을 이해한다.

특히 사회복지사는 장애아동이 있는 가족을 정서적으로 도와줄 필요가 있다. 이렇게 하면, 장애아동의 가족은 어려운 감정을 더 잘 관리하고 일상생활을 더 잘할 수 있게 된다. 더불어 사회복지사는 장애아동이 있는 가족에 대해서는 가족에 중심을 두며 장애아동을 돌보는 정책을 설계하는 데 관여할 필요가 있다(Balbo & Bolano, 2023; Corporate Social Responsibility Education, 2024).

2) 구체적으로 고려할 점

(1) 정상화 관련

장애인을 위한 복지에서는 정상화(normalization)에 주목하는 것이 중요하다. 정상화는 모든 장애인에게 해당하지만, 장애아동에게 특히 더 해당하고 있다.

장애아동에 대한 정상화에서는, 역할을 제대로 하지 못하는 아동을 가능하다면 '정상 아동'처럼 대우할 필요가 있음을 강조하고 있다(Cohen, 2000; Kumar, 2013). 그러므로 사회복지사가 장애아동에게 서비스를 제공하는 데 관여할 경우, 정상화에 근거해 서비스를 제공할 필요가 있다.

(2) 교육 관련

교육 영역은 장애아동을 포용하지 못하는 경우가 많다. 따라서 장애아동은 포용하는 교육(통합교육)을 잘 받지 못하는 경우가 많다. 사회복지사는 장애아동을 대변하고, 장애아동에게 심리적·사회적으로 지원하고 있다. 그러므로 사회복지사가 장애아동에게 서비스를 제공하는 데 관여할 경우, 사회복지사의 이런 역할을 바탕으로 삼아 장애아동에게 통합교육을 더 제공할 필요가 있다(Asamoah, Tam & Cudjoe, 2021).

(3) 의사소통 관련

의사소통은 인간의 기본적 욕구이다. 이것은 장애아동에게도 그대로 해당하고 있다. 장애아동을 보호할 때 가장 중요한 측면은 좋은 의사소통이다. 좋은 의사소통은 아동에게 잘 반응하는 의사소통을 말한다. 일반 아동과 의사소통을 잘하는 사람은 장애아동과도 의사소통을 잘할 가능성이 크다.

장애가 있어서 의사소통에서 어려움을 겪는 아동을 대상으로 활동할 때는, 의사소통의 의미를 폭넓고 융통성 있게 보는 것이 중요하다. 말하기를 가장 좋은 의사소통 방법으로 보거나 유일한 의사소통 방법으로 보는 경우가 많다. 하지만 아동에게는 이것이 사실이 아닌 경우가 적지 않다. 따라서 장애아동을 대상으로 의사소통할 때는 통합적 의사소통(total communication)을 적용하는 것이 중요하다. 통합적 의사소통은 모든 방법을 사용하는 의사소통을 말한다. 그러므로 사회복지사가 장애아동에게 서비스를 제공하는 데 관여할 경우, 언어, 신호, 상징, 신체 언어, 얼굴표정, 행동, 미술, 사진, 게임, 그리기, 놀이와 같은 것을 의사소통의 방법으로 사용할 필요가 있다(Marchant, 2001).

장애아동을 위한 활동 공간 : 장애아동을 대상으로 활동할 때는 통합적으로 의사소통하는 데 관심을 가질 필요가 있다. [출처 : 저자 촬영]

(4) 서비스의 통합 관련

기관에서는 장애아동에게 서비스를 따로따로 제공하는 경우가 많다. 예를 들어, 어린 장애아동에게 처음에는 의료 담당자를 찾아가게 하고, 다음에는 교육 담당자를 찾아가게 하고, 다음에는 사회 서비스 담당자를 찾아가게 할 수 있다. 즉, 장애아동에게 의료·교육·사회 서비스를 한꺼번에 제공하는 것이 아니라, 한 단계씩 계속해서 제공하는 상황이 있을 수 있다(Marchant, 2001).

기관이나 전공 분야마다 관점과 가치와 전문 용어가 다르므로, 기관이 서로 통합해서 함께 일하는 것이 어려울 수도 있다. 그러나 장애아동은 여러 종류의 서비스를 제공받을 가능성이 크다. 그러므로 사회복지사가 장애아동에게 서비스를 제공하는 데 관여할 경우, 기관에서 서비스를 통합적으로 제공하게 해줄 필요가 있다.

(5) 지역사회 중심의 보호 관련

심각한 정신장애나 신체장애가 있는 아동은 전문적인 환경에서 전문가의 치료를 받는 것이 필요할 수 있다. 이때, 이런 장애아동을 전문시설에서 보호하며 치료할 수도 있다.

그러나 오늘날 장애인에 대한 정책은 시설보호에서 벗어나 지역사회 중심의 보호로 나아가고 있다. 왜냐하면 장애인가족의 생활에 대한 인식이 변하고 있기 때문이다. 즉, 외부에서 적절하게 도와주면, 장애인이 있는 가족도 가족생활을 잘 유지할 수 있다고 보기 때문이다(Downs, Moore & McFadden, 2009). 이것은 장애아동에게도 그대로 해당하고 있다. 그러므로 사회복지사가 장애아동에게 서비스를 제공하는 데 관여할 경우, 지역사회가 가진 자원에 주목하면서 장애아동에게 지역사회 중심의 보호 서비스를 제공할 필요가 있다.

지역사회의 복지기관에서 장애아동에게 서비스를 제공하는 모습 : 사회복지사는 장애아동에게 지역사회에서 서비스를 제공할 필요가 있다. [출처 : ○○종합사회복지관 제공]

(6) 장애아동 · 부모 · 전문가와의 관계 관련

장애아동과 관련된 사회복지의 역사는 장애아동의 부모와 관련된 사회복지의 역사라고 보아도 과장이 아니다. 따라서 사회복지사가 장애아동과 관련된 서비스를 제공하는 데 관여할 때, 장애아동의 부모와 협력하면서 활동하는 것은 중요하다. 그러나 사회복지사가 장애아동과 관련된 서비스를 제공하는 데 관여할 때, 장애아동과 협력하면서 활동하는 것도 똑같이 중요하다.

장애아동이 있는 부모는 장애아동에게 서비스를 제공하는 사람과 관계를 잘 맺는 것이 매우 어려울 수 있다. 그리고 전문가는 장애아동을 가진 부모에게 여러 가지 역할을 하도록 권장할 수 있는데, 이런 역할이 서로 모순적인 경우도 있다. 예를 들어, 사회 서비스와 의료 서비스 분야의 전문가는 장애아동의 부모를 다음과 같이 인식할 수 있다(Marchant, 2001).

① 장애아동에게 서비스를 제공할 때 도와주는 사람
② 장애아동에게 전문가와 함께 관여하는 사람
③ 서비스를 받는 사람

그러므로 전문가와 장애아동과 부모 사이의 관계는 모호하고 혼란스러울 수 있다. 따라서 사회복지사가 장애아동에게 서비스를 제공하는 데 관여할 경우, 장애아동과 부모와 전문가가 서로 좋은 관계를 유지하도록 도와줄 필요가 있다.

장애아동을 데리고 가는 엄마 : 사회복지사는 장애아동과 부모와 전문가가 서로 좋은 관계를 유지하도록 도와줄 필요가 있다. [출처 : 체코에서 저자 촬영]

(7) 부모의 죄의식 관련

장애아동의 부모는 죄의식을 느끼는 경우가 많다. 특히 장애아동과 관련된 복지 서비스체계가 충분하게 갖추어져 있지 않고 현대 의학이 장애아동을 완전히 치료할 수 없으면, 부모는 죄의식을 더욱 느낄 수 있다. 또한 부모는 고통을 겪는 아동을 보호할 수 없는 현실 속에서 세상이나 신을 저주할 수도 있다. 부모가 느끼는 죄의식은 모든 형태의 장애와 관련되고 있다. 부모가 느끼는 이런 죄의식 속에는 장애아동에 대한 동정과 좌절이 함께 섞여 있는 경우가 많다.

장애아동에게 서비스를 제공하는 데 관여하는 사회복지사는, 부모가 느끼는 죄의식과 관련해 다음과 같은 측면에 주목할 필요가 있다(Garber, 2000).

① 장애아동이 겪는 어려움이 오래 계속될수록 또한 장애아동이 겪는 어려움이 클수록, 부모가 느끼는 죄의식은 더 커질 수 있다.

② 장애아동이 진단 과정이나 치료 과정에서 겪어야 하는 수치감과 같은 것 때문에, 부모는 죄의식을 더 느낄 수 있다.

③ 전문가는 장애아동의 부모가 아동의 증상을 불필요하게 과장한다고 비난하거나, 부모가 아동의 상태가 더 좋지 않게 될 때까지 방치하였다고 비난할 수도 있다. 이때, 부모는 전문가의 이런 태도 때문에 죄의식을 더 느낄 수 있다.

그러므로 사회복지사가 장애아동에게 서비스를 제공하는 데 관여할 경우, 장애아동의 부모가 죄의식에서 벗어나도록 도와줄 필요가 있다.

(8) 역할 모델 관련

오늘날의 사회에서 장애아동이 자신의 장애를 긍정적으로 인식하는 것은 쉬운 일이 아니다. 일반적으로 장애아동은 장애가 있으므로 자신에 대해 부정적인 이미지를 가질 가능성이 크다. 따라서 장애아동이 가지는 부정적 이미지를 없애기 위해서, 장애아동의 주위에 장애아동에게 긍정적인 역할 모델이 되는 사람이 있는 것은 매우 중요하다.

장애아동의 이런 상황은 인종차별이 있는 유럽과 미국에서 흑인아동이 성장하는 상황과 비슷한 측면이 있다. 그러나 장애아동과 흑인아동은 차별받는 사회에서 성장한다는 공통점이 있기는 하지만, 다른 측면에서 장애아동의 상황은 흑인아동의 상황과는 큰 차이가 있다. 예를 들어, 흑인아동에게는 긍정적 역할 모델을 해주는 흑인가족이 있는 경우가 많다. 하지만 장애아동에게 긍정적 역할 모델을 할 수 있는 사람은 장애를 겪지 않은 부모인 경우가 많다(Marchant, 2001).

그러므로 사회복지사가 장애아동에게 서비스를 제공하는 데 관여할 경우, 장애아동에게 장기적으로 긍정적인 영향을 미치는 역할 모델을 정해 줄 필요가 있다.

장애아동에게 역할 모델이 되는 성인이 장애아동과 함께 있는 모습 : 장애아동에게는 장기적으로 긍정적인 영향을 미치는 역할 모델을 정해 줄 필요가 있다. [출처 : 인공지능 작업]

Point

- 사회복지사가 장애아동에게 서비스를 제공하는 데 관여할 때는, 장애가 장애아동의 생활방식에 어떻게 영향을 미치는지를 살펴보고, 장애아동은 이중으로 억압받는다는 점을 이해할 필요가 있다. 사회복지사는 장애아동에게뿐만 아니라 부모를 포함한 가족구성원에게도 주목할 필요가 있다.
- 사회복지사가 장애아동에게 서비스를 제공하는 데 관여할 때는 정상화, 포용 교육, 의사소통, 서비스의 통합, 지역사회 중심의 보호, 장애아동・부모・전문가와의 관계, 부모의 죄의식, 역할 모델의 측면에 주목할 필요가 있다.

chapter

11 빈곤아동

차례

1. 아동빈곤에 대한 관심의 필요성과 아동빈곤의 현황

1) 아동빈곤에 대한 관심의 필요성

아동복지의 대부분은 빈곤과 관련되어 있다고 해도 지나친 표현이 아닐 정도로, 아동복지는 아동빈곤과 밀접하게 관련되어 있다.[1] 아동에게 빈곤은 단순한 경제적 문제가 아니다(노병일, 2022a; McDonald, 2009; UNICEF, 2024). 왜냐하면 빈곤은 아동에게 여러 가지 문제를 유발하기 때문이다. 따라서 아동복지에서 아동빈곤에 주목하는 것은 너무 당연하다.

1) 우리나라 「아동의 빈곤예방 및 지원 등에 관한 법률(줄여서, 아동빈곤예방법)」에 따르면, 아동빈곤은 "아동이 일상적인 생활여건과 자원이 결핍하여 사회적 · 경제적 · 문화적 불이익을 받는 빈곤한 상태"를 말한다. 그리고 이 법에 따르면, 빈곤아동은 생활 상태가 좋지 않고 자원이 부족하므로 복지 · 보건의료 · 교육 · 문화 등의 격차를 줄이거나 없애기 위해 지원이 필요한 아동을 말한다(국가법령정보센터, 2025).

그리고 아동빈곤은 도덕적으로도 그대로 둘 수 없는 사회문제이므로, 아동빈곤을 없애고 빈곤한 아동과 가족에게 개입하는 것은 중요하다. 또한 다음과 같은 상황 때문에, 아동빈곤을 없애는 것은 중요하다(노병일, 2022a).

① 아동빈곤은 아동이 단기적·장기적으로 정상적인 발달을 하는 데 매우 부정적인 영향을 미친다.

② 아동빈곤은 아동 개인에게도 부정적인 영향을 미치지만, 사회와 국가에도 부정적인 영향을 미친다. 예를 들어, 빈곤 상태에서 자라서 성인이 되는 아동이 많을수록, 미래의 근로자는 생산성이 낮아질 가능성이 크다. 또한 어느 기관은 국가의 미래를 위해 가장 현명하게 투자하는 방법의 하나는 아동빈곤을 줄이는 것이라고 주장한 바 있다. 왜냐하면 빈곤 상태에서 사는 아동이 줄면 다음과 같이 될 가능성이 커지기 때문이다.

㉠ 학교에 들어가서 배울 준비가 되어 있는 아동이 늘어난다.

㉡ 학교를 중퇴하는 아동이 줄어든다.

㉢ 아동의 건강 상태가 나아지고, 이에 따라 의료제도에 지출하는 비용이 줄어든다.

㉣ 법적으로 문제를 일으키는 아동이 줄어든다.

2) 아동빈곤의 현황

아동빈곤은 널리 퍼져 있다. 우리나라에서는 말할 것도 없고, 선진국에서도 아동의 빈곤율은 낮지 않은 편이다. 따라서 아동빈곤은 세계적인 현상이라고 볼 수 있다(노병일, 2022a). 예를 들어, 미국에서 많은 아동은 빈곤 상태에서 사는 것으로 알려져 있다. 특히 1980년대에 들어서는 '빈곤의 아동화(juvenilization of poverty)'라는 용어까지 등장한 바 있다. 빈곤의 아동화는 빈곤 상태에서 사는 아동이 많아지는 것을 말한다.

뉴욕의 길거리 아동(1890년) : 오늘날에도 아동빈곤은 널리 퍼져 있다. [출처 : Wikipedia(2025)]

우리나라에서도 빈곤 상태에서 생활하는 아동은 적지 않은 편이다.

Point

- 아동복지는 아동빈곤과 밀접하게 관련된다. 아동빈곤은 아동발달과 국가에 부정적인 영향을 미치므로 빈곤을 없애는 것은 중요하다.
- 세계에서 아동빈곤은 널리 퍼져 있다. 빈곤의 아동화는 빈곤 상태에서 사는 아동이 많아지는 것이다.

2. 아동빈곤의 영향

1) 일반적 영향

빈곤 상태에서 사는 아동은 여러 가지 어려움을 겪을 가능성이 크다. 따라서 아동빈곤은 아동이 발달하는 데 부정적인 영향을 미칠 가능성이 크다. 이것은 가족이 빈곤 상태에 있게 된 원인에 상관없이 그렇다.

아동빈곤은 아동과 관련된 여러 영역에서 부정적인 영향을 미칠 가능성이 크다. 왜냐하면 빈곤은 다양한 차원(영역)과 관련되는 특성이 있기 때문이다. 따라서 아동빈곤은 아동의 신체적 · 정서적 · 인지적 · 사회적 복리 수준을 낮추는 요인이 될 수 있다(노병일, 2022a; Downs, Moore & McFadden, 2009). 결국, 아동빈곤은 아동이 여러 영역에서 발달하는 데 부정적인 영향을 미칠 가능성이 크다.

무엇보다도 6세 이전에 빈곤 상태에 있는 것은 아동이 잘 발달하는 데 부정적인 영향을 미치는 것으로 알려져 있다. 특히 아동빈곤은 아동기에 뇌와 신체에 스트레스를 주고 있다(UNICEF, 2024; Logan, 2011). 따라서 아동빈곤은 아동기뿐만 아니라 성인기에도 부정적인 영향을 미칠 가능성이 크다.

일반 아동에 비해서 빈곤아동은 다음과 같은 상황에 있을 가능성이 더 큰 것으로 알려져 있다(UNICEF, 2025; Click & Parker, 2011).

① 영양이 부족하고, 질병에 걸린다. 즉, 건강하지 못하다.
② 학대당한다.
③ 다치고, 사고로 사망한다. 즉, 안전하지 않다.
④ 질 좋은 교육을 받지 못한다.
⑤ 거주 공간에 너무 많은 사람이 살거나, 위생적이지 않은 환경에서 산다.
⑥ 사는 동네가 생기가 없고 위험할 경우, 구력하고 우울하다. 그 결과, 정서적 발달과 사회적 발달에서 불리하다.

아동빈곤은 아동권리에도 부정적인 영향을 미칠 가능성이 크다(노병일, 2024a). 실제로, 아동은 빈곤 상태에 있으므로 자기 권리를 누리지 못하는 경우가 많다.

예를 들어, 빈곤아동은 다음과 같은 상황에 있을 가능성이 크다(Harris & White, 2013; Spicker, Leguizamón & Gordon, 2007).

① 자신의 권리를 주장하지 못한다.
② 자기 능력을 완전히 펼치지 못한다.
③ 사회에 평등한 구성원으로 참여하지 못한다.

그리고 아동이 빈곤 상태에서 살면, 교육받을 기회가 제한될 수 있다. 왜냐하면 빈곤아동은 가족의 재정이 어렵고, 자원이 부족하고, 가족 부양을 위해 일하여야 하는 경우가 많기 때문이다. 따라서 빈곤아동은 학교나 학원에 다니는 데 어려움을 겪을 가능성이 크다. 이런 탓에, 아동이 빈곤 상태에서 살면, 미래에 기회가 제약될 수 있다. 그 결과, 빈곤아동은 자라서 청소년과 성인이 될 때 다음과 같은 상황에 있을 가능성이 더 큰 것으로 알려져 있다(노병일・노대겸, 2024; Rueckert, 2019; UNICEF, 2025).

① 학교를 중퇴한다.
② 정식 결혼이 아닌 상태에서 아이를 낳는다.
③ 실업 상태에 있다.

정리하건대, 아동빈곤은 아동의 현재와 미래의 복리와 권리에 매우 부정적인 영향을 미칠 가능성이 크다.

2) 건강 영역에 미치는 영향

아동빈곤은 아동의 건강에 부정적인 영향을 미칠 가능성이 크다. 따라서 엄마가 임신하는 시기부터 아동기가 끝나는 시기까지, 빈곤아동은 부유한 아동보다 건강과 관련된 문제를 더 겪을 가능성이 크다(UNICEF, 2025; Chafel & Hadley, 2001).

빈곤아동의 좋지 않은 건강 상태는 아동의 신체적・사회적・정서적・인지적 발달에 다시 부정적인 영향을 미치는 경우가 많다. 우선, 빈곤아동은 태어나서 첫해도 버티지 못할 수도 있다. 실제로 빈곤가족에서 유아가 사망하는 비율은, 빈곤하지 않은 가족에서 유아가 사망하는 비율보다 더 높은 것으로 알려져 있다.

그리고 태어나기 바로 전후에, 빈곤아동은 빈곤하지 않은 아동에 비해서 다음과 같은 상황에 있을 가능성이 더 크다(McLoyd, 2000; Gustavsson & Segal, 1994).

① 출산 전에 제대로 보살핌을 받지 못한다.

② 엄마 배에서 더 일찍 나온다. 엄마 배에서 더 일찍 나오면, 아동이 호흡기 장애나 신경장애를 겪을 가능성이 커진다.

③ 태어날 때 몸무게가 작다.

또한 태어난 후, 빈곤아동은 건강과 관련된 여러 가지 문제를 겪을 가능성이 크다. 예를 들어, 빈곤아동은 빈곤하지 않은 아동에 비해서 다음과 같은 상황에 있을 가능성이 더 크다(Chafel & Hadley, 2001; McLoyd, 2000).

① 음식을 충분히 먹지 못한다.

② 약물을 사용한다.

③ 전염병에 걸린다.

④ 눈·귀·이와 관련해 어려움을 겪는다.

빈곤아동이 건강 영역에서 불리한 이유에는 여러 가지가 있다. 이런 이유를 구체적으로 제시하면 다음과 같다(UNICEF, 2025; Gustavsson & Segal, 1994).

① 빈곤 상태에서 살 때는 영양 및 주거와 관련해 어려움을 많이 겪기 때문이다. 빈곤아동이 사는 가족은 경제적 자원이 부족하므로 영양과 주거 영역에서 어려움을 겪을 가능성이 크다. 즉, 빈곤가족은 건강식품을 구할 돈이 충분하지 않으므로 영양이 부족할 가능성이 크고, 안전한 주택을 살 돈이 충분하지 않으므로 주거 상황이 좋지 않을 가능성이 크다.

② 빈곤 상태에서 살 때는 건강과 관련된 예방적 조치를 취하기가 어렵기 때문이다.

정리하건대, 빈곤아동은 적절한 의료 서비스를 이용하지 못하고, 적절한 음식을 먹지 못하고, 생활 환경이 안전하지 못할 가능성이 크다. 이런 불리한 상황은 빈곤아동의 현재와 미래 건강에 부정적인 영향을 미칠 가능성이 크다.

3) 정서적 영역에 미치는 영향

빈곤 상태에 있으면 문제와 어려움을 해결하는 능력이 적어지므로 정서적 어려움을 겪을 가능성이 크다. 따라서 빈곤아동은 정서적 영역에서 활발하지 않을 가능성이 크다. 이것은 빈곤 상태에 오래 있을 때 특히 그렇다.

취약아동의 정서적 발달을 높이기 위한 미술치료 프로그램 : 빈곤아동은 정서적으로 어려울 가능성이 크다.
[출처 : 비정부 조직(NGO) 대회에서 저자 촬영]

빈곤이 아동의 정서적 측면에 미치는 영향을 몇 가지 제시하면 다음과 같다 (UNICEF, 2024; Chafel & Hadley, 2001; Eamon, 2001).

① 빈곤 상태에 있으면 자원이 부족하므로 가족관계가 더 나빠질 가능성이 있다. 이에 따라 부모와 아동 사이에 편안한 마음으로 교류하는 사례가 더 적어지고, 부모가 엄한 체벌을 더 사용할 가능성이 있다. 이렇게 되면, 빈곤아동이 정서적으로 불안정할 가능성은 커지게 된다.

② 일반 아동에 비해서, 빈곤아동은 여러 가지 정서적 문제를 겪을 가능성이 더 크다. 특히, 경제적 어려움에 따른 스트레스는 아동의 정신건강에 영향을 미칠 수 있다. 그 결과, 빈곤아동은 불안하고, 우울하고, 집중하기

어려울 수 있다.

③ 일반 아동에 비해서 빈곤아동은 자신에 대해 덜 긍정적으로 생각하고, 사회의 가치에 어긋나는 행동을 더 하고, 억압된 감정을 사회에서 인정하지 않는 방식으로 행동에 옮길 가능성이 더 크다.

정리하건대, 빈곤아동은 정서적 발달과 관련된 문제를 겪을 가능성이 크다. 그리고 이런 불리한 상황 때문에, 빈곤아동은 사회의 가치에 어긋나는 행동에 가담할 가능성이 크다(노병일, 2022a).

4) 인지적 영역과 학습 영역에 미치는 영향

아동빈곤은 아동의 인지적 영역과 학습 영역에 부정적인 영향을 미칠 가능성이 크다. 우선, 빈곤은 아동의 인지적 능력에 부정적인 영향을 미칠 가능성이 크다. 예를 들어, 아동이 3세일 때 빈곤 상태에 있는 것은 아동이 5세가 되었을 때의 지능지수에 영향을 미치는 것으로 알려져 있다.

또한 빈곤은 아동의 학습과 관련된 여러 영역에 부정적인 영향을 미칠 가능성이 크다. 예를 들어, 빈곤은 아동의 수학 능력과 읽기 능력, 학교에 다닌 기간, 고등학교를 졸업할 가능성에 부정적인 영향을 미치는 것으로 알려져 있다.

구걸하는 아동 : 아동빈곤은 아동의 학습 영역에 부정적인 영향을 미칠 가능성이 크다. [출처 : 러시아와 캄보디아에서 각각 저자 촬영]

특히, 아동이 어린 시기에 빈곤 상태에서 생활하는 것은 학습에 부정적인 영향을 미치는 것으로 알려져 있다. 예를 들어 캐나다에서 조사한 결과, 일반 아동에 비해서 빈곤아동은 학습을 덜 잘하는 것으로 나타난 바 있다(Conseil Canadien de Devéloppement Social, 2007).

정리하건대, 빈곤아동은 인지적 발달 및 학습과 관련된 발달에서 불리할 가능성이 크다.

Point

- 아동빈곤은 아동의 현재와 미래의 복리와 권리에 매우 부정적인 영향을 미칠 가능성이 크다.
- 빈곤아동은 건강문제를 겪을 가능성이 크다.
- 빈곤아동은 정서적 발달과 관련된 문제를 겪을 가능성이 크다.
- 빈곤아동은 인지적 발달 및 학습과 관련된 발달에서 불리할 가능성이 크다.

3. 빈곤이 영향을 미치는 과정에서 작용하는 요소

빈곤이 아동에게 어떻게 영향을 미치는지를 파악하고 아동빈곤과 관련해 정책적으로 개입하기 위해서는, 빈곤이 아동에게 영향을 미치는 과정에서 작용하는 요소에 주목할 필요가 있다. 예를 들어, 엄마와 아동 사이의 관계가 좋으면, 빈곤이 아동에게 미치는 부정적인 영향이 줄어들 수 있다. 이와 관련해 일부 학자는 소득이 아동에게 영향을 미치는 과정에서 작용하는 요소(pathway)를 살펴본 바 있다. 소득이 영향을 미치는 과정에서 작용하는 요소를 몇 가지 제시하면 다음과 같다(Duncan & Brooks-Gunn, 2000).

① 가정 분위기 : 가정 분위기와 관련된 측면을 구체적으로 살펴보면 다음과 같다.

㉠ 엄마와 아동 사이의 관계가 좋은 정도

㉡ 학습을 위한 기회 : 이것은 특히 중요하다.

② 보육의 질 : 가정 밖에서 어린 아동에게 제공하는 보육의 질은 중요하다. 보육의 질이 중요한 이유를 몇 가지 살펴보면 다음과 같다.

㉠ 빈곤아동에게 아주 어린 시기나 학교에 다니기 전에 질 좋고 적절한 보육을 제공하면, 아동의 사회적 능력과 정서적 능력이 향상되기 때문이다.

㉡ 빈곤아동에게 아동기 초기에 교육 서비스를 체계적으로 제공하면, 언어 능력과 추리 능력이 향상되고, 아동의 행동문제가 줄고, 아동이 학습에 관심을 더 가지기 때문이다.

③ 주관적으로 느끼는 경제적 어려움 : 가족이 경제적으로 어렵다고 느끼면, 아동은 다음과 같은 상황을 겪을 수 있다.

㉠ 부모와의 관계가 좋지 않다.

㉡ 학교 성적이 좋지 않다.

㉢ 정신건강이 좋지 않다.

㉣ 다른 사람들과 잘 어울리지 못한다.

④ 부모의 정신건강 : 빈곤 상태에 있지 않은 부모에 비해서, 빈곤 상태에 있는 부모는 정신적으로 건강하지 못할 가능성이 더 크다. 특히 빈곤 상태에 있는 부모는 성격이 급하고 우울 증상을 보일 가능성이 있다. 이렇게 되면 부모와 아동 사이의 관계는 더 좋지 않게 되고, 그 결과로 아동은 정서적 · 사회적 · 인지적으로 잘 발달하지 못할 가능성이 있다.

⑤ 사는 동네 : 소득이 적은 가족은 빈곤한 동네에서 살 수밖에 없는 경우가 많다. 빈곤한 동네에서는 사회해체 현상(예컨대, 범죄가 자주 발생하는 것, 성인 실업자가 많은 것, 동네가 아동의 행동에 관여하지 않는 것)이 더 나타나고, 아동발달을 도와주는 자원(예컨대, 놀이터, 의료시설, 공원, 방과 후 프로그램)이 더 적은 경우가 많다. 따라서 가족이 빈곤한 상태에 있는 것과는 별도로, 대도시에서는 빈곤한 동네에서 사는 것도 아동발달에 영향을 미칠 수 있다.

Point

- 소득이 아동에게 영향을 미치는 과정에서 작용하는 요소로 가정 분위기, 보육의 질, 주관적인 경제적 어려움, 부모의 정신건강, 사는 동네가 있다.

4. 한부모가족 · 장애 · 학대 아동과 빈곤

1) 한부모가족 아동과 빈곤

오늘날에는 한부모가족에서 사는 아동이 증가하고 있다.[2] 예를 들어, 선진국과 우리나라에서 한부모가족에서 사는 아동은 증가하고 있다(노병일 · 노대겸, 2025).

부모가 한 명 있는지 또는 두 명 있는지에 상관없이, 아동 한 명을 양육하는 데 드는 비용은 비슷하다. 그러나 한부모가족이 가진 경제적 자원은, 부모가 모두 있는 가족이 가진 경제적 자원보다 더 적은 경우가 많다. 특히 한부모가족이 되면, 가장의 소득과 고용 상태가 좋지 않게 되는 경우가 많다. 그 결과, 한부모가족은 경제적 자원이 적게 되어, 빈곤 상태에 있을 가능성이 커질 수 있다. 실제로 일반 가족에 비해서, 한부모가족은 빈곤 상태에 있을 가능성이 더 큰 것으로 알려져 있다(노병일, 2022a; Rector & Johnson, 2004).

그리고 한부모가족의 가장은 여성인 경우가 많다. 선진국에서뿐만 아니라 우리나라에서도 여성한부모 가족(모자가족)은 증가하고 있고, 이에 따라 전체 가구에서 여성이 가장인 가구가 차지하는 비율이 높아지고 있다. 그러나 가정에 아버지가 없는 것은 아동에게 빈곤을 유발하는 요인이 될 수 있다. 특히 모자가족은 함께 살지 않는 아버지로부터 아동 양육에 대한 비용을 받기 어려운 경우가 많다. 이런 탓에, 모자가족의 경제적 자원은 부모가 모두 있는 가족의 경제적 자원보다 더 적은 경우가 많다. 특히 여성 가장은 고용 상태가 좋지 않을 수 있으므로, 모자가족은 빈곤 상태에 있을 가능성이 크다. 이에 따라 모자

2) 한부모가족에 대해서는 가족을 다루는 장(제2장)에서 이미 설명한 바 있다.

가족에서 사는 아동의 빈곤율은 일반 아동의 빈곤율보다 더 높을 가능성이 크다(노병일 · 노대겸, 2025).

한편 한부모 여성은 소득이 적으므로, 모자가족은 아동에게 제공하는 서비스의 비용을 지불하는 데 어려움을 겪을 가능성이 크다. 따라서 빈곤한 한부모가족(특히 모자가족)의 아동은 한부모가족 상태에도 있고 빈곤 상태에도 있으므로, 이중으로 어려움을 겪을 가능성이 크다(Wise, 2001).

2) 장애아동과 빈곤

장애아동은 사회의 취약층에서 더 많이 나타나는 것으로 알려져 있다. 예를 들어, 장애를 어떻게 분류하든 간에, 소득이 많은 계층에 비해서 소득이 적은 계층에 장애아동이 더 많은 것으로 나타난 바 있다. 또한 가구의 소득과 어린 시절의 장애 사이에는 매우 밀접한 관계가 있는 것으로 알려져 있다(Marchant, 2001).

그리고 일반 가족에 비해서, 장애아동이 있는 가족은 빈곤 상태에 있을 가능성이 더 크다. 장애아동이 없는 가족에 비해서, 장애아동이 있는 가족의 빈곤율이 더 높은 이유를 몇 가지 제시하면 다음과 같다(노병일, 2022a).

① 장애아동을 양육하는 데 비용이 더 필요하기 때문이다. 예를 들어, 선진국에서 조사한 결과, 중증 장애아동을 양육하는 비용은 장애가 없는 아동을 양육하는 비용보다 훨씬 더 많은 것으로 나타난 바 있다. 따라서 장애아동이 없는 가족에 비해서, 장애아동이 있는 가족은 자산을 모으기가 더 어려울 가능성이 있다.

② 장애아동을 돌보는 여성은 유급 일자리에서 일하는 것이 제약되기 때문이다. 우선, 장애아동이 있는 가족의 엄마는 정규직으로 유급 일자리에서 일할 가능성이 훨씬 더 적다. 그리고 장애아동이 성장함에 따라서, 장애아동의 엄마가 유급 일자리에서 다시 일할 가능성은 더 줄어든다. 이런 상황은 장애아동이 있는 가족의 경제적 상태에 부정적인 영향을 미칠 가능성이 크다.

3) 학대아동과 빈곤

아동학대가 발생하는 비율은 경제적 요인에 따라 큰 차이가 나고 있다. 따라서 일반 아동에 비해서 빈곤아동은 학대당할 가능성이 더 크다. 특히 일반 부모에 비해서, 빈곤 상태에서 사는 부모는 아동을 방임할 가능성이 더 큰 것으로 알려져 있다(Centers for Disease Control and Prevention, 2024a).

또한 지역사회가 불평등한 정도도 아동학대가 발생하는 비율에 큰 영향을 미치는 것으로 알려져 있다. 예를 들어, 가장 빈곤한 지역사회에서 아동학대가 발생하는 비율은 가장 부유한 지역사회에서 아동학대가 발생하는 비율보다 더 높은 것으로 나타난 바 있다.

그리고 국가의 아동빈곤율도 아동학대가 발생하는 정도에 영향을 미치는 것으로 알려져 있다. 예를 들어, 스웨덴에서는 미국에서보다 아동학대가 발생하는 비율이 더 낮은 것으로 나타나고 있다. 이렇게 된 이유의 하나는, 미국에 비해 스웨덴에서는 아동빈곤이 발생하는 비율이 더 낮기 때문이다(노병일 · 노대겸, 2025; Jack, 2001; Zastrow, 2010; Gilbert et al., 2014).

Point

- 한부모가족은 빈곤 상태에 있을 가능성이 크다. 특히 모자가족에서 사는 아동은 빈곤 상태에 있을 가능성이 더 크다.
- 일반 가족에 비해서, 장애아동이 있는 가족은 빈곤 상태에 있을 가능성이 더 크다.
- 일반 아동에 비해서 빈곤아동은 학대당할 가능성이 더 크다.

5. 빈곤아동과 가족을 위한 프로그램

1) 효과적인 프로그램의 특징

아동과 가족이 빈곤 상태에서 살면 물질적 어려움이 당연히 따르지만, 동시에 심리적 어려움도 따르게 된다. 따라서 빈곤아동과 가족을 효과적으로 돕고자 하는 프로그램에서는 다음과 같은 측면에 주목하는 경우가 많다(Chafel & Hadley, 2001).

① 소득을 늘리는 측면 : 말할 것도 없이, 경제적 어려움과 이에 따른 부정적인 영향을 줄이기 위한 근본적인 방법은 가족의 경제적 상태를 개선하는 것이다.

② 서비스 측면 : 가족이 소득을 더 얻도록 항상 도와줄 수는 없지만, 가족을 서비스에 연결하는 것은 항상 가능할 수 있다. 이때 다음과 같은 점을 고려할 필요가 있다.

㉠ 빈곤과 관련된 어려움을 여러 가지 주는 가족에게는, 폭넓고 통합된 사회적 지지 체계를 갖추는 서비스와 연결해 주어야 한다.

㉡ 이런 서비스에서는 먹고 입고 자는 것 및 의료와 같은 기본적 욕구도 충족해 주어야 하고, 삶의 질도 높여주어야 한다. 이렇게 하기 위한 프로그램으로 직업훈련, 일반 교육, 글 읽기 교육, 좋은 질의 보육, 부모교육이 있다.

그리고 매우 불리한 상황에서 자라는 아동과 가족에게 가장 효과적인 프로그램에서는 폭넓고 체계적인 서비스를 제공하는 경우가 많다. 이런 프로그램을 통해서 빈곤아동과 가족이 가진 여러 가지 욕구를 융통성 있게 충족해 줄 수 있다. 일반적으로 이런 프로그램은 다음과 같은 특징을 지니고 있다(Schorr, 1988).

① 좁은 관점에서 볼 때는 관련이 없지만, 큰 관점에서 볼 때는 서로 분리될 수 없는 다양한 서비스를 제공하는 경향이 있다.

② 가족의 환경과 지역사회의 환경에서 아동의 욕구에 주목하면서 서비스를 제공한다.

한편 일부 학자는 취약한 아동과 가족을 위한 프로그램과 관련해 다음과 같은 점을 지적하고 있다(Schorr, 1988).

① 이전에 결과가 효과적인 것으로 나타난 프로그램을 적용하면, 불리한 상황에서 자라는 아동의 환경을 크게 개선할 수 있다.
② 심각한 빈곤 상태와 사회적으로 고립된 상태에서 자라는 가족과 아동에게 효과적인 프로그램과 덜 불리한 상황에서 자라는 가족과 아동에게 효과적인 프로그램은 서로 크게 다를 수 있다.

빈곤아동의 집을 방문해 상담한 후 집 안을 청소하는 사회복지사 : 빈곤아동과 가족을 효과적으로 돕고자 하는 프로그램에서는 서비스 측면에도 주목한다. [출처 : 저자 촬영]

2) 조기개입 프로그램

선진국에서는 어린 빈곤아동에게 조기에 교육을 제공하는 조기개입 프로그램을 오래전부터 실시하였다. 예를 들어, 미국에서는 1960년대에 빈곤아동이 학교에서 잘하지 못하는 것에 큰 관심이 있었고, 이에 따라 여러 가지 시범 프로그램을 실시하였다. 그 후, 대표적인 조기개입 프로그램인 헤드스타트(Head Start)를 실시하였다.[3)]

3) 소득 · 자산을 지원하는 것과 관련된 프로그램

장기적으로 볼 때, 빈곤아동이 경제적 안정을 누리게 하기 위해서는, 빈곤아동에게 소득을 제공하거나 자산을 형성하게 할 필요가 있다. 빈곤아동에게 소득을 제공하거나 자산을 형성해 주는 방안으로 아동양육비 보장(child support assurance)과 아동저축계좌(children's savings account)가 있다.

(1) 아동양육비 보장

아동양육비 보장은 한부모가족에서 사는 아동에게 적절한 소득을 보장해서 빈곤을 없애려는 방안이다. 아동양육비 보장은 다음과 같은 방식으로 운영되고 있다(Gilbert & Terrell, 2014).

① 정부는 매달 일정한 금액을 엄마에게 지급한다.

② 동시에 정부는 아동과 함께 살지 않는 아버지에게 이 금액의 전부 또는 일부를 정부에 납부하도록 요구한다.

아동양육비 보장은 빈곤한 한부모 여성에게 도움을 줄 수 있다. 아동양육비를 받고자 할 때는 시간이 오래 걸리고 법적으로 어렵고 개인적으로 힘들게 노력하여야 하는 경우가 적지 않다. 아동양육비 보장은 이런 어려움을 줄이는 데 특히 도움이 될 수 있다(Gilbert & Terrell, 2014).

(2) 아동저축계좌

아동이 나중에 성인이 되어 대학교에 가거나 사회생활을 하기 위해서는 자금이 필요하다. 그러나 빈곤아동의 가족은 이런 자금을 가지고 있지 않은 경우가 많다. 이런 상황을 고려해, 빈곤아동에게 자산을 형성해 주기 위해 등장한

3) 조기개입 프로그램에 대해서는 뒤에서 자세히 설명한다.

방안이 아동저축계좌이다.

아동저축계좌에서는 정부가 빈곤아동의 은행계좌에 자금을 지급하고 있다. 이런 자금은 빈곤아동이 나중에 사용할 수 있는 종잣돈의 역할을 할 수 있다. 구체적으로 아동저축계좌에서는, 소득이 적은 가족에서 자라는 아동이 나중에 학교에 다니거나 취업하거나 창업하거나 주택을 마련할 때 필요한 초기 비용을 마련해 주고자 한다. 따라서 아동저축계좌에서는 이런 비용을 준비하기 위한 자산을 형성하기 위해 아동을 적극적·장기적으로 지원하는 데 주목하고 있다. 그러므로 아동저축계좌는 빈곤층이 장기적으로 자산을 형성하도록 도와주기 위한 사회투자 방안이라고 볼 수 있다(노병일, 2021; 아동권리보장원, 2025a; Gilbert & Terrell, 2014).

일반적으로 아동저축계좌는 다음과 같은 효과가 있는 것으로 알려져 있다(Gilbert & Terrell, 2014).

① 교육받을 기회를 더 평등하게 제공한다.
② 소득 차이를 줄인다.
③ 서로 도와주는 지역사회를 형성한다.
④ 경제가 더 잘 성장하게 한다.

우리나라에서 아동저축계좌에 해당하는 것은 '아동발달지원계좌(child development account)'이다. 우리나라에서는 아동발달지원계좌를 '디딤씨앗통장'이라고 부르고 있다. 디딤씨앗통장은 "취약계층 아동이 사회에 진출할 때 필요한 초기비용 마련을 지원하고자, 정부에서 운영하는 [...] 아동자산형성지원사업"을 말한다(아동권리보장원, 2025a).

공공부조와 빈곤아동·가족

빈곤층을 도와주는 중요한 공적 제도는 공공부조(public assistance)이다. 공공부조는 사회보장의 주요한 형태이다. 일반적으로 공공부조는 경제적으로 어려운 사람을 국가가 도와주는 제도를 말한다(노병일, 2022a).

공공부조는 빈곤아동과 가족에게 다음과 같은 역할을 하고 있다(노병일, 2022a; UNICEF, 2024).

① 빈곤에서 벗어나게 한다.

② 서비스와 기회를 더 이용할 수 있게 한다.

③ 빈곤이 미치는 영향을 줄인다.

Point

- 빈곤아동·가족을 효과적으로 돕고자 하는 프로그램에서는 소득 측면과 서비스 측면에 주목하는 경우가 많다.
- 빈곤아동·가족에게 가장 효과적인 프로그램에서는 독넓고 체계적인 서비스를 제공하는 경우가 많다.
- 빈곤아동에게 소득을 제공하거나 자산을 형성해 주는 방안으로 아동양육비 보장과 아동저축계좌가 있다. 아동양육비 보장은 한부모가족의 아동에게 적절한 소득을 보장해서 빈곤을 없애려는 방안이다. 아동저축계좌는 빈곤아동에게 장기적으로 자산을 형성해 주려는 방안이다.

6. 조기개입 프로그램

1) 조기개입 프로그램의 정의와 목적 및 효과

조기개입 프로그램은 이미 발생한 문제를 해결하기 위해 가능하면 일찍 개입하는 프로그램을 말한다. 그러나 일반적으로 조기개입 프로그램은 다음과 같은 상태에 있는 아동에게 어린 시기에 제공하는 전문적 서비스와 지원을 가리키는 경우가 많다(Embrey, 2025; Kidsource, 2020).

① 발달이 늦거나 장애가 있다.

② 발달이 늦어지거나 장애가 있을 가능성이 있다.

조기개입 프로그램의 목적은 발달과 관련된 문제를 가장 일찍 파악하고 해결하는 데 있다. 구체적으로 조기개입 프로그램의 목적은 다음과 같이 함으로써 문제가 심각해지는 것을 예방하는 데 있다(Embrey, 2025; Harris & White, 2013).

① 아동과 가족의 강점을 더 키우고, 아동과 가족을 보호하는 요인을 더 늘린다.

② 때에 따라서는 아동과 가족에게 더 오랜 기간 지원한다.

그러므로 조기개입 프로그램에서는 아동에게만 주목할 수도 있고, 아동과 가족 모두에게 주목할 수도 있다. 그렇지만 조기개입 프로그램에서는 학습의 측면에 특히 관심이 있다. 따라서 조기개입 프로그램을 주장하는 사람은, 빈곤에서 벗어나기 위해서는 빈곤아동에게 어린 시기에 학습과 관련된 인지적 능력을 향상해 주어야 한다는 점을 강조하고 있다. 조기개입 프로그램을 실시하면, 빈곤아동은 학교를 중단하지 않고 계속 다니게 된다. 그 결과, 빈곤아동이 나중에 일자리를 얻을 가능성은 더 커지고, 빈곤을 겪을 가능성은 더 줄어들게 된다(Kidsource, 2020; McLoyd, 2000).

조기개입 프로그램은 여러 측면에서 중요하다. 조기개입 프로그램이 중요한 측면을 몇 가지 제시하면 다음과 같다(Centers for Disease Control and Prevention, 2025; Embrey, 2025; Early Intervention Foundation, 2025).

① 아동이 더 잘 발달하게 한다. 조기개입 프로그램은 아동이 자기 능력을 향상하고 새로운 기술을 배우는 데 도움을 준다. 이렇게 함으로써, 조기개입 프로그램은 아동이 학교생활과 사회생활을 더 잘하는 데 도움을 준다.

② 아동이 사회적·정서적으로 더 잘하게 한다. 조기개입 프로그램에서는 서로 교류하는 방법, 정서를 조절하는 방법, 사회생활을 하는 데 필요한 기법을 배운다. 그 결과, 조기개입 프로그램은 아동이 사회에 더 잘 적응하는 데 도움을 준다.

③ 가족에게 도움을 준다. 조기개입 프로그램을 통해, 가족은 아동의 욕구를 더 잘 충족할 수 있는 지식과 자원을 얻는다.

④ 미래의 문제를 예방한다. 조기개입 프로그램을 통해서 발달문제를 일찍 해결하면, 나중에 정신건강문제, 신체적 건강문제, 비행문제, 기타 부정적인 문제가 발생할 가능성이 줄어든다.

조기개입 프로그램은 효과가 있는 것으로 나타나고 있다. 즉, 아동기 초기에 가정의 외부에서 체계적으로 개입하고 지원하면, 아동이 자라서 취약한 상태에 있을 가능성은 낮아지는 것으로 나타나고 있다. 무엇보다도, 어린 시기에 교육 영역에서 조기에 개입해 인지적으로 자극하는 것은 긍정적인 효과가 있는 것으로 나타나고 있다. 더불어 조기개입 프로그램은 아동이 자기 능력을 최대한 펼치는 데 도움을 주는 것으로 나타나고 있다.

특히 조기개입 프로그램은 장기적으로 긍정적인 영향을 미치는 것으로 알려져 있다. 그리고 조기개입 프로그램은 투자한 비용에 비해 효과가 큰 것으로 알려져 있다. 따라서 조기개입 프로그램은 경제적으로도 효과가 있는 것으로 알려져 있다(Embrey, 2025).

조기개입 프로그램은 태어나서부터 학교에 다니는 나이 사이에 어느 때고 시작할 수 있다. 그러나 조기개입 프로그램은 가능하면 일찍 시작하는 것이 아동과 가족과 사회에 유리하다(Kidsource, 2020).

2) 선진국과 우리나라의 조기개입 프로그램

빈곤아동과 가족을 위해 선진국과 우리나라에서는 조기개입 프로그램을 실시하고 있다. 빈곤아동을 위해 실시하는 조기개입 프로그램에서는 '스타트(Start)'라는 표현을 사용하는 경우가 많다.

조기개입 프로그램의 예로 미국의 헤드스타트(Head Start), 영국의 슈어스타트(Sure Start), 우리나라의 드림스타트(Dream Start)가 있다.

스타트(Start)

'Start'는 여러 선진국에서 쓰고 있는 빈곤층 아동 지원사업의 일반 명칭이다. [...]

미국의 'Head Start(헤드스타트)', 캐나다의 'Fair Start(페어스타트)', 영국의 'Sure Start(슈어스타트)' 등 외국의 빈곤층 아동 지원 프로그램에는 'Start'란 말이 들어간다. 빈곤층 아이들에게 교육·복지 면에서 공정하고 확실한 출발선(start)을 마련해 줘 성인이 됐을 때 가난에서 벗어날 수 있게 한다는 게 기본 정신이다.

[출처 : 중앙일보 특별취재팀(2004)] [원문 그대로 인용]

(1) 미국의 헤드스타트

헤드스타트는 미국의 조기개입 프로그램이다. 헤드스타트는 소득이 적은 가족에서 사는 어린 아동이 학교에서 더 잘하도록 도와주는 프로그램을 말한다. 헤드스타트의 주요한 목적은 아동발달과 관련된 욕구를 전체적으로 충족해 줌으로써, 아동이 학교생활과 사회생활을 잘하도록 도와주는 데 있다(Office of Head Start, 2015; U.S. Department of Health and Human Services, 2025).

헤드스타트는 존슨(Johnson) 대통령이 실시한 '빈곤과의 전쟁(War on Poverty)'의 한 부분으로 등장하였다. 처음에 헤드스타트는 몇 주 동안 실시하는 시범 프로그램이었다. 그러다가 그 후에 헤드스타트는 매일 서비스를 제공하고 여러 가지 서비스를 제공하는 방향으로 나아갔다(노병일, 2021; Office of Head Start, 2015; McLoyd, 2000).

미국의 Head Start 프로그램

미국의 '헤드스타트(Head Start)'는 취학 전 빈곤아동에게 언어, 보건, 정서 등 다방면에 걸친 포괄적 서비스를 제공해 빈곤의 악순환을 끊겠다는 취지로 만들어진 아동 보육 프로그램이다. [...] 헤드스타트는 빈곤에 대한 '예방접종'의 성격을 갖고 있다. 빈곤아동은 일반 아동에 비해 인지발달이나 건강 상태 등에서 뒤처지는 경향이 있는데, 이는 청소년기의 학업 성취도 부진과 직결돼 결국 성인이 되었을 때도 가난을 면키 어려운 처지가 된다는 것이다. 따라서 어렸을 때 일반 아동과 빈곤아동 간의 격차를 최소화하는 게 빈곤을 막는 지름길이란 게 헤드스타트의 이론적 배경이다.

[출처 : 위스타트(2007)] [원문 그대로 인용]

헤드스타트에서는 보육시설, 아동의 가정, 기타 장소에서 어린 아동이 폭넓게 발달하는 것을 지원하고 있다. 또한 헤드스타트는 도시와 농촌을 포함한 다양한 환경에서 실시되고 있다. 이에 따라 헤드스타트에서 관심을 가지는 영역은 늘어나고 있다. 그러나 헤드스타트에서는 빈곤아동에게 교육 기회를 제공하는 데 주로 관심이 있다(Danley, 2020; Office of Head Start, 2015; Lein, 2011).

헤드스타트에서 제공하는 서비스로 조기학습과 관련된 서비스, 건강과 관련된 서비스, 가족의 복리와 관련된 서비스가 있다. 구체적으로 헤드스타트의 주요한 내용은 다음과 같다(U.S. Department of Health and Human Services, 2025; Office of Head Start, 2015).

① 아동과 가족에게 교육 서비스, 건강 서비스, 영양 서비스, 사회 서비스, 기타 서비스를 제공해 아동이 사회적·인지적으로 더 잘 발달하도록 함으로써, 아동이 학교생활을 더 잘하게 한다.

② 부모가 아동의 학습 과정에 관여하게 한다. 또한 부모가 교육, 글 읽기, 고용과 관련해 정한 목표를 달성하도록 드와준다.

그리고 헤드스타트에서는 포용적 서비스를 제공하고 있다. 예를 들어, 헤드스타트에서는 장애아동에게 특히 어울리는 서비스를 하고 있다. 또한 일반 문화와 다른 문화를 가진 가족에서 생활하는 아동에게는 그 문화에 어울리는 학습 환경을 만들어 주고 있다(U.S. Department of Health and Human Services, 2025).

헤드스타트는 여러 가지 영역에서 장기적으로 긍정적인 영향을 미치는 것으로 나타나고 있다. 헤드스타트는 교육 영역, 건강 영역, 사회적 발달 영역에서 특히 긍정적인 영향을 미치는 것으로 알려져 있다. 헤드스타트가 장기적으로 미치는 영향을 몇 가지 제시하면 다음과 같다(Weigel, 2011; Bauer & Schanzenbach, 2016; Schanzenbach & Bauer, 2016; Garces, Thomas & Currie, 2002).

① 교육 성과가 더 나아진다. 헤드스타트에 참여하지 않은 아동에 비해서, 참여한 아동은 고등학교를 졸업하고 대학에 진학하고 대학원에 진학하고 면허나 자격증을 딸 가능성이 더 크다.

② 사회적 · 정서적으로 더 잘 발달한다. 헤드스타트는 성인기에 자신을 더 잘 통제하고, 자신을 더 가치 있게 생각하고, 자녀를 더 긍정적인 방식으로 양육하는 데 이바지한다.

③ 건강이 더 좋아진다. 헤드스타트는 성인기에 건강 상태가 더 좋은 것과 관련된다. 그리고 헤드스타트는 의료 서비스를 더 잘 이용하고 더 건강한 생활 습관을 유지하는 것과 관련된다.

④ 범죄에 덜 관여한다. 헤드스타트에 참여한 흑인은 나중에 범죄로 재판을 받을 가능성이 더 적은 것으로 나타난 바 있다.

헤드스타트는 1965년부터 미국에서 많은 아동과 가족에게 서비스를 제공해 왔다. 그 결과, 헤드스타트는 아동과 가족의 삶의 질을 높이는 데 도움을 주고 있다. 오늘날 헤드스타트는 교육과 지원을 통해 빈곤의 대물림을 끊는 중요한 프로그램에 속하고 있다.

(2) 영국의 슈어스타트

슈어스타트는 영국의 조기개입 프로그램이다. 취약한 상태가 다음 세대로 되풀이되는 것을 인식한 영국 정부는 취약한 지역에 사는 아동에게 새로운 방안을 실시할 것이라고 발표하였고, 1999년에 슈어스타트를 실시하였다. 슈어스타트는 모든 아동이 삶을 가장 잘 시작하도록 해 주려는 정부 프로그램을 말한다(Easy Sociology, 2024; Statham & Eisenstadt, 2001; Roberts, 2001; Harris & White, 2013).

> **영국의 Sure Start 프로그램**
>
> "모든 아이들에게 공정한 출발을, 부모들에겐 일할 수 있는 의지를, 지역공동체에는 안정을"
>
> 영국의 슈어스타트는 가난하고 소외돼 있는 아이들을 위한 영국의 대표적인 복지정책이다. 1997년부터 논의돼 1999년부터 본격적으로 시작된 이 정책은 빈곤 · 소외지역의 아동들과 일반 아동과의 차이가 성인이 된 후에도 지속 · 확장된다는 문제의식으로부터 출발했다. 첫 단추를 잘못 끼우면 결국 사회로부터 소외될 수밖에 없다는 말이다.
>
> [출처 : 위스타트(2007)] [원문 그대로 인용]

슈어스타트의 대상은 가장 취약한 지역에서 살고 있는 부모와 어린 아동이다. 슈어스타트의 목적은 아동이 태어나기 전과 후에 아동과 가족이 더 나은 건강과 복리를 누리게 하는 데 있다. 왜냐하면 이렇게 되면 아동이 학교에 갈 나이가 될 때 잘 성장할 수 있기 때문이다. 더 나아가, 슈어스타트의 목적은 아동이 잘 성장하고 성공할 수 있도록 긍정적이고 보살피는 환경을 만드는 데 있다(Easy Sociology, 2024; Department of Education, 2025; Statham & Eisenstadt, 2001).

영국의 슈어스타트 아동센터 : 슈어스타트의 목적은 아동이 태어나기 전후에 아동 · 가족의 건강과 복리 수준을 높이는 것이다. [출처 : 영국에서 저자 촬영]

슈어스타트에서는 어린 아동기의 경험은 아동의 미래에 영향을 미친다는 점에 주목하고 있다. 따라서 슈어스타트에서는 다양한 서비스를 제공하고 있다. 이런 서비스는 보편적 서비스와 지역의 특정한 구역이나 취약 집단을 대상으로 하는 선별적 서비스를 모두 포함하고 있다. 특히 슈어스타트에서는 조기교육 서비스, 보육 서비스, 의료 서비스, 가족과 관련된 서비스를 함께 제공하고 있다. 무엇보다도 슈어스타트에서는 보편적이고 무료의 조기교육 서비스와 질 좋은 보육 서비스를 함께 제공하고 있다. 더불어 슈어스타트에서는 재정적으로 지원하고 있다. 이때 출산 비용도 보조하고 있다(Easy Sociology, 2024; Albert,

2025; Department of Education, 2025; Department for Children, Schools and Families, 2007; The National Archives, 2009).

슈어스타트에서는 다음과 같은 방법을 통해서, 아동과 부모와 지역사회가 더 나은 방향으로 나아가고자 한다(Department for Children, Schools and Families, 2007).

① 모든 아동이 보육 서비스를 받을 기회를 늘린다.
② 어린 아동의 건강이 좋아지고, 어린 아동이 정서적으로 더 발달하게 한다.
③ 부모가 부모역할을 잘하도록 지원하고, 부모가 일자리를 갖도록 지원한다.

슈어스타트는 아동과 가족의 삶에 긍정적인 영향을 미친 것으로 나타나고 있다(Easy Sociology, 2024).

(3) 우리나라의 드림스타트

우리나라에서는 선진국의 조기개입 프로그램과 비슷한 것으로 희망스타트(Hope Start)를 실시한 바 있다(희망스타트, 2007). 그러다가 우리나라에서는 드림스타트를 실시하고 있다. 드림스타트는 "취약계층 아동과 가족 중 사업대상 아동 발굴[4] 및 문제·욕구 파악, 지역자원 연계를 통해, 건강, 영양, 교육, 문화, 복지 등의 맞춤형 통합서비스 제공[하는]" 사업을 말한다. 드림스타트의 목적은 "취약계층 아동에게 맞춤형 통합 서비스를 제공하여 아동의 건강한 성장과 발달을 도모,[5] 공평한 출발기회를 보장하여 건강하고 행복한 사회구성원으로의 성장을 지원"하는 데 있다(아동권리보장원, 2025b).

우리나라 「아동복지법」에 따르면, "국가와 지방자치단체는 아동의 건강한 성장과 발달을 도모하기 위하여 [...] 아동의 성장 및 복지 여건이 취약한 가정을 선정하여 그 가정의 지원대상아동과 가족을 대상으로 보건, 복지, 보호, 교육, 치료 등을 종합적으로 지원하는 통합서비스를 실시"하도록 되어 있다(국가법령정보센터, 2025). 드림스타트는 여기에 근거하고 있다.

4) 여기서 발굴은 찾아내는 것을 말한다.
5) 도모는 "어떤 일을 이루기 위하여 대책과 방법을 [세우는 것]"을 말한다(표준국어대사전, 2025).

드림스타트 로고 : 드림스타트는 우리나라의 조기개입 프로그램이다. [출처 : 아동권리보장원 (2025b)]

우리나라에서 드림스타트를 실시한 이유는 다음과 같다(아동권리보장원, 2025b).

① 가족이 불안정해지고 사회에서 소득 차이가 벌어짐에 따라 아동빈곤문제가 심각해지고 있기 때문이다.

② 사회에서 빈곤아동에게 투자하는 것은 큰 가치가 있기 때문이다.

드림스타트의 대상은 0세(임산부)부터 만 12세(초등학생 이하)까지의 취약계층 아동과 가족이다. 드림스타트에서는 신체 · 건강 영역, 인지 · 언어 영역, 정서 · 행동 영역, 부모 · 가족 영역에서 여러 가지 서비스를 제공하고 있다. 드림스타트에서는 각 영역에서 이런 서비스를 제공하기 위해 여러 가지 프로그램을 실시하고 있다.

Point

- 조기개입 프로그램은 특별한 욕구가 있거나 있을 가능성이 있는 아동에게 어린 시기에 제공하는 전문적 서비스와 지원이다. 조기개입 프로그램은 효과가 있는 것으로 알려져 있다.
- 선진국과 우리나라에서는 빈곤아동과 가족을 위해 조기개입 프로그램을 실시하고 있는데, 이런 프로그램에서는 '스타트'라는 표현을 사용하는 경우가 많다.
- 조기개입 프로그램의 예로 미국의 헤드스타트, 영국의 슈어스타트, 우리나라의 드림스타트가 있다.

chapter

12 이혼한 가족의 아동

차례

1. 이혼의 정의와 경향 및 아동복지

1) 이혼의 정의와 경향

일반적으로 이혼은 결혼관계를 끊는 것을 말한다. 그동안 이혼에 관해 정의한 것을 몇 가지 제시하면 다음과 같다(Cambridge Dictionary, 2025; Barker, 2003; Encyclopaedia Britannica, 2025).

① 외국의 유명한 영어사전에 따르면, 이혼은 결혼을 끝내는 공식적 과정이거나 법적 과정을 말한다.

② 미국 전국사회복지사협회에서 발간한 사전에 따르면, 이혼은 결혼을 법적으로 취소하는 것을 말한다.

③ 브리태니커(Britannica) 백과사전에 따르면, 이혼은 정당한 결혼이 끝나는 행위를 말한다.

정리하건대, 이혼은 결혼관계가 법적으로 끝나는 과정이나 행위라고 볼 수 있다(노병일 · 노대겸, 2025).

오늘날 여러 국가에서 결혼생활이 이혼으로 끝나는 사례는 증가하고 있다. 예를 들어, 미국에서 이혼율은 높은 것으로 나타난 바 있다. 또한 우리나라는 이혼율이 매우 높은 국가에 속하고 있다.

갓 결혼한 부부 : 결혼 후에 잘 사는 부부도 많지만, 이혼하는 부부도 많다. [출처 : 스페인에서 저자 촬영]

오늘날 이혼하는 사례가 증가하는 이유에는 여러 가지가 있다. 오늘날 부부가 이혼하는 이유를 몇 가지 제시하면 다음과 같다(노병일 · 노대겸, 2025).

① 결혼한 후 자신의 배우자나 미래에 대해 크게 기대하기 때문이다. 결혼한 후 현실적인 것과 이상적인 것 사이에 차이가 크게 나는 것은, 결혼생활에서 갈등을 크게 유발해서 이혼으로 이어질 수 있다.

② 사회적 가치가 변함에 따라서 이혼을 더 긍정적으로 보기 때문이다. 오늘날에는 이혼에 대해 부정적으로 생각하는 사람이 줄어들고 있다. 따라서 결혼생활이 매우 불행한 사람 중에는, 이혼함으로써 불행한 삶을 끝내려는 사람이 많아지고 있다.

③ 경제적 안정을 이루기가 더 어려워지기 때문이다. 경제적 어려움에 따라 스트레스가 계속 쌓이는 것은 이혼으로 이어질 가능성이 크다.

2) 이혼과 아동복지

오늘날에는 자녀(아동 자녀나 성인 자녀)가 있는 부부가 이혼하는 사례가 많다. 이 중에서 자녀가 아동일 때 부모가 이혼하는 사례도 많다.

부모의 이혼은 아동에게 여러 영역에서 매우 부정적인 영향을 미치고 있다. 따라서 아동복지에서는 엄마나 아버지의 어느 쪽에 기울지 않는 태도를 취하면서, 부모가 이혼한 아동을 도와주는 데 관심을 가질 필요가 있다. 특히 아동복지에서는 부모의 이혼이 아동의 정신건강에 부정적으로 미치는 영향에 특히 주목할 필요가 있다(Strohschein, 2005; Rose & Fatout, 2003; Mather & Lager, 2000; Family Means, 2025).

Point

- 이혼은 결혼관계가 법적으로 끝나는 과정이나 행위이다. 오늘날 여러 국가에서 이혼 사례는 증가한다. 오늘날 이혼하는 사례가 증가하는 이유에는 여러 가지가 있다.
- 아동복지에서는 엄마나 아버지의 어느 쪽에 기울지 않는 태도를 취하면서, 부모가 이혼한 아동을 도와주는 데 관심을 가질 필요가 있다.

2. 이혼의 영향

1) 가족구성원에게 미치는 영향

자녀가 있는 부부가 이혼하는 것은 언제 터질지 모르는 폭탄의 역할을 할 수 있다. 왜냐하면 결혼해 자녀가 있는 부부가 이혼한 후에는 여러 가지가 변하게 되고, 그 결과로 잇달아서 가족생활의 여러 영역에서 변화가 나타나기 때문이다. 따라서 자녀가 있는 부부의 이혼은 가족에게 매우 부정적인 영향을 미치고 있다(Ayalon & Flasher, 1993).

이혼이 가족구성원에게 미치는 영향을 몇 가지 제시하면 다음과 같다(노병일 · 노대겸, 2025; Moore, 2015).

① 이혼은 가족구성원의 경제적 측면에 부정적인 영향을 미친다. 결혼한 부부가 이혼한 후에는 여러 가지 경제적 어려움을 겪을 수 있는데, 이것은 소득이 적은 사람에게 특히 그렇다. 무엇보다도, 결혼한 부부가 이혼하는 것은 가족구성원에게 빈곤을 유발할 수 있다. 실제로, 결혼해 자녀가 있는 부부가 이혼하면 여성배우자가 가장이 되는 경우가 많고, 가족의 소득은 부부가 이혼하기 전의 소득보다 훨씬 더 적어지는 경우가 많다. 따라서 결혼한 부부가 이혼하면, 가족구성원은 이전보다 생활 수준이 더 낮아지고 경제적으로 더 불리한 환경에서 살 가능성이 크다.

② 이혼은 가족구성원의 심리적 · 신체적 측면에 부정적인 영향을 미친다. 결혼해 자녀가 있는 부부가 이혼하면 가족이 이전에 유지하던 균형이 깨지는 탓에, 가족구성원 모두는 새로 적응하여야 한다. 따라서 결혼해 자녀가 있는 부부가 이혼한 후에는 가족구성원이 더 긴장하게 되고, 그 결과로 가족구성원은 계속해서 스트레스를 받게 된다. 이런 스트레스는 가족구성원의 심리적 복리와 신체적 복리에 매우 부정적인 영향을 미칠 수 있다.

③ 이혼은 남성배우자(아버지)보다는 여성배우자(엄마)에게 더 영향을 미치는 경우가 많다.[1] 엄마가 이혼한 후 겪는 어려움에는 다음과 같은 것이 있는데, 엄마가 겪는 이런 어려움은 아동에게 다시 영향을 미친다.

㉠ 아동 양육과 관련된 어려움이 있다. 왜냐하면 이혼하면 아동 양육에 대한 책임을 남성보다는 여성이 맡을 가능성이 더 크기 때문이다.

㉡ 경제적 어려움이 있다.[2] 왜냐하면 여성은 이혼한 후 소득이 줄어들 가능성이 크기 때문이다.

㉢ 일이 너무 많은 것과 관련된 어려움이 있다. 왜냐하면 양육을 맡은 엄마는 혼자 하여야 할 일이 너무 많기 때문이다. 아동 양육을 맡은 엄마는 이혼하기 전에는 남성배우자와 함께 일을 나눌 수 있었다. 그러나 여성이 이혼한 후에는 아동 양육, 집안일, 집 고치기, 허드렛일을 여성이 홀로 맡아야 하는 경우가 많다.

2) 아동에게 미치는 영향

(1) 일반적 영향

부모의 이혼은 아동에게 큰 영향을 미치고 있다. 그동안의 연구에 따르면, 부모가 이혼하는 것은 다양한 영역에서 아동에게 영향을 미치고 있다.

무엇보다도 부모의 이혼은 아동의 신체, 정서, 발달, 교육에 영향을 미치고 있다. 따라서 부모가 이혼하면 아동의 삶도 크게 변하게 된다. 그 결과, 이혼은 특히 아동에게 어려움을 줄 수밖에 없다(노병일 · 노대겸, 2025; Frimmel, Halla & Winter-Ebmer, 2024; Holm, Fallesen & Heinesen, 2023; Lanez, 2001).

부모가 이혼한 후에도 부모와 아동이 계속해서 교류하고 경제적 상황과 기타 상황이 좋으면, 아동은 부모가 모두 있는 가족에서 자라는 아동만큼 잘 성장할 수 있다(Rose & Fatout, 2003; Sarri, 1996). 그러나 현실은 그렇지 않은 경우가 많다.

---

1) 이 부분은 한부모가족과도 크게 관련된다. 한부모가족에 대해서는 가족을 다루는 장(제2장)에서 자세히 설명한 바 있다.

2) 이에 대해서는 앞에서 이미 설명한 바 있다.

부모의 이혼에 대해 아동 개인이 반응하는 바는 개인에 따라 차이가 나고 있다. 그동안 여러 학자는 부모가 이혼한 아동이 겪을 수 있는 상황을 연구해 왔다. 이런 상황을 몇 가지 제시하면 다음과 같다(노병일 · 노대겸, 2025; American Psychological Association, 2025).

① 우울하다.
② 자신은 가치가 없다고 느낀다.
③ 부모 사이에서 누구에게 더 잘할 것인지에 대해 갈등한다.
④ 부모 한 사람이나 부모 모두를 좋아하거나 그리워한다.
⑤ 자기 삶에서 발생하는 일을 통제할 수 없다고 생각한다.
⑥ 부모가 다시 결합할 수 있다고 생각한다.
⑦ 자신이 방임되었다고 느끼고, 무기력하다고 느낀다.
⑧ 부모의 이혼에 대해 자신에게 책임이 있다고 느끼면서 자신을 비난한다.
⑨ 자신은 또래와 다르다고 느끼고, 이에 따라 자신은 다른 아동과 함께 존재할 수 없다고 생각한다.

부모가 이혼한 아동은 부모 모두와 함께 살고 싶은 소망이 무너져서 좌절할 가능성이 있다. 특히 부모의 이혼 탓에 생기는 좋지 않은 감정 때문에, 아동은 정서적으로 어려울 수 있다. 더불어 부모가 이혼하는 동안과 이혼한 후에는 형제와 자매들 사이의 관계가 약해질 수 있다(Kayser & Johnson, 2011).

부모가 이혼한 아동은 부모의 이혼을 이해하지 못하거나 부모의 이혼을 자신이 왜 겪는지를 이해하지 못하는 경우가 많다. 이와 관련해, 부모가 이혼한 아동은 다음과 같은 특징을 지니는 경우가 많다(Rose & Fatout, 2003).

① 이혼에 대해 누가 책임이 있는지를 따져본다. 이때, 아동은 부모의 이혼 과정에서 자신이 한 역할은 무엇이었는지에 대해 궁금해한다.
② 미래에 자기에게 어떤 일이 생길 것인지에 대해 두려워한다.

그러므로 부모가 이혼한 아동은 그렇지 않은 아동보다 정신건강문제를 더 겪는 것으로 나타나고 있다. 또한 부모가 이혼한 아동이 겪는 정신건강문제는 부모가 실제로 이혼하기 전부터 나타나는 경우가 많다. 그 결과, 부모가 이혼한 아동은 부모가 모두 있는 아동에 비해서 정신건강과 관련해 도움이 필요한 경우가 더 많다(노병일 · 노대겸, 2025).

다정한 가족의 모습 : 부모가 이혼한 아동은 그렇지 않은 아동보다 정신건강문제를 더 겪을 수 있다. [출처 : 모로코(아프리카)에서 저자 촬영]

한편 아동이 신뢰를 제대로 형성하는 것은 아동이 건전하게 발달하는 데 매우 중요하다. 그러나 부모가 이혼하면 아동의 신뢰가 크게 깨질 수 있다. 따라서 부모의 이혼은 아동이 신뢰를 형성해서 건전하게 발달하는 데 부정적인 영향을 미칠 수 있다(Chirban, 2016).

그리고 부모가 이혼한 후에는 가족이 새로운 지역(동네)으로 이사 가야 하는 경우가 많다. 이때, 새로 이사 간 지역은 이전에 살던 지역보다 더 좋지 않을 가능성이 있다. 이렇게 되면, 이전의 지역에 있던 지지망이 없어지므로 아동의 어려움은 더 커질 수 있다(노병일 · 노대겸, 2025).

또한 부모가 이혼한 후 아동은 모자가족에서 자라는 경우가 많다. 그러나 모자가족의 아동은 여러 가지 어려움을 겪을 수 있다.[3] 그리고 부모가 이혼한 아동은 성인이 되어서도 더 좋지 않은 상황에 있을 수 있다(Frimmel, Halla & Winter-Ebmer, 2024).

정리하건대, 부모의 이혼은 아동이 현재와 미래에 생활하면서 심리적 문제, 학습과 관련된 문제, 사회적 문제, 기타 문제를 더 겪게 하는 식으로 영향을 미칠 수 있다.

(2) 부모 갈등에 따른 영향

부모는 이혼하는 과정에서 크게 싸우면서 갈등하는 경우가 많다. 부모가 이혼하는 과정에서 크게 갈등하는 상황은 아동에게 부정적인 영향을 미칠 가능성이 크다. 부모 갈등과 관련된 영향은 아동을 볼모(hostages)로 취급함에 따른 영향, 부모 갈등이 미치는 영향으로 구분할 수 있다. 각 영향에 대해 구체적으로 살펴보면 다음과 같다(노병일 · 노대겸, 2025; Ayalon & Flasher, 1993; Downs, Moore & McFadden, 2009; Fu, 2023).

① 부모가 이혼하는 과정에서 아동은 볼모가 될 수 있다. 이런 예를 들면 다음과 같다.

㉠ 부모는 아동을 재산처럼 취급할 수 있다. '저 애는 내 거야', '나는 저 애에게 모든 것을 투자해 왔어', '저 애는 나의 미래야'와 같은 표현이 대표적인 예이다.

㉡ 부모는 자기 권리를 주장하고 자기 이익을 위한 도구로 아동을 이용할 수 있다. 전 배우자에게 '네가 돈을 내지 않으면 애들을 볼 수 없어'와 같이 요구하는 것이 대표적인 예이다.

② 부모가 이혼한 아동은 부모가 갈등하는 것을 경험한 경우가 많은데, 이런 갈등은 아동에게 부정적인 영향을 미친다. 아동은 이런 부모 갈등에 대해 다음과 같이 반응할 수 있다.

---

3) 모자가족에 대해서는 가족의 형태를 다루는 장(제2장)에서 이미 설명한 바 있다.

㉠ 두려워하고, 분노한다.

㉡ 부모 중의 어느 한 편에 선다.

㉢ 부모가 갈등할 때 보여주는 부정적 행동을 배운다. 예를 들어, 신체적 폭력이나 언어폭력을 배운다.

㉣ 자기 부모의 관계가 좋지 않고 가족관계가 불안정해지는 것이 자기 때문이라고 생각하면서 자신을 탓한다.

한편 아동이 적응문제를 겪는 주요한 이유는 이혼이라기보다는 부모의 갈등 그 자체에 있다고 보는 학자가 많다. 부모가 갈등하는 가족의 아동은, 부모가 나중에 이혼하는지에 상관없이 심리적 어려움을 겪을 가능성이 크다.

(3) 성별과 나이에 따른 영향

아동은 발달단계가 다르면 이혼을 포함한 가족 상황을 다르게 인식하고 해석하는 경향이 있다. 따라서 부모의 이혼이 미치는 영향은 아동의 성별과 나이에 따라 달라질 수 있다(노병일 · 노대겸, 2025; Frimmel, Halla & Winter-Ebmer, 2024).

우선, 부모가 이혼한 후 2년 정도가 지나면, 남성 아동은 여성 아동에 비해 다음과 같은 특징을 보이는 경향이 있는 것으로 알려져 있다(Rose & Fatout, 2003).

① 충동을 통제하는 데 어려움을 더 겪는다.

② 행동문제를 더 겪는다.

③ 친구를 새로 사귀고 친구관계를 계속 유지하는 데 어려움을 더 겪는다.

그리고 나이는 아동이 부모의 이혼에 대해 반응하는 데 큰 영향을 미치는 것으로 알려져 있다. 이것을 구체적으로 제시하면 다음과 같다(노병일 · 노대겸, 2025).

① 매우 어린 아동과 취학 전 아동은 부모가 이혼하면 혼란스러워할 가능성이 있고, 버려졌다고 느낄 가능성이 있다. 왜냐하면 이런 아동은 이혼을 이해하기가 매우 어렵기 때문이다.

② 학교에 다니는 아동은 부모가 이혼할 때 나타나는 상황을 어린 아동보다 더 잘 이해할 수 있다. 따라서 이런 아동은 크게 혼란스러워할 가능성이 적을 수 있다. 그럼에도 이런 아동은 불안과 슬픔을 느낄 가능성이 있다. 또한 학교에 다니는 아동은 학교에서 어려움을 겪을 가능성이 있다.

일반적으로 나이가 어린 아동은 부모의 보살핌이 끝나는 것에 대해 두려움을 느낄 가능성이 매우 크다. 그리고 나이가 어린 아동에 비해서, 나이가 든 아동은 부모 중에서 누구한테 잘할 것인가와 관련해 더 갈등할 가능성이 있다.

3) 아동 양육을 맡지 않는 부모가 아동에게 미치는 영향

이혼 후 아동 양육을 맡지 않는 부모도 아동에게 영향을 미치고 있다. 아동 양육을 맡지 않는 부모가 아동에게 미치는 영향을 몇 가지 제시하면 다음과 같다(노병일 · 노대겸, 2025; Ayalon & Flasher, 1993).

① 이혼 후 아동을 방문하는 부모는 아동과의 관계를 유지하기 위해 과장되게 행동할 수 있다. 이런 예를 몇 가지 살펴보면 다음과 같다.

㉠ 아동에게 관심을 너무 많이 가질 수 있다.

㉡ 아동을 너무 많이 밖에 데리고 나갈 수 있다.

㉢ 아동에게 선물을 너무 많이 사줄 수 있다.

㉣ 아동에게 약속을 너무 많이 할 수 있다.

이렇게 되면 아동과 부모 사이의 관계는 현실적이지 않게 된다. 즉, 아동의 눈에는 방문하는 부모는 천사로 비치고, 아동을 보호하는 부모는 악마로 비칠 수 있다. 사실은 아동을 보호하는 부모가 아동과 항상 함께 있고, 아동에게 식사를 해주고, 아동을 교육해 주고, 아동의 요구를 들어주는데도 말이다.

② 어느 때는 아동 양육을 맡지 않은 부모가 아동에게 관심이 없고, 과거와의 인연을 끊어버리려 할 수 있다. 이렇게 되면, 아동이 좌절하고 자신을 덜 긍정적으로 인식할 가능성이 더 커진다. 그 결과, 아동은 어려움을 크

게 겪을 수 있다.

③ 아동 양육에 대한 권리가 없는 부모는 죄의식을 느낄 수 있다. 이 경우, 이런 부모는 어느 때는 아동에게 잘해주고 어느 때는 아동을 무시해 버리는 식으로 마음이 변할 수 있다. 이렇게 되면, 아동은 부모가 진짜로 어떤 감정을 지니는지에 대해 헷갈리게 된다. 그 결과, 아동은 혼란스러워하고 좌절할 수 있다.

즐거운 가족 : 이혼 후에 아동 양육을 맡지 않는 부모도 아동에게 영향을 미친다. [출처 : 동유럽에서 저자 촬영]

4) 고려할 점

일반적으로 부모의 이혼은 아동에게 부정적인 영향을 미치고 있다. 그러나 부모의 이혼이 아동에게 반드시 불리하게만 영향을 미치는 것은 아니다. 어느 때는 부모의 이혼이 아동에게 긍정적인 영향을 미칠 수도 있다. 예를 들어, 제 역할을 잘하지 못하는 가족에서 사는 아동은 부모가 이혼한 후 사회의 가치에 어긋나는 행동을 덜 하는 경향이 있는 것으로 나타난 바 있다(노병일 · 노대겸, 2025).

부모가 이혼하는 동안 아동은 슬픔, 충격, 분노를 경험할 가능성이 크다. 하지만 아동이 가지는 이런 감정은 시간이 지나면서 줄어드는 경우가 많다. 또한 아동은 이런 감정에서 벗어나서 안도감을 느끼고 즐거움을 경험할 수도 있다(Kayser & Johnson, 2011).

그러므로 아동은 부모의 이혼에 잘 적응할 수도 있다. 아동이 부모의 이혼에 적응하는 정도에 영향을 미치는 요인에는 여러 가지가 있다. 이런 요인을 몇 가지 제시하면 다음과 같다(Kayser & Johnson, 2011).

① 아동의 나이
② 아동의 성별
③ 아동이 부모의 갈등을 경험한 정도
④ 아동이 사회적 지지를 이용할 수 있는 정드
⑤ 아동이 인지적으로 발달한 정도
⑥ 아동이 자신과 함께 살지 않는 부모와 교류하는 정도
⑦ 부모가 이혼에 적응하는 정도
⑧ 부모 사이에 갈등하는 정도
⑨ 가족의 경제적 수준
⑩ 스트레스를 주는 기타 생활사건
⑪ 아동의 지적 능력
⑫ 이혼한 부모 사이에 의사소통을 잘하는 것
⑬ 부모가 정서적으로 안정된 정도

부모의 이혼이 아동에게 긍정적으로 작용하는 것과 관련된 이론이 스트레스 완화 이론(stress relief hypothesis)이다. 스트레스 완화 이론에서는, 부모의 이혼과 같이 스트레스를 주는 사건은 아동에게 실제로는 긍정적인 영향을 미칠 수도 있다고 보고 있다. 왜냐하면 부모의 이혼은 아동이 매우 좋지 않은 환경에서 벗어나는 길이 될 수도 있기 때문이다. 실제로 그동안의 연구에서, 부모가 헤어지지 않고 갈등을 크게 겪으면서 결혼 상태를 유지할 때는 아동이 문제를 더 겪는 경우가 많은 것으로 나타나고 있다(American Psychological Association, 2025).

부모의 이혼이 아동에게 긍정적인 영향을 미칠 수도 있는 예를 몇 가지 제시하면 다음과 같다(노병일 · 노대겸, 2025; Frimmel, Halla & Winter-Ebmer, 2024).

① 부모가 아동을 매우 심하게 학대하는 가족에서 사는 아동에게는, 부모의 이혼은 아동에게 스트레스를 줄여주는 길이 될 수도 있다.

② 부모 사이에 갈등이 매우 심각할 경우, 부모가 이혼하면 아동은 이런 갈등에 더는 시달리지 않을 수도 있다.

한편 부모의 이혼은 아동에게 부정적인 영향을 미친다고 보는 경우가 많다. 그러나 부모의 이혼이 아동의 발달에 어느 정도의 영향을 미치는지에 대해서는 분명하게 밝혀져 있지 않다. 또한 부모가 이혼한 사실만 가지고는 아동에 대해 어떤 것도 알 수 없다는 연구 결과도 있다. 이런 연구에서는 부모가 이혼한 아동이 공통으로 지니는 특징은 없다고 보고 있다(Frimmel, Halla & Winter-Ebmer, 2024; Lanez, 2001).

그리고 부모가 이혼한 아동의 대부분은 좋지 않은 문제를 겪지 않을 수도 있다. 일부 학자가 연구한 바에 따르면, 부모의 이혼은 아동에게 적은 영향을 미치거나 중간 정도의 영향을 미치는 경우가 많다. 이것은 부모의 이혼은 아동이 좋지 않은 상황에 있을 가능성을 키우는 요인이 되기는 하지만, 부모의 이혼 자체가 아동이 좋지 않은 상황에 있을 가능성을 키우는 가장 큰 요인이거나 가장 중요한 요인은 아니라는 점을 보여주고 있다(D'Onofrio, 2011).

Point

- 이혼은 가족구성원의 경제적 · 심리적 · 신체적 측면에 부정적인 영향을 미친다. 이혼은 여성배우자(엄마)에게 더 영향을 미치는 경우가 많다.
- 부모의 이혼은 아동이 현재와 미래에 심리적 문제, 학습과 관련된 문제, 사회적 문제, 기타 문제를 더 겪는 식으로 영향을 미칠 수 있다.
- 부모가 이혼하는 과정에서 크게 갈등하는 상황은 아동에게 부정적인 영향을 미칠 가능성이 크다.
- 부모의 이혼이 미치는 영향은 아동의 성별과 나이에 따라 달라질 수 있다.
- 이혼 후 아동 양육을 맡지 않는 부모도 아동에게 영향을 미친다.
- 어느 때는 부모의 이혼이 아동에게 긍정적인 영향을 미칠 수도 있고, 아동은 부모의 이혼에 잘 적응할 수도 있다.

3. 이혼 부모의 역할

이혼하려는 부모는 아동을 위해 여러 가지 역할을 할 수 있다. 따라서 이혼하려는 부모는 이혼이 아동에게 부정적으로 미치는 영향을 줄이기 위해서, 이혼하기 전에 나름의 역할을 할 필요가 있다.

이혼하려는 부모가 아동을 위해 할 수 있는 것을 몇 가지 제시하면 다음과 같다(American Psychological Association, 2025).

① 앞으로의 계획을 짜서 그것을 아동에게 보여준다. 이렇게 하는 것은 아동에게 도움이 되는 경우가 많다.

② 부모와 아동이 서로 솔직히 이야기를 나눈다. 가족 내에서 벌어지고 있는 변화에 대해 부모와 아동이 서로 솔직하게 이야기하는 것은, 아동에게 유리하게 작용하는 경우가 많다.

③ 큰일을 미리 알려준다. 부모의 이혼과 같이 갑자기 변화하는 사건은 아동에게 어려움을 줄 수 있다. 따라서 새로운 집으로 이사 가거나 부모 중에서 한 명이 집을 나갈 경우, 가능하다면 이런 사실을 미리 아동에게 알려주는 것이 좋다.

이 외에도, 부모는 이혼하기 전과 이혼한 후에 아동의 복리를 위해 여러 가지 역할을 할 수 있다. 이때 필요하다면, 사회복지사나 기타 전문가의 도움을 받는 것이 좋다.

Point

- 이혼하려는 부모는 이혼이 아동에게 부정적으로 미치는 영향을 줄이기 위해서, 이혼하기 전에 나름의 역할을 할 필요가 있다.
- 부모는 이혼 전과 후에 아동의 복리를 위해 여러 역할을 할 수 있다.

4. 사회복지사의 역할

1) 일반적 역할

사회복지사는 이혼과 관련된 법적 과정에서 개인, 가족, 변호사를 여러 가지 방식으로 도와줄 수 있다(Kayser & Johnson, 2011). 그리고 사회복지사는 이혼한 가족과 아동을 돕기 위해 여러 가지 역할을 할 수 있다.

우선, 이혼과 관련해 사회복지사는 기본적으로 다음과 같은 역할을 할 수 있다(Rose & Fatout, 2003).

① 아동이 부모의 이혼 과정을 잘 극복하도록 도와준다.
② 가족이 아동의 욕구를 충족하도록 도와준다.
③ 필요한 경우, 아동에게 일시적으로 함께 살지 않는 부모의 역할을 한다.
④ 부모가 이혼한 아동에게 임시로 또는 영구적으로 머무를 거처를 마련하는 데 도움을 준다.

이혼과 관련해 사회복지사가 하는 중요한 역할의 하나는 상담하는 역할이다. 이혼하는 부모와 아동이 사회복지사와 상담하는 것은, 이혼하는 부모와 아동이 다음과 같은 것을 하는 데 도움이 될 수 있다(American Psychological Association, 2025).

① 이혼과 관련된 감정을 다룬다.
② 이혼 때문에 생기는 변화에 적응한다.
③ 결혼생활을 하면서 잘못된 점을 파악한다. 이렇게 하면, 이혼하는 부부는 나중에 다른 사람과 재혼할 때 이런 잘못된 점을 반복하지 않을 가능성이 크다.

사회복지사는 전문가의 도움이 필요하거나 전문적 치료가 필요한 아동에게 여러 가지 서비스를 제공하거나 의뢰할 수 있다(Kayser & Johnson, 2011). 이때, 사회복지사는 서비스를 아동에게 제공하는 데 직접 관여하거나 간접적으로 도움을 줄 수 있다.

부모가 이혼하는 과정에 있는 아동을 위한 초기 면담의 예

<사회복지사> 소라야! 안녕! 나는 ○○○야. 나는 가정법원에서 사회복지사로 일하고 있어. 소라는 가정법원에 있는 사회복지사가 어떤 일을 하는지 아니?

<소라> 모르겠는데요.

<사회복지사> 그래. 나는 자기 문제에 대해 판사님에게 이야기하기 위해 법원에 오는 부모님과 아동을 많이 봐. 법원에 오는 부모님 중에서 어떤 부모님은 나중에 이혼하지. 소라의 부모님도 그런 경우야. 이런 부모님과 아동은 여러 가지 도움이 필요해. 그런 경우, 판사님은 사회복지사에게 소라 가족을 방문해 가능한 한 도와주라고 이야기하셔. 그래서 내가 소라 집에 온 거야. 그러나 내가 도와주기 전에 나는 소라 가족과 시간을 보낼 필요가 있어. 왜냐하면 소라 가족과 시간을 보내야만, 소라 가족이 어떻게 지내고 있으며 어떤 도움이 필요한지를 알 수 있기 때문이지. 이제 소라는 사회복지사가 하는 일이 무엇인지 알겠어?

<소라> 약간은 알 것 같네요.

<사회복지사> 내 생각에는, 이제 약간 혼란스러워 보일 수도 있어. 소라가 더 잘 이해하도록 도와주어도 좋을까?

<소라> 예.

<사회복지사> 그래. 부모님이 이혼하려는 아동은 자신이 이해하지 못하는 여러 가지를 느끼는 경우가 많아. 일반적으로 이런 아동은 매우 슬퍼하지. 어느 때는 자신에게 일어난 일에 대해 약간 화가 나기도 해. 어느 때는 부모님이 헤어지는 것이 자기가 잘못하였기 때문이라고 생각해. 또한 아빠(또는 엄마)가 더 잘하셨으면 이런 일이 생기지 않았을 것이라고 생각하므로, 아빠(또는 엄마)에게 화를 낼 수도 있어. 이런 것들은 소라가 지금 당장 이야기하기 불편할 수 있는 것들이야. 따라서 소라는 내게 이런 것을 지금 당장 이야기하지 않아도 돼. 소라가 원하면 나중에 이야기해도 돼. 나는 소라 가족이 겪는 것과 같은 것을 경험한 많은 아동과 이야기를 나눠 봤어. 소라가 과거에 느끼던 것과는 다른 여러 가지를 지금 당장 느끼는 것은 매우 당연한 거야.

[출처 : Mather & Lager(2000)의 내용을 노병일이 풀어서 제시함]

그리고 사회복지사는 이혼을 고려하는 부모에게 전문적 서비스를 제공할 수 있다. 이때 제공하는 전문적 서비스의 목적은 다음과 같다(Downs, Moore & McFadden, 2009).

① 이혼할 부부가 이혼이 미칠 영향을 이해하는 데 도움을 준다.
② 아동 양육과 관련해, 이혼할 부부 모두가 동의할 수 있는 결정을 내리는 데 도움을 준다. 이런 결정은 아동에게 가장 이익이 되는 결정이어야 한다.

이혼이 성인과 아동에게 부정적으로 미치는 영향을 줄이거나 없애기 위해서, 사회복지사는 이혼을 이상한 것으로 보지 않도록 교육하거나 관련 서비스를 제공할 수 있다. 이와 관련해, 사회복지사는 이혼이 인생의 실패를 나타낸다고 생각하지 않게 할 필요가 있다(Ayalon & Flasher, 1993). 사실, 이혼은 살다가 겪는 여러 가지 과정의 하나이다. 따라서 이전의 잘못된 환경에서 벗어나 새로운 환경으로 들어가는 것을 이혼이라고 볼 수도 있다. 그러므로 사회복지사는 부모가 새로운 환경에서 더 만족스러운 관계를 유지하는 것과 관련해 도움을 줄 수 있고, 또한 아동이 새로운 환경에서 자신의 위치를 찾는 것과 관련해 도움을 줄 수 있다.

2) 이혼 중재자의 역할

(1) 이혼 중재의 정의와 필요성 및 고려할 점

이혼하는 과정에서 갈등을 크게 겪는 부부에게는 이혼 중재가 필요할 수 있다. 이혼 중재는 이혼하려는 부부가 이혼을 결정하도록 도와주고 또한 부부와 아동(자녀)에게 가장 좋은 것을 결정하도록 도와주는 것을 말한다(Brian, 2017).

이혼 중재에서는 부부의 어느 쪽에도 치우치지 않는 사람이 부부 사이를 중재해서 문제를 해결하도록 도와주고 있다(Kayser & Johnson, 2011; DeAngelis & Ramirez, 2023; Baron Law & Mediation, 2024). 이때 사회복지사는 이혼 중재자의 역할을 할 수 있다.

이혼 중재는 아동의 복리를 위해서 필요하다. 사실, 아동(자녀)이 있는 부부의 이혼 중재에서 가장 중요한 것은, 아동에게 가장 좋은 것을 결정하도록 도와주는 것이다.

법원에서 이혼 상담을 하는 부부 : 사회복지사는 이혼 중재자의 역할을 할 수 있다. [출처 : 이창복 님 제공]

이혼과 관련해 위기를 가장 크게 겪는 시기에, 부모는 아동을 어떻게 할 것인지를 결정하고 있다. 그러나 이혼과 관련된 위기가 가장 클 때 결정하는 것은 시기적으로 가장 좋지 않다. 왜냐하면 부모가 스트레스를 받을 때는 합리적으로 결정하는 것이 어렵기 때문이다. 따라서 부부 관계가 좋지 않아 이혼까지 고려하는 시기에는, 부모와 아동이 나중에 새로운 관계를 어떻게 맺을 것인지에 대해 자세히 논의하기 어렵다. 그 결과, 아동의 일상생활과 관련된 많은 문제가 해결되지 않은 채 남겨질 수 있다. 이때, 이혼 중재를 통해 이런 문제를 논의할 수 있다(DeAngelis & Ramirez, 2023; Ayalon & Flasher, 1993).

한편 이혼을 중재하는 과정에서 중요한 것은, 이혼하는 부모가 서로 약속해 결정하게 하고 이 결정을 나중에 반드시 따르게 하는 것이다. 이혼한 부모가 나중에 서로 싸우고 오해하면, 이전에 서로 약속한 결정을 지키지 않을 가능성이 크고, 또한 아동의 생활이 불안정해질 가능성이 크다. 아동의 현재생활과 미래생활은 부모 사이에 서로 의견이 일치하는 정도에 따라 달라지는 경우가 많다. 그러므로 부모 사이에 서로 의견이 잘 일치하는 정도는, 아동이 성인이 되었을 때 결혼, 가족생활, 부모의 의무에 대해 어떻게 생각하는지에 영향을 미치게 된다.

(2) 이혼 중재자의 역할

아동과 관련된 이혼 중재자는 여러 발달 단계에서 아동이 가지는 욕구를 알고 있고, 또한 아동이 위기 상황에서 어떤 행동을 하는지를 알고 있는 전문가이다. 따라서 이혼 중재자는 아동이 어려움을 겪을 때 나타나는 증상을 보고서, 아동에게 도움이 필요한 정도를 판단할 수 있다. 이때, 이혼 중재자는 아동의 상황을 부모에게 전달해서, 부모가 아동의 증상을 잘못 해석하지 않게 할 필요가 있다.

또한 이혼 중재자는 다음과 같은 역할을 할 수 있다(DeAngelis & Ramirez, 2023; Baron Law & Mediation, 2024; Ayalon & Flasher, 1993).

① 부부가 주요한 문제에 대해 더 잘 의견을 나누게 한다. 이때 주요한 문제로 재산과 관련된 문제, 아동 양육과 관련된 문제가 있다.
② 부부 사이에 갈등이 커지지 않게 한다.
③ 부부가 과거의 어려움에서 벗어나게 한다.
④ 부부가 자신의 미래에 벌어질 일에 대해 대비하게 한다.

한편 부모가 이혼하면, 아동은 부모가 자신을 버릴까 두려워하는 경우가 많다. 이에 따라 어떤 아동은 부모와 재결합하기 위해 끈질기게 노력할 수도 있고, 부모의 관심을 끌거나 부모를 괴롭히기 위해 극단적 방법을 사용할 수도 있다. 그러나 부모 각각은 아동이 보이는 이런 증상을 서로 다르게 해석할 수 있다. 따라서 부모 각각은 자신이 내린 서로 다른 해석에 근거해 더 심하게 싸울 수 있다. 그러므로 이혼 중재자는 부부가 보이는 자극적 행동에 관여하지 않으면서, 아동이 가진 욕구를 파악하는 역할을 할 수 있다(Ayalon & Flasher, 1993).

(3) 이혼 중재의 장점

이혼 중재는 법정에서 다투는 것보다 더 좋은 방안인 경우가 많다(American Psychological Association, 2025b). 실제로 이혼 중재는 법정에서 다투는 것보다 더 평화롭게 진행되는 경우가 많은 것으로 알려져 있다.

이혼 법정의 모습 : 이혼 중재는 법정에서 다투는 것보다 더 평화롭게 진행되는 경우가 많다. [저자 : Ehrhart(1832~1867)] [출처 : https://en.wikipedia.org/wiki/Divorce#/media/File:Samuel_D. Ehrhart - An International High Noon Divorce (1906).jpg]

사회복지사를 포함한 전문가가 이혼 중재자의 역할을 잘하는 것은 여러 가지 장점이 있다. 이혼소송에 비해서 이혼 중재가 지니는 장점을 몇 가지 제시하면 다음과 같다(Baron Law & Mediation, 2024; Meridian Family Law, 2025).

① 비용 측면에서 더 유리하다. 이혼 중재는 이혼소송보다 비용이 적게 드는 경우가 많다. 왜냐하면 이혼 중재를 하면 법정에서의 오랜 다툼과 과도한 법률 비용을 피할 수 있기 때문이다.

② 스트레스가 더 적다. 이혼 중재에서는 대립보다는 협력을 장려한다. 따라서 이혼 중재에서는 정서적 스트레스를 덜 겪는다.

③ 해결되는 시간이 더 빠르다. 소송을 통한 이혼은 몇 달이 걸릴 수 있고, 때에 따라서는 몇 년이 걸릴 수도 있다. 그러나 이혼 중재에서는 해결하는 데 시간이 덜 걸리는 경우가 많다.

④ 의사소통을 더 잘할 수 있다. 이혼 중재에서는 솔직한 대화를 장려한다.

⑤ 사생활이 더 보호된다. 이혼소송에서는 법정에서 한 얘기가 공식 기록에 남는다. 그러나 이혼 중재에서는 진행 사항에 대해 비밀이 유지된다.

이혼 중재의 이런 장점은 이혼하려는 부모뿐만 아니라 아동의 복리에도 직접·간접으로 긍정적인 영향을 미칠 가능성이 크다. 예를 들어, 이혼 중재를 받은 부모는 다음과 같이 할 가능성이 크다(Baron Law & Mediation, 2024; Ayalon & Flasher, 1993; Kayser & Johnson, 2011; American Psychological Association, 2025).

① 헤어지므로 생기는 감정을 드러내면서 직접 다루는 법을 배운다.

② 아동을 부모의 개인적 이익이나 금전적 이익을 위해 이용하지 말아야 한다는 점을 배운다. 이에 따라 부모는 아동은 인격이 있는 존재라는 점을 배운다. 즉, 부모는 아동이 나름의 욕구와 감정을 가진 존재라는 점을 배운다.

③ 부모의 갈등으로 아동이 불필요하게 고통을 겪는다는 사실을 더 잘 이해한다. 이에 따라 부모는 아동의 욕구에 관심을 더 가지고, 아동이 겪는 고통을 가능하면 줄이려고 노력한다.

④ 아동과 함께 살지 않는 부모는 아동과 더 잘 교류하고 아동에게 더 잘 관여한다.

⑤ 배우자와의 관계가 더 나빠지지 않는다.

결국, 이혼 중재가 부모에게 미치는 긍정적인 영향은 아동에게 긍정적으로 작용할 가능성이 크다.

한편 아동이 이혼 중재 과정에 참여하는 것은 아동에게도 큰 도움이 될 수 있다. 이때, 이혼 중재자의 역할은 아동을 대표해서 아동이 생각하는 바를 부모에게 전달하는 데 있다. 이렇게 되면, 아동은 자신이 부모의 이혼을 어찌할 수는 없지만, 자기 삶을 어느 정도 통제할 수 있다고 느끼게 된다.

아동은 자신이 이혼 중재 과정에 참여한 후 다음과 같이 되는 경우가 많다.

① 마음이 편안해진다.

② 이혼과 관련된 상황이 복잡하다는 점을 더 잘 이해한다.

3) 부모와 아동의 교류와 관련된 역할

아동은 부모 모두와 친한 관계를 유지할 때 더 잘 성장하는 경우가 많다. 그 동안의 연구에 따르면, 부모 중 한 명과 관계가 좋지 않거나 부모 모두와 관계가 좋지 않은 아동은, 가족문제를 다룰 때 어려움을 더 겪을 가능성이 있다.

그러므로 사회복지사는 이혼한 부모와 아동이 서로 친한 관계를 계속해서 유지하는 데 도움을 줄 수 있다. 이와 관련해, 사회복지사는 부모와 아동 사이의 관계에 주목하는 부모 교육을 할 수 있다. 부모와 아동 사이의 관계를 개선하는 데 주목하는 부모 교육은, 부모가 이혼하고 시간이 흐른 후 아동이 더 잘 지내는 데 도움을 줄 가능성이 크다(American Psychological Association, 2025).

Point

- 사회복지사는 이혼한 가족과 아동을 돕기 위해 여러 역할을 할 수 있다.
- 이혼 중재는 이혼하려는 부부가 이혼을 결정하도록 도와주고 부부와 아동(자녀)에게 가장 좋은 것을 결정하도록 도와주는 것이다. 이혼 중재에서는 부부의 어느 쪽에도 치우치지 않는 사람이 문제를 해결하도록 도와준다. 사회복지사는 이혼 중재자의 역할을 할 수 있다.
- 이혼 중재자는 아동이 어려움을 겪을 때 나타나는 증상을 보고서, 아동에게 도움이 필요한 정도를 판단할 수 있다.
- 이혼 중재가 부모에게 미치는 긍정적인 영향은 아동에게 긍정적으로 작용하게 된다.
- 사회복지사는 이혼한 부모와 아동이 서로 친한 관계를 계속 유지하는 데 도움을 줄 수 있다.

PART 04

아동복지의 폭넓은 환경

제13장 아동복지의 생태학적 측면

chapter

13 아동복지의 생태학적 측면

차례

1. 생태학적 관점의 필요성과 정의

아동이 발달하는 데는 여러 가지 요인이 영향을 미치고 있다. 따라서 아동 개인이나 가족과 관련된 요인뿐만 아니라 아동을 둘러싸고 있는 환경적 요인도 아동이 발달하는 데 영향을 미치고 있다. 그리고 이런 요인들은 서로에게 영향을 미치고 있다. 그러므로 아동, 아동의 가족, 아동·가족이 사는 사회적 환경은 끊임없이 서로 교류하면서 아동발달에 영향을 미치고 있다(노병일, 2015; Garbarino, 2014; Jack, 2001; Wise, 2001).

아동복지와 관련된 영역은 여러 가지 차원과 관련되고 있다. 따라서 아동복지와 관련된 문제의 원인과 해결 방안을 찾을 때는 더 폭넓은 측면에 주목할 필요가 있다. 그러므로 아동복지 영역에서는 아동을 둘러싸고 있는 폭넓은 사회적 환경도 고려할 필요가 있다. 이와 관련되는 관점이 생태학적(ecological) 관점이다.

생태학적 관점은 아동복지 영역에서 사회적 환경을 폭넓게 살펴보는 관점에 속하고 있다. 생태학적 관점은 개인과 환경은 서로 분리될 수 없으므로 개인과 환경을 함께 고려하는 관점을 말한다(노병일, 2015; Petrona, 2018; Cox, 2003).

과거에는 아동발달에 대한 연구에서 아동의 바로 주위에 있는 환경적 요인에만 주목한 경우가 많았다. 이런 연구에서는 아동이 발달하는 데 영향을 미치는 요인 중에서 일부만을 다루었다. 그러다가 학자들은 아동에게서 멀리 떨어진 환경적 요인에도 관심을 가지기 시작하였고, 그 결과로 생태학적 관점에 더 주목하게 되었다. 당연하게도 생태학적 관점에서는 아동과 관련된 사회적 환경의 여러 수준에 관심을 가지고 있다(Lambert & Black, 2001; Petrona, 2018).

학교 수업이 끝난 후 지역사회에서 어울리는 아동들 : 아동과 가족과 아동·가족이 사는 사회적 환경은 끊임없이 서로 교류하면서 아동발달에 영향을 미친다. [출처 : 인도네시아에서 저자 촬영]

Point

- 아동복지 영역에서는 아동을 둘러싼 폭넓은 사회적 환경도 고려할 필요가 있는데, 이와 관련된 관점이 생태학적 관점이다.
- 생태학적 관점은 개인과 환경을 함께 고려하는 관점이다.

2. 생태학적 관점의 중요성과 고려할 점

아동복지와 관련해 생태학적 관점은 여러 가지 측면에서 중요하다. 아동복지와 관련된 생태학적 관점이 중요한 측면을 몇 가지 제시하면 다음과 같다(노병일, 2015).

① 예방하는 측면과 관련해 중요하다. 생태학적 관점을 취하는 것은 아동복지와 관련된 문제를 예방하는 효과가 있다.

② 아동의 강점을 강조하는 측면과 관련해 중요하다. 과거에는 아동이 사회에 이바지할 수 있는 점에 큰 관심을 가지지 않았다. 그러나 생태학적 관점에서는 인간은 세대 사이에 서로 의존한다고 본다. 따라서 생태학적 관점에서는 아동이 사회에 이바지하는 측면도 강조한다.

③ 전체적 측면과 관련해 중요하다. 생태학적 관점에서는 가족의 역할을 전체적으로(holistic) 보는 것을 강조한다. 따라서 생태학적 관점에서는 아동이 여러 차원에서 변화하고 발전한다고 본다.

한편 오늘날에는 정보통신기술이 매우 빠르게 발달하고 있다. 특히, 오늘날 인공지능은 사회의 모든 영역에서 큰 영향을 미치고 있다. 당연히 인공지능은 아동복지 영역에서도 큰 영향을 미치고 있다. 인공지능은 사이버 공간에서 활동하므로, 인공지능이 미치는 영향을 직접 보기 어려울 수 있다.

그러나 인공지능은 오늘날의 사회에서 새로운 생태학적 영역이라고 볼 수 있다. 인공지능은 모든 수준에서 영향을 미치고 있다. 예를 들어, 인공지능은 개인(아동) 수준, 가족 수준, 학교 수준, 사회 수준에서 큰 영향을 미치고 있다. 따라서 앞으로 생태학적 관점에서는 인공지능의 무대인 사이버 공간도 고려할 필요가 있다.

Point

- 생태학적 관점은 예방 측면, 아동 강점을 강조하는 측면, 전체적 측면과 관련해 중요하다.
- 생태학적 관점에서는 인공지능의 무대인 사이버 공간도 고려할 필요가 있다.

3. 브론펜브렌너의 생태체계 모델

1) 브론펜브렌너의 생태체계 모델의 등장

그동안 학자들은 환경이 아동의 생활에 어떤 영향을 미치는지를 파악하기 위해 여러 가지 모델을 제시해 왔다. 이런 모델 중에서 매우 체계적인 모델로 인정받는 모델이 브론펜브렌너(Bronfenbrenner)의 모델이다. 브론펜브렌너는 변화하는 환경에 인간이 일생에 걸쳐 서서히 적응하는 것을 설명하기 위해 생태체계 모델을 제시하고 있다.

브론펜브렌너에 따르면, 인간은 자기 홀로 발달하는 것이 아니라, 가족 및 사회와 관계를 맺으며 발달하고 있다. 그러나 브론펜브렌너는 아동이 자라는 환경은 여러 차원으로 구성되어 있고 서로 얽혀 있으므로, 환경이 아동에게 미치는 영향을 파악하는 것은 쉽지 않다고 보고 있다. 이에 따라서 환경이 아동에게 미치는 영향을 단순하게 설명하기 위해 브론펜브렌너가 제시한 이론이 생태학적 발달 이론(ecological theory of development)이다(Eamon, 2001; Thomas, 2000; Woo, 2005). 브론펜브렌너의 생태체계 모델은 이 이론에 근거하고 있다.

2) 브론펜브렌너의 생태체계 모델의 구성

브론펜브렌너의 생태체계 모델은 다섯 체계를 포함하고 있다. 구체적으로 브론펜브렌너의 생태체계 모델은 미시체계(microsystem), 중간체계(mesosystem), 외체계(exosystem), 거시체계(macrosystem), 시간체계(chronosystem)로 구성되어 있다(Laird & Hartman, 1985; Thomas, 2000; Eamon, 2001).

브론펜브렌너의 생태체계 모델을 그림으로 간단히 나타내면 |그림 13-1|과 같다.

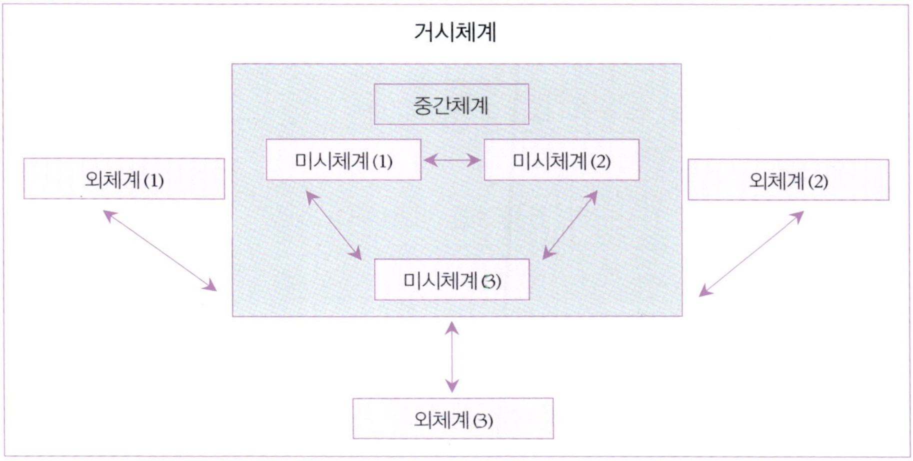

| 그림 13-1 | 브론펜브렌너의 생태체계 모델

출처 : Thomas(2000).

(1) 미시체계

미시체계는 가장 기본적인 분석단위가 되는 체계를 말한다. 미시체계의 예로 가족, 학교, 또래집단이 있다.

(2) 중간체계

중간체계는 아동과 가장 가까운 곳을 넘어서 바로 나타나는 체계를 말한다. 중간체계는 두 개 이상의 미시체계들 사이의 관계를 포함하고 있다.

중간체계의 예로 학교와 가족 사이의 관계, 또래집단과 가족 사이의 관계가 있다.

(3) 외체계

외체계는 두 가지 이상의 상황 사이에서 벌어지는 연결고리와 과정을 나타내는 체계를 말한다. 즉, 외체계는 개인의 행동에 꾸준히 영향을 미치는 특정한 사회 구조를 가리킨다. 외체계의 예를 몇 가지 제시하면 다음과 같다.

① 아동의 부모가 근무하는 사업장 : 부모의 사업장에서 일어난 사건은 가정에서 아동에게 영향을 미칠 수 있다. 또한 부모가 근무하는 사업장이 가

까이 있으면, 부모는 아동과 함께 더 많은 시간을 보낼 수 있다.

② 누나와 언니의 친구관계 : 누나·언니가 자기 친구와 만나느라 집 밖에서 활동하는 시간이 많으면, 누나·언니가 아동을 보살필 수 있는 시간은 줄어든다.

③ 부모의 사회적 지지망과 전체적인 이웃(동네) 상황

(4) 거시체계

거시체계는 아동이 직접 하는 경험으로부터 가장 멀리 떨어져서 영향을 미치는 체계를 말한다. 구체적으로 거시체계는 물질적 자원, 기회 구조, 생활 양식과 관습, 문화적 인식과 같은 것을 포함하고 있다.

(5) 시간체계

시간체계는 시간 차원을 포함하는 체계를 말한다. 시간체계는 삶의 과정에 걸쳐서 나타나는 변화를 포함하고 있다. 시간체계가 나타나는 예를 몇 가지 제시하면 다음과 같다.

① 역사적 사건과 같은 변화는 환경 내에서 나타난다.

② 아동기에서 청소년기로 바뀌고, 청소년기에서 성인기로 바뀌는 것과 같은 변화는 개인 내에서 나타난다.

3) 정 리

브론펜브렌너가 제시하는 생태체계는 미시체계, 중간체계, 외체계, 거시체계의 순으로 아동에게 가까이 있다. 브론펜브렌너의 생태체계 모델에서는 아동을 걸어 다니는 해석가로 인식한다고 볼 수 있다. 왜냐하면 아동은 자기가 만나는 모든 환경의 의미를 끊임없이 해석하는 중이기 때문이다.

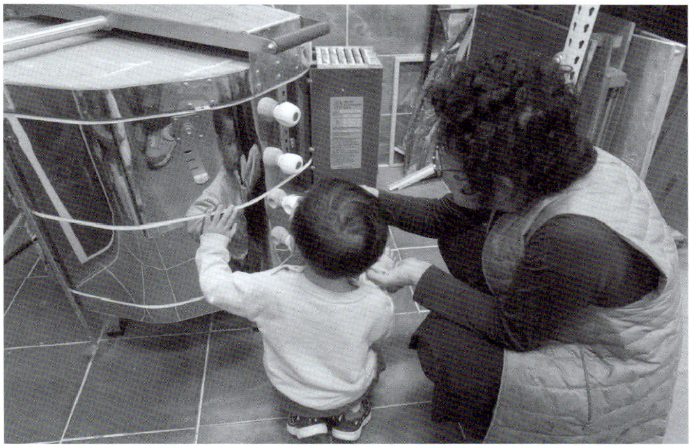

유리작품을 만드는 장치에 대해 계속 질문하는 아동 : 브론펜브렌너의 생태체계 모델에 따르면, 아동은 환경의 의미를 끊임없이 해석한다. [출처 : 저자 촬영]

Point

- 브론펜브렌너는 변화하는 환경에 인간이 일생에 걸쳐 서서히 적응하는 것을 설명하기 위해 생태체계 모델을 제시한다.
- 브론펜브렌너의 생태체계 모델은 미시체계, 중간체계, 외체계, 거시체계, 시간체계로 구성된다. 미시체계는 가장 기본적인 분석단위가 되는 체계이다. 중간체계는 아동과 가장 가까운 곳을 넘어서 바로 나타나는 체계이다. 외체계는 두 가지 이상의 상황 사이에서 벌어지는 연결고리와 과정을 나타내는 체계이다. 거시체계는 아동이 직접 하는 경험에서 가장 멀리 떨어져 영향을 미치는 체계이다. 시간체계는 시간 차원을 포함하는 체계이다.

4. 아동복지의 생태학적 요소

1) 사회적 지지

일반적으로 사회적 지지(social support)는 친척, 친구, 이웃, 직장 동료, 전문가, 자원봉사자 등과 관계를 맺어 얻을 수 있는 실질적 도움, 정서적 지지, 조언, 정보를 말한다(노병일 · 심희숙, 2013; 노병일 · 유호석, 2018). 사회적 지지는 모든 아동과 가족에게 중요한 요소가 되고 있다.

우선, 아동은 사회적 지지를 통해 직접 · 간접으로 도움을 받을 수 있다. 이런 상황은 아동의 복리에 긍정적인 영향을 미치고 있다. 이것은 취약한 상태에 있는 아동에게 특히 그렇다.

그리고 부모와 기타 가족구성원이 사회적 지지를 많이 받으면, 부모의 복리 수준이 높아지고, 가족구성원이 역할을 더 잘하고, 부모와 아동 사이의 관계가 더 좋아진다. 그 결과, 아동은 더 잘 발달하게 된다. 이것은 친척, 친한 친구, 이웃이 사회적 지지를 제공할 때 특히 그렇다. 예를 들어, 취약한 상태에서 사는 부모가 스트레스를 많이 받을 때 친구나 이웃으로부터 사회적 지지를 받는 것은, 부모와 아동에게 긍정적인 영향을 미칠 가능성이 크다.

그러나 이와 반대로 부모와 기타 가족구성원이 사회적으로 고립된 상태에 있으면, 부모와 기타 가족구성원은 건강이 더 좋지 않게 되고 아동을 학대할 가능성이 더 커진다. 예를 들어, 부모가 아동 양육과 관련해 사회에서 실질적으로 도움받지 못하는 것은 아동과 부모에게 부정적인 영향을 미칠 수 있다(Jack, 2001).

한편 아동의 사회적 환경이 아동의 건강과 복리에 어떤 영향을 미치는지를 살펴볼 때, '아동친화적 지역사회(child-friendly community)'의 측면에 주목할 수 있다. 일반적으로 아동친화적 지역사회는 다음과 같은 특징을 지니고 있다(Waters, Goldfeld & Hopkins, 2002).

① 아동의 의견을 반영한다.

② 아동권리를 존중한다.

③ 아동을 귀하게 여긴다.

④ 아동이 책임지고, 독립할 수 있게 한다.

⑤ 아동을 보호한다.

⑥ 아동의 욕구를 충족하기 위해 서비스를 제공한다.

⑦ 아동이 서비스를 이용할 수 있게 하고, 서비스를 이용할 때 수치심을 느끼지 않게 한다.

⑧ 지역사회의 전문가는 아동의 욕구를 파악하고, 이런 욕구를 충족하려고 노력한다.

그러므로 아동친화적 지역사회에서는 아동에게 여러 가지 형태의 사회적 지지를 제공하고 있다. 그 결과, 아동친화적 지역사회에서는 아동이 건전하게 발달하는 데 유리한 사회적 환경을 제공하고 있다.

지역사회의 기관이 주관한 아동 행사 : 아동친화적 지역사회에서는 여러 형태의 사회적 지지를 제공한다. [출처 : 미국에서 저자 촬영]

2) 사회자본

(1) 사회자본의 정의와 중요성

사회자본(사회적 자본, social capital)은 가족과 학교와 이웃(동네)이 서로 교류하는 측면을 파악할 때 쓸모 있는 용어이다. 사회자본은 모호한 성격을 지니므로, 그동안 사회자본을 여러 가지로 정의해 왔다. 일반적으로 사회자본은 사회적 교류, 사회망과 사회적 지지, 신뢰, 호혜성(reciprocity, 상호관계), 지역사회 참여, 시민참여를 말한다(노병일 · 심희숙, 2013; Morrow, 1999).

여러 집단을 연구한 결과, 사회자본을 더 많이 가지면 건강이 더 좋아지는 것으로 나타나고 있다. 따라서 사회자본은 아동에게도 긍정적인 역할을 하고 있다. 무엇보다도 사회자본은 아동이 심리적 · 사회적으로 적응하는 데 직접 · 간접으로 영향을 미치고 있다. 그러므로 결과적으로 볼 때, 사회자본은 아동의 발달에 긍정적인 영향을 미치고 있다(노병일 · 심희숙, 2013; Dorsey & Forehand, 2003).

사회자본은 학교에 다니기 전에도 아동의 복리에 영향을 미칠 수 있다. 이때, 부모의 경제적 자본은 당연히 아동에게 유리하게 작용하지만, 부모의 사회자본도 아동에게 유리하게 작용할 수 있다. 이런 사회자본이 가장 중요한 역할을 할 수 있는 가족은 경제적 자원과 교육적 자원이 적은 가족이다(Runyan & Hunter, 1998).

(2) 아동과 관련된 사회자본

아동과 관련시키면서 사회자본이라는 용어를 가장 체계적으로 가다듬은 학자는 콜먼(Coleman)이다. 콜먼은 지역사회의 사회관계와 가족 내의 사회관계에서 얻어지는 유리한 점이 아동의 복리에 영향을 미친다고 보고 있다. 따라서 콜먼은 사회자본을 '가족 내 사회자본'과 '가족 외(지역사회) 사회자본'으로 구분하고 있다(Runyan & Hunter, 1998; Morrow, 1999; Furstenberg & Hughes, 1995).

(가) 가족 내 사회자본

가족 내 사회자본은 아동과 부모가 서로 관계를 맺을 때 주로 나타나고 있다. 아동이 가족 내 사회자본을 가지는 정도를 크게 결정하는 요인은 다음과 같다.

① 가족 내에 부모가 실제로 존재하는 정도

② 부모가 아동(자녀)에게 관심을 가지는 정도 : 부모가 아동에게 더 관여하고 아동을 더 지지하면, 아동은 가족 내 사회자본을 더 많이 형성할 가능성이 크다. 가족 내 사회자본으로 부모가 가족 모두와 관련되는 활동에 시간과 정성을 쏟는 것, 부모가 아동의 숙제를 도와주는 것이 있다. 이런 측면에서 볼 때, 한부모가족과 맞벌이가족은 가족 내 사회자본이 부족하다. 왜냐하면 이런 가족의 부모는 자기 아동에게 관심을 쏟을 시간이 충분하지 않기 때문이다. 그리고 가족구성원이 너무 많은 가족에서는 아동의 가족 내 사회자본이 줄어들 수 있다.

(나) 가족 외 사회자본

가족 외 사회자본은 가족이 다른 가족이나 지역사회의 기관과 사회적 관계를 맺을 때 나타나고 있다. 사회적 유대가 좋고 서로 함께 나누는 가치를 따르는 지역사회에 부모가 거주하면, 부모는 가족 외 사회자본을 더 얻게 된다. 그리고 지역사회에서 아동보호나 양육에 대해 공동으로 책임지려는 분위기가 강하면, 가족 외 사회자본 덕분에 아동은 잘 발달할 수 있게 된다.

가족 외(지역사회) 사회자본은 중요한 역할을 하고 있다.[1] 지역사회 사회자본의 구체적인 형태를 몇 가지 제시하면 다음과 같다(Dorsey & Forehand, 2003).

① 이웃으로부터의 지지 : 이런 예로 급할 때 이웃이 아동을 돌보는 데 도움을 주는 것, 급할 때 이웃이 교통수단을 제공하는 것이 있다.

② 비공식적인 사회통제 : 이런 예로 동네 사람들이 함께 아동에게 계속 관심을 가지면서 아동을 감독하는 것이 있다.

③ 동네의 유대와 동네 신뢰 : 이런 예로 동네 사람들이 동네의 문제를 해결하기 위해 함께 일하는 것이 있다.

1) 지역사회 측면을 강조하기 위해서, 여기에서는 '가족 외 사회자본'이라는 용어보다는 '지역사회 사회자본'이라는 용어를 사용한다.

지역사회 사회자본은 여러 영역에서 얻어질 수 있다. 지역사회 사회자본을 얻을 수 있는 영역을 몇 가지 제시하면 다음과 같다(Mather & Lager, 2000; Wise, 2001).

① 자연적 원조망(natural helping network) : 자연적 원조망은 지역사회나 이웃에 항상 존재하면서 도움을 주는 네트워크를 말한다. 지역사회에서는 과거부터 자연적 원조망을 이용해 왔다. 자연적 원조망의 예를 몇 가지 살펴보면 다음과 같다.

㉠ 부모가 일하는 동안 아동을 보살피는 이웃

㉡ 파손된 집을 새로 건설하는 데 도움을 주는 지역 공동체

㉢ 어려운 사람들에게 음식과 옷을 제공하는 지역 종교조직

이웃의 가족끼리 식사하는 모습 : 자연적 원조망은 이웃에 항상 존재해 왔다. [출처 : 미국에서 저자 촬영]

② 동네(neighborhood) : 아동이 사는 동네의 사회적 특성과 경제적 특성은 아동에게 영향을 미친다. 예를 들어, 동네가 지닌 사회적 특성과 경제적 특성은 아동에게 다음과 같이 영향을 미친다.

㉠ 부유한 사람이 많은 동네에서 자란 아동에 비해서, 빈곤한 사람이 많은 동네에서 자란 아동은 학교에 다니는 기간이 더 적고 학교를 중퇴할 가능성이 더 클 수 있다.

㉡ 빈곤아동이 많이 사는 동네에서는 사고가 발생할 가능성이 더 클 수 있다. 왜냐하면 빈곤한 사람이 많이 거주하는 동네에는 그대로 방치된 건물과 사용하지 않는 공간이 더 많고, 제공하는 서비스가 덜 적절하고, 폭력이 발생할 가능성이 더 크기 때문이다.

그러므로 지역사회 사회자본은 아동이 발달하는 데 긍정적인 영향을 미치고 있다.

Point

- 사회적 지지는 친척, 친구, 이웃, 직장 동료, 전문가, 자원봉사자 등과 관계를 맺어 얻을 수 있는 실질적 도움, 정서적 지지, 조언, 정보이다. 사회적 지지는 모든 아동과 가족에게 중요하다.
- 일반적으로 사회자본은 사회적 교류, 사회망과 사회적 지지, 신뢰, 호혜성, 지역사회 참여, 시민참여이다. 사회자본은 아동발달에 긍정적인 영향을 미친다.
- 지역사회 사회자본은 아동발달에 긍정적인 영향을 미친다.

5. 아동복지의 생태학적 측면과 관련된 사례

1) 폭넓은 환경과 아동학대

그동안 여러 이론에서는 아동을 학대하는 다양한 원인에 대해 설명해 왔다. 따라서 아동학대를 유발하는 요인에는 여러 가지가 있다. 이런 탓에, 생태학적 관점은 아동학대와 크게 관련되고 있다. 예를 들어, 생태학적 관점을 취하면, 개인의 소득과 지역사회의 소득 모두는 아동학대와 밀접하게 관련되어 있음을 알게 된다. 따라서 선진국에서는 생태학적 관점에 근거해 아동과 관련된 더 넓은 환경이 아동학대에 미치는 영향에 주목하는 방향으로 나아가고 있다(Aron, McCrowell, Moon & Yamano, 2010; Jack & Gill, 2010).

잭(Jack, 2001)은 특히 아동학대 분야에서 생태학적 관점을 사용할 수 있다고 주장하고 있다. 생태학적 관점에서 볼 때, 아동학대는 개인이 하는 행동의 결과 때문에도 발생하고, 환경이 지니는 특성 때문에도 발생하고 있다. 따라서 생태학적 관점에서는 아동학대가 발생하는 사회적·경제적 환경과 지역사회 환경이 개인의 행동에 영향을 미친다는 점을 강조하고 있다.

그러므로 아동을 학대하는 개인의 행동을 완전히 이해하기 위해서는, 아동을 학대하는 사람이 살고 있는 여러 가지 환경이 미치는 영향을 고려할 필요가 있다. 결국, 아동학대를 유발하는 요인은 다양하므로, 아동학대를 예방하기 위해서는 아동의 욕구, 부모의 욕구, 가족의 욕구, 지역사회의 욕구, 일반 사회의 욕구 모두에 주목할 필요가 있다. 그리고 아동학대를 효과적으로 줄이기 위해서는 아동의 욕구, 부모의 욕구, 가족의 욕구, 지역사회의 욕구를 동시에 충족해 줄 필요가 있다.

그러므로 생태학적 관점에 따르면, 아동학대와 관련된 기관들은 서로 가깝게 협력할 필요가 있고, 또한 지역사회의 주민과도 가깝게 협력할 필요가 있다(Jack, 2001).

아동에 대한 성적 학대를 금지하는 캠페인을 벌이는 지역사회 주민들 : 생태학적 관점에서는 아동학대는 환경이 지니는 특성 때문에도 나타난다고 본다. [출처 : 저자 촬영]

2) 세대통합 프로그램

(1) 세대통합 프로그램의 배경과 정의 및 중요성

오늘날에는 아동을 포함한 젊은 세대와 노인 세대가 지리적·정서적으로 서로 더 멀어짐에 따라서, 세대 사이의 '단절'이라는 문제가 등장하고 있다. 그 결과, 오늘날 세대통합은 중요한 사회문제가 되고 있다.

생태학적 관점은 세대통합을 이루는 데 도움을 줄 수 있다. 왜냐하면 지역사회의 자원(예컨대, 노인의 자원)을 아동의 복리 수준을 높이는 데 사용할 수 있고, 또한 아동의 자원을 지역사회에 거주하는 노인의 복리 수준을 높이는 데 사용할 수 있기 때문이다. 이때, 아동이나 노인의 자원을 복리 수준을 높이는 데 사용하는 방안의 하나가 세대통합 프로그램(intergenerational program)이다. 세대통합 프로그램은 젊은 세대와 노인 세대 사이에 서로 협력하고 양쪽 방향으로 교류하는 활동을 말한다(노병일·심희숙, 2009; Rosebrook, 2002).

선진국에서 세대통합 프로그램은 증가하고 있다. 선진국에서 세대통합 프로그램이 증가하는 이유는, 세대통합 프로그램이 젊은 세대와 노인 세대 모두에게 도움이 되기 때문이다. 실제로 여러 연구에 따르면, 세대통합 프로그램은 모든 세대에게 긍정적인 영향을 미치고 있다. 예를 들어, 세대통합 프로그램을 통해서 아동은 노인의 경험과 지혜를 배울 수 있고, 노인은 사회적 고립에서 벗어날 수 있다(Stringer, 2024; The Goodman Group, 2023; Generations United, 2021). 따라서 생태학적 측면에서 보면, 세대통합 프로그램은 아동 개인의 복리, 노인 개인의 복리, 지역사회의 복리에 긍정적인 영향을 미치고 있다.

무엇보다도 세대통합 프로그램은 지역사회에서 아동과 노인을 위한 사회자본을 쌓는 데 큰 도움을 주고 있다(노병일·심희숙, 2009).

(2) 세대통합 프로그램의 형태

세대통합 프로그램의 형태를 구분하는 방식에는 여러 가지가 있다. 이 중에서 자주 사용하는 방식은, 서비스가 어느 세대에서 어느 세대로 전달되는지를 기준으로 해서 구분하는 방식이다.

아동 세대와 노인 세대에 주목할 경우, 세대통합 프로그램은 다음과 같은 세 가지 형태로 구분할 수 있다(노병일 · 심희숙, 2009).

① 노인이 아동의 개인적 발달에 이바지하거나, 아동에게 서비스를 제공하는 프로그램

② 아동이 노인에게 서비스를 제공하는 프로그램

③ 노인과 아동이 서로에게 도움을 주는 프로그램

그러므로 세대통합 프로그램은 노인이 아동에게 서비스를 제공하는 세대통합 프로그램, 아동이 노인에게 서비스를 제공하는 세대통합 프로그램, 노인과 아동이 서로에게 도움을 주는 세대통합 프로그램으로 구분할 수 있다.

(가) 노인이 아동에게 서비스를 제공하는 세대통합 프로그램의 예

노인이 아동에게 서비스를 제공하는 세대통합 프로그램을 실시한 예로 다음과 같은 것이 있다(노병일 · 심희숙, 2009).

① 일본의 한 초등학교에서는 '전통놀이 가르치기' 프로그램을 실시한 바 있다. 이 프로그램에서는, 노인이 초등학교를 방문해서 아동들에게 전통 요술놀이를 하는 방법을 가르쳤다. 이 세대통합 프로그램에 참여한 아동들과 노인들을 만나서 확인한 결과, 아동과 노인 모두는 이 프로그램에 매우 긍정적으로 반응한 것으로 나타났다.

예를 들어, 아동은 이 프로그램이 다음과 같은 효과가 있었다고 평가한 바 있다.

㉠ 자신감을 더 가지게 된다.

㉡ 노인이 가진 솜씨를 존경하게 된다.

㉢ 프로그램을 통해 배운 전통 요술놀이의 역사적 중요성을 인식하게 된다.

그리고 노인은 이 프로그램을 통해 아동과 교류함으로써 삶에서 의미를 찾게 되었다고 평가한 바 있다.

② 미국 뉴욕(New York)시에서는 '어르신과의 예술 나눔(Elders Share the Arts)' 프로그램을 실시한 바 있다. 이 프로그램에서는, 노인이 아동의 수업시간에 찾아가서 역사적 사건이나 문화적 전통에 대해 자신이 실제로 생활하

면서 느낀 바를 아동들에게 들려주며 서로 이야기를 나누는 방식으로 진행하였다.

(나) 아동이 노인에게 서비스를 제공하는 세대통합 프로그램의 예

아동이 노인에게 서비스를 제공하는 세대통합 프로그램을 실시한 예로 미국의 '컴퓨터 친구(Computer Pals)' 프로그램이 있다(노병일 · 심희숙, 2009). 이 프로그램에서는 공공주택에 거주하는 노인들과 부근의 아동들 사이에 이메일(전자우편)을 이용하였다.

우선, 이 프로그램에서 아동은 노인에게 이메일을 사용하는 법을 알려주었다. 그런 다음에 아동이 주도해서 여러 가지 활동을 하였다. 이때 한 활동의 예로 정기적으로 이메일을 보내는 것, 학교 숙제를 함께 하는 것, 노인이 경험한 역사에 대해 인터뷰하는 것, 친구관계를 맺은 아동과 노인이 직접 만나는 것이 있다.

(다) 노인과 아동이 서로에게 도움을 주는 세대통합 프로그램의 예

노인과 아동이 공동으로 제3의 목적을 추구하는 세대통합 프로그램을 실시한 예로 다음과 같은 것이 있다(노병일 · 심희숙, 2009).

① 미국 플로리다(Florida)주의 초등학교에서는 범죄를 예방하기 위한 프로그램을 실시한 바 있다. 이 프로그램에서는 노인과 아동이 함께 협력해 지역사회에서 폭력을 없애는 법을 만들고자 하였다. 그러고 나서, 이렇게 만든 법을 지방의회 의원들에게 제시해서 정치적으로 지지받고자 하였다.

② 미국 오하이오(Ohio)주에서는 웰빙(Well-being) 프로그램을 실시한 바 있다. 이 프로그램에서는 아동과 노인이 한 조가 되어 활동하였다. 이 프로그램에서 실시한 활동의 예로 춤추기, 역할 해보기, 영양이 많은 간식 만들기, 공통되는 감정을 이야기하기가 있다.

노인과 함께 텃밭을 가꾸는 아동 : 세대통합 프로그램은 노인과 아동 모두에게 도움이 된다.
[출처 : 영국에서 노대겸 님 촬영 · 제공]

Point

- 아동복지의 생태학적 측면과 관련된 사례로 아동학대를 줄이기 위해 아동 · 부모 · 가족 · 지역사회의 욕구를 동시에 충족하는 방안, 세대통합 프로그램이 있다.
- 세대통합 프로그램은 지역사회에서 아동과 노인을 위한 사회자본을 쌓는 방안이다.

6. 아동복지의 정치적 요소와 사회정책

1) 아동복지의 정치적 요소

생태학적 관점에서 볼 때, 정치적 요소는 중요하다. 정치적 요소는 브론펜브렌너의 생태체계 모델에서 거시체계의 한 부분을 구성한다고 볼 수 있다.

사실, 정치적 요소는 복지에서 매우 중요한 역할을 하고 있다(노병일, 2021a). 당연하게도 이것은 아동복지에도 그대로 해당한다. 예를 들어, 미국퇴직자협회(American Association of Retired Persons)는 노인을 위해 큰 영향을 미치고 있다. 어느 학자는 아동에게도 이런 힘을 갖는 조직이 있었다면, 아동의 복리 수준이 지금보다 더 높아졌을 것이라고 분석한 바 있다(Lamson, 2009).

사회복지정책에서 이런 상황과 특히 관련되는 모델이 공공 선택(public choice) 모델이다. 공공 선택 모델에 따르면, 인간은 정치 등의 영역에서 자신에게 이익이 되는 것을 추구하고 있다(노병일, 2021a). 따라서 자신에게 이익이 되는 것을 찾고자 하는 정치인은, 투표권이 없는 아동을 위한 복지보다는 투표권이 있는 집단(예컨대, 노인)을 위한 복지에 더 관심을 가질 가능성이 크다. 결국, 아동은 정치적 힘이 부족하므로, 정치 영역에서는 아동복지에 '실제로' 관심을 덜 가질 가능성이 있다.

일본의 아동복지기관 : 아동복지에서 정치적 요소는 중요하다. [출처 : 일본에서 저자 촬영]

2) 아동복지와 사회정책

(1) 아동급여

아동복지와 관련된 사회정책은 생태학적 관점에서 중요하다. 아동복지와 관련된 사회정책은 브론펜브렌너의 생태체계 모델에서 거시체계에 속하고 있다.

아동복지와 관련된 사회정책에서 중요한 제도는 사회보장이다(노병일, 2020). 일반적으로 사회보장은 "출산, 양육, 실업, 노령, 장애, 질병, 빈곤 및 사망 등의 사회적 위험으로부터 모든 국민을 보호하고 국민 삶의 질을 향상시키는 데 필요한 소득·서비스를 보장하는" 제도를 말한다(국가법령정보센터, 2025). 유엔「아동권리협약」에서도 아동은 사회보장에 대한 권리가 있음을 밝히고 있다(노병일, 2024a).

사회보장에 속하는 여러 급여 중에서 아동복지와 특히 관련되는 것은 아동급여(child benefit)이다. 아동을 낳으면 특별한 비용이 필요하게 된다. 특히 아동이 탄생하면 가족의 지출은 많이 늘어나지만, 아동의 부모 중에서 한 사람은 집에서 아동을 돌보아야 하므로 가족의 수입은 줄어들 수 있다. 그러므로 이런 상황에서는 가족에게 도움을 주기 위해서 아동급여가 필요하다(노병일, 2020).

아동급여의 범위는 다양할 수 있다. 이와 관련된 좋은 예가 알바 미르달(Alva Myrdal)이 제안한 것이다. 알바 미르달은 가족수당과 관련해 개혁 방안을 제시한 바 있다. 이런 개혁 방안은 아동복지정책과도 밀접하게 관련되는데, 이런 개혁 방안에서는 다양한 영역에서의 아동급여를 제시하고 있다. 알바 미르달이 제시한 개혁 방안의 내용을 구체적으로 살펴보면 다음과 같다(노병일, 1999).

① 모든 여성이 무료로 아이를 낳을 수 있게 하고, 여성에게 임신 전과 임신 후에 무료로 관련 서비스를 제공한다.

② 모든 아동에게 의료 서비스를 무료로 제공한다. 이런 서비스는 치과 서비스, 정신건강과 관련된 서비스, 약품을 포함한다.

③ 가족구성원의 수에 따라 집세와 기타 주택비에 대한 보조금을 제공한다.

④ 학교에서 급식을 무료로 제공하고, 가족구성원의 수에 맞추어 일부 음식의 가격을 할인해 준다.

⑤ 교육을 무료로 제공한다.
⑥ 보육을 무료로 제공한다.
⑦ 옷값을 할인해 주고, 비싸지만 필요한 옷은 무료로 제공한다.
⑧ 아동과 부모에게 가족시설의 비용을 할인해 주고, 더 좋은 시설을 제공한다.
⑨ 아동의 부모가 더 안정된 고용 상태를 유지하게 하고, 부모가 질병에 걸릴 때 비용을 보상한다.
⑩ 장애인가족의 아동을 사회가 책임진다.

한편 국제노동기구(ILO)는 아동이 기본 소득을 가지는 것을 기본적 권리에 포함시키고 있다. 이렇게 하면, 국가에서 정한 최저 수준 이상으로 아동에게 식품, 교육, 돌봄, 기타 필요한 물품과 서비스를 제공할 수 있게 된다(Belgian Working Group, 2015).

(2) 아동수당

사회보장에서 제공하는 아동급여 중에서 가장 대표적인 것은 아동수당이다. 일반적으로 아동수당은, 어린 아동의 양육 때문에 추가로 드는 비용의 일부를 보상하기 위해 제공하는 급여를 말한다. 많은 국가에서 가족에게 제공하는 수당은 아동을 위한 경우가 많으므로, 아동수당과 가족수당을 같은 의미로 사용하는 경향이 있다. 일반적으로 가족수당의 목적은 어린 아동이 있는 가족을 보살피는 데 필요한 추가 비용의 일부를 지원하기 위해, 이런 가족에게 추가 소득을 제공하는 데 있다(노병일, 2020; Social Security Administration and International Association of Social Security, 2020).

아동수당은 여러 측면에서 중요하다. 아동수당이 중요한 측면을 몇 가지 제시하면 다음과 같다(노병일·노대겸, 2025; Weldon, 2006).

① 아동수당은 아동의 부모가 아동 양육에 부담하는 비용을 다른 사회구성원과 함께 나눈다는 측면에서 중요하다. 이것은 아동을 양육하는 것을 사회가 함께 책임진다는 인식을 보여준다.

② 아동수당은 아동이 있는 가족의 빈곤을 줄여준다는 측면에서 중요하다. 예를 들어, 캐나다에서는 아동수당제도를 잘 실시함에 따라서 빈곤아동이 줄어든 것으로 나타난 바 있다.

아동수당 실시와 관련된 정당 포스터 : 아동수당은 대표적인 아동급여이다. [출처 : 일본에서 저자 촬영]

대부분의 선진국에서는 아동수당을 제공하고 있다. 우리나라에서는 아동수당 제도를 2018년에 도입해 실시하고 있다(노병일, 2020; Social Security Administration and International Association of Social Security, 2020).

Point

- 아동은 정치적 힘이 부족하므로, 정치 영역에서는 아동복지에 실제로 관심을 덜 가질 수 있다.
- 아동복지와 관련된 사회정책에서 중요한 제도는 사회보장인데, 이 중에서 특히 관련되는 급여는 아동급여이다. 아동급여의 범위는 다양할 수 있다.
- 아동급여 중에서 가장 대표적인 것은 아동수당이다. 아동수당은 어린 아동의 양육 때문에 드는 추가 비용의 일부를 보상하기 위해 제공하는 급여이다.

PART

부록

유엔 「아동권리협약」

(Convention on the Rights of the Child)

부록 유엔「아동권리협약」

(Convention on the Rights of the Child)

전 문

이 협약의 당사국은,

국제연합헌장에 선언된 원칙에 따라, 인류사회의 모든 구성원의 고유의 존엄성 및 평등하고 양도할 수 없는 권리를 인정하는 것이 세계의 자유·정의 및 평화의 기초가 됨을 고려하고, 국제연합체제하의 모든 국민들은 기본적인 인권과 인간의 존엄성 및 가치에 대한 신념을 헌장에서 재확인하였고, 확대된 자유 속에서 사회진보와 생활수준의 향상을 촉진하기로 결의하였음에 유념하며, 국제연합이 세계인권선언과 국제인권규약에서 모든 사람은 인종, 피부색, 성별, 언어, 종교, 정치적 또는 기타의 의견, 민족적 또는 사회적 출신, 재산, 출생 또는 기타의 신분 등 어떠한 종류 구분에 의한 차별 없이 동 선언 및 규약에 규정된 모든 권리와 자유를 누릴 자격이 있음을 선언하고 동의하였음을 인정하고, 국제연합이 세계인권선언에서 아동기에는 특별한 보호와 원조를 받을 권리가 있다고 선언하였음을 상기하며, 사회의 기초집단이며 모든 구성원, 특히 아동의 성장과 복지를 위한 자연적 환경으로서 가족에게는 공동체 안에서 그 책임을 충분히 감당할 수 있도록 필요한 보호와 원조가 부여되어야 함을 확신하며,

아동은 완전하고 조화로운 인격발달을 위하여 가족적 환경과 행복, 사랑 및 이해의 분위기 속에서 성장하여야 함을 인정하고, 아동은 사회에서 한 개인으로서의 삶을 영위할 수 있도록 충분히 준비되어야 하며, 국제연합헌장에 선언된 이상의 정신과 특히 평화·존엄·관용·자유·평등·연대의 정신 속에서 양육되어야 함을 고려하고, 아동에게 특별한 보호를 제공하여야 할 필요성은 1924년 아동권리에 관한 제네바선언과 1959년 11월 20일 총회에 의하여 채택된 아동권리선언에 명시되어 있으며, 세계인권선언, 시민적 및 정치적 권리에 관한 국제규약(특히 제23조 및 제24조), 경제적·사회적 및 문화적 권리에 관한 국제규약(특히 제10조) 및 아동의 복지와 관련된 전문기구와 국제기구의 규정 및 관련 문서에서 인정되었음을 유념하고, 아동권리선언에 나타나 있는 바와 같이, "아동은 신체적·정신적 미성숙으로 인하여 출생 전후를 막론하고 적절한 법적 보호를 포함한 특별한

보호와 배려를 필요로 한다"는 점에 유념하고, "국내적 또는 국제적 양육위탁과 입양을 별도로 규정하는 아동의 보호와 복지에 관한 사회적 및 법적 원칙에 관한 선언"의 제 규정, "소년법 운영을 위한 국제연합 최소 표준규칙(베이징규칙)" 및 "비상시 및 무력 충돌 시 부녀자와 아동의 보호에 관한 선언"을 상기하고, 세계 모든 국가에 예외적으로 어려운 여건하에 생활하고 있는 아동들이 있으며, 이 아동들은 특별한 배려를 필요로 함을 인정하고, 아동의 보호와 조화로운 발전을 위하여 각 민족의 전통과 문화적 가치의 중요성을 충분히 고려하고, 모든 국가, 특히 개발도상국가 아동의 생활여건을 향상시키기 위한 국제 협력의 중요성을 인정하면서, 다음과 같이 합의하였다.

제 1 부

제1조

이 협약의 목적상, "아동"이라 함은 아동에게 적용되는 법에 의하여 보다 조기에 성인 연령에 달하지 아니하는 한 18세 미만의 모든 사람을 말한다.

제2조

1. 당사국은 자국의 관할권 안에서 아동 또는 그의 부모나 후견인의 인종, 피부색, 성별, 언어, 종교, 정치적 또는 기타의 의견, 민족적, 인종적 또는 사회적 출신, 재산, 무능력, 출생 또는 기타의 신분에 관계없이 그리고 어떠한 종류의 차별을 함이 없이 이 협약에 규정된 권리를 존중하고, 각 아동에게 보장하여야 한다.
2. 당사국은 아동이 그의 부모나 후견인 또는 가족구성원의 신분, 활동, 표명된 의견 또는 신념을 이유로 하는 모든 형태의 차별이나 처벌로부터 보호되도록 보장하는 모든 적절한 조치를 취하여야 한다.

제3조

1. 공공 또는 민간 사회복지기관, 법원, 행정당국 또는 입법기관 등에 의하여 실시되는 아동에 관한 모든 활동에 있어서 아동의 최선의 이익이 최우선적으로 고려되어야 한다.
2. 당사국은 아동의 부모, 후견인, 기타 아동에 대하여 법적 책임이 있는 자의 권리와 의무를 고려하여, 아동복지에 필요한 보호와 배려를 아동에게 보장하고, 이를 위하여 모든 적절한 입법적·행정적 조치를 취하여야 한다.
3. 당사국은 아동에 대한 배려와 보호에 책임 있는 기관, 편의 및 시설이 관계당국이 설정한 기준, 특히 안전과 위생분야 그리고 직원의 수 및 적격성은 물론 충분한 감독 면에서 기준에 따를 것을 보장하여야 한다.

제4조

당사국은 이 협약에서 인정된 권리를 실현하기 위하여 모든 적절한 입법적·행정적 및 여타의 조치를 취하여야 한다. 경제적·사회적 및 문화적 권리에 관하여 당사국은 가용 자원의 최대한도까지 그리고 필요한 경우에는 국제협력의 테두리 안에서 이러한 조치를 취하여야 한다.

제5조

아동이 이 협약에서 인정된 권리를 행사함에 있어서 당사국은 부모 또는 적용 가능한 경우 현지 관습에 의하여 인정되는 확대가족이나 공동체의 구성원, 후견인 기타 아동에 대한 법적 책임자들이 아동의 능력발달에 상응하는 방법으로 적절한 감독과 지도를 행할 책임과 권리 및 의무를 가지고 있음을 존중하여야 한다.

제6조

1. 당사국은 모든 아동이 생명에 관한 고유의 권리를 가지고 있음을 인정한다.
2. 당사국은 가능한 한 최대한도로 아동의 생존과 발전을 보장하여야 한다.

제7조

1. 아동은 출생 후 즉시 등록되어야 하며, 출생 시부터 성명권과 국적취득권을 가지며, 가능한 한 자신의 부모를 알고 부모에 의하여 양육받을 권리를 가진다.
2. 당사국은 이 분야의 국내법 및 관련 국제문서상의 의무에 따라 이러한 권리가 실행되도록 보장하여야 하며, 권리가 실행되지 아니하여 아동이 무국적으로 되는 경우에는 특히 그러하다.

제8조

1. 당사국은 위법한 간섭을 받지 아니하고, 국적, 성명 및 가족관계를 포함하여 법률에 의하여 인정된 신분을 보존할 수 있는 아동의 권리를 존중한다.
2. 아동이 그의 신분 요소 중 일부 또는 전부를 불법적으로 박탈당한 경우, 당사국은 그의 신분을 신속하게 회복하기 위하여 적절한 원조와 보호를 제공하여야 한다.

제9조

1. 당사국은 사법적 심사의 구속을 받는 관계당국이 적용 가능한 법률 및 절차에 따라서 분리가 아동의 최상의 이익을 위하여 필요하다고 결정하는 경우 외에는, 아동이 그의 의사에 반하여 부모로부터 분리되지 아니하도록 보장하여야 한다. 위의 결정은 부모에 의한 아동학대 또는 유기의 경우나 부모의 별거로 인하여 아동의 거소에 관한 결정이 내려져야 하는 등 특별한 경우에 필요할 수 있다.
2. 제1항의 규정에 의한 어떠한 절차에서도 모든 이해당사자는 그 절차에 참가하여 자신의 견해를 표시할 기회가 부여되어야 한다.
3. 당사국은 아동의 최선의 이익에 반하는 경우 외에는, 부모의 일방 또는 쌍방으로부터 분리된 아동이 정기적으로 부모와 개인적 관계 및 직접적인 면접교섭을 유지할 권리를 가짐을 존중하여야 한다.
4. 그러한 분리가 부모의 일방이나 쌍방 또는 아동의 감금, 투옥, 망명, 강제퇴거 또는 사망(국가가 억류하고 있는 동안 어떠한 원인에 기인한 사망을 포함한다) 등과 같이 당사국에 의하여 취

하여진 어떠한 조치의 결과인 경우에는, 당사국은 그 정보의 제공이 아동의 복지에 해롭지 아니하는 한, 요청이 있는 경우, 부모, 아동 또는 적절한 경우 다른 가족구성원에게 부재 중인 가족구성원의 소재에 관한 필수적인 정보를 제공하여야 한다. 또한 당사국은 그러한 요청의 제출이 그 자체로 관계인에게 불리한 결과를 초래하지 아니하도록 보장하여야 한다.

제10조

1. 제9조 제1항에 규정된 당사국의 의무에 따라서, 가족의 재결합을 위하여 아동 또는 그 부모가 당사국에 입국하거나 출국하기 위한 신청은 당사국에 의하여 긍정적이며 인도적인 방법으로 그리고 신속하게 취급되어야 한다. 또한 당사국은 이러한 요청의 제출이 신청자와 그의 가족구성원들에게 불리한 결과를 수반하지 아니하도록 보장하여야 한다.
2. 부모가 타국에 거주하는 아동은 예외적 상황 외에는 정기적으로 부모와 개인적 관계 및 직접적인 면접교섭을 유지할 권리를 가진다. 이러한 목적에 비추어 그리고 제9조 제2항에 규정된 당사국의 의무에 따라서, 당사국은 아동과 그의 부모가 본국을 포함하여 어떠한 국가로부터 출국할 수 있고 또한 본국으로 입국할 수 있는 권리를 존중하여야 한다. 어떠한 국가로부터 출국할 수 있는 권리는 법률에 의하여 규정되고, 국가안보, 공공질서, 공중보건이나 도덕 또는 타인의 권리와 자유를 보호하기 위하여 필요하며 이 협약에서 인정된 그 밖의 권리에 부합되는 제한에 의하여만 구속된다.

제11조

1. 당사국은 아동의 불법 해외이송 및 미귀환을 퇴치하기 위한 조치를 취하여야 한다.
2. 이 목적을 위하여 당사국은 양자 또는 다자 협정의 체결이나 기존 협정에의 가입을 촉진하여야 한다.

제12조

1. 당사국은 자신의 견해를 형성할 능력이 있는 아동에 대하여 본인에게 영향을 미치는 모든 문제에 있어서 자신의 견해를 자유스럽게 표시할 권리를 보장하며, 아동의 견해에 대하여는 아동의 연령과 성숙도에 따라 정당한 비중이 부여되어야 한다.
2. 이러한 목적을 위하여, 아동에게는 특히 아동에게 영향을 미치는 어떠한 사법적·행정적 절차에 있어서도 직접 또는 대표자나 적절한 기관을 통하여 진술할 기회가 국내법적 절차에 합치되는 방법으로 주어져야 한다.

제13조

1. 아동은 표현에 대한 자유권을 가진다. 이 권리는 구두, 필기 또는 인쇄, 예술의 형태 또는 아동이 선택하는 기타의 매체를 통하여 모든 종류의 정보와 사상을 국경에 관계없이 추구하고 접수하며 전달하는 자유를 포함한다.
2. 이 권리의 행사는 일정한 제한을 받을 수 있다. 다만, 이 제한은 오직 법률에 의하여 규정되고 또한 다음 사항을 위하여 필요한 것이어야 한다.

가. 타인의 권리 또는 신망의 존중
나. 국가안보, 공공질서, 공중보건 또는 도덕의 보호

제14조

1. 당사국은 아동의 사상·양심 및 종교의 자유에 대한 권리를 존중하여야 한다.
2. 당사국은 아동이 권리를 행사함에 있어 부모 및 경우에 따라서는, 후견인이 아동의 능력발달에 부합하는 방식으로 그를 감독할 수 있는 권리와 의무를 존중하여야 한다.
3. 종교와 신념을 표현하는 자유는 오직 법률에 의하여 규정되고 공공의 안전, 질서, 보건이나 도덕 또는 타인의 기본권적 권리와 자유를 보호하기 위하여 필요한 경우에만 제한될 수 있다.

제15조

1. 당사국은 아동의 결사의 자유와 평화적 집회의 자유에 대한 권리를 인정한다.
2. 이 권리의 행사에 대하여는 법률에 따라 부과되고 국가안보 또는 공공의 안전, 공공질서, 공중보건이나 도덕의 보호 또는 타인의 권리와 자유의 보호를 위하여 민주사회에서 필요한 것 외의 어떠한 제한도 과하여져서는 아니 된다.

제16조

1. 어떠한 아동도 사생활, 가족, 가정 또는 통신에 대하여 자의적이거나 위법적인 간섭을 받지 아니하며 또한 명예나 신망에 대한 위법적인 공격을 받지 아니한다.
2. 아동은 이러한 간섭 또는 비난으로부터 법의 보호를 받을 권리를 가진다.

제17조

당사국은 대중매체가 수행하는 중요한 기능을 인정하며, 아동이 다양한 국내적 및 국제적 정보원으로부터의 정보와 자료, 특히 아동의 사회적·정신적·도덕적 복지와 신체적·정신적 건강의 향상을 목적으로 하는 정보와 자료에 대한 접근권을 가짐을 보장하여야 한다. 이 목적을 위하여 당사국은,

가. 대중매체가 아동에게 사회적·문화적으로 유익하고 제29조의 정신에 부합되는 정보와 자료를 보급하도록 장려하여야 한다.
나. 다양한 문화적·국내적 및 국제적 정보원으로부터의 정보와 자료를 제작·교환 및 보급하는 데 있어서의 국제협력을 장려하여야 한다.
다. 아동도서의 제작과 보급을 장려하여야 한다.
라. 대중매체로 하여금 소수집단에 속하거나 원주민인 아동의 언어상의 곤란에 특별한 관심을 기울이도록 장려하여야 한다.
마. 제13조와 제18조의 규정을 유념하며 아동복지에 해로운 정보와 자료로부터 아동을 보호하기 위한 적절한 지침의 개발을 장려하여야 한다.

제18조

1. 당사국은 부모 쌍방이 아동의 양육과 발전에 공동책임을 진다는 원칙이 인정받을 수 있도록 최선의 노력을 기울여야 한다. 부모 또는 경우에 따라서 후견인은 아동의 양육과 발달에 일차적 책임을 진다. 아동의 최선의 이익이 그들의 기본적 관심이 된다.
2. 이 협약에 규정된 권리를 보장하고 촉진시키기 위하여, 당사국은 아동의 양육책임 이행에 있어서 부모와 후견인에게 적절한 지원을 제공하여야 하며, 아동보호를 위한 기관·시설 및 편의의 개발을 보장하여야 한다.
3. 당사국은 취업부모의 아동들이 이용할 자격이 있는 아동보호를 위한 편의 및 시설로부터 이익을 향유할 수 있는 권리가 있음을 보장하기 위하여 모든 적절한 조치를 취하여야 한다.

제19조

1. 당사국은 아동이 부모·후견인 기타 아동양육자의 양육을 받고 있는 동안 모든 형태의 신체적·정신적 폭력, 상해나 학대, 유기나 유기적 대우, 성적 학대를 포함한 혹사나 착취로부터 아동을 보호하기 위하여 모든 적절한 입법적·행정적·사회적 및 교육적 조치를 취하여야 한다.
2. 이러한 보호조치는 아동 및 아동양육자에게 필요한 지원을 제공하기 위한 사회계획의 수립은 물론, 제1항에 규정된 바와 같은 아동학대 사례를 다른 형태로 방지하거나 확인·보고·조회·조사·처리 및 추적하고 또한 적절한 경우에는 사법적 개입을 가능하게 하는 효과적 절차를 적절히 포함하여야 한다.

제20조

1. 일시적 또는 항구적으로 가정환경을 박탈당하거나 가정환경에 있는 것이 스스로의 최선의 이익을 위하여 허용될 수 없는 아동은 국가로부터 특별한 보호와 원조를 부여받을 권리가 있다.
2. 당사국은 자국의 국내법에 따라 이러한 아동을 위한 보호의 대안을 확보하여야 한다.
3. 이러한 보호는 특히 양육위탁, 회교법의 카팔라, 입양 또는 필요한 경우 적절한 아동양육기관에 두는 것을 포함한다. 해결책을 모색하는 경우에는 아동양육에 있어 계속성의 보장이 바람직하다는 점과 아동의 인종적 ·종교적·문화적 및 언어적 배경에 대하여 정당한 고려가 베풀어져야 한다.

제21조

입양제도를 인정하거나 허용하는 당사국은 아동의 최선의 이익이 최우선적으로 고려되도록 보장하여야 하며, 또한 당사국은

가. 아동의 입양은, 적용 가능한 법률과 절차에 따라서 그리고 적절하고 신빙성 있는 모든 정보에 기초하여, 입양이 부모·친척 및 후견인에 대한 아동의 신분에 비추어 허용될 수 있음을, 그리고 요구되는 경우 관계자들이 필요한 협의에 의하여 입양에 대한 분별 있는 승낙을 하였음을 결정하는 관계당국에 의하여만 허가되도록 보장하여야 한다.

나. 국제입양은, 아동이 위탁양육자나 입양가족에 두어질 수 없거나 또는 어떠한 적절한 방법으로도 출신국에서 양육되어질 수 없는 경우, 아동양육의 대체수단으로서 고려될 수 있음

을 인정하여야 한다.

다. 국제입양에 관계되는 아동이 국내입양의 경우와 대등한 보호와 기준을 향유하도록 보장하여야 한다.

라. 국제입양에 있어서 양육지정이 관계자들에게 부당한 재정적 이익을 주는 결과가 되지 아니하도록 모든 적절한 조치를 취하여야 한다.

마. 적절한 경우에는 양자 또는 다자 약정이나 협정을 체결함으로써 이 조의 목적을 촉진시키며, 이러한 테두리 안에서 아동의 타국 내 양육지정이 관계당국이나 기관에 의하여 실시되는 것을 확보하기 위하여 노력하여야 한다

제22조

1. 당사국은 난민으로서의 지위를 구하거나 또는 적용 가능한 국제법 및 국내법과 절차에 따라 난민으로 취급되는 아동이, 부모나 기타 다른 사람과의 동반 여부에 관계없이, 이 협약 및 당해 국가가 당사국인 다른 국제 인권 또는 인도주의 관련 문서에 규정된 적용 가능한 권리를 향유함에 있어서 적절한 보호와 인도적 지원을 받을 수 있도록 하기 위하여 적절한 조치를 취하여야 한다.
2. 이 목적을 위하여, 당사국은 국제연합 및 국제연합과 협력하는 그 밖의 권한 있는 정부 간 또는 비정부 간 기구들이 그러한 아동을 보호, 원조하고 가족재결합에 필요한 정보를 얻기 위하여 난민아동의 부모나 다른 가족구성원을 추적하는 데 기울이는 모든 노력에 대하여도 적절하다고 판단되는 협조를 제공하여야 한다. 부모나 다른 가족구성원을 발견할 수 없는 경우, 그 아동은 어떠한 이유로 인하여 영구적 또는 일시적으로 가정환경을 박탈당한 다른 아동과 마찬가지로 이 협약에 규정된 바와 같은 보호를 부여받아야 한다.

제23조

1. 당사국은 정신적 또는 신체적 장애아동이 존엄성이 보장되고 자립이 촉진되며 적극적 사회참여가 조장되는 여건 속에서 충분히 품위 있는 생활을 누려야 함을 인정한다.
2. 당사국은 장애아동의 특별한 보호를 받을 권리를 인정하며, 신청에 의하여 그리고 아동의 여건과 부모나 다른 아동양육자의 사정에 적합한 지원이, 활용 가능한 재원의 범위 안에서, 이를 받을 만한 아동과 그의 양육 책임자에게 제공될 것을 장려하고 보장하여야 한다.
3. 장애아동의 특별한 어려움을 인식하며, 제2항에 따라 제공된 지원은 부모나 다른 아동양육자의 재산을 고려하여 가능한 한 무상으로 제공되어야 하며, 장애아동의 가능한 한 전면적인 사회참여와 문화적·정신적 발전을 포함한 개인적 발전의 달성에 이바지하는 방법으로 그 아동이 교육, 훈련, 건강관리 지원, 재활지원, 취업준비 및 오락기회를 효과적으로 이용하고 제공받을 수 있도록 계획되어야 한다.
4. 당사국은 국제협력의 정신에 입각하여, 그리고 당해 분야에서의 능력과 기술을 향상시키고 경험을 확대하기 위하여 재활, 교육 및 직업보도 방법에 관한 정보의 보급 및 이용을 포함하여, 예방의학 분야 및 장애아동에 대한 의학적·심리적·기능적 처치 분야에 있어서의 적절한 정

보의 교환을 촉진하여야 한다. 이 문제에 있어서 개발도상국의 필요에 대하여 특별한 고려가 베풀어져야 한다.

제24조

1. 당사국은 도달 가능한 최상의 건강수준을 향유하고, 질병의 치료와 건강의 회복을 위한 시설을 사용할 수 있는 아동의 권리를 인정한다. 당사국은 건강관리 지원의 이용에 관한 아동의 권리가 박탈되지 아니하도록 노력하여야 한다.
2. 당사국은 이 권리의 완전한 이행을 추구하여야 하며, 특히 다음과 같은 적절한 조치를 취하여야 한다.
   가. 유아와 아동의 사망률을 감소시키기 위한 조치
   나. 기초건강관리의 발전에 중점을 두면서 모든 아동에게 필요한 의료지원과 건강관리의 제공을 보장하는 조치
   다. 환경오염의 위험과 손해를 감안하면서, 기초건강관리 체계 안에서 무엇보다도 쉽게 이용 가능한 기술의 적용과 충분한 영양식 및 깨끗한 음료수의 제공 등을 통하여 질병과 영양실조를 퇴치하기 위한 조치
   라. 산모를 위하여 출산 전후의 적절한 건강관리를 보장하는 조치
   마. 모든 사회구성원, 특히 부모와 아동은 아동의 건강과 영양, 모유·수유의 이익, 위생 및 환경정화 그리고 사고예방에 관한 기초 지식의 활용에 있어서 정보를 제공받고 교육을 받으며 지원을 받을 것을 확보하는 조치
   바. 예방적 건강관리, 부모를 위한 지도 및 가족계획에 관한 교육과 편의를 발전시키는 조치
3. 당사국은 아동의 건강을 해치는 전통 관습을 폐지하기 위하여 모든 효과적이고 적절한 조치를 취하여야 한다.
4. 당사국은 이 조에서 인정된 권리의 완전한 실현을 점진적으로 달성하기 위하여 국제협력을 촉진하고 장려하여야 한다. 이 문제에 있어서 개발도상국의 필요에 대하여 특별한 고려가 베풀어져야 한다.

제25조

당사국은 신체적·정신적 건강의 관리, 보호 또는 치료의 목적으로 관계당국에 의하여 양육정지 조치된 아동이, 제공되는 치료 및 양육지정과 관련된 그 밖의 모든 사정을 정기적으로 심사받을 권리를 가짐을 인정한다.

제26조

1. 당사국은 모든 아동이 사회보험을 포함한 사회보장제도의 혜택을 받을 권리를 가짐을 인정하며, 자국의 국내법에 따라 이 권리의 완전한 실현을 달성하기 위하여 필요한 조치를 취하여야 한다.
2. 이러한 혜택은 아동 및 아동에 대한 양육책임자의 자력과 주변 사정은 물론 아동에 의하여 직

접 행하여지거나 또는 아동을 대신하여 행하여지는 혜택의 신청과 관련된 그 밖의 사정을 참작하여 적절한 경우에 부여되어야 한다.

제27조

1. 당사국은 모든 아동이 신체적·지적·정신적·도덕적 및 사회적 발달에 적합한 생활수준을 누릴 권리를 가짐을 인정한다.
2. 부모 또는 기타 아동에 대하여 책임이 있는 자는 능력과 재산의 범위 안에서 아동발달에 필요한 생활여건을 확보할 일차적 책임을 진다.
3. 당사국은 국내 여건과 재정의 범위 안에서 부모 또는 기타 아동에 대하여 책임 있는 자가 이 권리를 실현하는 것을 지원하기 위한 적절한 조치를 취하여야 하며, 필요한 경우에는 특히 영양, 의복 및 주거에 대하여 물질적 보조 및 지원계획을 제공하여야 한다.
4. 당사국은 국내외에 거주하는 부모 또는 기타 아동에 대하여 재정적으로 책임 있는 자로부터 아동양육비의 회부를 확보하기 위한 모든 적절한 조치를 취하여야 한다. 특히 아동에 대하여 재정적으로 책임 있는 자가 아동이 거주하는 국가와 다른 국가에 거주하는 경우, 당사국은 국제협약의 가입이나 그러한 협약의 체결은 물론 다른 적절한 조치의 강구를 촉진하여야 한다.

제28조

1. 당사국은 아동의 교육에 대한 권리를 인정하며, 점진적으로 그리고 기회 균등의 기초 위에서 이 권리를 달성하기 위하여 특히 다음의 조치를 취하여야 한다.
   가. 초등교육은 의무적이며, 모든 사람에게 무료로 제공되어야 한다.
   나. 일반교육 및 직업교육을 포함한 여러 형태의 중등교육의 발전을 장려하고, 이에 대한 모든 아동의 이용 및 접근이 가능하도록 하며, 무료교육의 도입 및 필요한 경우 재정적 지원을 제공하는 등의 적절한 조치를 취하여야 한다.
   다. 고등교육의 기회가 모든 사람에게 능력에 입각하여 개방될 수 있도록 모든 적절한 조치를 취하여야 한다.
   라. 교육 및 직업에 관한 정보와 지도를 모든 아동이 이용하고 접근할 수 있도록 조치하여야 한다.
   마. 학교에의 정기적 출석과 탈락률 감소를 장려하기 위한 조치를 취하여야 한다.
2. 당사국은 학교 규율이 아동의 인간적 존엄성과 합치하고 이 협약에 부합하도록 운영되는 것을 보장하기 위한 모든 적절한 조치를 취하여야 한다.
3. 당사국은, 특히 전 세계의 무지와 문맹의 퇴치에 이바지하고, 과학적·기술적 지식과 현대적 교육방법에의 접근을 쉽게 하기 위하여, 교육에 관련되는 사항에 있어서 국제협력을 촉진하고 장려하여야 한다. 이 문제에 있어서 개발도상국의 필요에 대하여 특별한 고려가 베풀어져야 한다.

제29조

1. 당사국은 아동교육이 다음의 목표를 지향하여야 한다는 데 동의한다.
   가. 아동의 인격, 재능 및 정신적·신체적 능력의 최대한의 계발

나. 인권과 기본적 자유 및 국제연합헌장에 규정된 원칙에 대한 존중의 진전
다. 자신의 부모, 문화적 주체성, 언어 및 가치 그리고 현 거주국과 출신국의 국가적 가치 및 이질문명에 대한 존중의 진전
라. 아동이 인종적·민족적·종교적 집단 및 원주민 등 모든 사람과의 관계에 있어서 이해, 평화, 관용, 성(性)의 평등 및 우정의 정신에 입각하여 자유사회에서 책임 있는 삶을 영위하도록 하는 준비
마. 자연환경에 대한 존중의 진전

2. 이 조 또는 제28조의 어떠한 부분도 개인 및 단체가, 언제나 제1항에 규정된 원칙들을 준수하고, 해당 교육기관에서 실시되는 교육이 국가에 의하여 설정된 최소한의 기준에 부합하여야 한다는 조건하에, 교육기관을 설립하여 운영할 수 있는 자유를 침해하는 것으로 해석되어서는 아니 된다.

제30조

인종적·종교적 또는 언어적 소수자나 원주민이 존재하는 국가에서 이러한 소수자에 속하거나 원주민인 아동은 자기 집단의 다른 구성원과 함께 고유문화를 향유하고, 고유의 종교를 신앙하고 실천하며, 고유의 언어를 사용할 권리를 부인당하지 아니한다.

제31조

1. 당사국은 휴식과 여가를 즐기고, 자신의 연령에 적합한 놀이와 오락활동에 참여하며, 문화생활과 예술에 자유롭게 참여할 수 있는 아동의 권리를 인정한다.
2. 당사국은 문화적·예술적 생활에 완전하게 참여할 수 있는 아동의 권리를 존중하고 촉진하며, 문화, 예술, 오락 및 여가활동을 위한 적절하고 균등한 기회의 제공을 장려하여야 한다.

제32조

1. 당사국은 경제적 착취 및 위험하거나, 아동의 교육에 방해되거나, 아동의 건강이나 신체적·지적·정신적·도덕적 또는 사회적 발전에 유해한 여하한 노동의 수행으로부터 보호받을 아동의 권리를 인정한다.
2. 당사국은 이 조의 이행을 보장하기 위한 입법적·행정적·사회적 및 교육적 조치를 강구하여야 한다. 이 목적을 위하여 그리고 그 밖의 국제 문서의 관련 규정을 고려하여 당사국은 특히 다음의 조치를 취하여야 한다.
   가. 단일 또는 복수의 최저 고용연령의 규정
   나. 고용시간 및 조건에 관한 적절한 규정의 마련
   다. 이 조의 효과적인 실시를 확보하기 위한 적절한 처벌 또는 기타 제재수단의 규정

제33조

당사국은 관련 국제조약에서 규정하고 있는 마약과 향정신성 물질의 불법적 사용으로부터 아동을 보호하고 이러한 물질의 불법적 생산과 거래에 아동이 이용되는 것을 방지하기 위하여 입법적·

행정적·사회적·교육적 조치를 포함한 모든 적절한 조치를 취하여야 한다.

제34조

당사국은 모든 형태의 성적 착취와 성적 학대로부터 아동을 보호할 의무를 진다. 이 목적을 달성하기 위하여 당사국은 특히 다음의 사항을 방지하기 위한 모든 적절한 국내적·양국 간·다국 간 조치를 취하여야 한다.

가. 아동을 모든 위법한 성적 활동에 종사하도록 유인하거나 강제하는 행위
나. 아동을 매음이나 기타 위법한 성적 활동에 착취적으로 이용하는 행위
다. 아동을 외설적인 공연 및 자료에 착취적으로 이용하는 행위

제35조

당사국은 모든 목적과 형태의 아동의 약취유인이나 매매 또는 거래를 방지하기 위한 모든 적절한 국내적, 양국 간, 다국 간 조치를 취하여야 한다.

제36조

당사국은 아동복지의 어떠한 측면에 대하여라도 해로운 기타 모든 형태의 착취로부터 아동을 보호하여야 한다.

제37조

당사국은 다음의 사항을 보장하여야 한다.

가. 어떠한 아동도 고문 또는 기타 잔혹하거나 비인간적이거나 굴욕적인 대우나 처벌을 받지 아니한다. 사형 또는 석방의 가능성이 없는 종신형은 18세 미만의 사람이 범한 범죄에 대하여 과하여져서는 아니 된다.
나. 어떠한 아동도 위법적 또는 자의적으로 자유를 박탈당하지 아니한다. 아동의 체포, 억류 또는 구금은 법률에 따라 행하여져야 하며, 오직 최후의 수단으로서 또한 적절한 최단기간 동안만 사용되어야 한다.
다. 자유를 박탈당한 모든 아동은 인도주의와 인간 고유의 존엄성에 대한 존중에 입각하여 그리고 그들의 연령상의 필요를 고려하여 처우되어야 한다. 특히 자유를 박탈당한 모든 아동은, 성인으로부터 격리되지 아니하는 것이 아동의 최선의 이익에 합치된다고 생각되는 경우를 제외하고는 성인으로부터 격리되어야 하며, 예외적인 경우를 제외하고는 서신과 방문을 통하여 자기 가족과의 접촉을 유지할 권리를 가진다.
라. 자유를 박탈당한 모든 아동은 법률적 및 기타 적절한 구조에 신속하게 접근할 권리를 가짐은 물론 법원이나 기타 권한 있고 독립적이며 공정한 당국 안에서 자신에 대한 자유박탈의 합법성에 이의를 제기하고 이러한 소송에 대하여 신속한 결정을 받을 권리를 가진다.

제38조

1. 당사국은 아동과 관련이 있는 무력분쟁에 있어서, 당사국에 적용 가능한 국제인도법의 규칙을 존중하고 동 존중을 보장할 의무를 진다.
2. 당사국은 15세에 달하지 아니한 자가 적대행위에 직접 참여하지 아니할 것을 보장하기 위하여 실행 가능한 모든 조치를 취하여야 한다.
3. 당사국은 15세에 달하지 아니한 자의 징병을 삼가야 한다. 15세에 달하였으나 18세에 달하지 아니한 자 중에서 징병하는 경우, 당사국은 최연장자에게 우선순위를 두도록 노력하여야 한다.
4. 무력분쟁에 있어서 민간인 보호를 위한 국제인도법상의 의무에 따라서, 당사국은 무력분쟁의 영향을 받는 아동의 보호 및 배려를 확보하기 위하여 실행 가능한 모든 조치를 취하여야 한다.

제39조

당사국은 모든 형태의 유기, 착취, 학대 또는 고문이나 기타 모든 형태의 잔혹하거나 비인간적이거나 굴욕적인 대우나 처벌 또는 무력분쟁으로 인하여 희생이 된 아동의 신체적·심리적 회복 및 사회복귀를 촉진시키기 위한 모든 적절한 조치를 취하여야 한다.

제40조

1. 당사국은 형사피의자나 형사피고인 또는 유죄로 인정받은 모든 아동에 대하여, 아동의 연령 그리고 아동의 사회복귀 및 사회에서의 건설적 역할 담당을 촉진하는 것이 바람직하다는 점을 고려하고, 인권과 타인의 기본적 자유에 대한 아동의 존중심을 강화시키며, 존엄과 가치에 대한 아동의 지각을 촉진시키는 데 부합하도록 처우받을 권리를 가짐을 인정한다.
2. 이 목적을 위하여 그리고 국제문서의 관련 규정을 고려하며, 당사국은 특히 다음 사항을 보장하여야 한다.
   가. 모든 아동은 행위 시의 국내법 또는 국제법에 의하여 금지되지 아니한 작위 또는 부작위를 이유로 하여 형사피의자가 되거나 형사 기소되거나 유죄로 인정받지 아니한다.
   나. 형사피의자 또는 형사피고인인 모든 아동은 최소한 다음 사항을 보장받는다.
      (1) 법률에 따라 유죄가 입증될 때까지는 무죄로 추정받는다.
      (2) 피의 사실을 신속하게 그리고 직접 또는 적절한 경우, 부모나 후견인을 통하여 통지받으며, 변론의 준비 및 제출 시 법률적 또는 기타 적절한 지원을 받는다.
      (3) 권한 있고 독립적이며 공평한 기관 또는 사법기관에 의하여 법률적 또는 기타 적당한 지원하에 법률에 따른 공정한 심리를 받아 지체없이 사건이 판결되어야 하며, 아동의 최선의 이익에 반한다고 판단되지 아니하는 경우, 특히 그의 연령이나 주변환경, 부모 또는 후견인 등을 고려하여야 한다.
      (4) 증언이나 유죄의 자백을 강요당하지 아니하며, 자신에게 불리한 증인을 신문하거나 또는 신문받도록 하며, 대등한 조건하에 자신을 위한 증인의 출석과 신문을 확보한다.
      (5) 형법위반으로 간주되는 경우, 그 판결 및 그에 따라 부과된 여하한 조치는 법률에 따라 권한 있고 독립적이며 공정한 상급당국이나 사법기관에 의하여 심사되어야 한다.
      (6) 아동이 사용되는 언어를 이해하지 못하거나 말하지 못하는 경우, 무료로 통역원의 지

원을 받는다.

(7) 사법절차의 모든 단계에서 아동의 사생활은 충분히 존중되어야 한다.

3. 당사국은 형사피의자, 형사피고인 또는 유죄로 인정받은 아동에게 특별히 적용될 수 있는 법률, 절차, 기관 및 기구의 설립을 촉진하도록 노력하며, 특히 다음 사항에 노력하여야 한다.
   가. 형법위반 능력이 없다고 추정되는 최저 연령의 설정
   나. 적절하고 바람직한 경우, 인권과 법적 보장이 완전히 존중된다는 조건하에 이러한 아동을 사법절차에 의하지 아니하고 다루기 위한 조치
4. 아동이 그들의 복지에 적절하고 그들의 여건 및 범행에 비례하여 취급될 것을 보장하기 위하여 보호, 지도 및 감독명령, 상담, 보호관찰, 보호양육, 교육과 직업훈련 계획 및 제도적 보호에 대한 그 밖의 대체방안 등 여러 가지 처분이 이용 가능하여야 한다.

제41조

이 협약의 규정은 다음 사항에 포함되어 있는 아동권리의 실현에 보다 공헌할 수 있는 어떠한 규정에도 영향을 미치지 아니한다.

가. 당사국의 법
나. 당사국에 대하여 효력을 가지는 국제법

제 2 부

제42조

당사국은 이 협약의 원칙과 규정을 적절하고 적극적인 수단을 통하여 성인과 아동 모두에게 널리 알릴 의무를 진다.

제43조

1. 이 협약상의 의무이행을 달성함에 있어서 당사국이 이룩한 진전 상황을 심사하기 위하여 이하에 규정된 기능을 수행하는 아동권리위원회를 설립한다.
2. 위원회는 고매한 인격을 가지고 이 협약이 대상으로 하는 분야에서 능력이 인정된 10명의 전문가로 구성된다. 위원회의 위원은 형평한 지리적 배분과 주요 법체계를 고려하여 당사국의 국민 중에서 선출되며, 개인적 자격으로 임무를 수행한다.
3. 위원회의 위원은 당사국에 의하여 지명된 자의 명단 중에서 비밀투표에 의하여 선출된다. 각 당사국은 자국민 중에서 1인을 지명할 수 있다.
4. 위원회의 최초의 선거는 이 협약의 발효일부터 6월 이내에 실시되며, 그 이후는 매 2년마다 실시된다. 각 선거일의 최소 4월 이전에 국제연합 사무총장은 당사국에 대하여 2월 이내에 후보자 지명을 제출하라는 서한을 발송하여야 한다. 사무총장은 지명한 당사국의 표시와 함께 알파벳순으로 지명된 후보들의 명단을 작성하여, 이를 이 협약의 당사국에게 제시하여야 한다.

5. 선거는 국제연합 본부에서 사무총장에 의하여 소집된 당사국 회의에서 실시된다. 이 회의는 당사국의 3분의 2를 의사정족수로 하고, 출석하고 투표한 당사국 대표의 최대다수표 및 절대다수표를 얻는 자가 위원으로 선출된다.
6. 위원회의 위원은 4년 임기로 선출된다. 위원은 재지명된 경우에는 재선될 수 있다. 최초의 선거에서 선출된 위원 중 5인의 임기는 2년 후에 종료된다. 이들 5인 위원의 명단은 최초 선거 후 즉시 동 회의의 의장에 의하여 추첨으로 선정된다.
7. 위원회 위원이 사망, 사퇴 또는 본인이 어떠한 이유로 인하여 위원회의 임무를 더 이상 수행할 수 없다고 선언하는 경우, 그 위원을 지명한 당사국은 위원회의 승인을 조건으로 자국민 중에서 잔여 임기를 수행할 다른 전문가를 임명한다.
8. 위원회는 자체의 절차규정을 제정한다.
9. 위원회는 2년 임기의 임원을 선출한다.
10. 위원회의 회의는 통상 국제연합 본부나 위원회가 결정하는 그 밖의 편리한 장소에서 개최된다. 위원회는 통상 매년 회의를 한다. 위원회의 회의기간은 필요한 경우 총회의 승인을 조건으로 이 협약 당사국 회의에 의하여 결정되고 재검토된다.
11. 국제연합 사무총장은 이 협약에 의하여 설립된 위원회의 효과적인 기능 수행을 위하여 필요한 직원과 편의를 제공한다.
12. 이 협약에 의하여 설립된 위원회의 위원은 총회의 승인을 얻고 총회가 결정하는 기간과 조건에 따라 국제연합의 재원으로부터 보수를 받는다.

제44조

1. 당사국은 이 협약에서 인정된 권리를 실행하기 위하여 그들이 채택한 조치와 동 권리의 향유와 관련하여 이룩한 진전 상황에 관한 보고서를 다음과 같이 국제연합 사무총장을 통하여 위원회에 제출한다.
   가. 관계 당사국에 대하여 이 협약이 발효한 후 2년 이내
   나. 그 후 5년마다
2. 이 조에 따라 제출되는 보고서는 이 협약상 의무의 이행 정도에 영향을 미치는 요소와 장애가 있을 경우 이를 적시하여야 한다. 보고서는 또한 관계국에서의 협약 이행에 관한 포괄적인 이해를 위원회에 제공하기 위한 충분한 정보를 포함하여야 한다.
3. 위원회에 포괄적인 최초의 보고서를 제출한 당사국은, 제1항 나호에 의하여 제출하는 후속보고서에 이미 제출된 기초적 정보를 반복할 필요는 없다.
4. 위원회는 당사국으로부터 이 협약의 이행과 관련이 있는 추가정보를 요청할 수 있다.
5. 위원회는 위원회의 활동에 관한 보고서를 2년마다 경제사회이사회를 통하여 총회에 제출한다.
6. 당사국은 자국의 활동에 관한 보고서를 자국 내 일반에게 널리 활용 가능하도록 하여야 한다.

제45조

이 협약의 효과적인 이행을 촉진하고 이 협약이 대상으로 하는 분야에서의 국제협력을 장려하기 위하여

가. 전문기구, 국제연합아동기금 및 국제연합의 그 밖의 기관은 이 협약 중 그들의 권한 범위 안에 속하는 규정의 이행에 관한 논의에 대표를 파견할 권리를 가진다. 위원회는 전문기구, 국제연합 아동기금 및 위원회가 적절하다고 판단하는 그 밖의 권한 있는 기구에 대하여 각 기구의 권한 범위에 속하는 분야에 있어서 이 협약의 이행에 관한 전문적인 자문을 제공하여 줄 것을 요청할 수 있다. 위원회는 전문기구, 국제연합아동기금 및 국제연합의 그 밖의 기관에게 그들의 활동범위에 속하는 분야에서의 이 협약의 이행에 관한 보고서를 제출할 것을 요청할 수 있다.

나. 위원회는 적절하다고 판단되는 경우 기술적 자문이나 지원을 요청하거나 그 필요성을 지적하고 있는 당사국의 모든 보고서를 그러한 요청이나 지적에 대한 위원회의 의견이나 제안이 있으면 동 의견이나 제안과 함께 전문기구, 국제연합아동기금 및 그 밖의 권한 있는 기구에 전달하여야 한다.

다. 위원회는 사무총장이 위원회를 대신하여 아동권리와 관련이 있는 특정 문제를 조사하도록 요청할 것을 총회에 대하여 권고할 수 있다.

라. 위원회는 이 협약 제44조 및 제45조에 의하여 접수한 정보에 기초하여 제안과 일반적 권고를 할 수 있다. 이러한 제안과 일반적 권고는 당사국의 논평이 있으면 그 논평과 함께 모든 관계 당사국에 전달되고 총회에 보고되어야 한다.

제 3 부

제46조

이 협약은 모든 국가에 의한 서명을 위하여 개방된다.

제47조

이 협약은 비준되어야 한다. 비준서는 국제연합 사무총장에게 기탁되어야 한다.

제48조

이 협약은 모든 국가에 의한 가입을 위하여 개방된다. 가입서는 국제연합 사무총장에게 기탁되어야 한다.

제49조

1. 이 협약은 20번째의 비준서 또는 가입서가 국제연합 사무총장에게 기탁되는 날부터 30일째 되는 날 발효한다.
2. 20번째의 비준서 또는 가입서의 기탁 이후에 이 협약을 비준하거나 가입하는 각 국가에 대하여, 이 협약은 그 국가의 비준서 또는 가입서 기탁 후 30일째 되는 날 발효한다.

제50조

1. 모든 당사국은 개정안을 제안하고 이를 국제연합 사무총장에게 제출할 수 있다. 동 제출에 의하여 사무총장은 당사국에게 동 제안을 심의하고 표결에 붙이기 위한 당사국회의 개최에 대한 찬성 여부에 관한 의견을 표시하여 줄 것을 요청하는 것과 함께 개정안을 당사국에게 송부하여야 한다. 이러한 통보일부터 4월 이내에 당사국 중 최소 3분의 1이 회의 개최에 찬성하는 경우 사무총장은 국제연합 주관하에 동 회의를 소집하여야 한다. 동 회의에 출석하고 표결한 당사국의 과반수에 의하여 채택된 개정안은 그 승인을 위하여 국제연합 총회에 제출된다.
2. 제1항에 따라서 채택된 개정안은 국제연합 총회에 의하여 승인되고, 당사국의 3분의 2 이상의 다수가 수락하는 때에 발효한다.
3. 개정안은 발효한 때에 이를 수락한 당사국을 구속하며, 그 밖의 당사국은 계속하여 이 협약의 규정 및 이미 수락한 그 이전의 모든 개정에 구속된다.

제51조

1. 국제연합 사무총장은 비준 또는 가입 시 각국이 행한 유보문을 접수하고 모든 국가에게 이를 배포하여야 한다.
2. 이 협약의 대상 및 목적과 양립할 수 없는 유보는 허용되지 아니한다.
3. 유보는 국제연합 사무총장에게 발송된 통고를 통하여 언제든지 철회될 수 있으며, 사무총장은 이를 모든 국가에게 통보하여야 한다. 그러한 통고는 사무총장에게 접수된 날부터 발효한다.

제52조

당사국은 국제연합 사무총장에 대한 서면통고를 통하여 이 협약을 폐기할 수 있다. 폐기는 사무총장이 통고를 접수한 날부터 1년 후에 발효한다.

제53조

국제연합 사무총장은 이 협약의 수탁자로 지명된다.

제54조

아랍어 · 중국어 · 영어 · 불어 · 러시아어 및 서반아어본이 동등하게 정본인 이 협약의 원본은 국제연합 사무총장에게 기탁된다.

이상의 증거로 아래의 서명 전권대표들은 각국 정부에 의하여 정당하게 권한을 위임받아 이 협약에 서명하였다.

참·고·문·헌

국가법령정보센터(2025). http://www.law.go.kr
굿네이버스 아동학대문제 연구소(2005). 아동 힘키우기 서비스(CES) [교사교육]. 서울: 사회복지법인 굿네이버스 출판부.
노대겸·노병일(2015). 사진치료가 취약아동의 자아존중감 향상에 미치는 영향. 사회과학논문집, 34(1), 187-215.
노대겸·전영신(2017). 알기쉬운 미술치료·사진치료. 파주: 양성원.
노병일(2006). 취약 지역의 사회적 배제. 서울: 도서출판 다운샘.
노병일(2015). 생태학적 관점에 따른 사회자본과 아동발달 사이의 관계. 열린부모교육연구, 7(1), 85-100.
노병일(2016). 한부모가족이 겪는 어려움과 해결 방안: 모파상의 『시몽의 아빠』를 중심으로. 사회과학논문집, 35(1), 137-159.
노병일(2017). 현대 사회복지의 이해. 파주: 양서원.
노병일(2020). 사회보장론(제4판). 고양: 공동체.
노병일(2021). 사회복지정책론(제3판). 고양: 공동체.
노병일(2022a). 빈곤론(제2판). 고양: 공동체.
노병일(2022b). 사회문제론(제2판). 파주: 양서원.
노병일(2024a). 사회복지와 인권. 경기: 공동체.
노병일(2025). 노인복지론(제2판). 서울: 동문사.
노병일·김주연(2008). 시설아동의 일상적 스트레스가 학교적응에 미치는 영향. 한국지역사회복지학, 27, 107-126.
노병일·김현채(2005). 지역사회중심의 방과후 아동보호를 이용하는 부모의 욕구와 만족도에 대한 연구. 지역사회학, 7(1), 167-191.
노병일·노대겸(2025). 가족정책론(제2판) 서울: 동문사.
노병일·심희숙(2009). 사회자본 구축을 통한 노인케어 증진 방안으로서의 세대통합 프로그램에 관한 탐색적 연구. 대한케어복지학, 11호, 65-85.
노병일·심희숙(2013). 사회적 지지와 지역사회 사회자본이 미취학 아동의 자기효능감에 미치는 영향에 관한 탐색적 연구. 정신보건과 사회사업, 41(1), 90-113.
노병일·유호석(2018). 다양한 수준에서의 사회적 지지가 시설 청소년의 학교적응에 미치는 영향. 예술인문사회 융합 멀티미디어 논문지, 8(3), 115-125.
노혜련(2000). 국내입양의 발전과 활성화를 위한 사회적 인식의 개선방안. 홀트소식, 11-12월, 5-8.
노혜련·장정순(1998). 육아시설아동의 심리사회적 문제에 관한 연구. 한국사회복지회, 34, 45-67.

박주희 · 남지숙(2010). 다문화아동의 언어발달과 심리사회적 적응. 한국청소년연구, 21(2), 129-152.

서문희(2002). 장애아동 보육 현황 및 정책과제. 보건복지포럼, 9월, 63-75.

손주희(2011). 5세 누리과정 내년 3월부터 시행. 서울교대학보, 9월 24일.

아동권리보장원(2025a). 아동자산형성(디딤씨앗통장). https://www.ncrc.or.kr/ncrc/cm/cntnts/cntntsView.do?mi=1035&cntntsId=1142

아동권리보장원(2025b). 아동통합서비스 지원(드림스타트). https://www.ncrc.or.kr/ncrc/cm/cntnts/cntntsView.do?mi=1027&cntntsId=1055

아동권리보장원(2025c). 아동학대 예방 및 보호. https://www.ncrc.or.kr/ncrc/cm/cntnts/cntntsView.do?mi=1030&cntntsId=1033

아동권리보장원(2025d). 입양정책 및 절차. https://www.ncrc.or.kr/ncrc/cm/cntnts/cntntsView.do?mi=1281&cntntsId=1345

위스타트(2007). 외국의 Start 운동. http://westart.joins.com.

유니세프(2001). 유니세프 세계아동현황보고서. http://www.unicef.or.kr/cgi-sys/.

유니세프 한국위원회(2017). 아동권리협약의 기본 원칙. http://www.unicef.or.kr/education/outline_01.asp

유엔아동권리협약 한국NPO연대(2010). 제3·4차 유엔아동권리협약 민간보고서. 서울: 유엔아동권리협약 한국NPO연대.

이수연(2003). 가정위탁은 '위기의 아이들' 안식처. 한겨레신문, 5월 29일.

이종수(1999). 우리나라 입양의 현황. 홀트소식, 11-12월, 5-7.

이태수(1999). 한국아동복지의 회고와 평가. 복지동향, 12월, 25-29.

장인협 · 오정수(2000). 아동 · 청소년복지론(제2개정판). 서울: 서울대학교 출판부.

전국국공립어린이집 연합회(2020). 국공립어린이집 50년사를 담은 보육백서. 고양: 도서출판 어가.

전영신 · 노대겸(2018). 지역아동센터 이용아동의 자아존중감 향상을 위한 정신분석 집단미술치료의 효과 연구. 지역사회연구, 26(2), 119-138.

전재숙(2004). Neill의 아동교육사상. 아동교육, 13(1), 313-329.

중앙아동보호전문기관(2007). 아동학대. http://korea1391.org.

중앙일보 특별취재팀(2004). We Start '위 스타트' 운동 출범. 세상사람들, 6월, 18-19.

한국복지재단(2001). 가정위탁보호사업 '희망의 둥지' 사업보고서 및 사례집. 서울: 한국복지재단 복지사업국.

한국아동청소년그룹홈협의회(2025). 그룹홈 소개. https://grouphome.kr:44460/pages/page_104.php

한지은(2024). 아동보호시설 아동 10명 중 4명 '특수욕구아동'…ADHD 23.9%로 최다. 서울신문, 5월17일.

황선영 · 노병일(2015). 다문화가족아동의 학교생활만족도에 영향을 미치는 요인. 한국케어매니지먼트 연구, 15, 51-76.

황선영 · 노병일 · 서은주(2011). 강서구 다문화가족 실태 심층조사 연구. 서울: 강서구청.

황용규(1999). 복지시설 입소아동의 권리와 구조적 발전방향. 한국아동복지학, 8, 236-249.

희망스타트(2007). 희망스타트란? http://www.hopestart.org

Adoption(2012). Qu'est-ce que l'adoption? http://www.adoption.gouv.fr/Adopter-en-France.html

Afifi, T. O.(2011). Preventing child maltreatment and associate mental health issues. Family Violence Prevention E-Bulletin, November.

African Child Policy Forum, Childwatch International Research Network, Unicef Innocenti Research Center(2009). Post conference information: A global conference on research and child rights. http://www.africanchildinfo.net/conference

Albert, A.(2025). What is a Sure Start Children's Centre? https://www.daynurseries.co.uk/advice/what-is-a-sure-start-childrens-centre

Alderson, P.(2000). The rights of young children. In Early Childhood Services: Theory, Policy, and Practice, edited by H. Penn. Buckingham, UK: Open University Press.

American Adoptions(2025). The pros and cons of adoption. https://www.americanadoptions.com/adoption/advantages_of_adoption

American Psychological Association(2019). Single parenting and today's family. http://www.apa.org/helpcenter/single-parent.aspx

American Psychological Association(2025). Divorce and child custody. https://www.apa.org/topics/divorce-child-custody

Andersen, M. L.(2000). Thinking about Women: Sociological Perspectives on Sex and Gender(5th ed). Needam Heights, MA: Allyn and Bacon.

Andresen, S. and Albus, S.(2010). Children and their needs. In Children and the Good Life: New Challenges for Research on Children, edited by S. Andresen, I. Diehm, U. Sander and H. Ziegler. Dordrecht: Springer Nature.

Andrews, A. B. and Ben-Arieh, A.(1999). Measuring and monitoring children's well-being across the world. Social Work, 44(2), 105-114.

Anonymous(2005b). Main principles of child welfare. www.jns.fi/equal/data/en_kv_toiminta_documents

Archard, D. W.(2014). Children's rights. Stanford Encyclopedia of Philosophy. https://plato.stanford.edu/entries/rights-children/

Aron, S. B., McCrowell, J., Moon, A. and Yamano, R.(2010). Analyzing the relationship between poverty and child maltreatment: Investigating the relative performance of four levels of geographic aggregation. Social Work Research, 34(3), 169-179.

Asamoah, E., Tam, C. H. and Cudjoe, E.(2021). A systematic review of the roles of social workers in inclusive education for children with disabilities. International Social Work, 66(1), 36-51.

Ashford, J. B., Lecroy, C. W. and Lortie, K. L.(2001). Human Behavior in the Social Environment: A Multidimensional Perspective(2nd ed). Belmont, CA: Brooks/Cole.

Ayalon, O. and Flasher, A.(1993). Chain Reaction: Children and Divorce. London: Jessica Kingsley.

Balbo, N. and Bolano, D.(2023). Child disability as a family issue: A study on mothers' and fathers' health in Italy. European Journal of Public Health, 34(1), 79-84.

Balazs-Foldi, E.(2022). Social protection of children with disabilities before the change of regime and at present. Journal of Childhood, Education & Society, 3(3), 233-248.

Barker, R. L.(2003). Social Work Dictionary(5th ed). Washington D.C.: NASW Press.

Barnard, A. J.(2025). Family. https://www.britannica.com/topic/family-kinship

Baron Law & Mediation(2024). Defining divorce mediation in 2024: Pros and cons. https://baronlawmediation.com/2024-guide-for-divorce-mediation-definition-pros-cons/

Barth, R. P.(2011). Adoption. In Volume 1 of Encyclopedia of Social Work(20th ed). Washington DC. and New York: NASW Press and Oxford University Press.

Bauer, L. and Schanzenbach, D. W.(2016). The long-term impact of the Head Start program. https://www.hamiltonproject.org/assets/files/long_term_impact_of_head_start_program.pdf

Bausch, R. S.(2003). Reinventing the family: In search of new lifestyles. Journal of Marriage and Family, 65(4), 1081-1082.

Belgian Working Group(2015). Social Protection for Everyone. Brussel, Belgium: Belgian Working Group.

Berridge, D.(2001). Foster families. In Children in Society: Contemporary Theory, Policy and Practice, edited by P. Foley, J. Roche and S. Tucker. London: Open University Press.

Bertrand, J., McCain, M. and McCain, W.(2025). The advantage of public preschool. Encyclopedia on Early Childhood Development. https://www.child-encyclopedia.com/early-childhood-education-public-system/according-experts/advantage-public-preschool

Better Care Network(2025). Effects of Institutional Care. https://bettercarenetwork.org/library/particular-threats-to-childrens-care-and-protection/effects-of-institutional-care

Borumandnia, N., Alvani, M. S., Fattahi, P. Gohari, M. R., Kheirolahkhani, Y. and Alavimajd, H.(2024). Global trends in childhood sexual abuse and bullying victimization in 204 countries: A comprehensive analysis from 1990 to 2019. Journal of Preventive Medicine and Public Health, 57(6), 530-539. https://www.jpmph.org/journal/view.php?doi=10.3961/jpmph.24.007

British Ecological Society(2025). What is ecology? https://www.britishecologicalsociety.org/what-is-ecology/

Brush, L. D.(2013). Review of family policy and the American safety net. Choice, February, 1146-1146.

Budzyna, B. and Buckley, D.(2023). The Whole Child: Development in the Early Years. Haverhill, MA: ROTEL Project.

Bullock, R.(2006). Residential child care. Research Matters, April-October, 73-80.

California Learning Resource Network(2024). What is an after school program? https://www.clrn.org/what-is-an-after-school-program/

Campbell, C. A., Howard, D., Rayford, B. S. and Gordon, D. M.(2015). Fathers matter: Involving and engaging fathers in the child welfare system process. Child and Youth Service Review, 53, 84-91.

Carers Australia(2020). How does having a child with a disability affect a family? https://www.carersaustralia.com.au/wp-content/uploads/2020/08/How-Does-Having-a-Child-with-a-Disability-Affect-a-Family.pdf

Center for Advance Palliative Care(2007). CAPC manual. http://64.85.16.230/educate

Centers for Disease Control and Prevention(2024a). About child abuse and neglect. https://www.cdc.gov/child-abuse-neglect/about/index.html

Centers for Disease Control and Prevention(2024b). Risk and protective factors. https://www.cdc.gov/child-abuse-neglect/risk-factors/index.html

Centers for Disease Control and Prevention(2025). Why act early if you're concerned about development? https://www.cdc.gov/ncbddd/actearly/whyActEarly.html

Chafel, J. A. and Hadley, K. G.(2001). Poverty and the well-being of children and families. In Handbook of Clinical Child Psychology, edited by C. Eugene Walker and Michael C. Roberts. New York: John Wiley & Sons.

Chen, G.(2023). Pros and cons of public preschool: The debate. https://www.publicschoolreview.com/blog/pros-and-cons-of-public-preschool-the-debate

Child Welfare Information Gateway(2012). Providing Postadoption Services. Washington, DC: U.S. Department of Health and Human Services.

Child Welfare Information Gateway(2013). Addressing the Needs of Young Children in Child Welfare: Part C - Early Intervention Services. Washington, DC: U.S. Department of Health and Human Services.

Child Welfare Information Gateway(2015). Supervising for Quality Child Welfare Practice. Washington, DC: U.S. Department of Health and Human Services.

Children's Defense Fund(2000). Fact sheet: Increase investments in after-school care. www.childrensdefense.org/childcare/cc_school_basics.html

Children's Rights Alliance(2017). What are children's rights? http://childrensrights.ie/childrens-rights-ireland/childrens-rights-ireland

Chirban, J. T.(2016). Trust for children of divorce: Seven ways to revitalize your children's trust. https://www.psychologytoday.com/blog/age-un-innocence/201610

Citizen Action of New York(2000). What happens after school? www.citizenactionny.org/after-school.html

Click, P. and Parker, J.(2011). Caring for School-Age Children(6th ed). Cengage Learning.

Cohen, M. and Hanagan, M.(1994). Welfare capitalism and heavy industry: Birmingham, Pittsburgh and Saint-Etienne, 1900-1930. Research in Social Policy, 3, 33-56.

Cohen, N. A.(2000). Child welfare: A generalist perspective. In Child Welfare: A Multicultural Focus, edited by Neil A. Cohen. Needham Heights, MA: Allyn and Bacon.

Cohen, N. A. and Sosa, C.(2000). The year 2000 and beyond: Summary and future directions. In Child Welfare: A Multicultural Focus, edited by Neil A. Cohen. Needham Heights, MA: Allyn and Bacon.

Cohen-Liebman, M. S.(1999). Draw and tell: Drawings within the context of child sexual abuse investigations. The Arts in Psychotherapy, 26(3), 185-194.

Conseil Canadien de Devéloppement Social(2007). Défis sociaux: Exclusion sociale. http://www.ccsd.ca/cpsd/ccsd/f/d_exclusion.htm

Considering Adoption(2025). Four challenges adopted children face and how you can help. https://consideringadoption.com/adopting/parenting-an-adopted-child/four-challenges-adopted-children-face-and-how-you-can-help/

Corporate Social Responsibility Education(2024). Social workers and children with disabilities: Ensuring supportive care. https://csr.education/women-and-child-development/social-workers-support-children-disabilities/#google_vignette

Costin, L. B. and Rapp, C. A.(1984). Child Welfare: Policies and Practice(3rd ed). New York: McGraw Hill.

Cox, C. B.(2003). Designing interventions for grandparent caregivers: The need for an ecological perspective for practice. Families in Society, 84(1), 127-134.

Craft, C.(2019). The differences between foster care and adoption. https://www.verywellfamily.com/differences-between-foster-care-and-adoption-26612

Crosson-Tower, C.(2017). Exploring Child Welfare: A Practical Perspective(7th ed). Pearson.

Daley, S. F., Gonzalez, D., Mirabal, A. B. and Afzal, M.(2025). Child abuse and neglect. StatPearls, Treasure Island, FL: StatPearls Publishing.

Daly, M.(2020). Conceptualizing and analyzing family policy and how it is changing. In The Palgrave Handbook of Family Policy, edited by R. Nieuwenhuis and W. Van Lancker. Switzerland: Palgrave Macmillan.

Daniel, P. and Ivatts, J.(1998). Children and Social Policy. London: MacMillan.

Danley, L.(2020). A brief history and overview of the Head Start program. https://www.ffyf.org/resources/2020/10/a-brief-history-and-overview-of-the-head-start-program/

Davison, G. C.(이봉건 역)(2005). 이상심리학. 서울: 시그마프레스.

Davidson, T.(2006). Single-parent families. Gale Encyclopedia of Children's Health

DeAngelis, R. and Ramirez, A.(2023). Divorce mediation: Definition, pros & cons. Forbes, https://www.forbes.com/advisor/legal/divorce/divorce-mediation/

Department for Children, Schools and Families(2007). Welcome to Sure Start. http://www.surestart.gov.uk

Department of Education(2020). Sure Start. https://www.education-ni.gov.uk/articles/sure-start

D'Onofrio, B. M.(2011). Consequences of separation/divorce for children. Encyclopedia on Early Childhood Development. http://www.child-encyclopedia.com/divorce-and-separation/according-experts/consequences-separationdivorce-children

Dorsey, S. and Forehand, R.(2003). The relation of social capital to child psychosocial adjustment difficulties: The role of positive parenting and neighborhood dangerousness. Journal of Psychopathology and Behavioral Assessment, 25(1), 11-23.

Downs, S. W., Moore, E. and McFadden, J.(2009). Child Welfare and Family Services: Policies and Practice(8th ed). Boston, MA: Pearson Education.

Duncan, C. J. and Brooks-Gunn, J.(2000). Family poverty, welfare reform, and child development. Child Development, 71(1), 188-196.

Eamon, M. K.(2001). The effects of poverty on children's socioemotional development: An ecological systems analysis. Social Work, 46(3), 256-266.

Earls, M. F.(2013). Challenges to care of children and youth in foster care. Pediatric Annals, 42(9), 350-351.

Early Intervention Foundation(2025). What is early intervention? https://www.eif.org.uk/why-it-matters/what-is-early-intervention

Easy Sociology(2024). What was Sure Start: A comprehensive overview https://easysociology.com/sociology-of-family-relationships/what-was-sure-start-a-comprehensive-overview/

Eitzen, D. S., Zinn, M. B. and Smith, K. E.(2011). Social Problems(12th ed). Boston, MA: Allyn and Bacon.

Elklit, A., Murphy, S., Skovgaard, C. and Lausten, M.(2023). Physical violence against children with disabilities: A Danish national birth cohort prospective study. European Journal of Psychotraumatology, 14(1), 1-9.

Embrey, D.(2025). What is early intervention and why is it important? https://beaminghealth.com/article/what-is-early-intervention-and-why-is-it-important

Encyclopædia Britannica(2025). Divorce. https://www.britannica.com/topic/divorce

Everett, J. E.(2011). Foster care. In Volume 2 of Encyclopedia of Social Work(20th ed). Washington DC. and New York: NASW Press and Oxford University Press.

European Union Agency for Fundamental Rights(2016). Rights of the child. http://fra.europa.eu/en/theme/rights-child

Family Life(2001-2002). Does your child need extra help? Family Life, 2001(Dec)/2002(Jan), 68.

Family Means(2020). What are the effects of divorce on children? https://www.familymeans.org/effects-of-divorce-on-children.html

Fortin, J.(2012). Children's Rights and the Developing Law(3rd ed). Cambridge University Press.

Freeman, M.(1983). The concept of children's rights. In Providing Civil Justice for Children, edited by H. Geach and E. Szwed. London: Edward Arnold.

Friedrich, S. L.(2017). Group homes. Encyclopedia of Mental Disorders. http://www.minddisorders.com/Flu-Inv/Group-homes.html

Frimmel, W., Halla, M. and Winter-Ebmer, R.(2024). How does parental divorce affect children's long-term outcomes? Journal of Public Economics, Volume 239, 1-10.

Fu, Y.(2023). The impact of single-parent families on children's externalizing behaviour. SHS Web of Conferences, 180.

Furstenberg Jr., F. F. and Hughes, M. E.(1995). Social capital and successful development among at-risk youth. Journal of Marriage and Family, 57(3), 580-592.

Garbarino, J.(2014). Ecological perspective on child well-being. In Handbook of Child Well-Being, edited by A. Ben-Arieh, F. Casas, I. Frønes and J. Korbin. Dordrecht: Springer.

Garber, B. D.(2000). Get Rid of the Guilt! www.specialchild.com/archives/fi-027.html

Garces, E., Thomas, D. and Currie, J.(2002). Longer-term effects of Head Start. American Economic Review, 92(4), 999-1012.

Garvin, C. D. and Tropman, J. E.(1997). Social Work in Contemporary Society(2nd ed). Needam Heights, MA: Allyn & Bacon.

Gaynor, T. M.(2023). Exploring the 7 core issues of adoption. https://blog.cincinnatichildrens.org/learning-and-growing/exploring-the-7-core-issues-of-adoption/

Geiger, J. M. and Schelbe, L.(2021). The Handbook on Child Welfare Practice. Cham: Springer.

Generations United(2021). Making the Case for Intergenerational Programs. Generations United.

Giarrosso, M.(2017). What are the pros and cons of adoption? https://adoption.org/pros-cons-adoption/

Gilbert, N. and Terrell, P.(2014). Dimensions of Social Welfare Policy(8th ed). Essex, UK: Pearson Education, Inc.

Gilbert, R., Fluke, J., O'Donnell, M., Gonzalez-Izquierdo, A., Brownell, M., Gulliver, P., Janson, S. and Sidebotham, P.(2014). Child maltreatment: Variation in trends and policies in six developed countries. Lancet, No. 379 Iss. 9817, 758-772.

GivingBabyUpForAdoption(2025). Is adoption right for you? https://givingbabyupforadoption.com/unplanned-pregnancy/is-adoption-right-for-you/pros-and-cons-adoption/

Goodley, D. and Runswick-Cole, K.(2011). Problematising policy: Conceptions of "child", "disabled" and "parents" in social policy in England. International Journal of Inclusive Education, 15(1), 71-85.

Grinde, T. V.(1996). Developmental trends in child welfare: British and Nordic views and priorities. In Child Welfare: Reviewing the Framework, edited by E. K. M. Tisdall. Edinburgh, UK: HMSO.

Gustavsson, N. S. and Segal, E. A.(1994). Critical Issues in Child Welfare. Thousands Oaks, CA: Sage.

Harris, J. and White, V.(2013). A Dictionary of Social Work and Social Care. Oxford, UK: Oxford University Press.

Herek, G. M.(2006). Legal recognition of same-sex relationships in the United States: A social science perspective. The American Psychologist, 61(6), 607-621.

Hill, M. and Tisdall, K.(1997). Children and Society. London: Longman.

Holm, M. L., Fallesen, P. and Heinesen, E.(2023). The effects of parental union dissolution on children's test scores. Study Paper No. 185. ROCKWOOL Foundation Research Unit.

Hope and Homes for Children(2019). What is institutional care? https://www.hopeandhomes.org/blog/what-is-institutional-care/

Hopkins, J. R.(2000). Erikson, Erik H. In Volume 3 of Encyclopedia of Psychology, edited by A. E. Kazdin. Washington D.C. and New York: American Psychological Association and Oxford University Press.

Humanium(2025a). Rights of the child. http://www.humanium.org/en/child-rights/

Humanium(2025b). Children's rights history. http://www.humanium.org/en/childrens-rights-history/

Jack, G.(2001). An ecological perspective on child abuse. In Children in Society: Contemporary Theory, Policy and Practice, edited by P. Foley, J. Roche and S. Tucker. Hampshire, UK: Palgrave.

Jack, G. and Gill, O.(2010). The role of communities in safeguarding children and young people. Child Abuse Review, 19(2), 82-96.

Jenkins. J. P.(2025). Child abuse. https://www.britannica.com/topic/child-abuse

Johnson, B.(2018). Positives and negatives within the foster care system. https://adoption.org/positives-negatives-within-foster-care-system

Jones, M. B.(2020). White House Conferences on Children. Encyclopedia of Children and Childhood in History and Society. https://www.encyclopedia.com/children/encyclopedias-almanacs-transcripts-and-maps/white-house-conferences-children

Kalpana, M.(2025). 5 common psychological problems in adopted children. https://www.momjunction.com/articles/psychological-problems-in-adopted-children_00376997/

Kayser, K. and Johnson, J. K.(2011). Divorce. In Volume 2 of Encyclopedia of Social Work(20th ed). Washington D.C. and New York: NASW Press and Oxford University Press.

Kennedy, M.(1995). Rights for children who are disabled. In The Handbook of Children's Rights, edited by B. Franklin. London: Routledge.

Kidsource(2020). What is early intervention? http://www.kidsource.com/what-early-intervention#sthash. tuECyGL4.dpbs

Kraffta, C., Davisb, E. E. and Toutca, K.(2017). Child care subsidies and the stability and quality of child care arrangements. Early Childhood Research Quarterly, 39, 14-34.

Knotts Family Agency(2025). 10 Tips for First Time Foster Parents. https://knottsfamilyagency.org/10-tips-for-first-time-foster-parents-you-need-to-read-this/

Kumar, A.(2013). Normalization: Guiding principle of equal opportunities in education for children with disabilities in India. European Academic Research, 1(5), 667-676.

Kutcher, S., Hampton, M. J. and Wilson, J.(2010). Child and adolescent mental health policy and plans in Canada: An analytical review. Canadian Journal of Psychiatry, 55(2), 100-107.

Laird, J., Hartman, A.(1985). The context of child welfare. In A Handbook of Child Welfare: Context, Knowledge, and Practice, edited by J. Laird and A. Hartman. New York: Free Press.

Lambert, S. F. and Black, M. M.(2001). Comprehensive community initiatives: Expanded roles for developmental scientists. Children's Services, 4(1), 25-29.

Lamson, J.(2009). Exploring the ecology of poverty. Human Ecology, 37(2), 4-7.

Lanez, É.(2001). Divorce: Comment épargner les enfants?, Le Point, 1507 (3 Août), 38-44.

Lazz, M.(2024). Challenges faced by children in foster care. https://momentumalliance.org/challenges-faced-by-children-in-foster-care/

Lein, L.(2011). Child care services. In Volume 1 of Encyclopedia of Social Work(20th ed). Washington DC. and New York: NASW Press and Oxford University Press.

Levesque, R. J. R.(2018). Latchkey children. In Encyclopedia of Adolescence, edited by R. J. R. Levesque. Cham: Springer.

Li, P.(2025). The importance of family. https://www.parentingforbrain.com/why-is-family-important/

Liederman, D. S.(1995). Child welfare overview. In Encyclopedia of Social Work(19th ed). Washington D.C.: NASW Press.

Logan, S. M.(2011). Family. In Volume 2 of Encyclopedia of Social Work(20th ed). Washington D.C. and New York: NASW Press and Oxford University Press.

Lynch, N. and Liefaard, T.(2020). What is left in the "too hard basket"?: Developments and challenges for the rights of children in conflict with the law. International Journal of Children's Rights, 28, 89-110.

Mack, K. and Boehm, S.(2002). Serving children with disABILITIES. Children's Voice, September/October.

Marchant, R.(2001). Working with disabled children. In Children in Society: Contemporary Theory, Policy and Practice, edited by P. Foley, J. Roche and S. Tucker. London: Open University Press.

Mather, J. H. and Lager, P. B.(2000). Child Welfare: A Unifying Model of Practice. Belmont, CA: Brooks/Cole.

McDonald, C.(2009). Children and poverty: Why their experience of their lives matter for policy. Australian Journal of Social Issues, 44(1), 5-21.

McDonald, K. C.(2007). Child abuse: Approach and management. American Family Physician, 75(2), 221-228.

McFadden, E. J.(1984). Practice in foster care. In A Handbook of Child Welfare: Context, Knowledge, and Practice, edited by J. Laird and A. Hartman. New York: Free Press.

McLoyd, V. C.(2000). Childhood poverty. In Volume 6 of Encyclopedia of Psychology, edited by A. E. Kazdin. Washington D.C. and New York: American Psychological Association and Oxford University Press.

McPherson, L., Gatwiri, K., Vosz, M., MacNamara, N., Mitchell, J. and Tucci, J.(2025). Approaches to assessment and intervention with children and young people who have experienced child sexual abuse: A review of reviews. Journal of Child & Adolescent Trauma, https://doi.org/10.1007/s40653-025-00702-4

Meridian Family Law(2025). What happens during divorce mediation? https://www.meridianfamilylaw.com/blog/2025/01/what-happens-during-divorce-mediation/

Micklewright, J. and Stewart, K.(1999). Is the well-being of children converging in the European Union? The Economic Journal, 109, 692-714.

Moore, A.(2015). Single-parent family social problems. http://www.livestrong.com/article/536203-single-parent-family-social-problems/

Moreira, A. R., Mendes, I. S. and Pinheiro, L. C. L.(2022). Family and disability. Revista Ibero-Americana de Humanidades, Ciências E Educação, 8(9), 1014-1024.

Morris, J.(2002). Schools morass. Community Care, (April 11), 38-39.

Morrow, V.(1999). Conceptualising social capital in relation to the well-being of children and young people: A critical review. Sociological Review, 47(4), 744-765.

Nakatomi, T., Ichikawa, S., Wakabayashi, H. and Takemura, Y. C.(2018). Children and adolescents in institutional care versus traditional families: A quality of life comparison in Japan. Health and Quality of Life Outcomes, 16, 1-8.

National Center for Children in Poverty(2002) Low-income children in the United States: A brief demographic profile. www.cpmcnet.columbia.edu/dept/nccp/ycpf.html

National Child Care Information Center(2002). Promoting responsible fatherhood through child care. http://www.childwelfare.com/Child%20Poverty.htm

National Foster Parent Association(2025). Becoming a foster parent. https://nfpaonline.org/foster-care/becoming-a-foster-parent/

Netting, F. E., Kettner, P. M. and McMurtry, S. L.(1993). Social Work Macro Practice. White Plains, NY: Longman.

NeuroLaunch(2024a). Adopted child behavior problems: Navigating challenges and finding solutions. https://neurolaunch.com/adopted-child-behavior-problems/

NeuroLaunch(2024b). Latchkey kid psychological effects: Long-term impact on child development. https://neurolaunch.com/latchkey-kid-psychological-effects/

New York Society for the Prevention of Cruelty to Children(2007). Mary Ellen. www.nyspcc.org/beta_history/index_history.htm

NGO Global Network(2017). Definition of NGOs. http://www.ngo.org/ngoinfo/define.html.

Office of Head Start(2015). About the Office of Head Start. http://www.acf.hhs.gov/programs/ohs/about

Pasick, P. L. and Pasick, R. S.(1985). The developing child. In A Handbook of Child Welfare: Context, Knowledge, and Practice, edited by J. Laird and A. Hartman. New York: Free Press.

Peres, D.(2025). After-school programs.
http://www.encyclopedia.com/children/applied-and-social-sciences-magazines/after-school-programs

Peterson, L. W. and Shannon, Z.(1998). Quantitative art techniques to evaluate child trauma: A case review. Clinical Pediatrics, 37(1), 45-49.

Petrona, A.(2018). What is the ecological perspective? http://www.ehow.com/about_6638441_ecological-perspective_.htm

Pringle, M. K.(1978). The needs of children. In The Maltreatment of Children, edited by S. M. Smith. Dordrecht: Springer Nature.

Pringle, M. K.(1986). The Needs of Children(3rd ed). London: Routledge.

Psychologist World(2025). Erikson's stages of human development. https://www.psychologistworld.com/behavior/erikson.php

Rae, H., McKenzie, K. and Murray, G.(2010). Health care workers' knowledge of current child protection legislation and child discipline practices. Child Abuse Review, 19, 259-272.

Rasch, L., Alayli, A., Ballmeyer, C., Franco, J. V. and De Bock, F.(2025). Frameworks, models and theories for prevention of child maltreatment: Protocol for a scoping review from a population health perspective. BMJ Open, 15(5).

Rector, R. E. and Johnson, K. A.(2004). Understanding Poverty in America. Washington, D.C.: The Heritage Foundation.

Reichold, K. and Graf, B.(1998). Paintings That Changed the World: From Lascaux to Picasso. Munich, Germany: Prestel.

Roberts, J.(2024a). 18 pros and cons of foster care. https://prospluscons.com/pros-and-cons-of-foster-care/

Roberts, J.(2024b). 20 pros and cons of foster homes. https://prospluscons.com/pros-and-cons-of-foster-homes/

Roberts, M.(2001). Childcare policy. In Children in Society: Contemporary Theory, Policy and Practice, edited by P. Foley, J. Roche and S. Tucker. Hampshire, UK: Palgrave.

Robinson, N. C.(1985). Supplemental services for families and children. In A Handbook of Child Welfare: Context, Knowledge, and Practice, edited by J. Laird and A. Hartman. New York: Free Press.

Rogers, W. S.(2001). Theories of child development. In Children in Society: Contemporary Theory, Policy and Practice, edited by P. Foley, J. Roche and S. Tucker. Hampshire, UK: Palgrave.

Rose, S. R. and Fatout, M. F.(2003). Social Work Practice with Children and Adolescents. Boston, MA: Allyn and Bacon.

Rosebrook, V.(2002). Intergenerational connections enhance the personal/social development of young children. International Journal of Early Childhood, 34(2), 30-41.

Rueckert, P.(2019). 10 barriers to education that children living in poverty face. https://www.globalcitizen.org/en/content/10-barriers-to-education-around-the-world-2/

Runyan, D. K. and Hunter, W. M.(1998). Children who prosper in unfavorable environments: The relationship to social capital. Pediatrics, 101(1), 12-18.

Saluja, G., Kotch, J. and Lee, L.(2003). Effects of child abuse and neglect: Does social capital really matter? Archives of Pediatrics and Adolescent Medicine, 157(7), 681-686.

Sands, R. G., Goldberg-Glen, R. S. and Shin, H.(2009). The Voices of grandchildren of grandparent caregivers: A strengths-resilience perspective. Child Welfare, 88(2), 25-45.

Sano, Y., Mammen, S. and Houghten, M.(2021). Well-being and stability among low-income families: A 10-year review of research. Journal of Family and Economic Issues, 42, S107-S117.

Schanzenbach, D. W. and Bauer, L.(2016). The long-term impact of the Head Start program. https://www.brookings.edu/articles/the-long-term-impact-of-the-head-start-program/

Schorr, L. B.(1988). Within Our Reach: Breaking the Cycle of Disadvanatge. New York: Doubleday.

Sechrist, W.(2000). Why teach about child abuse and neglect? Education Digest, 66(2), 45-49.

Simon, J.(2003). Financial help for families with disabled children. Current Paediatrics, 13, 36-41.

Smeeding, T., Gao, Q., Saunders, P. and Wing, C.(2008). Elder Poverty in an Ageing World: Conditions of Social Vulnerability and Low Income for Women in Rich and Middle Income Nations. Luxembourg Income Study Working Paper No. 497.

Social Security Administration and International Association of Social Security(2020). Social Security Programs Throughout the World: The Americas, 2019. SSA and ISSA.

Song, Y., Lu, H.(2002). Early childhood poverty: A statistical profile. http://cpmcnet.columbia.edu/dept/nccp/ecp302.html

Spicker, P., Leguizamón, S. A. and Gordon, D. ed.(2007). Poverty: An International Glossary(2nd ed). London and New York: Zed Books.

Srikandi, S.(2020). The importance of the role of the family in protecting children: A conceptual papers. Advances in Social Science, Education and Humanities Research, 501, 1-3.

Staller, K. M.(2011). Children's rights. In Volume 1 of Encyclopedia of Social Work(20th ed). Washington DC. and New York: NASW Press and Oxford University Press.

Statham, J. and Eisenstadt, N.(2001). The Sure Start program in the United Kingdom. Family Matters, 59, 39-41.

Steel, L. and Kidd, W.(2001). The Family. Hampshire, UK: Palgrave.

Strickland, B. B. ed.(2001). Gale Encyclopedia of Psychology(2nd ed). New York: Thomson Gale.

Stringer, H.(2024). Better connecting the generations could change the world. https://www.apa.org/topics/aging-older-adults/connecting-generations-improve-world

Strohschein, L.(2005). Parental divorce and child mental health trajectories. Journal of Marriage and Family, 67(5), 1286-1300.

Suniega, E. A., Krenek, L. and Stewart, G.(2022). Child abuse: Approach and management. American Family Physician, 105(5), 521-528.

The Goodman Group(2023). What are the benefits of intergenerational programs? https://blog.thegoodmangroup.com/benefits-of-intergenerational-programs

The National Archives(2009). Sure Start children's centres. http://webarchive.nationalarchives.gov.uk/20091211230137/dcsf.gov.uk

Thomas, R. M.(2000). Comparing Theories of Child Development(5th ed). Belmont, CA: Wadsworth.

Uhlenberg, P.(2009). Children in an aging society. The Journals of Gerontology: Series B : Psychological Sciences and Social Sciences, 64B(4), 489-496.

UNICEF(1999). The Convention on the Rights of the Child. New York: UNICEF.

UNICEF(2006). Child Protection Information Sheets. New York: UNICEF.

UNICEF(2014a). Understanding the CRC. http://www.unicef.org/crc/index_understanding.html

UNICEF(2014b). Child Rights Education Toolkit: Rooting Child Rights in Early Childhood Education, Primary and Secondary Schools. Geneva, Switzerland: UNICEF.

UNICEF(2016a). Teaching and learning about child rights. http://www.unicef.org/crc/index_30184.html

UNICEF(2016b). Rights under the Convention on the Rights of the Child. http://www.unicef.org/crc/index_30177.html

UNICEF(2017). The Convention on the Rights of the Child is the most rapidly and widely ratified international human rights treaty in history. https://www.unicef.org/crc/

UNICEF(2024). How does poverty affect children differently? https://www.unicef.org/eca/stories/how-does-poverty-affect-children-differently

UNICEF(2025). Child poverty. https://www.unicef.org/social-policy/child-poverty

United Nations(1986). Declaration on Social and Legal Principles relating to the Protection and Welfare of Children, with special reference to Foster Placement and Adoption Nationally and Internationally: resolution/adopted by the General Assembly. https://digitallibrary.un.org/record/126399?v=pdf

U.S. Department of Health and Human Services(2018). The Child Abuse Prevention and Treatment Act. https://www.acf.hhs.gov/sites/default/files/cb/capta.pdf

U.S. Department of Health and Human Services(2025). Head Start approach. https://www.headstart.gov/programs/article/head-start-approach

Utah State University(2007). Starting Your Afterschool Program. Salt Lake City, UT: Utah State University.

Valios, N.(2002). In the name of the father. Community Care, April 4-10, 24-26.

Vanderminden, J. Finkelhor, D., Hamby, S. and Turner, H.(2023). Victimization and abuse among children with disabilities: Age adjusted rates in a US national sample. Child Abuse & Neglect, Volume 146.

Victor Staff(2023). 11 Tips to Establish Healthy Boundaries & Rules with Your Foster Child. https://blog.victor.org/11-tips-to-establish-healthy-boundaries-rules-with-your-foster-child

Waters, E., Goldfeld, S. and Hopkins, S.(2002). Indicator for Child Health, Development and Wellbeing: A Systematic Review of the Literature and Recommendations for Population Monitoring. Melbourne, Australia: Centre for Community Child Health, Royal Children's Hospital.

Weigel, M.(2011). Head Start impact: Department of Health and Human Services Report. Journalist's Resource, August 11.

Weldon, F.(2006). 캐나다의 아동빈곤 감소를 위한 아동복지수당 제도. 국제사회보장동향, 10월, 40-45.

Whittaker, J. K.(1984). Group and institutional care: An overview. In A Handbook of Child Welfare: Context, Knowledge, and Practice, edited by J. Laird and A. Hartman. New York: Free Press.

Wilensky, H. L. and Lebeaux, C. N.(1965). Industrial Society and Social Welfare: The Impact of Industrialization on the Supply and Organization of Social Welfare Services in the United States New York: Free Press.

Wikipedia(2025). Adoption. http://en.wikipedia.org/wiki/Adoption

Wildeman, C., Roehrkasse, A. F., Gibbons, A., Sernaker, S., Becker, L. and Fallesen, P.(2025). Two decades of child welfare system contact in the global north: A research note on trends in 44 countries. Demography, 62(1), 1-15.

Winston, M. A. and Mara, B. A.(2001). Child Abuse and Neglect: Multidisciplinary Approaches. Boston, MA: Allyn and Bacon.

Wise, S.(2001). Creating 'child-friendly' communities: A strategy to reclaim children from risk. Australian Journal of Social Issues, 36(2), 153-167.

Woo, E.(2005). Urie Bronfenbrenner; theories altered approach to child development; at 88. http://archive.boston.com/news/globe/obituaries/articles/2005/09/29/urie_bronfenbrenner_theories_altered_approach_to_child_development_at_88/

World Health Organization(2017). Child rights. http://www.who.int/maternal_child_adolescent/topics/child/rights/en/

Zastrow, C.(2010). Introduction to Social Work and Social Welfare: Empowering People(10th ed). Belmont, CA: Brooks/Cole.

찾·아·보·기

인 명

내 용

저/자/약/력

■ **노병일(盧炳一)**

대전 출생
서울대학교 졸업(학사)
공주대학교 대학원 졸업(사회복지학 석사)
미국 뉴욕주립대학교 대학원 졸업(사회학 석사, 사회학 박사)
대전대학교 지역협력연구원장 역임
대전대학교 사회복지연구소장, 지역발전연구소장 역임
중앙공무원 사회복지학 시험문제 출제위원, 시험문제 선정위원 역임
전국 종합사회복지관 평가위원, 전국 지역아동센터 평가위원 역임
사회복지공동모금회 대전광역시지부 배분위원 역임
대전광역시 사회복지위원, 건강가정위원 역임
아동양육시설 자혜원 운영위원 역임
대전대학교 사회복지학과 교수 역임
부스러기 사랑나눔회 이사 (현재)
유섭 사회복지연구회 고문 (현재)
동그라미발달연구소 사회적협동조합 고문위원 (현재)
국공립 예뻐뽀어린이집 운영위원 (현재)

〈주요 저서〉

『새로운 복지시선: 사진 속 삶과 쉼』(2025, 포토 에세이)
『가족정책론』(2025, 제2판)
『노인복지론』(2025, 제2판)
『사회복지와 인권』(2024)
『학교사회복지론』(2024, 제2판)
『청소년복지론』(2인 공저, 2024, 제2판)
『사회복지조사론』(2023)
『사회문제론』(2022, 제2판)
『빈곤론』(2022, 제2판)
『청소년문제와 보호』(2022)
『사회복지정책론』(2021, 제3판)
『현대 산업복지론』(2021, 제3판)
『사회보장론』(2020, 제4판)
『아동권리와 복지』(2018)
『현대 사회복지의 이해』(2017)
『사회복지조사론』(5인 공저, 2014, 제2판)
『사회복지관련 지역·예술자원의 활용과 취약집단』(편저, 2011)
『취약지역의 사회적 배제』(2006)
『East Asian Cooperation in the Glocal Era』(영문 공저, 2006)
『지역 노인의 사회적 지지와 우울』(2인 공저, 2005)
『주거빈곤층의 삶과 터전』(2인 공저, 2004)

〈주요 논문〉

"사회적 지지와 지역사회 사회자본이 미취학 아동의 자기효능감에 미치는 영향에 관한 탐색적 연구"
"한부모가족이 겪는 어려움과 해결 방안: 모파상의 『시몽의 아빠』를 중심으로"
"생태학적 관점에 따른 사회자본과 아동발달 사이의 관계"
"시설아동의 스트레스가 학교적응에 미치는 영향"
"다문화가족아동의 학교생활만족도에 영향을 미치는 요인"
"지역사회중심의 방과후 아동보호를 이용하는 부모의 욕구와 만족도에 대한 연구"
"미술교육의 아동복지관련 효용성"
"비정규직 근로자의 사회적 배제가 정신건강에 미치는 영향"
"지역사회빈곤과 사회적 유대가 도시주민의 우울증에 미치는 영향에 대한 다수준 분석"
"도시노숙자의 삶의 질 예측 요인"

〈복지 관련 사진전〉

노인의 상실·교류·활동을 담은 사진 이야기: 노병일 사진전(개인, 2023년 7월)
새로운 복지시선: 삶과 휴(休) 사진전(단체, 2024년 3월)
대전 사회복지사들의 행복스케치 사진전(단체, 2024년 10월)

[제5판]

아동복지론

|저자| 노병일

|1판 1쇄 발생| 2007년 1월 30일
|1판 7쇄 발행| 2011년 7월 25일
|2판 1쇄 발행| 2012년 8월 20일
|2판 4쇄 발행| 2015년 1월 15일
|3판 1쇄 발행| 2016년 8월 15일
|3판 3쇄 발행| 2018년 3월 15일
|4판 1쇄 발행| 2020년 7월 30일
|4판 2쇄 발행| 2021년 7월 15일
|4판 3쇄 발행| 2023년 1월 30일
|5판 1쇄 발행| 2025년 8월 20일

|발행인| 김 동 훈
|발행처| 공 동 체

|주소| 경기도 고양시 일산동구 호수로 358-39
동문타워 I 905호(백석동)
|전화| 031) 814-3000(대표)
|팩스| 031) 814-3100
|홈페이지| http://www.compub.co.kr
|전자우편| compub@naver.com
|출판등록| 2005년 10월 6일
|등록번호| 제396-2005-36호

|ISBN| 979-11-6725-971-4
정가 24,000원